U0941908

普通高校"十三五"规划教材·经济学系列

微观经济学

初凤荣 ◎ 主　编

于善波　杨玉娟 ◎ 副主编

清华大学出版社

北　京

内 容 简 介

本书系统地介绍了微观经济学的基本理论，共十章，内容如下。第一章绪论；第二章均衡价格论；第三章效用理论；第四章生产理论；第五章成本和收益理论；第六章完全竞争市场；第七章不完全竞争市场；第八章生产要素市场和收入理论；第九章一般均衡论与福利经济学；第十章市场失灵和微观经济政策。每一章作者都精心设计了内容导读、学习目标、主要名词、本章小结、思考题及案例剖析等模块。有助于学生系统全面地掌握微观经济学的主要内容。

本书内容注重理论与实践的结合，突出应用性和系统完整性，可作为大学本科经济管理类各专业微观经济学课程的教材，也可作为广大社会科学领域教师和学生的参考教材。

图书在版编目(CIP)数据

微观经济学/初凤荣主编．—北京：清华大学出版社，2017（2021.1重印）
（普通高校“十三五”规划教材．经济学系列）
ISBN 978-7-302-45915-6

Ⅰ．①微… Ⅱ．①初… Ⅲ．①微观经济学—高等学校—教材 Ⅳ．①F016

中国版本图书馆 CIP 数据核字(2016)第 302371 号

责任编辑：陆浥晨
封面设计：汉风唐韵
责任校对：宋玉莲
责任印制：吴佳雯

出版发行：清华大学出版社
网　　址：http://www.tup.com.cn，http://www.wqbook.com
地　　址：北京清华大学学研大厦 A 座　　**邮　　编**：100084
社 总 机：010-62770175　　**邮　　购**：010-62786544
投稿与读者服务：010-62776969，c-service@tup.tsinghua.edu.cn
质量反馈：010-62772015，zhiliang@tup.tsinghua.edu.cn
印 装 者：北京鑫海金澳胶印有限公司
经　　销：全国新华书店
开　　本：185mm×260mm　　**印　　张**：17.5　　**字　　数**：392 千字
版　　次：2017 年 1 月第 1 版　　**印　　次**：2021 年 1 月第 3 次印刷
定　　价：49.00 元

产品编号：069383-02

前言

在多年的经济学专业教学过程中,我们深刻感觉到,一本好的经济学教材,对于初学者的重要性。因此,编写出一本适合大学本科经济管理类专业的经济学教材,一直是我们努力的目标。

微观经济学是西方经济学的一个组成部分,微观经济学是研究单个经济主体的经济活动和经济行为以及相应的经济变量的经济学分支。微观经济学主要研究单个的消费者如何把有限的收入分配在各种商品的消费上,以获得最大的效用;单个的厂商如何把有限的资源分配于各种商品的生产上,以获取最大的利润;单个市场的价格如何决定等经济个体的经济行为。

为适应普通高等院校经济管理类专业的教学需要,作者在多年的教学、实践的基础上,参考已有教材,兼容并蓄,扬长避短,力求在应用性、系统性、实践性方面有所改进、突破。

本书是面向普通高等院校经济管理类各专业的学生而编写的,因此,我们在编写时,针对经济与管理学科的性质和特点,在课程内容和难易程度上,重点选择经济与管理学科学生应具备的经济基础知识,根据学科对经济原理的需求来编写。注重理论联系现实,将抽象的理论应用于分析实际问题,增加了具体实例,以培养学生运用所学知识和技巧解决实际问题的能力。为方便自学,每章前面均采用本章导读、学习目标、关键概念板块,后面均以"本章小结"形式概括这一章的关键要点。

本书由佳木斯大学多年从事经济学教学工作的教师联合编写的,具体分工如下:第一章、第五章、第六章由佳木斯大学于善波老师编写;第二章、第四章、第七章、第九章由佳木斯大学初凤荣老师编写;第三章、第八章、第十章由佳木斯大学杨玉娟老师编写。本书由佳木斯大学经济管理学院教授王萍担任主审,全书由初凤荣统纂定稿。

本书可作为普通高等院校本科生的微观经济学课程教材和教学参考书,也可供经济管理人员在职培训使用,同时还可作为非经济专业和对经济学感兴趣的社会自学者的必读参考书。

本书参阅了国内外文献,这里谨向文献作者深表谢意!由于时间仓促,编写水平有限,书中难免错误之处,恳请读者批评指正。

目录

第一章

绪　论

骑士时代已经过去，随之而来的是智者、经济学家和计算机天才的世界。

——埃德蒙·伯克

本章导读

微观经济学是经济管理类学科的必修课程，在国外的一些著名大学，微观经济学同时也是法学和社会学等其他学科的必修课程。总体来看，微观经济学可以认为是进一步学习社会科学其他课程的基础课程。从方法论的角度，微观经济学为我们提供分析问题和解决问题的基本方法，对学生学习其他课程以及日后的工作、生活和学习等具有重要作用。

本章扼要阐述了研究对象、研究方法及西方经济学的产生和发展过程，概括介绍微观经济学中一些最基本的概念，学习和把握这些概念非常重要，对这些基本概念的掌握是继续学习的基础。

学习目标

通过对本章的学习，重点掌握稀缺性和微观经济学的关系；掌握微观经济学的研究对象及其价值；掌握微观经济学的基本研究方法；在掌握上述基本理论的基础上，能够对微观经济学有一个初步的理解，并能结合现实中的经济现象促进本课程的不断深入学习和应用。

关键概念

经济学(economics)

微观经济学(Microeconomics)

稀缺性(scarcity)

资源配置(allocation of resources)

实证分析(positive analysis)

规范分析(normative analysis)

微观经济学是经济、管理类和其他相关社会学科学生的必修课程，是学习其他课程的专业基础。微观经济学为我们提供分析问题和解决问题的基本方法。随着对西方经济理论研究的不断深入，微观经济学教材的内容也从浅显的经济学基础知识到数学证明，再到前沿的微观经济学专题研究。

本章将从经济学的定义开始，介绍微观经济学的一些基本知识和基本方法。了解什么是经济学，它企图解决什么问题，并明确为什么要学习经济学，应持怎样的态度去研究经济学。

第一节　经济学的研究对象

在西方，"经济"一词最早来源于古希腊文，原意是家庭管理的意思，始见于古希腊历史学家色诺芬所著《经济论》一书。古汉语"经济"一词原意是"经邦济世""经国济民"，即治理国家，拯救庶民之意，内容不仅包括经济、财政，而且广泛涉及政治、军事、法律和教育等，含义与西方语言的"经济"不同。19世纪后半叶，日本学者神田孝平借古汉语中这个词翻译英文的"economy"，现代汉语中的经济一词，是采用19世纪日本的译法，其含义已不同于中国古代汉语中那种治理国家的广泛含义，而是与西方现代语言中的经济一词相一致。

根据现代汉语词典的注释，经济指社会物质生产和再生产的活动；而在《现代经济大辞典》中，经济包括以下三个方面的含义：经济是社会生产关系的总和，即经济制度——由社会生产力的性质和发展状况所决定，是政治和思想意识等上层建筑赖以建立的基础；经济指物质资料的生产以及相应的交换、分配和消费等各种经济活动，是人类社会存在和发展的物质基础；经济还指节约、节省，在生产中指投入较少但能取得同样多的产出，在生活中指支出较少但能满足同样多的需要。

随着经济的不断发展与国家作用的加强，在17世纪初出现了"政治经济学"一词，政治经济学是指国家对经济事物的管理。在此之后的两个世纪中，政治经济学逐渐发展成为相对完善的理论体系，不仅研究国家的经济政策问题，还对整个经济社会作系统而深入的分析。因此，从19世纪末开始，西方经济学家逐渐用"经济学"一词取代了"政治经济学"，经济学的称谓不仅更名副其实，而且还可以包括对相关经济现象进行分析的各个学科。

根据《经济学辞典》的定义，经济学指的是对人类社会各种经济活动与经济关系进行系统性研究的科学。在现代西方经济中，经济学是研究社会如何利用相对稀缺的资源，以最大限度地满足人类无限多样需要的一门社会科学。

经济学是研究如何实现稀缺资源的有效配置与利用的，按照研究对象范围的大小，经济学可分为微观经济学和宏观经济学两部分。本章我们对经济学及微观经济学的研究对象进行研究。

一、基本经济问题

人类社会在发展过程中，总是通过选择的方法来处理自身所面临的经济问题。从本质上来看，人类对经济资源的选择内容，构成了人类面临的最基本的经济问题，即在经济资源稀缺的情况下，人们必须做出这样三个最基本的选择：

① 生产什么？生产多少？(what?)

② 如何生产？(how?)

③ 为谁生产(for whom?)

这三个问题是任何社会都无法回避的基本问题，下面分别加以说明。

1. 生产什么，生产多少

由于社会经济资源具有稀缺性，人类在进行投资和生产过程中，往往会面临这样的问题：生产了这种产品，就不能再生产那种产品，或者这种产品生产多了，那种产品就必须少生产。即在有限的资源情况下，是生产大炮，还是生产黄油？不同的社会，不同的决策者在不同的条件下会做出不同的选择。在传统的计划经济体制下，生产者生产什么，生产多少，是由计划者即主管当局的主观意志所决定的，而在市场经济条件下，生产者生产什么，生产多少，则是由市场的需求所决定。也就是说，企业必须生产那些有市场需求的产品，必须多生产市场需求量大的产品，只有这样，有限的经济资源才能最大限度地满足社会的需求。同时，在收入较低的社会，一般会生产或多生产与人们的基本生活密切相关的产品，而在收入较高的社会，一般会生产或多生产一些高档的奢侈用品。可见，生产什么、生产多少的问题是经济学首先应该解决的问题，最终的选择取决于被选择对象的轻重缓急和生活需求的数量。经济社会总是把这些备选对象根据轻重缓急进行大致排序，然后根据需求的数量来决定生产多少。

2. 如何生产

在决定了生产什么和生产多少的问题以后，紧接着的一个重要的问题就是如何生产。如何生产实际上涉及了生产要素在生产企业内部的配置问题。为生产出一定的数量的产品，是多投入资本还是多投入劳动或土地，既是采取资本密集型生产还是采取劳动密集型生产。在产量既定的条件下，如何合理配置投入的生产要素才能达到成本最小？在这里，技术水平和产品的性质决定上述问题的解决。其实，如何生产问题暗含了生产要素具有一定的可替代性，即一单位一种生产要素(如劳动)可以按照一定比例替代若干单位另一种生产要素(如资本)而保持产出不变。经济学家的任务是在成本一定时，选择一种最优的要素配置比例实现最大的产出，或在产出一定时，选择一种最优的要素配置比例实现最小的成本支出。例如，纺织品生产，在欧美等发达国家生产应该采取资本密集型生产方式，即较多的资本和较少的劳动，因为这些发达国家的劳动力成本较高；而在我国，生产则应该采取劳动密集型生产方式，即较少的资本和较多的劳动力，因为我国的劳动力成本较低。据最新的统计资料，一个产业工人每小时的工资，美国是我国的36倍。所以，如何生产要充分考虑一国的国情。

3. 为谁生产

产品生产出来以后，如何在社会成员之间进行分配？这实际上涉及产品的公平分配问题。在生产过程中离不开各种生产要素，这一点大家都知道，任何产品的生产都需要投入相应的资本、土地、劳动、企业家才能，各种要素的相应所有者——资本家、自然资源占有者、劳动者、企业家都会根据各自在生产中的贡献取得相应的产品或报酬。在生产过程中，谁得到报酬，就意味着为谁生产。但问题的关键在于，每个人的贡献大小如何确定，这实际上是很难解决的问题，但又是一个非常普遍而基本的问题。在西方经济学家中对此有许多不同的回答,因此形成了多种多样的分配理论。

前面阐述的三个基本经济问题既互相联系,又互相区别,构成了人类经济社会进行选择的基本内容。从本质上看,“生产什么,生产多少”决定着“如何生产”和“为谁生产”,同时,“如何生产”又影响着“生产什么”和“生产多少”,进而影响着“为谁生产”。生产技术制约着人们无法生产那些目前难以生产的产品。

有些西方经济学家还进一步提出以下三个问题。

何时生产?

如何分配生产出来的产品?

如何保持经济的稳定、增长和提高生产水平?

经济学的基本问题的实质是资源使用的问题,前三个问题是微观经济问题即针对资源有效率配置,后三个问题是宏观经济问题,即针对资源充分使用问题。这些问题在不同的经济制度下、在不同时期都是存在的,只是在不同时期、不同国家解决的方式不同。

经济学的研究对象由基本经济问题决定,经济学家认为什么是基本经济问题,就必然将其作为研究和解决的对象。这些基本经济问题是如何产生的呢?基本问题的产生源于资源稀缺。

二、资源的稀缺性与需要的无限性

1. 经济资源与资源配置

经济资源也叫生产要素,是指那些用于生产商品或劳务所必须投入的物品。

人类在物质产品的生产活动中,都需要投入经济资源,如在任何一种产品的生产过程中,都需要投入资本设备、人的劳动、土地等自然资源、企业家的经营管理才能、知识和技术、公共产品等,这些经济资源或生产要素通常是不可缺少的。经济学家研究的重要问题就是如何把有限的经济资源配置到各个不同的用途中去。

资源配置是指在各种可供选择的用途中,一个社会如何把经济资源分配到不同部门、分配到生产不同产品的企业以及分配到社会各成员中,以取得最大的经济效果。

在经济社会中,资源配置的好坏直接影响着一个社会的经济效率。资源配置的目标是最大限度地取得经济效益。要达到这样的目标就必须建立起一套完整的资源配置制度以便力求达到“人尽其才、物尽其用,地尽其利、货畅其流”。

社会的资源配置可以分为两个层次:高层次的资源配置和低层次的资源配置。前者说明经济资源如何被有效配置到社会各部门去;后者说明经济资源在企业和家庭内部如何被有效进行分配。一般情况下,前者决定一个社会运行的宏观效率,后者决定一个企业和家庭的微观效率,前者主要依靠市场机制加以解决,后者主要依靠计划和习惯进行调节。

在经济学中,社会的资源配置手段是极其重要的一个问题,它通常包括计划,市场和习惯这三种方式。建立在计划命令基础上的资源配置制度就是计划经济制度,建立在市场调节基础上的资源配置制度就是市场经济制度。此外还有传统风俗习惯作为调节手段的资源配置方式。

2. 稀缺与稀缺法则

资源的稀缺性是西方经济学关于经济学研究对象的基本概念，是经济学研究的起点，也是一切经济问题的根源。任何经济社会都面临很多经济问题，但所有问题都源于一个基本的经济矛盾，即人类需要的无限性和满足这种需要的资源的稀缺性。有人类存在就有需求，而且需求是多层次，无限增长的，但满足人的需求所需的资源却是有限的，这里就提出了稀缺的范畴。

稀缺是指任何社会在获得人们所需要的物品上所存在着的自然的限制。稀缺具有相对性和绝对性。

(1) 相对性。一个社会的资源是否稀缺并不取决于资源物品本身绝对数量的多少，而是相对于人们无限增长的需要而言的。即社会的有用资源包括土地、矿藏、森林、水、劳动力和资本物品等，一个国家的资源无论总量有多大，但相对于人们无限的需求，资源总是表现为相对不足的。在我们的现实生活中，人们的欲望总是无止境的，即人们的需要总是超过人们所能得到的东西，很难想象一个所有的需要都能被满足的社会。只要你目前的需要超出了自己满足这些需要的能力，你就会面临稀缺问题。

稀缺问题并不是因为我们相对贫穷才会产生。即使是那些非常富有的人，对他们的物质生活也会表现出不满意，因为他们总是希望得到更多。世界上的每个人都有稀缺问题，他的欲望永远得不到满足。即使基本欲望得到满足了，新的更高级的欲望还会不断出现。稀缺问题不仅存在于单个人身上，而且整个社会也同样面临这个问题。对于一个社会来说，总是有大量的社会工程值得去做，即应该不断改善人民的生活条件，需要建设更多的高速公路和高速铁路，需要建立更加强大的国防，等等。

(2) 绝对性。资源不仅表现为相对的稀缺，而且也表现为绝对的稀缺。资源稀缺的属性在任何国家、任何时期都是存在的，即使在长时期内，物品的质和量都可以改变，但资源仍然是有限的，例如，一国的土地供给是固定的，类似这种资源就不仅表现为相对的稀缺，而且也可能是绝对的稀缺。

由于稀缺的存在，对人们的经济行为产生了客观要求，就有了人类社会的一个基本规律，即稀缺法则。

稀缺法则是资源和物品相对于人类无限的需求欲望，表现出的有限性以及由此产生的合理使用资源和物品的客观要求。由于资源是相对稀缺的，无法满足人们的无限的、多种多样的需求，人们不得不在有限的资源条件下进行权衡和作出选择。正是由于资源的有限性，才在客观上要求人类面临各种选择，是生产大炮还是生产黄油？消费者在收入一定的条件下要进行消费选择——消费与储蓄的选择；社会在资源一定的条件下，不仅要在不同商品的生产中选择，还要在消费和投资中进行选择。这也是经济学产生的原因。

【案例 1-1】

挤　奶

"刘大爷牛奶厂"在万众瞩目之下开张了，他饲养的奶牛膘肥体健，产出的牛奶物美价廉，刘大爷得意扬扬地享受着每天盈利的快感。尽管工作甚是辛苦，但心里仍然美滋滋，于是刘大爷决定更加努力赚钱，加大工作量去挤奶。起初产量增加，无可厚非，可是奶牛们却有"见瘦"趋势。日复一日，奶牛产奶量明显下降，而且呈现出貌似"身心疲惫"的征兆。刘大爷费解自己的努力所换来的如此一结果。于是，伤心欲绝，决定化悲痛为力量——加紧挤奶。这样又过了数日，奶牛们便开始出现心慌、气短、供血不足、血压升高、心跳加快、间歇性死亡、不吃不喝不睡不走直线等异常现象。直到有一天，当刘大爷按往常一样起五更天拿着桶准备去挤奶时，却发现奶牛竟昏死在脚下。唉！估计如果大家都照这样下去，不但收获不了牛奶，奶牛这种动物也得灭绝了。

资料来源：道客巴巴微观经济学案例 http://www.doc88.com/p-77788850292.html.

三、经济学的研究对象

经济学(economics)是研究人们如何利用经济资源去生产、交换、分配以及消费物品和劳务的科学，它解释了经济制度是如何有效地把这些稀缺资源配置到各种可供选择的用途中去。

从研究对象上看，经济学以生产、交换、分配和消费作为核心内容。从生产方面看，经济学研究生产者如何组织生产才能在成本一定时使产量最大；或者在产量一定时使投入成本尽可能小。从交换方面看，经济学研究生产者在实行专业化分工的情况下，如何有效地彼此进行交换，以实现自身经济利益的最大化。从分配方面看，经济学研究生产要素供给者以什么样的比例分配生产出来的产品才是科学和公平的。经济学研究分配，重要的在于研究分配的公平合理并能最大限度地激发各种要素所有者将要素投入生产的积极性。从消费方面看，经济学研究消费者如何科学合理地进行消费，即在支出一定时给消费者带来的效用尽可能大，或者在效用一定时使消费支出尽可能小。

从研究目的来看，经济学以优化资源配置作为根本目的。前面已经谈到，资源配置效率决定着经济的宏观和微观效率，而效率又是经济问题的核心。因此，经济学试图通过对现有的资源配置制度进行分析，找出可以改进的地方和改进的方法，从而最大限度地发挥经济资源在经济生活中的作用。

到目前为止，经济学家们已提出了几十种有关经济学的定义，可以说仁者见仁，智者见智。上述定义相对来看比较全面，但也存在缺陷，主要是该定义只把握住了经济学的研究对象和任务，而忽略了经济学的基本研究方法。我们知道，要准确地给一门学科下定义，至少应抓住其研究对象、研究目的、研究方法和研究内容。

1776 年，亚当·斯密《国富论》的发表奠定了现代经济学的基础。从那时以后，经济学得到了快速发展，特别是经过约翰·斯图亚特·穆勒和阿尔弗雷德·马歇尔在前人研究基础上的两次大的综合调和，经济学变得更加完善和科学了。

目前的经济学家们通常把经济学分为宏观经济学和微观经济学。前者一般认为是由约翰·梅纳德·凯恩斯于 1936 年发表的《就业、利息和货币通论》中创立的；后者主要由斯密以来的重要经济学家，特别是马歇尔发展和完善起来的。目前大多数经济学家认同这样的划分方法。

微观经济学、宏观经济学作为经济学的两个分支，二者的关系：

(1) 微观经济学(microeconomics)是以个体经济单位为对象(单个消费者、厂商以及单个行业、单个市场)，研究单个经济单位的经济行为，涉及的内容是单个市场的均衡价格和产量的决定。微观经济学就是研究森林中的树木。

(2) 宏观经济学(macroeconomics)是以整个国民经济活动为对象，研究整个国民经济的经济行为，涉及的内容是整个社会的价格水平、总产量、就业水平和其他经济总量的决定。宏观经济学就是研究整座森林。

微观经济学和宏观经济学的具体区别如表1-1所示。

表1-1　微观经济学与宏观经济学的区别

	微观经济学	宏观经济学
名称	小(个体)经济学、价格理论	大(总体)经济学、收入理论
主要理论依据	古典经济学(马歇尔)	凯恩斯经济学
基本假设	资源稀缺、充分就业	需求不足、存在失业
分析方法	个量分析	总量分析
分析对象	居民、厂商等经济个体	整个国民经济
分析重点	市场价格	国民收入
主要目标	个体利益最大	社会福利最大

微观经济学即小经济学，是经济学的分支之一，它重点研究市场经济条件下微观经济主体即单个厂商、居民、政府等的决策行为及其对经济资源配置的影响。

微观经济学主要研究微观经济领域内的问题，例如，在收入既定条件下，人们如何支配有限的收入使自己获得最大程度的满足，单个厂商应该怎样组织生产和生产多少，为什么通过市场可以把厂商和消费者联系起来，人们从交换中可以得到什么好处，市场价格是如何决定的，在不同的市场结构下，厂商的行为分别有什么特点，等等。

微观经济学假设微观经济主体总是根据一项决策的成本和收益进行决策，这里的成本既包括经济成本如投入的资本和劳动等，也包括非经济成本如投入的时间、精力和健康的损害等；同样，收益也包括经济收益如货币收入和实物收入等和非经济收益如荣誉感，满足感等，这样，微观经济学的研究领域就被大大拓展了。许多经济学家利用微观经济学的方法研究环境问题、民主政治中的决策和选举问题，并取得了很大成就。这些研究使经济学正以强劲的势头向其他社会科学扩张，有人也称其为“经济学的帝国主义扩张”。

宏观经济学即大经济学，是经济学的又一分支，它从总体上对一国乃至全球经济进行研究，它主要关注一国失业和通货膨胀、利息率、政府支出及其财政和货币政策等如何影响一国的经济增长以及这些宏观指标之间存在怎样的关系等。

凯恩斯利用自己创立的宏观经济理论，解释了1929—1933年的经济大衰退并提出了相应的对策，在主要发达国家取得了重要成效，因此，凯恩斯理论被许多国家采用，成为风靡一时经济理论。凯恩斯被誉为“宏观经济学之父”，即宏观经济学的创始人。他的理论的形成被称为凯恩斯革命。

综上所述，经济学是研究如何实现资源的最佳配置以使人类需要得到最大限度满足的科学。

正是上述分析的普遍存在的稀缺性与人类需要的无限性之间的矛盾，决定了任何社会所面临的基本经济问题，确定了经济学要研究的对象。

第二节 微观经济学的研究对象

一、微观经济学研究对象

微观(micro)是希腊文的意译,原意是“小”的意思。微观经济学是研究在市场机制作用下,单个经济单位的经济行为及相应的经济变量如何决定的经济理论。

单个经济单位是指单个消费者、单个生产者和单个市场等。在经济活动中,所有的生产者与消费者都既是需求者,又是供给者,构成不同类型市场的供给与需求,而供给和需求的作用形成价格,同时供给与需求又受价格调节。它们的活动就形成了微观经济活动。价格决定理论或价格分析是微观经济学的中心问题,即核心问题。

单个经济单位的经济行为是指作为消费者的经济行为是如何把有限的收入用于各种商品的消费或储蓄上以获得最大的效用,即是如何实现消费者均衡。作为生产者的经济行为是如何把有限资源分配在各种商品的生产上以获取最大利润,即是如何实现生产者均衡。这两方面的经济行为是相互作用的,其中又都是按照一定的法则和一定的规律进行的。

微观经济学的研究就是要解决经济行为者究竟如何去做,才能实现利益的最大化。即微观经济学研究个别厂商、个别消费者和个别资源所有者以及个别行业和个别市场的经济行为或经济活动,所以微观经济分析也称为个量分析或个体分析。这些单个的数值从生产角度讲,涉及单个企业生产的量,即产品供给量、成本、收益、利润、雇佣工人的人数等;从消费角度讲,涉及个人收入、效用、需求量、单个要素的供给量,等等。可见,微观经济学是众多经济学课程中最为基本的和非常重要的一门。

【案例 1-2】

地狱与天堂

从前,有一个幸运的人被上帝带去参观天堂和地狱。

他们首先来到地狱,只见一群人,围着一大锅肉汤,但这些人看来都营养不良、绝望又饥饿。仔细一看,每个人都拿着一只可以够到锅子的汤匙,但汤匙的柄比他们的手臂长,所以没法把东西送进嘴里。他们看来非常悲苦。

紧接着,上帝带他进入另一个地方。这个地方和先前的地方完全一样:一锅汤、一群人、一样的长柄汤匙。但每个人都很快乐,吃得也很愉快。上帝告诉他,这就是天堂。

这位参观者很迷惑:为什么情况相同的两个地方,结果却大不相同?最后,经过仔细观察,他终于看到了答案:原来,在地狱里的每个人都想着自己舀肉汤;而在天堂里的每一个人都在用汤匙喂对面的另一个人。结果,在地狱里的人都挨饿而且可怜,而在天堂的人却吃得很好。这个寓言有助于我们了解什么是经济学。

资料来源:道客巴巴微观经济学案例 http://www.doc88.com/p-77788850292.html.

二、微观经济学两个基本假设条件

西方经济理论都是建立在一定的假定条件的基础上,微观经济理论也不例外。在微观经济分析中，研究的理论不同，假设的条件也就不同。但从总体上看微观经济理论有两点基本假设：

(1) 假设经济行为者是合乎理性的人即所谓的经济人。“经济人”是指经济生活中一般的人的抽象，其本性假设为是利己的，核心是行为者追求所有活动要实现自身利益的最大化。如果没有这一目标，微观经济学作为论证资源最优使用的学科就没有建立的意义。

(2) 假设信息是完全的。经济行为主体对有关的经济情况都有完整的信息；所有信息传递都是完全的，无传递障碍。无论是生产者还是消费者，都必须具备完全信息，只有每一个消费者都能充分了解每一种产品，每一个生产者都能准确掌握生产信息，这样才能做出最优决策，而信息传递完全是行为者掌握信息的必要条件。

这两个假设条件是微观经济学中的基本假设条件，是论证市场调节实现有效配置资源的非常重要的假设。但实际上西方学者自己也不得不承认上述两个假设条件未必合乎现实，因为现实中这两个条件都保证具备是很难的。但是为了理论分析的成立、方便，有必要设置这两个条件，实际上这两个条件对宏观经济学也是适用的。

【案例 1-3】

经济学假设——打鸟问题

某日，老师在课堂上出了一道智力题，请小君回答，老师的题目是这样的：“树上有十只鸟，开枪打死一只，还剩几只？”小君反问：“是无声手枪或别的无声枪吗？”“不是。”“枪声有多大？”“80～100 分贝。”“那就是说会震得耳朵疼啰？”“是。”

“在这个城市里打鸟犯不犯法？”“不犯。”“您确定那只鸟真的被打死啦？”“确定。”老师已经不耐烦了。“拜托，你告诉我还剩几只就行了，OK！”

“OK，树上的鸟里有没有聋子？”“没有。”“有没有关在笼子里的？”“没有。”“边上还有没有其他的树，树上还有没有其他鸟？”“没有。”“有没有残疾的或者饿得飞不走的鸟？”“没有。”“算不算怀孕肚子里的小鸟？”“不算。”“打鸟的人眼睛有没有花？保证是 10 只？”“没有花，就 10 只。”

老师已经满脑门是汗，且下课铃响，但小君继续问：“有没有傻的不怕死的？”“都怕死。”“会不会一枪打死两只？”“不会。”“所有的鸟都可以自由活动吗？”“完全可以。”

“如果您的回答没有骗人，”小君满怀信心地说，“打死的鸟要是挂在树上没掉下来，那么就剩一只；如果掉下来，就一只不剩。”

老师当即晕倒。

资料来源：豆丁《西方经济学(微观部分)》案例分析 http://www.docin.com/p-155430114.html.

三、微观经济学基本内容

微观经济学研究的内容主要有：

(1) 考察产品市场、要素市场的供求及其与价格的关系，说明市场机制的运行以及这种运行的途径，或者说，在市场机制下，各行为者追求自身利益最大化的过程。这是最基本、最主要的内容，它的分析涉及资源配置问题，而市场经济中的资源配置归根结底是价格问题，所以微观经济学也被称为价格理论。产品市场的分析包括：供求与弹性理论、效用论、生产论、成本论、厂商均衡论等，要素市场的分析是要素价格决定理论或分配理论。

（2）一般均衡论和福利经济理论。一般均衡论在前面局部均衡分析的基础上考察各市场的同时均衡及最优效率，证明各个时常的共同均衡是可以存在的。福利经济学则进一步论证这种均衡是符合帕累托最优状态的，是把资源配置问题与福利经济联系起来，论述市场经济的优劣（研究价值判断问题），并进一步证明完全竞争市场经济是最优效率的。

这些问题表面看似乎是社会全部活动，是宏观的问题，但由于其研究都是从单个消费者行为和单个厂商行为作为出发点来考察社会经济的运行，因而有别于把一个社会作为整体进行研究的宏观经济学，固将其归为微观经济学的内容。

（3）微观经济政策研究。由于经济运行中存在市场失灵，在“二战”后形成和发展起来了旨在研究政府在微观经济活动方面的政策问题的理论。在市场失灵情况下，资源配置效率与理想状态存在背离，通过微观政策加以调节，以尽可能符合或接近理想状态。包括限制垄断的政策、矫正外部影响的政策、调节信息不完全与不对称的政策以及公共物品供给政策。当然，有关劳动市场、人力政策和工资、价格、利润管制政策等事实上也属于微观政策调节性质。

四、微观经济学的主要流派

1. 英国的剑桥学派

马歇尔是剑桥学派的代表，1890 年，他的《经济学原理》一书的出版，标志着这个学派的建立。

2. 洛桑学派

法国的瓦尔拉斯和意大利的帕累托是该学派的代表人物。由于建立这个学派时，他们相继在瑞士洛桑大学任教而得名。代表作是瓦尔拉斯于 1874 年发表的《纯粹政治经济学纲要》。在这本书中，他以边际效用价值论为基础，运用数理方法，从交换、生产、资本形成和货币流通四个方面，创立了一般均衡理论体系。

3. 奥地利学派

它的创始人门格尔在任教于维也纳大学之前，于 1871 年出版了他的《国民经济学原理》，从而建立了奥地利学派。继承他的也是维也纳大学的教授，他们是维赛尔和庞巴维克。

4. 瑞典学派

主要创始人是威克塞尔，他的主要著作是 1898 年出版的《利息与价格》和 1901 年及 1906 年出版的《国民经济学讲义》等。

5. 美国学派

该学派是指美国经济学家克拉克、费雪等人的论点。

总之，微观经济学是以单个经济单位为考察对象、以市场价格为研究中心、以实现资源有效配置为研究目的，构建了价格理论、消费者行为理论、生产者行为理论包括生产函数论、成本论、厂商均衡论、博弈论等、分配理论、一般均衡论、福利经济学、微观经济政策理论这一完整体系。

第三节 经济学的基本分析方法

任何一门学科都有一定的分析方法。西方经济学家们在研究社会经济问题时主要采用以下几种方法。

一、实证分析和规范分析

1. 实证经济分析与实证经济学

(1) 实证分析在研究经济问题时,只考虑经济事物间的现实联系及其在这种联系的作用下,人们经济行为的后果。即实证分析排除了任何价值判断,首先对研究的变量的含义做出明确规定,然后在一定假设条件下提出假说,并依此预测未来,最后用经验和事实来验证预测。也就是说,运用实证分析进行理论分析时,不仅要能够反映或解释已经观察到的事实,还要能够对有关的现象将来会出现的后果做出正确的预测,就是接受将来发生的事件的检验。实证分析的明显特点在于,要理解经济过程"实际是什么"或"将会是什么",而不涉及对结果好坏以及公平与否的判断。例如,中国加入世界贸易组织,这对中国的家电行业的生产将会产生什么影响?中国消费者对有关家电的消费决策会发生什么变化?中国的家电产品生产是否会受到致命的打击?所有这些问题都属于实证分析领域。经济学的实证分析重点在于研究经济是如何运行的,并且对经济现象产生的原因和后果进行解释。目前假定中国要提高广大教师的待遇,为教师发放高额的津贴,而经济学的实证分析的重点是研究中国政府为什么这么做?这么做的后果是什么?中国当前的财政收入能允许这么做吗?如果这么做,大规模的补贴可能来自哪几个主要途径。这些都是实证分析的范畴。

西方经济中的实证分析既涉及定性问题,也涉及定量问题。比如,预测加入WTO对国内的家电产品的价格和销售量的正负效应,这是定性分析;预测国内家电产品的价格和产量的变动幅度,这是定量分析。运用实证分析方法研究经济问题,就是要提出对经济现象给予解释的理论,然后用事实来检验理论,并依据理论对未来做出预测。

(2) 实证经济学(positive economics)的研究内容具有客观性,得出的结论和观点是否正确要通过事实和实践来检验。实证经济学的目的在于了解经济情况怎样以及怎样运行的,这里没有价值判断和理论标准。实证经济学是研究经济事物是怎样运行的理论,它局限于表述经济活动的原因与结果以及各经济变量之间的函数关系。

2. 规范经济分析和规范经济学

(1) 规范分析运用于经济现象研究时,不是考虑经济体系实际如何运行,而主要关心它应该如何运行,力求改变现实;不是关于事物间是否存在某种关系的问题,而是涉及应该如何行动的问题,但以对现实的价值判断为前提。规范分析是以一定的价值判断为基础的经济分析法,首先提出某些标准作为分析经济现象的准则,作为确立经济理论的前提和制定经济政策的依据,并研究如何才能符合这些标准。

规范分析的特点是:经济学家在进行规范分析时,一般都从一定的价值判断出发。从性质上看,价值判断的科学性是难以直接确定的,它不可能用事实、证据或逻辑来证明是正确的或错误的。人们可能一致认为一种特殊政策会产生某种效应，但有些人会认为其结果是好的，另外一些人则认为其结果是坏的，因为他们的价值判断不同。

规范分析往往是制定政策的基础。比如，家电产品进口，一方面会使国内市场家电价格下降，从而使消费者从中受益；另一方面又会冲击国内家电市场，使国内家电行业的就业状况恶化。在这种情况下，是应该限制还是鼓励家电产品进口，这不仅取决于实证分析的结果，也取决于政策制定者的价值判断，即是保护消费者的利益重要，还是照顾生产者的利益重要，消费者从进口家电产品获得的利益是否能够超过家电行业工人的损失。这种价值判断虽然经济学不可能明确做出，经济学也无法证明哪一项政策是最好的，但它还是有助于决策者做出政策选择。

(2) 规范经济学(normative economics)不具有客观性，得出的结论无法通过事实和实践检验。规范经济学是对经济政策和经济行为的经济福利结果的考察和分析。规范经济学把因果分析与价值判断结合在一起，以一定的价值判断为出发点，提出行为准则，探讨和研究怎样才能符合这样标准的理论和政策，力求回答经济事物"应该是什么"的问题。

规范分析和实证分析都是十分有用的分析方法，而且能够互相补充，更加深刻地揭示经济现象的本质。例如，对提高教师待遇的实证分析不可能离开规范分析，因为经济学家们必须首先研究这一举措值不值得，必须首先回答"应该"还是"不应该"的问题才能进一步解决其他问题。而且，这一举措一旦付诸实施，则必须研究"什么样的资金来源是更好的"这一问题，这同样是规范分析的内容。与此同时，规范分析也离不开实证分析。要对这样的举措做出"好"与"坏"、"应该"与"不应该"的评价，首先必须弄清政府为什么要这么做以及这样做的后果是什么等问题，这正是实证分析的内容。

规范分析和实证分析有着密切的联系。首先，规范分析的观点对实证分析产生重要影响。其次，实证分析的结论告诉人们如何才能达到最好的经济目标。例如规范分析认为，要全面建设小康社会，社会就应该改善低收入者的境况，而实证分析会指示政府怎么去做，具体是减税、补贴，还是实行高工资，这些做法的具体后果是什么。

现代西方经济学既是一门实证科学，又是一门规范科学，因为提出什么问题进行研究，采用什么方法，突出强调哪些因素，实际上都涉及研究者的个人价值判断，而且，一个经济学家之所以提出某一理论，都是为他主张的政策提出理论根据。政策主张不同，除了实证分析有不同结论外，实际上还在于各人有不同的价值判断。

【案例 1-4】

实证经济学与规范经济学

现在上至国务院下至普通的老百姓都非常关心我国的 GDP 和人均 GDP。因为 GDP 代表一个国家的综合国力，人均 GDP 反映老百姓生活的富裕程度。从实证角度看，这些数字的统计归纳过程就是实证分析的过程，如果对某些数据有怀疑还可以重新检验。具体数字是客观的，在统计过程中不涉及道德问题，只回答是什么。从规范分析的角度来研究，首先在我国目前的情况下确定一个合理的经济增长率，确定一个反映人民生活水平小康的标准。为了实现这一目标，国家就要制定相应的产业政策、财政政策和货币政策。后者涉及了道德问题。对于这个问题，不同人站在不同角度得出的结论是不一样的。有的人认为经济增长率提高是好事；有的人认为经济增长率太快是坏事，应停止经济增长。

这些都是主观的好坏判断，无法检验。

从上述例子中我们看到，实证经济学与规范经济学是有区别的，但也不难发现二者也有联系。实证分析数字结果，为国家制定和选择适度经济增长政策提供了依据；而适合的政策环境又是达到和保障经济数量指标的保证。因此，实证经济学是规范经济学的基础；而实证经济学又离不开规范经济学的指导。也就是说，越具体的一些定量分析都属于实证分析；越高层次、定性、带有决策分析的问题都是规范分析。

资料来源：豆丁《西方经济学(微观部分)》案例分析 http://www.docin.com/p-155430114.html.

二、边际分析法

19世纪70年代由法国的瓦尔拉斯、奥地利的门格尔、英国的杰文斯几乎同时提出边际分析法，后被称为"边际革命"。边际分析法在西方经济学中受到特别重视，这种分析方法有以下几个特点。

1. 边际分析是最优分析

边际分析实质上是研究函数在边际点上的极值，要研究因变量在某一点递增、递减变动的规律，这种边际点的函数值就是极大值或极小值，边际点的自变量是做出判断并加以取舍的最佳点，据此可以做出最优决策，因此是研究最优化规律的方法。

2. 边际分析是现状分析

边际值是直接根据两个微增量的比求解的，是计算新增自变量所导致的因变量的变动量，这表明，边际分析是对新出现的情况进行分析，即属于现状分析。这显然不同于总量分析和平均分析，总量分析和平均分析实际上是过去分析，是过去所有的量或过去所有的量的比。在现实社会中，由于各种因素经常变化，用过去的量或过去的平均值概括现状和推断今后的情况是不可靠的，而用边际分析则更有利于考察现状中新出现的某一情况所产生的作用、所带来的后果。

3. 边际分析是数量分析

尤其是变量分析，运用这一方法是研究数量的变动及其相互关系。

这一方法的引入，使经济学从常量分析发展到变量分析，这一点从概念上已经说明了。事实上，在经济活动中，恰恰是自变量的微量变动所引起的因变量的变化程度极少相等，即不是直线型，大量是变化率不等的曲线型。边际分析法研究微增量的变化及变量之间的关系，可使经济理论精细地分析各种经济变量之间的关系及其变化过程，也就是说，它对经济变量相互关系的定量分析更严密。

边际即"额外的""追加"的意思，指处在边缘上的"已经追加上的最后一个单位"，属于导数和微分的概念，边际分析法就是运用导数和微分方法研究经济运行中微增量的变化，用以分析各经济变量之间的相互关系及变化过程的一种方法。

这种分析方法广泛运用于经济行为和经济变量的分析过程，如对效用、成本、产量、收益、利润、消费、储蓄、投资、要素效率等的分析多有边际概念。

边际分析法之所以成为经济学研究中的非常重要的方法，是由经济学的研究对象所决定的。由于经济学是研究资源最优效率的使用问题，而最优点实际就是函数的极值点，根据高等数学的知识，很容易理解，数学方法求得极值就是对函数求导数，当它的一阶导数为 0 时，即找到极值点。

边际分析法在 19 世纪 70 年代提出后，首先用于对效用的分析，由此建立了基础理论——边际效用价值论。这一分析方法的运用可以说引起了西方经济学的革命，它的意义表现为：

(1) 边际分析导致了微观经济学的形成。边际分析以个体经济活动为出发点，以需求、供给为重心，强调主观心理评价，导致了以“个量分析”为特征，以市场和价格机制为研究中心的微观经济学的诞生。微观经济学正是研究市场和价格机制如何解决三大基本经济问题，探索消费者如何得到最大满足，生产者如何得到最大利润，生产资源如何得到最优分配的规律。

(2) 边际分析的运用使西方经济学研究重心发生了转变。由原来的政治经济学转为纯粹研究如何抉择把有限的稀缺资源分配给无限需求上去。

(3) 边际分析开创了经济学“数量化”的时代。边际分析本身是一种数量分析，在这个基础上，把各种数量工具逐步引入经济学，数量化分析已经成为西方经济学的主要特征。

(4) 边际分析奠定了最优化理论的基础。在边际分析的基础上，西方经济学从理论上推出了所谓最优资源配置，最优收入分配，最大经济效率及整个社会达到最优的一系列条件和标准。

(5) 边际分析使实证经济学得到重大发展。研究变量变动时，整个经济发生了什么变动，这为研究事物本来面目、回答经济现象“是什么”问题的实证经济学提供了方法论基础。

三、均衡分析——局部均衡与一般均衡分析

经济学的均衡是指经济行为主体意识到进一步改变决策行为已不能获得更多利益，从而不再改变其行为的状态。均衡即平衡，本是物理学中的一个概念，指的是作用在质点上的所有力的合力为零时的状况。均衡被引入经济学的分析中，是假定经济变量达到均衡状态时所出现的情况以及实现均衡的条件。经济学中广泛使用均衡分析方法，均衡概念也是经济学中的一个重要概念。从一定意义上说，微观经济学研究微观经济行为主体的目的，都是为了揭示微观经济行为达到均衡的条件，比如，消费者行为理论就是在给定消费者偏好、收入及商品价格的情况下，研究消费者购买行为达到平衡时的条件；即实现消费者均衡的条件。生产者行为理论则是在给定生产要素价格和生产函数的情况下，研究生产者实现生产要素最佳组合即实现生产者均衡的条件。西方经济学中的均衡分析，包括局部均衡分析和一般均衡分析。

1. 局部均衡分析

在假定其他条件不变，即假定某一变量只取决于本身的各相关变量的作用，而不受其他变量和因素影响的前提下，该种变量如何实现均衡。例如，一种商品的均衡价格只取决于该种商品本身的供求状况，而不受其他商品供求状况的影响。这种分析方法把研究局限在一个局部范围，所以称为局部均衡。

2. **一般均衡分析**

研究某一变量在各种条件和因素作用下，如何实现均衡。与局部均衡分析相对应，从市场上所有各种商品的供求和价格是相互影响、相互依存的前提出发，考察每种商品的供求同时达到均衡状态条件下的某商品均衡价格决定问题，由此建立一般均衡理论体系。一般均衡分析法不仅用于研究整个经济的价格和产量结构，而且用于研究经济运动的许多方面，如实现最大福利的最适度资源配置，社会生产各部门间的投入——产出平衡分析等，都是以一般均衡分析方法为基础。

局部均衡与一般均衡分析法都是均衡分析，是从量的方面研究社会经济现象，只是分析时所考虑的影响均衡的因素在范围上是不同的。

四、静态分析、比较静态分析和动态分析

1. **静态分析**

静态分析就是分析经济现象的均衡状态以及相关经济变量达到均衡状态所需具备的条件，但并不涉及达到均衡状态的过程。静态分析是与均衡分析密切联系的一种分析方法，运用此方法分析经济规律时，是假定这些规律是在一个资本、人口、生产技术、生产组织和需求状况等因素不变的静态社会里起作用。

2. **比较静态分析**

比较静态分析是将一种给定条件下的静态与新的条件下产生的静态进行比较。因为，如果原有的已知条件发生了变化，则会导致有关的变量相应发生一系列变化，从而打破原有的均衡，达到新的均衡。比较静态分析就是对新、旧两种均衡状态进行对比分析。这种分析只是对既成状态加以比较，但并不涉及条件变化的调整过程或路径，不研究如何由原来的均衡过渡到新的均衡的实际过程。

3. **动态分析**

动态分析则是要考察随条件变化而使经济均衡调整的路径或过程。经济动态指在时间序列过程中的经济变动状态，动态分析的主要特征在于加进了时间因素的作用，一方面分析人口、生产技术、资本数量、生产组织等在时间过程的变化，这种变化如何影响经济体系的运动和发展；另一方面须明显地表示出经济变量所属的时间，而经济变量在某一时点上的数值要受以前时点上有关变量数值的制约。正是由于该方法研究变量在继起的各个时间的变化情况，此方法也称为“时间分析”或“序列分析”。

微观经济学主要采用的是静态分析。比如，在消费者行为理论中，我们分别考察了价格、收入变动对消费者均衡的影响；在市场结构理论中，我们分析了厂商和行业在不同需求水平下均衡产量的决定；在要素定理中，我们也比较了在不同市场结构下厂商对均衡要素使用量的选择。至于动态分析只是在蛛网模型中略做介绍。

第四节 现代西方经济学的演变

西方经济学说经历了重商主义、古典经济学、庸俗经济学的发展后，逐步演变为现代的微观经济学和宏观经济学，我们一般通称为西方经济学，直接来源于马歇尔创立的微观

理论和凯恩斯创立的宏观理论。

一、重商主义：经济学的早期阶段

重商主义产生于15世纪，终止于17世纪中期，这是资本主义生产方式的形成与确立时期。重商主义把货币看作是财富的唯一形态，把货币的多寡看成是衡量国家富裕程度的标准。重商主义的这些观点，反映了原始积累时期资本主义经济发展的要求。但重商主义仅限于对流通领域的研究，真正的经济科学只有在从流通领域进入生产领域中才会出现。所以，重商主义并没有形成一个完整的经济学体系，只能说是经济学的早期阶段。

二、古典经济学：经济学的形成时期

古典经济学是从17世纪中期开始，到19世纪70年代前为止。主要代表人物是亚当·斯密，其代表作是1776年出版的《国富论》。《国富论》的发表被称为经济学史上的第一次革命，即对重商主义的革命，这次革命标志着现代经济学的诞生。以斯密为代表的古典经济学的贡献是建立了自由放任为中心的经济学体系。

古典经济学研究的中心是国民财富如何增长，他们强调了财富是物质产品，增加国民财富的途径是通过增加资本积累和分工来发展生产。围绕这一点，他们研究了经济增长、价值、价格、收入分配等广泛的经济问题。斯密认为人都是利己的，他从这点假设出发论述了由价格这只看不见的手来调节经济的运行，可以把个人利己的行为引向增加国民财富和社会福利的行为。因此，由价格调节经济就是一种正常的自然秩序。由此得出了自由放任的政策结论，自由放任是古典经济学的核心，其他问题都是围绕这一问题展开的。

古典经济学自由放任的思想反映了自由竞争时期经济发展的要求。古典经济学家把经济研究从流通领域转移到生产领域，使经济学真正成为一门有独立体系的学科。

三、新古典经济学：微观经济学的形成与建立时期

新古典经济学从19世纪70年代到20世纪30年代止。这一时期经济学的中心仍然是自由放任。从这一方面说，它与古典经济学一脉相承。但是，它又用新的方法，从新的角度来论述自由放任思想，并建立了用价格调节经济的微观经济学体系。所以，在古典经济学前加个“新”字，以示与古典经济学的不同。

新古典经济学的代表人物是英国的阿弗里德·马歇尔(1842—1924)，他是现代微观经济学的奠基人。他于1890年出版了他的最主要著作《经济学原理》，一段时间内一直被资产阶级经济学界奉为划时代的著作，成为近代英、美等国庸俗经济学的基础。

新古典经济学也是把自由放任作为最高准则，但已不像古典经济学那样只重视对生产的研究，而是转向了消费和需求。新古典经济学的研究中心是如何配置经济资源，论述了价格如何使社会资源配置达到最优化，从而从理论上证明了以价格为中心的市场机制的完善性。他们把消费、需求分析与生产、供给分析结合在一起，建立了现代微观经济学体系及其基本内容。微观经济学就是在新古典学派的基础上建立起来的。

四、当代经济学：宏观经济学的建立与发展

当代经济学是以20世纪30年代凯恩斯主义的出现为标志的。

英国的约翰·梅纳德·凯恩斯(1883—1946)是现代宏观经济学的创始人。1930年代大危机使传统的自由市场经济理论受到挑战，凯恩斯于1936年发表了《就业、利息和货币通论》，提出并全面论述了国家干预经济的思想，这既是对传统微观经济学的一大补充，也标志着现代宏观经济学的产生。当然随着资本主义经济的发展，新的经济问题的不断出现，也有不少学者提出新的观点和政策主张，出现了对传统宏观理论进行抨击、责难的不同学派——货币主义、供给学派、新剑桥学派、理性预期学派等。

第二次世界大战后，美国以萨缪尔森为代表的经济学者，把微观理论和宏观理论综合在一起，构成了现代流行的西方经济学主流的思想体系。

事实上，西方学者的理论，随着历史条件的变迁不断改变其说法，本身就表明理论的演变性质，理论总是要随着经济现实的变化而不断发展。

本章小结

作为全书的绪论，本章概括性地介绍了西方经济学的研究对象、研究内容、研究方法以及发展简史。西方经济学研究人类社会生活中的经济问题、研究生产资源有效配置和充分利用、研究不同经济体制下资源配置和利用等。西方经济学的研究内容包括微观经济学、宏观经济学以及国际经济学。西方经济学包括总量与个量分析，一般均衡与局部均衡分析，静态、比较静态与动态分析，实证与规范分析以及经济模型等多种研究方法。

简　答　题

1. 试述微观经济学研究的基本问题。
2. 经济学中的均衡的含义是什么？

案例剖析：经济学假设——理性经济人

在我们日常生活中，每个人其实都在自觉不自觉地运用着经济学知识。例如，在自由市场里买东西，我们喜欢与小商小贩讨价还价；到银行存钱，我们要想好是存定期还是活期。经济学对日常生活到底有多大作用，有一则关于经济学家和数学家的故事可以参考。

有三个经济学家和三个数学家一起乘火车去旅行。数学家讥笑经济学家没有真才实学，弄出的学问还摆了一堆诸如"人都是理性的"之类的假设条件；而经济学家则笑话数学家们过于迂腐，脑子不会拐弯，缺乏理性选择。最后经济学家和数学家打赌看谁完成旅行花的钱最少。

三个数学家于是每个人买了一张票上车，而三个经济学家却只买了一张火车票。列车员来查票时，三个经济学家就躲到了厕所里，列车员敲厕所门查票时，经济学家们从门

缝里递出一张票说，买了票了，就这样蒙混过关了。三个数学家一看经济学家们这样就省了两张票钱，很不服气，于是在回程时也如法炮制，只买了一张票，可三个经济学家一张票也没有买就跟着上了车。数学家们心想，一张票也没买，看你们怎么混过去。等到列车员开始查票的时候，三个数学家也像经济学家们上次一样，躲到厕所里去了，而经济学家们却坐在座位上没动。过了一会儿，厕所门外响起了敲门声，并传来了查票的声音。数学家们乖乖地递出车票，却不见查票员把票递回来。原来是经济学家们冒充查票员，把数学家们的票骗走，躲到另外一个厕所去了。数学家们最后还是被列车员查到了，乖乖地补了三张票，而经济学家们却只掏了一张票的钱，就完成了这次往返旅行。这个故事经常被经济学教授们当作笑话讲给刚入门的大学生听，以此来激发学生们学习经济学的兴趣。

但在包括经济学初学者在内的大多数人看来，经济学既枯燥又乏味，充满了统计数字和专业术语，远没有这则故事生动有趣；而且经济学总是与货币有割舍不断的联系，因此，人们普遍以为，经济学的主题内容是货币。其实，这是一种误解。经济学真正的主题内容是理性，其隐而不彰的深刻内涵就是人们理性地采取行动的事实。经济学关于理性的假设是针对个人而不是团体。经济学是理解人们行为的方法，它源自这样的假设：每个人不仅有自己的目标，而且还会主动地选择正确的方式来实现这些目标。这样的假设虽然未必总是正确，但很实用。在这样的假设下发展出来的经济学，不仅有实用价值，能够指导我们的日常生活，而且这样的学问本身也由于充满了理性而足以娱人心智，令人乐而忘返。尽管我们在日常生活中时常有意无意地运用了一些经济学知识，但如果对经济学知识缺乏基本的了解，就容易在处理日常事务时理性不足，给自己的生活平添许多不必要的烦扰。比如，刚刚买回车子，没过两天，这款车子却降价了，大部分人遇到这种情况的时候都垂头丧气，心里郁闷得很；倘若前不久刚刚买了房子，该小区的房价最近却上涨了，兴高采烈是一般购房者的正常反应。这些反应虽然符合人之常情，但跌价带来的郁闷感觉却是错误的。

经济学认为，正确的反映应该是：无论是跌价，还是涨价，都应该感觉更好。经济学认为，对消费者而言，最重要的是你消费的是什么——房价、车价是多少以及其他商品的价格是多少。在价格变动以前，你所选择的商品组合(房子、车子加上用收入余款购买的其他商品)就是对你来说是最好的东西。如果价格没有改变，你会继续这样的消费组合。在价格变化以后，你仍然可以选择消费同样的商品，因为房子、车子已经属于你了，所以，你不可能因为价格变化而感觉更糟糕。但是，由于房子、车子与其他商品的最佳组合取决于房价、车价，所以，过去的商品组合仍然为最佳是不可能的。这就意味着现在还有一些更加吸引人的选择，因此，你的感觉应该更好。新的选择虽然存在，但你却更钟情于原来的最佳选择(原来的商品组合)。

在日常生活中，我们还常常烦扰于别人为什么挣得比我多，总是觉得自己得到的比应得的少，而经济学却告诉我们这样的感觉是庸人自扰，也是错误的。经济学认为别人比自己挣得多是正常的，自己得到的就是应得的，如果自己不能理性地坦然面对，只会给自己的生活带来不必要的烦扰和忧愁。

我们之所以在日常生活中遇到这样那样的烦扰，主要还是因为对经济学有一些误解，这可能是经济学说起来比较简单的缘故。“供给与需求”“价格”“效率”“竞争”等都是大家耳熟能详的经济学词汇，而且这些词汇的意思也是显而易见的，因此，很多时候，似乎人人都是经济学家。人们不敢随便在一个物理学家或数学家面前班门弄斧，但在一个经济学家面前，谁都可以就车价跌了该高兴还是该郁闷等实际问题随意发表自己的见解。其实，经济学中有许多并非显而易见的内容，并不是每个人想象的那么简单。在经济学领域，要想从"我听说过"进入"我懂得"的境界并不是件轻而易举的事情。

因此，掌握正确的经济学知识，将经济学思考问题的方法运用到日常生活中来，使我们能够更加理性地面对生活中的各种琐事，小到油盐酱醋，大到谈婚论嫁，就会减少生活中的诸多郁闷和不快，多一些开心，多一些欢笑。

资料来源：梁小民.微观经济学纵横谈.北京：生活·读书·新知三联书店，2000.

第二章

均衡价格理论

任何一个讲话不结巴，能鹦鹉学舌的聪明人，都能学习经济学，只要教会他说需求和供给就行了。

——萧伯纳

本章导读

微观经济学的基本目的是要了解市场体系的运行规律。在任何一种商品的市场上，供给和需求决定价格，价格反过来影响供给和需求，几乎所有的微观经济学都可归结为需求、供给与价格之间的关系问题。因此均衡价格理论是整个微观经济学的核心理论。本章就从考察供给和需求出发，进一步分析供求如何决定市场均衡价格和均衡数量，并在此基础上深入分析价格、供给量、需求量变动的敏感程度，阐明需求弹性和供给弹性理论的实质及现实应用。

学习目标

通过对本章的学习，重点掌握微观经济学的核心理论——均衡价格论。掌握供给和需求的概念及其影响因素，掌握供给和需求函数、供给定理和需求定理。掌握供给和需求共同作用如何决定均衡价格和均衡数量，以及供给和需求的变化如何影响均衡价格和均衡数量。了解动态均衡条件下蛛网模型的三种形态。理解供给价格弹性、需求的收入弹性和需求的交叉弹性，掌握需求价格弹性以及需求价格弹性与总收益的关系。

关键概念

需求(demand)
供给(supply)
均衡价格(equilibrium price)
需求价格弹性(elasticity of demand price)
供给价格弹性(elasticity of supply price)

第一节　需求及需求曲线

市场是西方经济学的核心，市场是买卖双方进行商品交换的场所，因此，市场是由买卖双方组成的，是需求与供给的对立统一。供求是市场运作的最基本的机制，也是西方经济学研究市场运作的最基本的工具。有人开玩笑说，连鹦鹉学舌也能解释各种各样的经济问题，只要教会它两个字——"供求"。由此可见，"供求"这个词在西方经济学中的重要性。我们的分析就先从需求开始。

一、需求量及其影响因素

需求(demand)是指在某一特定时期内，假定其他条件不变，对应于某一商品的各种价格，人们愿意而且能够购买的该种商品的数量。显然这里的需求指的是有效需求或现实的需求，如果只有购买的愿望而没有购买的能力，或者虽有购买的能力而没有购买的愿望，都不能产生有效的需求，不能在市场上形成实际的购买力。而这种需求显然也不是消费者实际的购买量。构成商品有效需求的因素主要有两个方面：一是主观购买欲望，二是客观购买能力。这两方面条件缺一不可。

在理解需求这一概念时，"在某一定特定时期内"这一限制条件必不可少，因为如一天的需求与一年的需求不能等量齐观，这说明需求是一个流量的概念。另外，需求的定义中，我们还"假定其他条件不变"，把价格水平作为影响需求的唯一因素。这种假定是由价格的影响力和研究的角度决定的。

需求不同于需要。需要及其无限性在经济学中是作为前提被假定的，而需求则是经济学致力于研究的基本方面。需要只要具备主观购买欲望，而需求则需要主观购买欲望和客观购买能力两方面同时具备。

影响商品需求数量的因素有很多，主要有：

1. 商品自身的价格

商品自身的价格是影响该商品需求量的关键因素。一般来说，对某种商品的需求量与该商品的价格高低负相关，即某种商品的价格越高，则对该商品的需求量越小；反之，则越大。

2. 消费者的收入水平

消费者的收入水平直接影响着消费者对某种商品的需求量。收入对需求的影响根据商品的不同特性而有所不同。消费者收入水平的变动对不同商品的需求量的影响既可能是正相关的，又可能是负相关的。对大部分正常商品而言，消费者的收入越高，对它们的需求就越大；反之则越小。而对另外一部分劣等商品而言，随着收入水平的提高，对它们的需求反而下降。一些较低档的日用消费品如化纤服装、黑白电视机等，在城镇居民收入有较大提高时，其需求就会下降。

3. 相关商品的价格

当一种商品本身的价格保持不变，而和它相关的其他商品的价格发生变化时，这种商品本身的需求量也会发生变化。商品之间的关系有两种，一种是互补关系，另一种是替代关系。

所谓**相关商品**就是使用价值密切关联的商品，它包括两种类型：一是**替代品**，即在消费中相当程度上可相互替代的商品，如猪肉和牛肉，当猪肉的价格上升，牛肉的需求就会增加；而猪肉的价格下降，牛肉的需求则会减少。一般来说，某种商品的替代品价格越高，就显得这种商品相对便宜，因而对这种商品的需求就会增加；反之，则相反。二是**互**

补品，即需要相互补充配套才能发生效用的商品，如汽车和汽油，当汽车的价格提高，就会引起汽车的需求减少，从而引起汽油需求的减少；而汽车价格降低，则会引起汽车需求的增加，从而引起汽油需求的增加。因此，当某种商品的互补品价格上涨时，这种商品的需求也会随之减少；反之，则增加。

4. 消费者偏好

所谓**消费者偏好**，就是消费者对某种商品的偏爱和喜欢。例如，爱吸烟的人对香烟有较大的需求，而不爱吸烟甚至不吸烟的人只有较小的需求甚至完全没有需求。一个消费者对某种商品的偏好增加后，即使价格不变，需求量也会增加。

5. 人口及其结构

需求也取决于人口的规模。在其他条件不变的情况下，人口越多，对所有物品与劳务的需求越大；相反，人口越少，对所有物品与劳务的需求越小。不仅如此，需求还受人口结构的影响，农村人口占总人口的比例越高，适宜于农村人口消费的产品和劳务的需求就越多；反之，就越少。

6. 对未来的预期

对未来的预期包括对未来价格的预期和对收入的预期。如果人们预期某种物品价格要上升，现在就会更多地购买这种物品，而在未来价格上升之后减少其购买。如果人们预期某种物品价格会下降，那么，就会减少当前的购买，待未来价格下降后再增加购买。同样，如果人们预期未来收入会增加，就会增加现期的购买，如果预期未来收入可能减少就会减少当前的购买，而将部分货币收入留待以后开支。

7. 国家的消费政策

不同时期，国家有不同的消费政策。例如，改革开放以前，人民群众物质生活水平较低。所以，当时社会上人们奉行“新三年，旧三年，缝缝补补又三年”的穿衣习惯。现在，国家鼓励人们消费，甚至鼓励人们超前消费，银行也推出各种优惠贷款措施。这种不同的消费政策直接影响人们对一些商品的需求量。

总之，影响需求的因素是多种多样的，除以上因素之外，当然还有其他的因素如气候、时间、文化、制度等，也都不同程度地影响需求。

二、需求函数、需求表和需求曲线

1. 需求函数

需求函数表示在某一特定时期内市场上某种商品的各种可能的购买量和决定这些购买量的因素之间的关系。如上所述，对某种商品的需求是受很多因素影响的。如果用 Q_d 表示对某一商品或劳务的需求量，需求函数可表达为

$$Q_d = f(T, I, P, P_i, E, \cdots) \tag{2-1}$$

其中，Q_d 代表某种商品的需求量，T 代表偏好，I 代表收入，P 代表该商品的价格，P_i 代表其他商品的价格，E 代表对未来情况的预期，等等。

由于影响需求量的因素多种多样，因此，需求函数是多元函数。但微观经济学考察需求函数，总是从影响需求变化的最基本、最主要因素——商品自身的价格出发，而假定其他因素既定不变。这样，就把需求函数定义为需求和价格之间的依存关系。通常所说的

需求函数，也就是指需求的价格函数。如果用 Q_d 代表对某种商品的需求，用 P 代表价格，f 代表需求与价格之间的函数关系，那么，需求函数可记为

$$Q_d = f(P) \tag{2-2}$$

式中，P 是自变量，Q_d 是因变量。

人们的需求总是要受收入的制约。由于需求是价格的函数，那么，当价格很高时，需求是否就会无限小，甚至趋于零呢？这要看是对什么商品的需求。对于高档商品和奢侈品是如此，而对生活必需品特别是维持生存的消费品则不然。如粮食，无论价格多高，都必须购买一定量的粮食作为生活必需。这部分需求不受价格影响或受价格影响很小。因此，可以把上述函数写成

$$Q_d = a - bP \tag{2-3}$$

式中，a 为需求曲线在横轴上的截距，它是自发性消费所引起的需求，不依价格为转移。b 是需求曲线相对于价格轴的斜率，bP 是依存于价格的需求。bP 前面的负号表示需求 Q_d 与价格 P 负相关。

2. **需求表**

需求表是指在某一特定时点，对应于某一价格水平，买者所愿意并能够购买的某种商品数量的表列。需求表分“个人需求表”和“市场需求表”两种。需求表可以直观地表明价格和需求量之间的一一对应关系。表 2-1 所示的是一张个人需求表。

表 2-1　个人需求表

商品组别	单位商品的价格(P)	个人需求量(Q_1)
A	6	1
B	5	2
C	4	3
D	3	4
E	2	5
F	1	6

表 2-1 描述了某人在某一天对某种商品愿意并支付得起的需求是：每单位商品价格为 6 元时，购买 1 单位；单价为 5 元时，购买 2 单位；依此类推，当单价分别为 4 元、3 元、2 元、1 元时，购买量分别为 3、4、5、6 单位。

上面讲的是单个消费者的需求。微观经济学认为，单个消费者的需求及其变化对某种商品价格和产量的影响是微不足道的。只有把市场上所有单个消费者的需求加在一起，才能显示影响。市场上许许多多单个消费者的需求的综合叫市场需求。如果用 Q_{MD} 代表市场需求，Q_{D1}，Q_{D2}，…，Q_{Dn} 代表众多的个人需求，则

$$Q_{MD} = Q_{D1} + Q_{D2} + \cdots + Q_{Dn} = \sum_{i=1}^{n} Q_{Di} \tag{2-4}$$

假如聚集大量的人群在同一市场上购买某种商品，如果发给每一个人一份需求表，要求填写这一天他(或她)对每单位商品价格分别为 1 元、2 元、3 元、4 元、5 元和 6 元时，所愿意并能够购买的商品数量，然后汇总起来，就可以得到这种商品的“市场需求表”，如

表 2-2 所示。

表 2-2 市场需求表

商品组别	单位商品的价格(P)	市场需求量(Q_1)
A	6	1000
B	5	1200
C	4	1600
D	3	2200
E	2	3000
F	1	4000

3. 需求曲线与需求向下倾斜规律

用图示法把需求表中需求量与商品价格之间的关系表示出来，就可以得到一条曲线。这种表示需求量与商品价格的关系的曲线，称为**需求曲线**。如图 2-1 所示，以纵轴表示商品价格，以横轴表示市场需求量，根据表 2-1 所列数字，可以做出市场需求曲线 D 线。类似地，也可以做出个人需求曲线。

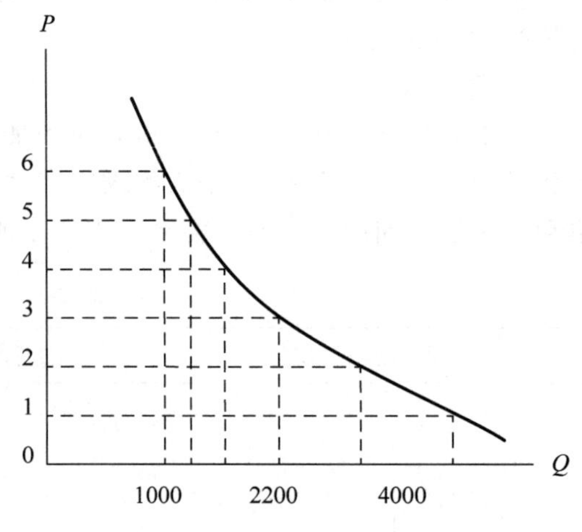

图 2-1 市场需求曲线

需求曲线的形状通常是由左上方向右下方倾斜。它表示需求量与商品的价格成反方向变化。当某一商品的价格下降时，在其他情况不变的条件下，消费者对这种商品愿意而且能够购买的数量就会增加；反之，某种商品的价格上升，在其他情况不变的条件下，对其需求量就会减少。商品需求量与其价格之间这种互为反方向变化的依存关系，称为**需求向下倾斜规律**。

需求规律可以用购买经验加以说明，也可以用替代效应和收入效应来解释需求曲线的通常形状。当一种商品的价格下降时，如果其他情况不变，特别是其替代品的价格不变，替代品就会变得相对昂贵，消费者就会减少替代品的购买转而增加对这种商品的消费，从而使该种商品的需求量增加。这种由替代品价格相对变化所引起的需求量的变化，叫作**替代效应**。如果消费者的货币收入不变，价格下降意味着消费者实际收入的增加，从而可以增加对这种商品的需求量，这种效应叫作**收入效应**。在收入效应和替代效应的共同作用下，商品的价格和需求量成反方向变动。

前面说的是需求曲线的一般形态，但在某些市场上商品的需求曲线呈现多种不同情况：

(1) 炫耀性商品，其价格与需求量呈同方向变化。即自左下方向右上方倾斜。例如首饰、豪华轿车、奢侈品等，只有价高才能显示其社会身份；低价高档消费群的需求量反而下降。

(2) **吉芬效应**(Giffen paradox)也被称作吉芬之谜,它是需求量与价格之间关系的反常现象。吉芬是19世纪英国经济学家。吉芬发现,在1845年爱尔兰发生灾荒时,马铃薯的价格虽然急剧上涨,但它的需求量反而增加。很多经济学家困惑不解,试图寻求答案。后来,英国经济学家吉芬解释了这一现象,原因是灾荒造成爱尔兰人实际收入急剧下降,不得不增加这类生活必需的低档食品的消费。人们就用他的名字命名这一有着特殊变化规律的商品。

【案例2-1】

需求定理的一个重要条件

为什么演唱会的门票价格高需求也不减少,是因为其他条件发生了变化,在实践中,我们则要经常考虑"其他条件"。如果大雨连天,雨伞的价格上升,而其需求量也增加了。从现象看,这显然是与需求定律不容,这是否意味着需求定律是错的？不是,因为我们还没有考虑"其他条件"。依此类推,股票价格上涨,买的人反而多了,是因为存在"其他条件",如投资者预期该股票的价格还会上涨,有钱可赚。同理,在土豆价格上涨,需求量反而上升,是因为消费者收入较低,买不起其他食品,或者说,消费的主食因收入的限制而只好采用土豆,当土豆价格上涨时,他们预期价格还会涨,于是就去抢购了,这就是经济学所说的"吉芬商品"。

资料来源:豆丁《西方经济学(微观部分)》案例分析 http://www.docin.com/p-155430114.html.

三、需求量的变动和需求的变动

所谓**需求量的变动**是指在决定需求的其他因素(如消费者的收入、偏好、相关商品的价格及预期商品价格等)不变的情况下,只是由于某种商品本身价格的变化所引起的该商品需求量的变动。从需求曲线来看,需求量的变动表现为同一条需求曲线上点的移动。如图2-2所示。当价格由 P_0 上升为 P_1 时,需求量从 Q_0 减少 Q_1 到,在需求曲线 D 上则是从 b 点向上方移动到 a 点。当价格由 P_0 下降到 P_2 时,需求量从 Q_0 增加到 Q_2,在需求曲线 D 上则是从 b 点向下方移动到 c 点。可见,在同一条需求曲线上,向上方移动是需求量减少,向下方移动是需求量增加。

需求的变动是指在商品本身的价格保持不变的情况下,由于其他因素(如消费者的收入水平、偏好、其他相关商品的价格以及预期的商品价格等)的变化所引起的该种商品的需求数量的变动。从需求曲线上看,需求的变动不是沿着同一需求曲线上点的移动,而是整个需求曲线的平行移动。如图2-3所示,假定原来的需求曲线为 Q_0,如果由于消费者对该商品的喜爱程度降低,或者由于消费者的收入减少,或者由于其他的替代商品的价格下降,在价格仍为 P_0 时,需求量从 Q_0 减少到 Q_1,则整个需求曲线由 D_0 向左方移动到 D_1。这表明消费者在每一价格水平下都相应地减少了对该商品的需求。相反,在价格仍为 P_0 时,需求量则从 Q_0 增加到 Q_2,整个需求曲线由 D_0 向右方移动到 D_2。这表明消费者在每一价格水平下都相应地增加了对该商品的需求。可见,需求曲线向左方移动是需求减少,需求曲线向右方移动是需求增加。

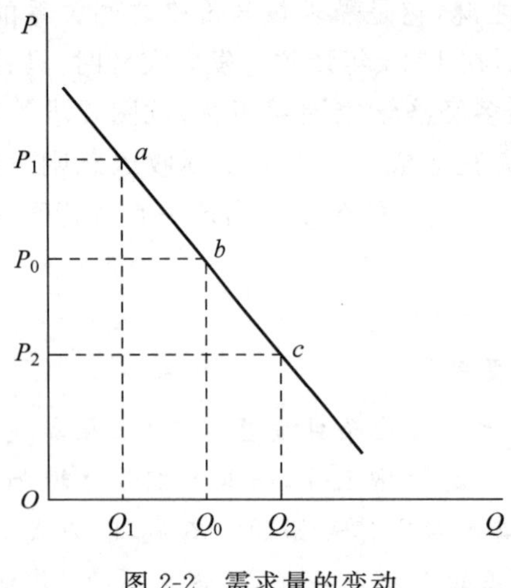

图 2-2 需求量的变动

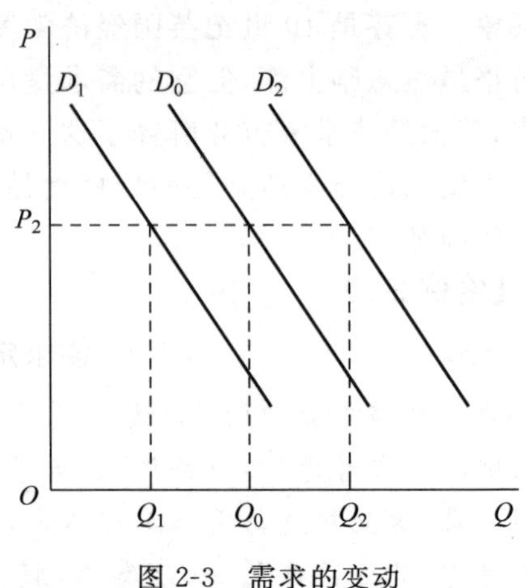

图 2-3 需求的变动

第二节 供给及供给曲线

一、供给量及其影响因素

供给(supply)是与需求相对应的一个概念。需求是就消费者而言的，供给则是对生产者而言的。所谓**供给**是厂商在某一特定时间内在每一价格下对一种商品愿意而且能够提供出售的数量。与需求相类似，供给也有两层含义：一是厂商有提供商品的欲望，二是厂商有提供商品的能力。二者缺一不可，否则就不能算作供给。

和需求一样，供给也分为个别供给和市场供给。个别供给是指各厂商对某种商品的供给。市场供给是指该商品市场所有个别供给的总和，即与每一可能的售价相对应的每个厂商供给量的总和。

影响供给量的因素有很多，主要有以下几种：

(1) 商品本身的价格。一般来说，一种商品的价格越高，生产者提供的产量就越大。相反，商品的价格越低，生产者提供的产量就越小。

(2) 其他商品的价格。在一种商品的价格不变，而其他相关商品的价格发生变化时，该商品的供给量会发生变化。在一种商品的价格不变而其他商品价格上涨时，则生产者会转而生产其他商品。这样，价格没变的商品供给量减少，而其他商品的供给量增加。例如，对某个生产小麦和玉米的农户来说，在玉米价格不变和小麦价格上升时，该农户就可能增加小麦的耕种面积而减少玉米的耕种面积。

(3) 生产的技术水平。生产技术的提高，可以降低原有的生产成本，使在同一价格水平下，可以提供更多的产品，供给量增加。因而商品的供给与技术水平的提高正相关。

(4) 生产要素的价格。生产要素的价格构成商品的生产成本，也是决定供给的重要因素。在其他条件不变的情况下，要素价格上升，成本提高，厂商利润减少，导致厂商减少生产，从而减少供给；反之，则供给增加。

(5) 对未来的预期。如果生产者对未来的预期看好，如预期商品的价格会上涨，生产者往往会扩大生产，增加产量供给；如果生产者对未来的预期是悲观的，如预期商品的价格会下降，生产者往往会缩减生产，减少产量供给。

(6) 政府税收政策。政府的税收政策影响企业的生产，税收高，企业成本高，企业就会减少生产。税收低，企业就会增加生产。

影响供给的因素有很多，还有其他的如生产者的数量、气候、时间、税收和补贴等因素也可能影响供给。

二、供给函数、供给表和供给曲线

供给函数是指商品供给量和决定供给量的各种因素之间的关系。由于影响商品供给量的因素很多，供给函数是一个多元函数，公式如下：

$$Q_s = f(P, P_i, P_j, a, E, \cdots) \tag{2-5}$$

其中，Q_s 代表某种商品的供给量，P 代表该商品的价格，P_i 代表其他商品的价格，P_j 代表生产要素的价格，a 代表技术水平，E 代表未来的预期，等等。

在微观经济分析中，通常把商品本身的价格看作是影响商品供给量的最基本的要素，假定其他因素不变，价格作自变量，供给量作因变量，则供给函数可记为

$$Q_s = f(P) \tag{2-6}$$

同需求一样，供给函数 $Q_s = f(P)$ 也可以分别用商品的供给表和供给曲线来表示。**供给表**是商品本身价格和供给量之间一一对应关系的一览表。表 2-3 是某商品的供给表。

表 2-3　某商品的供给表

商品组别	单位商品的价格(P)	市场供给量(Q_s)
a	2	20
b	4	40
c	6	60
d	8	80
e	10	100

根据供给表可以得到供给曲线，如图 2-4 所示。从图中可以看出，供给曲线是一条由左下方向右上方倾斜的曲线，即它的斜率为正值，这说明，在影响供给的其他因素既定的条件下，商品的供给量与其价格之间存在正向的依存关系，即商品价格上升，供给量增加；商品价格下降，供给量减少。这就是**供给规律**。

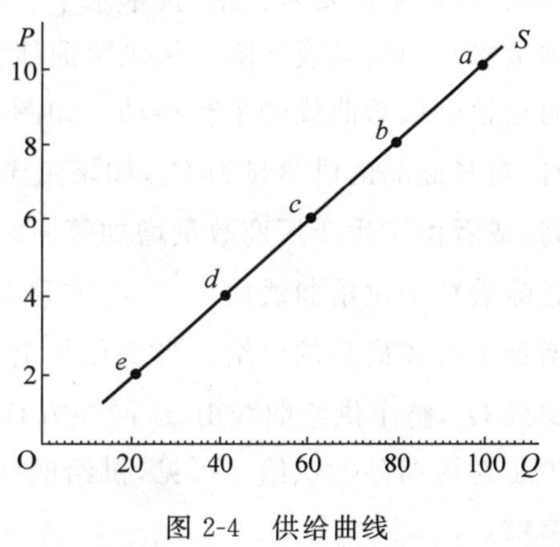

图 2-4　供给曲线

供给规律揭示的价格与供给量之间的这种关系，可以用生产者的目的和行为模式加以解释。生产者的目的是追求最大限度的利润，利润来自

于收益与成本之间的差额。如果其他情况不变,如生产成本不变,价格越高,生产者增加供给就越有利可图;反之,价格下跌,将使利润量减少,从而使生产者愿意而且能够提供的商品数量减少。

供给曲线一般是一条正斜率或者向右上方倾斜的曲线,但是也有极少数商品的供给曲线的形状例外。

(1) 劳动的供给曲线,与一般的供给曲线不同。

劳动的供给最初会随着工资的提高而增加,但当工资提高到一定水平,随着工资进一步提高,工人劳动的供给反而减少,曲线向左弯回。劳动的供给之所以呈以上形状,是因为随着工资率的进一步提高,劳动者仅用较少的工作时间就可以获得原先需要较多工作时间才能获得的维持基本开支所需的工资收入,这时,他在闲暇与工作之间更倾向于前者。

(2) 特殊商品市场如古字画等,供给曲线也可能不规则同上。

古董、字画、名贵邮票等历史珍品,当价格提高后,人们开始把存货拿出,但当价格上升到一定程度后,人们意识到这是值钱的东西,于是不再卖出,供给反而减少。

三、供给量的变动和供给的变动

所谓**供给量的变动**,是指在决定供给的其他因素(如生产要素价格、技术水平、相关商品的价格等)均保持不变的情况下,只是由于某种商品本身价格的变化所引起的对该商品供给量的变动。从供给表来看,供给量的变动表现为同一供给表内价格与供给量的组合的变动。从供给曲线来看,供给量的变动表现为同一条供给曲线上的点的移动。如图 2-5所示,当价格由 P_0 上升为 P_1 时,供给量从 Q_0 增加到 Q_1,在供给曲线 S 则是从 b 点向上方移动到了 a 点。当价格由 P_0 下降到 P_2 时,供给量从 Q_0 减少到 Q_2,在供给曲线 S 上则是从 b 点向下方移动到了 c 点。可见,在同一条供给曲线上,向上方移动是供给量增加,向下方移动是供给量减少。

与供给量的变动不同,**供给的变动**是指在商品本身的价格保持不变的情况下,由于其他因素(如生产要素价格、技术水平、相关商品价格等)的变化所引起的供给变动,即整个供给水平的提高或下降。从供给曲线上看,供给的变动不是同一供给曲线上的点的移动,而是整个供给曲线的平行移动。如图 2-6 所示,假定原来的供给曲线为 S_0,在价格是 P_0 时,对某商品的供给量为 Q_0,如果由于生产要素的价格下降了,或者由于生产技术水平提高,或者由于生产厂商数量增加等原因,在价格仍为 P_0 时,供给量从 Q_0 增加到了 Q_1,则意味着整个供给曲线由 S_0 向右方移动到 S_1,从而表明厂商在每一价格水平下都相应地增加了对该商品的供给。当变化与上述情况相反时,在价格仍为 P_0 时,供给量从 Q_0 减少到 Q_2,整个供给曲线由 S_0 向左方移动到 S_2,从而表明厂商在每一价格水平下都相应减少了对该商品的供给。可见,供给曲线向左方移动是供给减少,供给曲线向右方移动是供给增加。

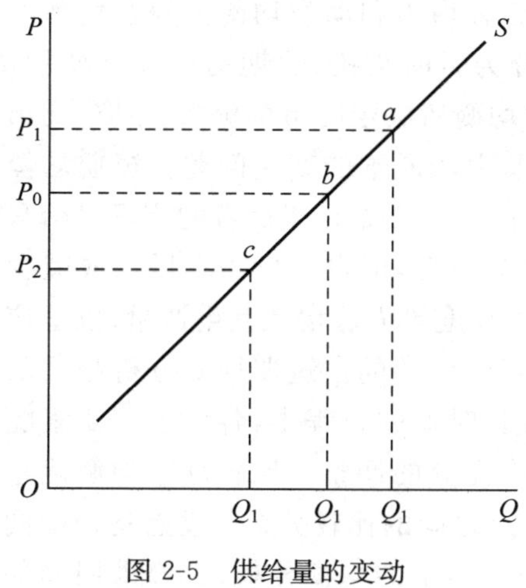

图 2-5　供给量的变动

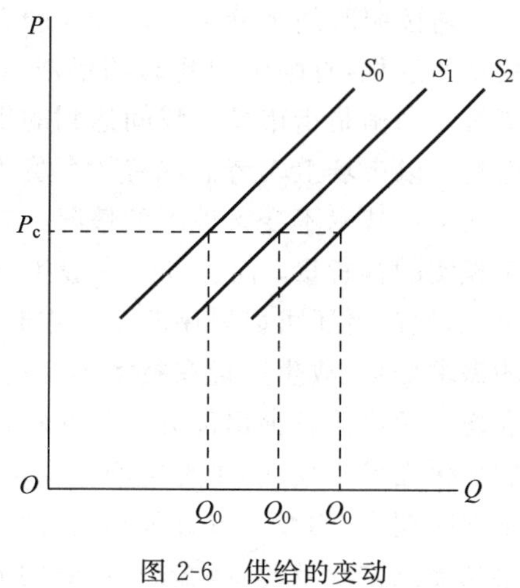

图 2-6　供给的变动

第三节　均衡价格论

分析了需求和供给之后，现在我们把它们结合起来说明，它们如何决定市场上一种物品的价格和销售量。需求曲线说明了消费者对某种商品在每一价格下的需求量是多少，供给曲线说明了生产者对某种商品在每一价格下的供给量是多少。但是，它们都没说明这种商品本身的价格究竟是如何决定的。那么，商品的价格是如何决定的呢？微观经济学中的商品价格是指商品的均衡价格。商品的均衡价格是在商品的市场需求和市场供给这两种相反力量的相互作用下形成的。

一、均衡价格（eequilibrium price）的决定

在西方经济学中，均衡分析按照考察范围不同可分为局部均衡分析和一般均衡分析。**局部均衡**是假定在其他条件不变的情况下，分析某一时间、某一市场的某种商品（或生产要素）的供给与需求达到均衡时的价格决定。这里讲的其他条件不变，是指这一市场的某一商品的供求和价格等对这一市场其他商品的供求和价格等不发生影响，而这一市场其他商品的供求和价格以及其他所有市场的商品供求及价格等，对这一市场的该商品的供求和价格等也不发生作用。它把研究范围只局限于某一市场或某一经济单位的某种商品或某种经济活动，并假定这一商品或经济单位与其他市场或经济单位互不影响，所以称为局部均衡分析。比如马歇尔的供求均衡理论属于局部均衡分析。**一般均衡分析**在分析某种商品价格决定时，是在各种商品和生产要素的供给、需求、价格相互影响的条件下来分析所有商品和生产要素的供给和需求同时达到均衡时所有商品的价格如何被决定。所以，一般均衡分析把整个经济体系视为一个整体，从市场所有商品的价格、供给和需求是互相影响、互相依存的前提出发，考察各种商品的价格，也就是说，一种商品的价格不仅取决于它自身的供给和需求的状况，也受到其他商品的价格和供求状况的影响，因而一种商品的价格和供求的均衡，只有在所有商品的价格和供求都达到均衡时才能决定。

均衡按照时间来分又可以分为静态均衡、比较静态均衡和动态均衡。静态均衡不考虑变动的过程，着眼于均衡态的形成，因而进一步分为暂时均衡、短期均衡和长期均衡。所谓暂时均衡是指市场上瞬间达到的供给与需求的均衡所决定的市场价格。其最突出的特点是只以市场上卖者们现有的存货为条件，不涉及生产成本的变化问题。短期均衡是指一般生产技术不变条件下的情况。它与暂时均衡的不同之处在于后者的市场供给只取决于现实的存货量；而前者的一般生产技术虽假定为不变，但在市场需求增加或减少的情况下，生产者还可以采用改变工作时间或机械利用程度等方法增减其生产量，以适应市场的需求变化，故生产量在技术不变的情况下仍是可以变动的。短期均衡分析是马歇尔供求均衡理论的较突出部分。长期均衡指在一个较长时期的过程中，各种生产要素随需求的变化而发生变化，于是生产量也可随之变化而作充分的调整。比较静态均衡侧重于在不同时期内，均衡点位置移动后，两个或多个均衡点之间的比较分析。动态均衡则同时考察均衡点位移及对变动过程本身的分析。微观经济学中的均衡分析，大都采用局部静态或比较静态均衡分析。

从上两节对需求及供给的分析中可以看出，需求规律说明了某一商品在某一价格下的需求量，而供给规律说明了某一商品在每一价格下的供给量，要说明该商品价格的决定，就必须将需求和供给结合起来考虑。

所谓**均衡价格**，是指使需求量恰好等于供给量的价格，在均衡价格下决定的产量也称为均衡产量。

如图 2-7 所示，DD 是某种商品的市场需求曲线，SS 线是该商品的市场供给曲线，DD 线与 SS 曲线相交于 E 点，E 点表示该商品市场达到均衡状态的均衡点，E 点所对应的价格 P_E 就是均衡价格，与该价格相对应的交易量 Q_E，即是需求量，又是供给量。

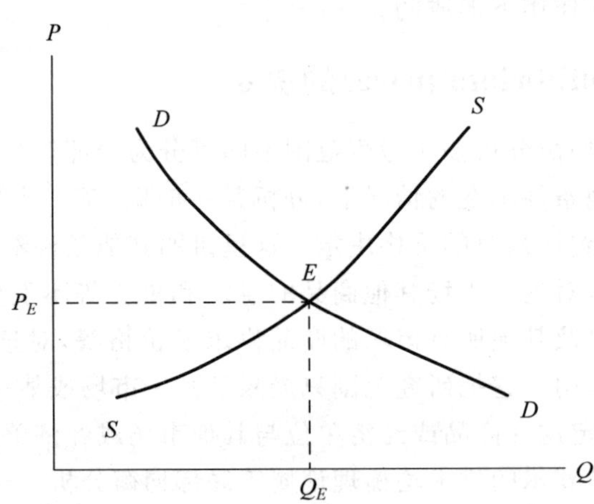

图 2-7　均衡价格和均衡产量

均衡价格是一个竞争市场上唯一持久的价格，其他任何可能的价格，最终都将趋向于这个价格。如果没有外力的作用，这时价格将处于均衡状态，既不存在上升，也不存在下降的倾向。一旦均衡价格形成，市场价格也就决定了。

均衡价格的形成，或者说某一商品市场达到均衡的过程，也可以把供给曲线和需求曲线结合在一起进行分析，如图 2-8 所示。

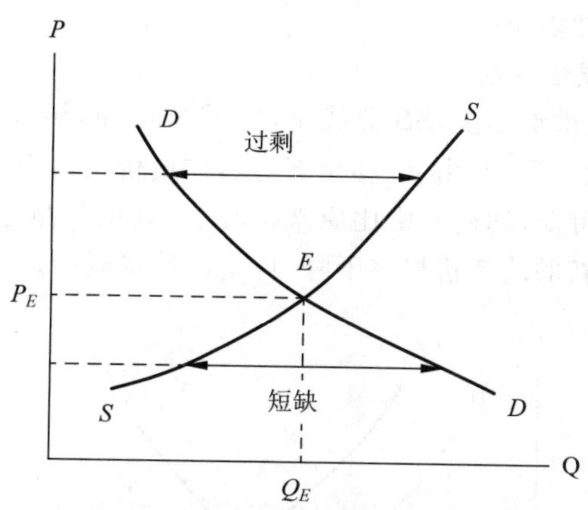

图 2-8 均衡价格的形成

在均衡价格以上，供给量大于需求量，存在过剩供给或需求不足。这时由于卖者之间的竞争必然导致价格逐渐下降，供给量逐渐减少，需求量逐渐增加。这个过程一直持续下去，直到价格达到均衡价格为止，需求量和供给量都等于均衡产量。

相反，在均衡价格以下，供给量小于需求量，存在短缺现象，由于买方愿意付出高价以买到所希望的商品，这种情况必然导致买方之间的竞争，结果使价格逐渐上升，需求量逐渐减少，供给量逐渐增加，直到价格上升为均衡价格，供给量和需求量都等于均衡产量。

【案例 2-2】

是先有蛋还是先有鸡

当然，有一个问题还不能说清：究竟是先产生需求再产生供给呢，还是先产生供给再产生需求？这有点像问“是先有蛋还是先有鸡”。我想，可能有时候是需求带动供给，很多的新产品就是在人们强烈的需求下产生的；也有时候是供给诱导需求，比如新潮的时装，常常是提供出来之后，才左右了人们的视线，引发了人们的需求。但在某一种商品的价格决定中，供给与需求就像一把剪刀的两个刀片，作用是不分彼此共同决定一种商品的价格；同时价格又像一只无形的手在市场经济中自发地调节需求，调节供给，调节的最后结果使市场达到了均衡——社会资源配置合理。

总之，许多的东西在经济学家眼里都成了产品，都可以从供给和需求的角度来进行分析。需求是提供产品的动力，供给是满足需求的前提。比如要兴办教育，是因为存在大量的对“教育”产品有需求的人，而有了“教育”产品的供给，才能满足“教育”产品的需求。如果想上学的都能上学，教育资源得到充分利用，也就达到了教育市场的供求平衡。

资料来源：道客巴巴微观经济学案例 http://www.doc88.com/p-77788850292.html.

二、均衡价格的变动和供求定理

上面探讨的均衡价格和均衡产量，都是在假定其他影响供求的因素不变的情况下，价格沿着既定的供求曲线作点移动而达到均衡，该均衡点是唯一的。现在我们要做的是将前提放宽，引入其他影响因素，探讨当供求曲线发生移动时均衡产量、均衡价格的变动情况。下面分为三种情况加以说明。

1. **供给不变，需求发生变动**

如图 2-9 所示，假设供给不变，SS 曲线不动，需求增加，导致需求曲线由 D_0D_0 线移至 D_1D_1，因此，均衡点随之移动，由 E_0 移至 E_1 点，均衡价格由 P_0 上升到 P_1，均衡产量也由 Q_0 增加到 Q_1。由此可知，均衡价格比原来提高了，均衡产量也增加了。反之，如果供给不变，而需求减少，则新的均衡价格将下降，均衡产量将减少。

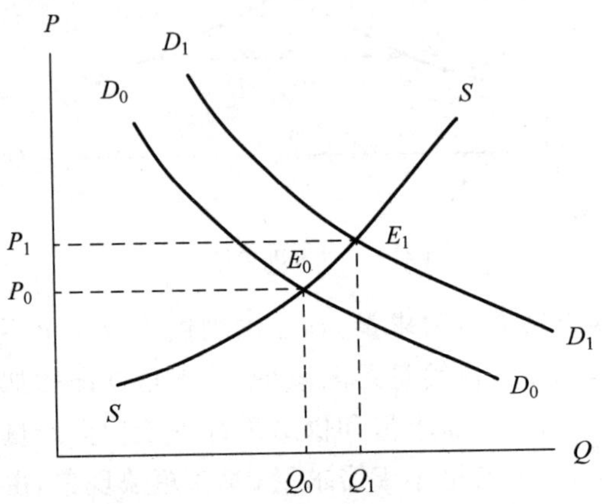

图 2-9　需求变动对均衡的影响

2. **需求不变，供给发生变动**

如图 2-10 所示，假定需求不变，D_0D_0 不动，供给增加，导致供给曲线由 S_0S_0 移至 S_1S_1，因此，新的均衡点使均衡价格下降，使均衡产量增加。反之，如果需求不变，而供给减少，则新的均衡价格将上升，均衡产量将减少。

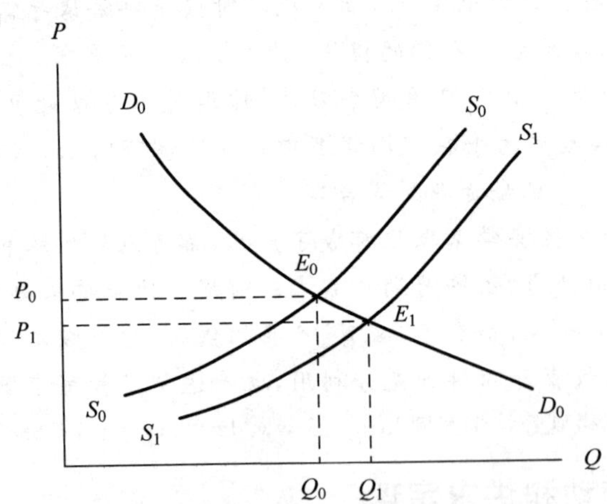

图 2-10　供给变动对均衡的影响

由上可知，在其他条件不变的情况下，需求的变动使均衡价格和均衡数量呈同方向变动。供给的变动使均衡价格呈反方向变动，均衡数量呈同方向变动。这就是**供求定理**。

3．需求和供给同时变动

供求同时变动无非有两种情况：

（1）供求同时同方向变功，即同时增加或减少。在这种情况下，均衡产量将同时增加或减少，而均衡价格的变动取决于供需变动的相对量，可能提高，可能下降，也可能保持不变。如果需求曲线移动的幅度大于供给曲线移动的幅度，均衡价格就会上升；反之则会下降。两条曲线移动的幅度相同，均衡价格保持不变。

（2）供求同时呈反方向变动。这时，均衡价格总是按照需求的变动方向变动，而均衡产量的变动取决于供求双方变动的相对比例，可能增加，可能减少，也可能维持不变。如果供给曲线移动的幅度少于需求曲线相反移动的幅度。均衡产量减少；反之则增加。只有两者变动的幅度相同时，均衡产量才会维持不变。

三、均衡价格理论的应用

均衡价格理论被资本主义国家用于制定某些经济政策。价格就像一只“看不见的手”对市场经济进行调节，指挥着人们的经济活动，但是在现实的经济生活中，政府对市场进行一定的干预，比如对市场价格的管理政策，会影响均衡价格的形成以及供求关系的调整。

支持价格和限制价格，被认为是资产阶级政府以干预的方式使价格脱离均衡价格状态的结果，它是国家干预价格机制作用的两种主要价格政策。在实际经济生活中，可以运用这些分析来解释许多经济现象，从而有助于经济问题的解决。

1．最低限价

最低限价是政府为了扶持某一行业的发展，而对该行业产品规定的高于市场均衡价格的最低价格。农产品的支持价格就是西方国家所普遍采取的政策。支持价格政策所产生的结果可以用图 2-11 表示。图 2-11 表示政府对某种产品实行最低限价的情形。开始时的市场均衡价格为 P_0，均衡数量为 Q_E。以后，政府实行最低限价所规定的市场价格为 P_E。由图 2-11 可见，最低限价 P_E 大于均衡价格 P_0，且在最低限价 P_E 水平，市场供给量 Q_2 大于市场需求量 Q_1，市场上出现产品过剩的情况。此时，政府通常采取收购市场上的过剩农产品的措施。

2．最高限价

最高限价是政府限制某些物品的价格而对它们规定的低于市场均衡价格的最高价格。其目的是为了抑制某些产品的价格上涨，稳定经济生活。

图 2-12 表示政府对某种产品实行最高限价的情形。开始时，该产品市场的均衡价格为 P_E，均衡数量为 Q_E。若政府实行最高限价政策，规定该产品的市场最高价格为 P_0。由图可见，最高限价 P_0 小于均衡价格 P_E，且在最高限价 P_0 的水平，市场需求量 Q_2 大于市场供给量 Q_1，市场上出现供不应求的情况。

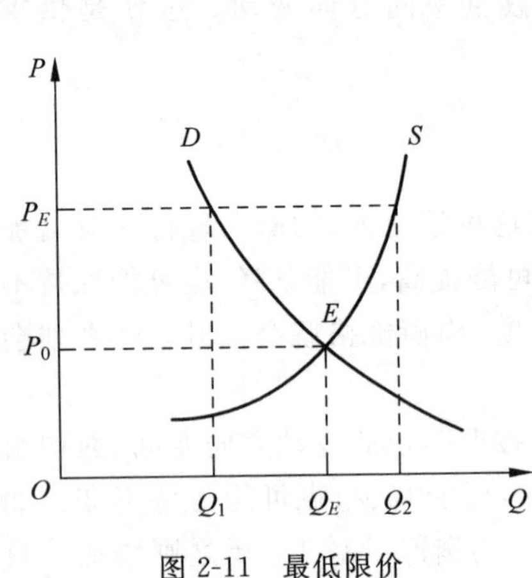

图 2-11 最低限价

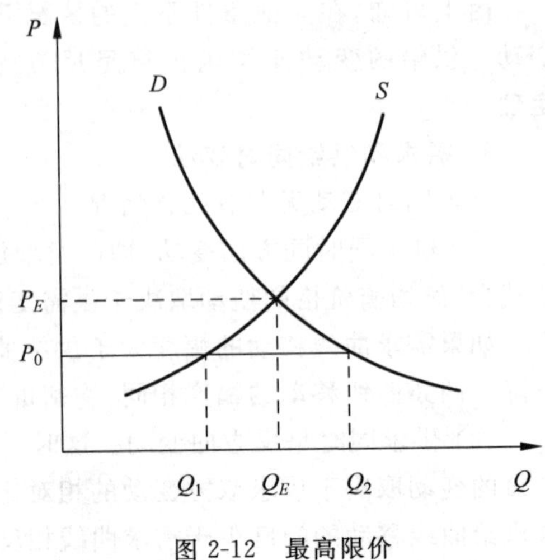

图 2-12 最高限价

政府有时为了限制某些行业，特别是限制一些垄断性很强的公用事业的价格，政府也会采取最高限价的做法。但政府实行最高限价的做法也会带来一些不良的影响。最高限价下的供不应求会导致市场上消费者抢购现象和黑市交易盛行。在这种情况下，政府往往又不得不采取配给的方法即发放购物券来分配产品。此配给制只能适应于短时期内的特殊情况，否则，一方面，可能使购物券货币化，还会出现黑市交易；另一方面，生产者的积极性也会挫伤，使短缺变得严重。一旦放弃价格管制，价格上涨会变得更加厉害。

【案例 2-3】

为什么挂专家门诊号难？

看过病的人都知道，在一些名牌医院挂专家门诊号有多难。价钱倒不贵，北京协和医院治疗门诊的最高价格为 14 元。这是政府规定的专家门诊的最高价格。这种政策的目的是为了保证穷人也能找专家看病，但它却引起了什么后果呢？由于价格低，无论大病、小病，人人都想看专家门诊，但专家看病的积极性并不高。这样，供给量小于需求量，存在短缺。在存在短缺但价格又不能上升的情况下，解决供给小于需求的方法有三种：配给（由医院决定给谁）、排队和黑市。黑市交易是票贩子和病人之间的交易。票贩子是一批以倒号为业的人，他们或拉帮结伙装作病人挂号，或者与医院有关人员勾结把号弄到手，然后以黑市的均衡价格（如 100 元）卖给病人。尽管公安部门屡次打击票贩子，但由于丰厚的利润，票贩子屡禁不止。医院为了对付票贩子，实行了持身份证的挂号实名制看病，但仍没有解决问题，变化只是票贩子由卖号变为卖排队的位置，可见只要存在限制价格，短缺就无法消除，票贩子绝不会消失。

票贩子的存在既损害了病人的利益，又损害了专家的利益。病人不得不付出高价，这种高价又不由专家所得。在我们的例子中，限制价格 14 元是医院得到的价格，病人却付出了 100 元，其间的差额 86 元就归票贩子及提供号的人所得。政府有关部门制定限制价格的意图也许是为了维护消费者的利益，但实际上却损害了消费者的利益。

从经济学的角度看，消除票贩子的办法不是“加大打击力度”等，而是取消对专家挂号费的限制价格政策。一旦价格放开，挂号费上升，想看专家门诊的人减少（小病不找专家，大病、疑难病症才找专家），愿意看病的专家增加，最终实现供求相等。这时，票贩子无利可图，自然也就消失了。

当然，放开专家门诊涉及医疗制度的改革问题，比如医院分级收费、医药分开、完善社会保障体系等。但要解决专家门诊的供求矛盾，从根本上铲除票贩子，还是要放开价格。这是医疗市场化改革的重要内容。

资料来源：梁小民.微观经济学纵横谈.北京：生活·读书·新知三联书店，2000.

第四节 弹性分析

通过需求规律和供给规律，我们知道了商品的需求和供给会随着影响它们的各种因素的变化而变化。如果进一步分析，影响供求的各因素一定幅度的变化究竟会使供给与需求发生多大程度的变化，就需要引进弹性理论。

一、弹性的概念

所谓弹性，在物理学上是指材料或物体在外力作用下发生形变，除去外力后立即恢复原状的特性。用数学语言来说，它是表示一个因变量的相对变动与一个自变量的相对变动之比，即因变量的变动率与自变量的变动率之比。弹性的大小用弹性系数表示。弹性的一般公式为

$$\text{弹性系数} = \frac{\text{因变量的相对变动}}{\text{自变量的相对变动}} \tag{2-7}$$

经济学中的弹性是指经济变量之间存在函数关系时，因变量对自变量变动的反应程度。

若两个经济变量 x、y 之间的函数关系为 $y=f(x)$，以 Δx、Δy 分别表示变量 x、y 的变动量，用 E 表示弹性系数，则弹性公式为

$$E = \frac{y\text{变动的百分比}}{x\text{变动的百分比}} = \frac{\frac{\Delta y}{y}}{\frac{\Delta x}{x}} = \frac{\Delta y}{\Delta x} \cdot \frac{x}{y} \tag{2-8}$$

若经济变量的变化量趋于无穷小，即当式(2-8)中的 $\Delta x \to 0$，且 $\Delta y \to 0$ 时，则弹性公式为

$$E = \lim_{\Delta x \to 0} \frac{\frac{\Delta y}{y}}{\frac{\Delta x}{x}} = \frac{\frac{\mathrm{d}y}{y}}{\frac{\mathrm{d}x}{x}} = \frac{\mathrm{d}y}{\mathrm{d}x} \cdot \frac{x}{y} \tag{2-9}$$

通常把式(2-8)称为弧弹性公式，把式(2-9)称为点弹性公式。

在微观经济学中，弹性理论主要是研究商品需求量和供给量的相对变动对影响需求和供给的因素相对变动的反应程度，也就是需求弹性和供给弹性。

二、需求弹性

需求弹性主要有需求的价格弹性、收入弹性和交叉弹性三种类型。其中，需求的价格弹性是最基本的一种，通常被简称为需求弹性。

（一）需求价格弹性

1. 概念和计算方法

需求的价格弹性用来表示在一定时期内一种商品需求量的相对变动对于该商品的本身价格相对变动的反应程度。它是商品需求量的变动率与价格的变动率之比。需求弹性分为需求弧弹性和需求点弹性。

假定需求函数为 $Q=f(P)$，Q 和 ΔQ 分别表示需求量和需求量的变动量，P 和 ΔP 分别表示价格和价格的变动量，用 E_d 表示需求的弹性系数，那么，由定义知需求弧弹性的公式为

$$E_d=\frac{\text{需求量变动的百分比}}{\text{价格变动的百分比}}=-\frac{\frac{\Delta Q}{Q}}{\frac{\Delta P}{P}}=-\frac{\Delta Q}{\Delta P}\cdot\frac{P}{Q} \quad (2\text{-}10)$$

这里需要指出的是，在通常情况下，由于商品的需求量和价格是成反方向变动的，$\frac{\Delta Q}{\Delta P}$ 为负值，所以，需求弹性系数应是负值。但习惯上一律记为正值。因此，在公式中加一负号。

当需求曲线上两点之间的变化量趋于无穷小时，需求的价格弹性要用点弹性来表示。也就是说，它表示需求曲线上某一点上的需求量变动对于价格变动的反应程度。在式(2-10)的基础上，需求的价格点弹性的公式为

$$E_d=\lim_{\Delta P\to 0}-\frac{\Delta Q}{\Delta P}\cdot\frac{P}{Q}=-\frac{dQ}{dP}\cdot\frac{P}{Q} \quad (2\text{-}11)$$

比较式(2-10)和式(2-11)可见，需求的弧弹性表示需求曲线上某两点之间的平均弹性，而点弹性表示需求曲线上某一点的弹性。

图 2-13 是需求曲线 $Q_d=2400-400P$ 的几何图形。图中需求曲线 a、b 两点的价格分别为 5 和 4，相应的需求量分别为 400 和 800。根据上式，由 a 点到 b 点和由 b 点到 a 点的弧弹性分别计算如下：

由 a 点到 b 点(即降价时)：

$$E_d=-\frac{\Delta Q}{\Delta P}\cdot\frac{P}{Q}=-\frac{Q_b-Q_a}{P_b-P_a}\cdot\frac{P_a}{Q_a}$$
$$=-\frac{800-400}{4-5}\times\frac{5}{400}=5$$

由 b 点到 a 点(即升价时)：

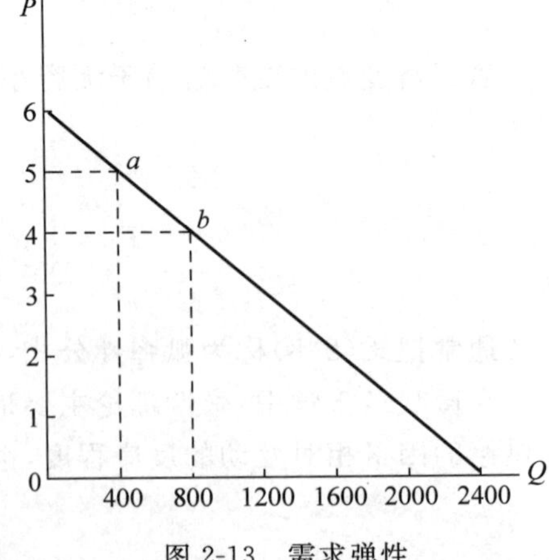

图 2-13 需求弹性

$$E_d=-\frac{\Delta Q}{\Delta P}\cdot\frac{P}{Q}=-\frac{Q_a-Q_b}{P_a-P_b}=-\frac{400-800}{5-4}\times\frac{4}{800}=2$$

显然，由 a 点到 b 点和由 b 点到 a 点的需求弧弹性系数值是不相同的。其原因在于：尽管在上面两个算式中，ΔQ 和 ΔP 的绝对值相同，但由于 P 和 Q 所取的基数值不相同，所以，它们的计算结果也不相同。这样一来，在需求曲线的同一条弧上，涨价和降价产生的需求弹性系数便不相等。如果仅仅是一般地计算需求曲线上某一段的需求弧弹性，而不是具体地强调这种需求弧弹性是作为涨价还是降价的结果，则为了避免不同的计算结果，一般通常取两个价格的平均值$\left(\frac{P_1+P_2}{2}\right)$和两点需求量的平均值$\left(\frac{Q_1+Q_2}{2}\right)$来分别代替上式中的 P 和 Q 值。因此，需求弧弹性计算公式可以写为

$$E_d=-\frac{\Delta Q}{\Delta P}\cdot\frac{\frac{P_1+P_2}{2}}{\frac{Q_1+Q_2}{2}} \tag{2-12}$$

该式也被称为**需求弧弹性的中点公式**。

根据中点公式，上例 a、b 两点间的需求弧弹性为

$$E_d=-\frac{400}{1}\cdot\frac{\frac{5+4}{2}}{\frac{400+800}{2}}=-3$$

根据需求的点弹性公式，来分别计算上例中 $P=5$ 和 $P=4$ 时的需求点弹性。

当 $P=5$ 时，$Q=400$，所以 a 点的需求点弹性为

$$E_d=-\frac{\mathrm{d}Q}{\mathrm{d}P}\cdot\frac{P}{Q}=-(-400)\times\frac{5}{400}=5$$

当 $P=4$ 时，$Q=800$，所以 b 点的需求点弹性为

$$E_d=-\frac{\mathrm{d}Q}{\mathrm{d}P}\cdot\frac{P}{Q}=-(-400)\times\frac{4}{800}=2$$

由此可以看出，一般来说，在同一条需求曲线的不同点 L，需求弹性的大小是不同的。

2. 需求价格弹性的类别

由上分析可知，一种商品的需求弹性在不同价格水平上各不相同，而不同商品的需求价格弹性也是不相同的，根据需求弹性系数的大小，可以把需求的价格弹性分为五类。

(1) 需求完全无弹性。此时，$E_d=0$。在这种情况下，无论价格如何变化，需求量都保持不变。其需求曲线是与纵轴平行的垂线。如图 2-14(a)所示。这是现实中罕见的情况，通常认为像特效药这样的商品接近于这一类商品。

(2) 需求有无限弹性。此时，$E_d=\infty$。在这种情况下，价格的任一微小的变化会引起需求量的无穷大的变化。换句话说，当价格为既定时，需求量是无限的；而一旦高于既定价格，需求量为零。其需求曲线是一条与横轴平行的线。

(3) 单位需求弹性。此时，$E_d=1$。在这种情况下，需求量的相对变化等于价格的相对变化，或者确切地说，由 1%的价格变化所引起的需求量的变化等于 1%。其需求曲线是一条正双曲线。单位需求弹性在现实生活中比较少见。

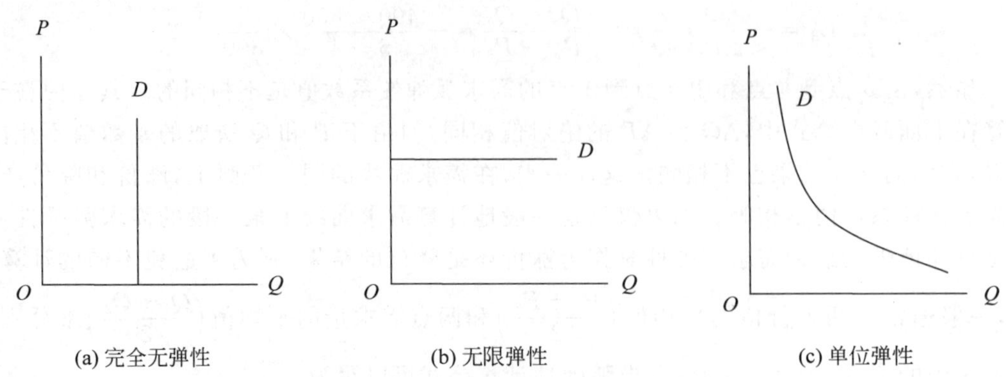

(a) 完全无弹性　　(b) 无限弹性　　(c) 单位弹性

图 2-14　需求价格弹性的三种特殊类型

(4) 需求富有弹性。此时，$E_d>1$。在这种情况下，需求量的变动幅度会大于价格的变动幅度，或者确切地说，由1%的价格变动所引起的需求量的变动大于1%。奢侈品和价格昂贵的享受性劳务多属于这类商品，如汽车、珠宝、国外旅游等通常属于这种情况。

(5) 需求缺乏弹性。此时，$0<E_d<1$。在这种情况下，需求量的相对变化小于价格的相对变化，或者确切地说，由1%的价格变动所引起的需求量的变动小于1%。生活必需品，如粮食、油等大多属于此类型。

3. 影响需求价格弹性的因素

影响商品需求弹性的因素很多，其中主要有下列几个：

(1) 消费者对某种商品的需求程度。一般来说，消费者对生活必需品的需求强度大而稳定，所以，生活必需品的需求弹性比较小。相反，消费者对奢侈品的需求强度小而不稳定，所以，奢侈品的需求弹性较大。

(2) 商品的可替代程度。替代性是许多物品具有的特性，并且，有些物品具有许多替代品，一般来说，一种商品的可替代品越多，相近程度越高，则该商品的需求弹性往往就越大；一种商品的可替代品越少，相近程度越低，则该商品的需求弹性往往就越小。

(3) 商品用途的广泛性。一般来说，需求弹性的大小与商品用途的广泛性相关。商品的用途越广泛，它的需求弹性越大；相反，用途越狭窄、越单一，需求弹性越小。很多商品的用途不止一种，可以用来满足不同的需要。

(4) 商品的消费支出在消费者预算总支出中所占的比例。消费者在某商品上的消费支出在预算总支出中所占的比例越大，该商品的需求弹性越大；反之，则越小。例如，火柴、盐、铅笔、肥皂等商品的需求弹性就是比较小的。因为，消费者每月在这些商品上的支出是很少的，消费者往往不太重视这类商品价格的变化。

(5) 需求的时间框架。需求弹性还取决于价格变动之后持续时间的长短，即需求的时间框架。一般来说，持续时间越长，需求弹性越高；反之，则越低。其原因与替代性有关。时间越长，也就越能开发出价格上升商品的更多的替代品。这就是说，当价格刚刚上升时，消费者往往没有什么选择，只能继续消费相近数量的该商品。但是，只要时间充分，消费者一定可以找到其他更廉价的替代品(厂商也会生产出这些替代品)，从而逐步减少对那些变得昂贵的商品的购买。

此外，人们的消费习惯、地域差别、商品的使用范围、商品的质量、售后服务以及系列化和耐用程度等因素，也会影响需求弹性的大小。

4．需求的价格弹性与总收益的关系

经济学家之所以对需求的价格弹性感兴趣，是因为它有助于说明价格变动对于厂商总收益的影响。一般地说，价格上升一方面会使厂商单位商品的收益增加；另一方面，根据需求定理，又会引起需求量的减少。反之亦然。那么，价格的变动对厂商的总收益究竟会产生什么影响呢？

这里首先要了解总收益这个概念。总收益也称为总收入，即厂商出售一定量商品所得到的全部收入，等于商品的价格乘以商品的销售量。在此假定，厂商的商品销售量等于市场上对其商品的需求量。这样，以 TR 代表总收益，Q 表示商品的需求量，P 表示商品的价格，则有

$$\mathrm{TR} = P \cdot Q \tag{2-13}$$

特别要注意的是，总收益并不是出售商品赚的钱，即不是利润，而是所得到的钱。我们这里所要分析的是需求弹性对包括成本与利润在内的总收益的影响，而不是对扣除成本之后净收益的影响。由于成本变动的原因，所以，总收益增加并不一定是净收益增加，即利润增加；反之亦然。

此外，总收益也就是总支出。这就是说，分析需求弹性对于厂商总收益的影响，实际上上也就是分析需求弹性对居民总支出的影响。

商品的需求弹性和提供该商品的厂商的总收益之间的关系主要有两种情况。

(1) 对于 $E_d>1$ 的富有弹性的商品，降低价格会增加厂商的总收益；相反，提高价格会减少厂商的总收益，即商品的价格与总收益成反方向变动。收入成反方向的变动。这是因为，当 $E_d>1$ 时，厂商降价所引起的需求量的增加率大于价格的下降率。这意味着价格下降所造成的销售收入的减少量必定小于需求量增加所带来的销售收入的增加量。所以，降价最终带来的销售收入 $P \cdot Q$ 值是增加的。相反，在厂商提价时，最终带来的销售收入 $P \cdot Q$ 值是减少的。这种情况如图 2-15(a)所示。

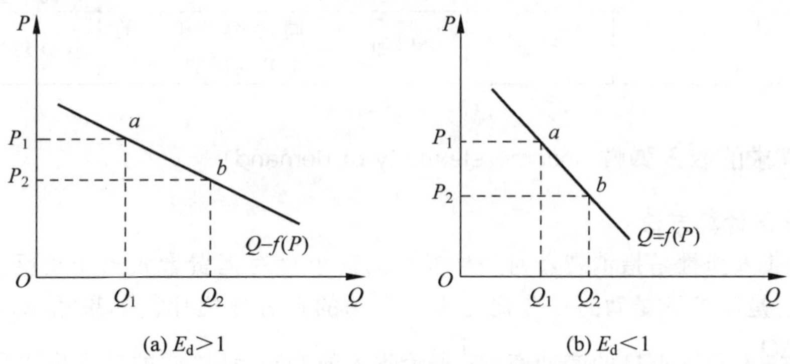

图 2-15　需求富有弹性和需求缺乏弹性与销售收入的关系

图 2-15(a)中需求曲线上 a、b 两点之间是富有弹性的，一个价格变动率引起一个较大的需求量的变动率。具体地看，当价格为 P_1、需求量为 Q_1 时，总收益相当于矩形

OP_1aQ_1 的面积；当价格为 P_2、需求量为 Q_2 时，总收益相当于 OP_2bQ_2 的面积。显然，前者面积小于后者面积。这就是说，若厂商将价格从 a 点降到 b 点，则降价的结果会使总收益增加，若将价格从 b 点上升到 a 点，则提价的结果会使总收益减少。

(2) 对于 $E_d<1$ 的缺乏弹性的商品，降低价格会使厂商的总收益减少；相反，提高价格会使厂商的总收益增加，即商品的价格与总收益成同方向变动。

用图 2-15(b)可以证明结论。图 2-15(b)中需求曲线上的 a、b 两点之间是缺乏弹性的，一个价格变动率引起一个较小的需求量的变动率。价格分别为 P_1 和 P_2 时的总收益分别为矩形 OP_1aQ_1 的面积和矩形 OP_2bQ_2 的面积，且前者面积大于后者面积。这就是说，若厂商将价格从 a 点降到 b 点，总收益是减少的；相反，若将价格从 b 点上升到 a 点，总收益增加。

以上两种情况都是以需求的弧弹性为例进行分析的。数学上可以证明，对这两种情况分析所得到的结论，对需求点弹性也是适用的。

与以上两种情况相对应，在西方经济学中，也可以根据商品的价格变化所引起的厂商的销售收入的变化，来判断商品的需求的价格弹性的大小。如果某商品价格变化引起厂商销售收入反方向的变化，则该商品是富有弹性的。如果某商品价格变化引起厂商销售收入同方向的变化，则该商品是缺乏弹性的。

将以上两种情况及 $E_d=1$、$E_d=0$ 和 $E_d=\infty$ 的情况考虑在内，商品的需求弹性和总收益的综合关系如表 2-4 所示。

表 2-4 需求弹性与总收益的关系

弹性 / 总收益 / 价格	$E_d>1$	$E_d=1$	$E_d<1$	$E_d=0$	$E_d=\infty$
降价	增加	不变	减少	同比例于价格的下降而减少	既定价格下，受益可以无限增加。因此，厂商不会降价
涨价	减少	不变	增加	同比例于价格的上升而增加	收益会减少为零

(二) 需求的收入弹性(income elasticity of demand)

1. 定义与计算方法

需求的收入弹性是指消费者对一种商品的需求量对消费者收入变动反映程度，简称为收入弹性，是需求量变动的百分比与收入变动的百分比之比。如果用 E_m 表示需求的收入弹性，$\frac{\Delta Q}{Q}$表示需求量的变动率，$\frac{\Delta I}{I}$表示收入的变动率，则它的计算公式为

$$E_m=\frac{\text{需求量变动的百分率}}{\text{消费者收入变动的百分率}}=\frac{\frac{\Delta Q}{Q}}{\frac{\Delta I}{I}}=\frac{\Delta Q}{\Delta I}\cdot\frac{I}{Q} \tag{2-14a}$$

或

$$E_m = \frac{\Delta Q}{\frac{(Q_1+Q_2)}{2}} \div \frac{\Delta I}{\frac{(I_1+I_2)}{2}} = \frac{\Delta Q}{\Delta I} \cdot \frac{I_1+I_2}{Q_1+Q_2} \tag{2-14b}$$

或

$$E_m = \lim_{\Delta m \to 0} \frac{\Delta Q}{\Delta I} \cdot \frac{I}{Q} = \frac{dQ}{dI} \cdot \frac{I}{Q} \tag{2-15}$$

以上式(2-14a)和式(2-15)分别表示需求的收入弧弹性和点弹性公式。

2. 商品分类

根据商品的需求的收入弹性系数值,可以给商品分类。首先,商品可以分为两类,分别是正常品和劣等品。

如果 $E_m>0$,则表示需求量与收入成同方向变化的商品,该商品即为正常品。在正常品中,$E_m<1$ 的商品为必需品,$E_m>1$ 的商品为奢侈品。当消费者的收入水平上升时,尽管消费者对必需品和奢侈品的需求量都会有所增加,但对必需品的需求量的增加是有限的,或者说,是缺乏弹性的;而对奢侈品的需求量的增加是较多的,或者说,是富有弹性的。

如果 $E_m<0$,则表示需求量与收入成反方向变化的商品,该商品为劣等品。那些低档的日用消费品,就可能具有收入的负弹性,因为随着人们收入水平的提高,人们会更多地购买较好的消费品取而代之。

3. 需求收入弹性与恩格尔定理

经济学家根据长期统计资料分析得出一个结论,生活必需品的收入弹性小,而奢侈品和耐用品的收入弹性大。西方经济学家中的恩格尔定理指出,在一个家庭或一个国家中,食物支出在收入中所占的比例随着收入的增加而减少。用弹性概念来表述恩格尔定理,是对于一个家庭或一个国家来说,富裕程度越高,则食物支出的收入弹性就越小;反之,则越大。将用于食物的支出与全部支出之比定义为恩格尔系数,其值在(0,1)区间内。用恩格尔系数可以反映一国或一个家庭的富裕程度与生活水平。一般来说,恩格尔系数越大,富裕程度和生活水平越低;反之,则越高。一般把恩格尔系数在0.5以下作为生活达到富裕水平的标准。

(三) 需求的交叉价格弹性(cross-price elasticity of demand)

1. 定义与计算方法

需求的交叉弹性是表示在一定时期内一种商品的需求量的变动对于它的相关商品的价格的变动的反应程度,即因另一种商品价格增加1%所引起的需求量的百分比变化。它是某商品的需求量的变动率和它的相关商品的价格的变动率的比值。如果用 E_{xy} 表示商品 x 的需求量对与其相关的商品 y 价格 P_y 变化的交叉弹性系数,Q_x 和 ΔQ_x 分别表示商品 x 的需求量和需求变动量,P_y 和 ΔP_y 表示商品 y 的价格和价格变动量,则 x 商品对 y 商品的交叉弹性系数的计算公式为

$$E_{xy}=\frac{\text{商品 } x \text{ 需求量变动的百分率}}{\text{商品 } y \text{ 价格变动的百分率}}=\frac{\dfrac{\Delta Q_x}{Q_x}}{\dfrac{\Delta P_y}{P_y}}=\frac{\Delta Q_x}{\Delta P_y}\cdot\frac{P_y}{Q_x} \tag{2-16a}$$

或

$$E_{xy}=\frac{\Delta Q_x}{\dfrac{(Q_{x_1}+Q_{x_2})}{2}}\div\frac{\Delta P}{\dfrac{(P_{y_1}+P_{y_2})}{2}}=\frac{\Delta Q_x}{\Delta P_y}\cdot\frac{P_{y_1}+P_{y_2}}{Q_{x_1}+Q_{x_2}} \tag{2-16b}$$

或

$$E_{xy}=\lim_{\Delta m\to 0}\frac{\Delta Q_x}{\Delta P_y}\cdot\frac{P_y}{Q_x}=\frac{\mathrm{d}Q_x}{\mathrm{d}P_y}\cdot\frac{P_y}{Q_x} \tag{2-17}$$

以上式(2-16)和式(2-17)分别表示需求交叉弹性的弧弹性和点弹性。

2. 替代品与互补品

需求的交叉弹性可以是正值，也可以是负值，它取决于商品间关系的性质。商品之间的相关关系可以分为两种：一种为互替关系，另一种为互补关系。简单地说，如果两种商品之间可以互相代替以满足消费者的某一种欲望，则称这两种商品之间存在着互替关系，这两种商品互为**替代品**，如大米和面粉就是互为替代品。如果两种商品必须同时使用才能满足消费者的某一种欲望，则称这两种商品之间存在着互补关系，这两种商品互为**互补品**，如汽车和汽油就是互为互补品。

若两种商品之间存在着互替关系，则一种商品的价格与它的替代品的需求量之间成同方向的变动，相应的需求的交叉价格弹性系数为正值，即 $E_{xy}>0$。例如，当大米的价格上升时，人们自然会在减少大米的购买量的同时，增加对大米的替代品如面粉的购买量。

若两种商品之间存在着互补关系，则一种商品的价格与它的互补品的需求量之间成反方向的变动，相应的需求的交叉价格弹性系数为负值，即 $E_{xy}>0$。例如，当汽油的价格上升时，人们会减少对汽车的需求量，这样，作为汽车的互补品的汽油的需求量也会因此而下降。

若两种商品之间不存在相关关系，则意味着其中任何一种商品的需求量都不会对另一种商品的价格变动做出反应，相应的需求的交叉价格弹性系数为零，即 $E_{xy}=0$。

三、供给弹性

（一）供给弹性的概念与计算方法

在西方经济学中，供给弹性包括供给的价格弹性、供给的交叉价格弹性和供给的预期价格弹性等。其中供给的价格弹性是最基本的，通常被简称为供给弹性。这里仅对供给的价格弹性作一介绍。

供给的价格弹性表示在一定时期内一种商品的供给量的变动对于该商品的价格的变动的反应程度，其弹性系数等于商品的供给量变动率与价格变动率之比。

与需求弹性一样，供给弹性也分为供给弧弹性和供给点弹性。

供给弧弹性表示某商品供给曲线上两点之间的弹性。供给点弹性表示某商品供给曲

线上某一点的弹性。假定供给函数为 $Q=f(P)$，以 E_s 表示供给弹性系数，则供给弧弹性的公式为

$$E_s=\frac{\frac{\Delta Q}{Q}}{\frac{\Delta P}{P}}=\frac{\Delta Q}{\Delta P}\cdot\frac{P}{Q} \tag{2-18a}$$

或

$$E_s=\frac{\Delta Q}{\frac{(Q_1+Q_2)}{2}}\div\frac{\Delta P}{\frac{(P_1+P_2)}{2}}=\frac{\Delta Q}{\Delta P}\cdot\frac{P_1+P_2}{Q_1+Q_2} \tag{2-18b}$$

点弹性公式为

$$E_s=\lim_{\Delta P\to 0}\frac{\Delta Q}{\Delta P}\cdot\frac{P}{Q}=\frac{\mathrm{d}Q}{\mathrm{d}P}\cdot\frac{P}{Q} \tag{2-19}$$

由于商品的供给量和商品的价格是成同方向变动的，所以，供给量的变化量和价格的变化量的符号是相同的，因而供给弹性系数一般为正值。

（二）供给弹性的类别

根据弹性系数的大小，一般可以把供给弹性分为以下几类。

(1) 供给富有弹性。此时，$E_s>1$，其供给曲线与纵轴相交，如图 2-16(a)所示。在这种情况下，供给量变动的幅度大于价格的变动幅度。一般认为，轻工业产品、劳动密集型产品，属于这种情况。

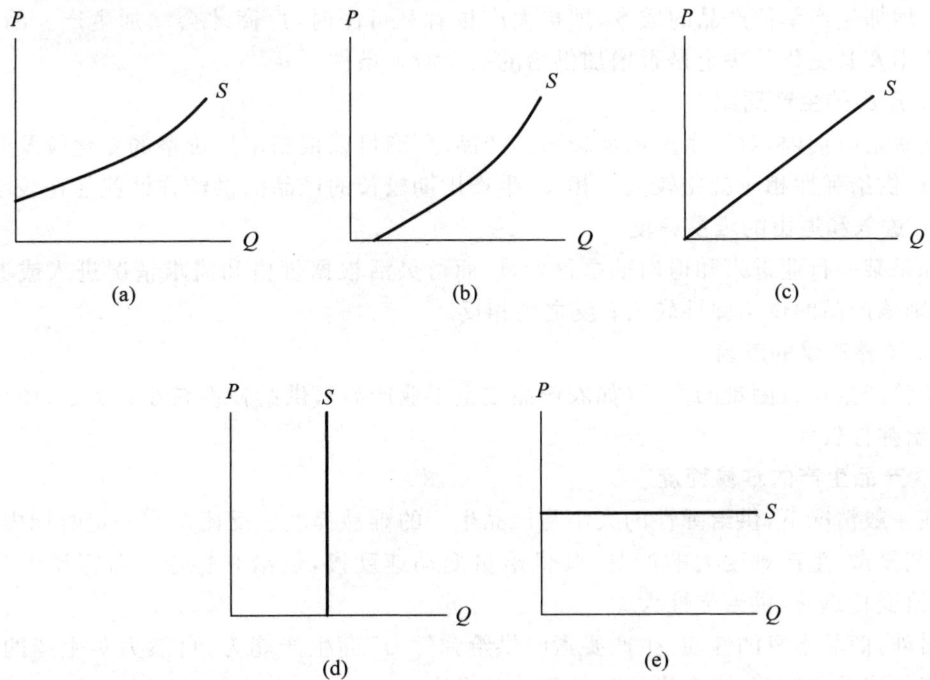

图 2-16　供给弹性的分类

(2) 供给缺乏弹性。此时，$E_s<1$，其供给曲线与横轴相交，如图 2-16(b)所示。在这种情况下，供给量的相对变动小于价格的相对变动。一般认为，重工业品、农产品、资本密集型产品，属于这种情况。

(3) 单位供给弹性。此时，$E_s=1$，其供给曲线如图 2-16(c)所示。在这种情况下，供给量的相对变动等于价格的相对变动。这种情况在现实生活中是比较罕见的。

(4) 供给完全无弹性。此时，$E_s=0$，其供给曲线是与纵轴平行的一条垂线，如图 2-16(d)所示。在这种情况下，无论价格如何变动，供给量都不变。极其稀缺、珍贵的商品如土地、古玩、名画、珍贵邮票等，属于这种情况。

(5) 供给弹性无穷大。此时，$E_s=\infty$，其供给曲线是与横轴平行的一条水平线。如图 2-16(e)所示。在这种情况下，价格恒定，而供给量无限。

(三) 影响供给弹性的因素

1. 时间因素

当商品的价格发生变化时，厂商对产量的调整需要一定的时间。在短期内，对生产设备、土地、劳动力等生产要素的调整，从而对产量的调整，都存在程度不同的困难，供给弹性也就小。尤其在特短期内，供给只能由存货来调节，供给弹性几乎是零。在长期中，生产能力可以得到充分的调整，因此，供给弹性也就大。这是影响供给弹性大小的最重要的因素。

2. 产品的成本及其变化

产品的供给不仅要受价格的调节，还取决于其成本状况。当增加生产单位产品的收益大于增加生产单位产品的成本，即扩大产量有利可图时，厂商才会增加生产。因此，产品的成本及其变化是决定是否增加供给的一个必要条件。

3. 产品的生产周期

在一定时期内，对于生产周期较短的产品，厂商可以根据市场价格的变化较及时地调整产量，供给弹性相应就比较大。相反，生产周期较长的产品的供给弹性就往往较小。

4. 进入和退出的难易程度

如果某一行业进入和退出壁垒很少，厂商可灵活根据价格和需求情况进入或退出该行业，则该产品的供给弹性较大；反之则相反。

5. 调整产量的难易

调整产量比较困难的商品(如农产品或重工业产品)，供给弹性较小；反之，如轻工业品，供给弹性较大。

6. 产品生产的难易程度

在一般情况下，供给弹性的大小与产品生产的难易程度成反比。在一定时期内，工序多、工艺复杂、生产难度大的产品，其供给量变动速度慢，供给弹性小；而容易生产的产品，供给变化迅速，供给弹性大。

另外，商品本身的性质、生产要素的供给弹性、厂商生产能力、自然力对生产的作用、对未来价格的预期等，也会影响供给弹性的大小。

【案例 2-4】

从供给弹性看彩电的由短缺到过剩

记得 20 世纪 80 年代初时，彩电相当紧俏，有人就是靠"倒彩电"发了财。尽管国家控制着价格，但与当时的收入水平相比，价格还相当高。买彩电凭票，据说有的彩电厂把彩电票作为奖金发给工人，每张票卖到好几百元。90 年代之后，彩电供求趋于平衡，再以后就是彩电卖不出去，爆发了降价风潮，拉开了中国价格战的序幕。

20 世纪 80 年代，随着人们收入水平普遍增加，彩电成为首选的奢侈品，能买得起彩电的人相当多，于是彩电需求剧增。当时彩电价格受到严格控制，所以，无法用调高价格来抑制需求。彩电生产受到生产能力的制约，供给无法迅速增加，这就产生过度需求或供给不足。这告诉我们，像彩电这样的产品在需求迅速增加、价格上升(或变相价格上升)时，供给是无法立即大量增加的。

彩电的短缺刺激了国内各地引进彩电生产线，建设彩电厂。彩电业在全国开花，除西藏外各省市都有了彩电厂。这就引起彩电市场走向均衡，甚至很快又走向过剩。这个过程说明在需求增加、价格(或变相的价格)上升后，供给的变动是与时间长短相关的。我们可以用供给弹性的概念来说明这一点。

某一种物品供给弹性的大小与生产所需生产要素与技术相关。所以，不同行业产品的供给弹性是不同的。一般来说，所用设备先进、生产规模一旦确定就不易改变的重工、化工、电子、汽车等行业的产品往往供给缺乏弹性，需求增加时，供给难以马上增加，需求减少时，供给也难以马上减少。彩电的情况就是这样。20 世纪 80 年代彩电需求激增时，彩电厂受生产规模限制，难以很快增加，但 90 年代后供大于求时，彩电产量也难以有大幅度减少。正因如此，这些行业要确定一个最优规模。规模小会失去赚钱的机会，规模大又会形成生产能力过剩。彩电业现在的困境正在于当年遍地开花，生产能力过剩。这种产品缺乏供给弹性，产量减少不易，剩下的一条路只有降价"煮豆燃豆萁"了。

对同一种产品来说，供给弹性也不是一成不变的，而与时间长短相关。对许多产品来说，当需求与价格变动时，供给变动的可能性很小。例如，即使彩电涨价 100%，在很短时期内，产量也难以增加，因为设备与生产能力是固定的，原料与人力也难以增加，除了把库存投入市场外，供给变动不大。这就是说在即期内，供给弹性几乎是零。在短期内，尽管设备与生产能力不能变，但可增加原料与劳动，产量还是可以增加的，这时供给缺乏弹性，但比即期要大。长期中，设备与生产能力可以根据市场需求与价格预期来调整，供给是富有弹性的。从 20 世纪 80 年代到 90 年代，彩电由短缺走向平衡正是供给弹性随时间而加大的过程。至于以后的过剩局面则是在调整长期生产能力时预期失误的恶果。

一般来说，企业在投资时要根据长期市场需求和行业规模经济特点确定最优规模。短期中要根据暂时的市场变动做出反应。在做出这种决策时一定要考虑到供给弹性这个因素。彩电市场就是没有考虑到这一点，以致现在彩电产量难以随价格下降而减少。恐怕除了开拓国外市场增加需求之外，难以迅速改变彩电市场过剩的局面。

资料来源：梁小民.微观经济学纵横谈.北京：生活·读书·新知三联书店，2000.

第五节　蛛网模型

在本章第三节中，我们用静态分析的方法论述了均衡价格形成所需具备的条件，用比较静态分析的方法论述了需求和供给的变动对均衡价格变动的影响。本节的蛛网理论将引进时间变化的因素，通过对属于不同时期的需求量、供给量和价格之间的相互作用的连续考察，用动态分析的方法论述诸如农产品这类生产周期较长的商品的产量和价格在偏离均衡状态以后的实际波动过程及其结果。

西方经济学根据均衡状态的稳定与否，将均衡区分为稳定均衡和不稳定均衡。就均衡价格模型而言，当一个均衡价格体系在受到外力的干扰而偏离均衡点时，如果这个体系在市场机制的作用下能回到原有的均衡点，则称这个均衡价格体系是稳定均衡。与此相反，如果这个体系在市场机制的作用下不能再回到原有的均衡点，则称这个均衡价格体系是不稳定均衡。蛛网模型的分析涉及稳定均衡与不稳定均衡。

根据供给弹性与需求弹性的关系，蛛网理论可分为收敛式、发散式和封闭式三种模型。

1. 收敛式蛛网模型

在这种模型中，在某一价格水平上，供给曲线的价格弹性小于需求的价格弹性，即供给曲线比需求曲线陡峭。当市场由于受到干扰偏离原有的均衡状态以后，实际价格和实际产量会围绕均衡水平上下波动，但波动的幅度越来越小，最后会回复到原来的均衡点，如图 2-17 所示。

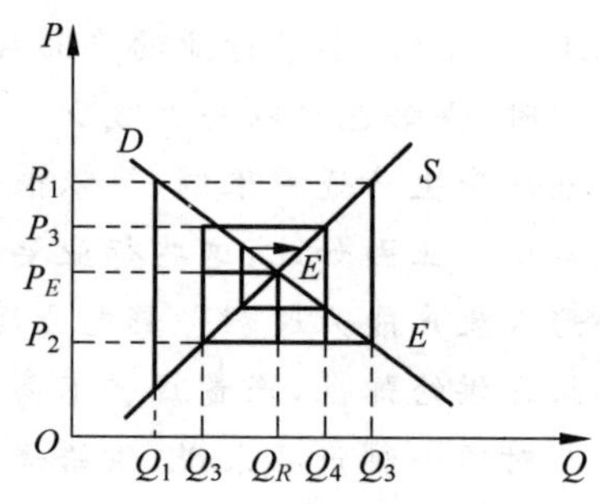

图 2-17　收敛式蛛网模型

假设，在第一年由于某种外在原因的干扰，实际产量由均衡水平 Q_E 减少为 Q_1。根据需求曲线，消费者愿意支付 P_1 的价格购买全部的产量 Q_1，于是，实际价格上升为 P_1。根据第一年的较高的价格水平 P_1，按照供给曲线，生产者将第二年的产量增加为 Q_2。

在第二年，生产者为了出售全部的产量 Q_2，接受消费者所愿意支付的价格 P_2，于是，实际价格下降为 P_2。根据第二年的较低的价格水平 P_2，生产者将第三年的产量减少为 Q_3。在第三年，消费者愿意支付只的价格购买全部的产量 Q_3，于是，实际价格又上升为 P_3。根据第三年的较高的价格水平只，生产者又将第四年的产量增加为 Q_4。

在以后的连续的时间序列中，逐年成交价格和交易量将环绕价格和产量的均衡值波动，且波动幅度越来越小，最后恢复到均衡点 E 的水平。从图中可以看到，只有当相对于价格轴的需求曲线斜率的绝对值大于供给曲线斜率的绝对值时，即相对于**价格轴**而言，需求曲线比供给曲线较为陡峭时，才能得到蛛网稳定的结果。此时，供给弹性小于需求弹性，这个条件是蛛网趋于稳定的条件，相应的蛛网被称为“收敛式蛛网”。

2. 发散式蛛网模型

在这种模型中供给的价格弹性大于需求的价格弹性，即相对于价格轴，需求曲线斜率的绝对值大于供给曲线斜率的绝对值，也就是说供给曲线比需求曲线平缓。当市场由于受到外力的干扰偏离原有的均衡状态以后，实际价格和实际产量上下波动的幅度会越来越大，偏离均衡点越来越远，如图 2-18 所示。

假定，在第一年由于某种外在因素的干扰，实际产量由均衡水平 Q_E 减少为 Q_1。根据需求曲线，消费者为了购买全部的产量 Q_1，愿意支付较高的价格 P_1，于是，实际价格上升为 P_1。根据第一年的较高的价格水平，按照供给曲线，生产者将第二期的产量增加为 Q_2。

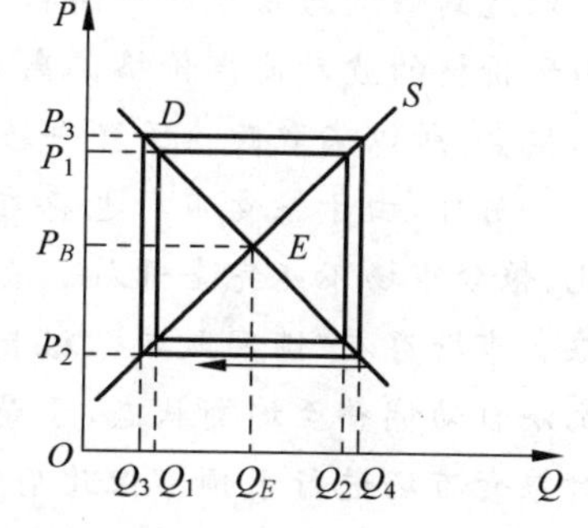

图 2-18　发散式蛛网模型

在第二年，生产者为了出售全部的产量 Q_2，接受消费者愿意支付的价格 P_2，于是，实际价格下降为 P_2。根据第二年的较低的价格水平 P_2，生产者将第三年的产量减少为 Q_3。

在第三年，消费者为了购买全部的产量 Q_3，愿意支付的价格上升为 P_3，于是，实际的价格又上升为 P_3。根据第三年的较高的价格水平 P_3，生产者又将第四年的产量提高到 Q_4。

如此循环下去，实际产量和实际价格上下波动的幅度越大，偏离均衡点 E 所代表的均衡产量和均衡价格越来越远。由此可见，图 2-18 的均衡点 E 所代表的均衡状态是不稳定的，被称为不稳定的均衡。

因此，当相对于**价格轴**的需求曲线斜率的绝对值小于供给曲线斜率的绝对值，即需求曲线比供给曲线较为平坦时，才能得到蛛网模型不稳定的结果。此时，供给的价格弹性大于需求弹性，这是蛛网模型趋于不稳定的条件，相应的蛛网被称为“发散型蛛网”。

3. 封闭式蛛网模型

在这种模型中，供给曲线斜率的绝对值等于需求曲线斜率的绝对值。当市场受到外力的干扰偏离原有的均衡状态以后，实际产量和实际价格始终按同一幅度围绕均衡点上下波动，既不进一步偏离均衡点，也不趋向均衡点。由于价格和产量波动是始终如一地沿着一个封闭的环路循环不已，所以，这种蛛网称为“封闭式蛛网”，如图 2-19 所示。

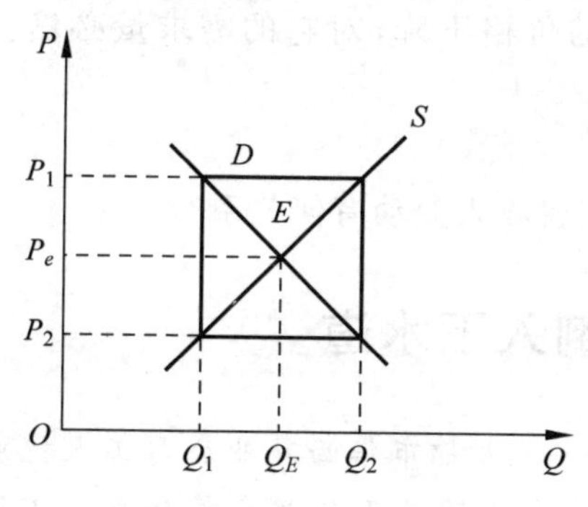

图 2-19　封闭式蛛网模型

此种情况，供给曲线斜率的绝对值等于需求曲线斜率的绝对值，即供给曲线和需求曲线具有相同的陡峭或平坦的程度，或者说供给弹性等于需求弹性，为蛛网以相同的幅度上下波动的条件。

【案例 2-5】

蛛网理论应用——农民减少损失的依据

在苹果价格比较高的时候，人们纷纷“上马”种植苹果树，几年后，苹果的数量越来越多，造成苹果供过于求，苹果价格必须大幅度下降，这个时候种植苹果的农民会纷纷将苹果树砍掉。造成种植苹果的纷纷“下马”现象。这种“上马”与“下马”现象在现实的生活当中确实存在,对我国经济建设造成重大损失。所以,单纯地凭借市场调节虽然从长远来说可以达到供给与需求的平衡状态,但是这个过渡过程时间很长,并造成重大的经济损失。由于价格的波动使得价格偏离合理的状态,价格不合理又给投机分子造成了发不义之财的机会,所以采取政府干预手段来减少价格的波动。

另外,由于粮食市场也存在着"蛛网效应",市场一旦受到冲击将无法自动调适。因此,粮食市场不能完全开放。直到今天,很多经济学者(包括部分粮食专家)都认为,由于粮食市场存在"蛛网效应",粮食市场中的任何一个外部冲击都会被逐级放大而发散,市场无法自动调整至均衡状态,于是,它将对人们的生活、生产带来不利影响。因此政府必须对粮食市场进行干预。但政府干预不能完全达到预期效果,故期货市场应运而生,较完善期货市场可以发现未来的价格,平抑现货市场价格,农民可根据期货市场的价格引导种植,并合理的套利,避免在粮食生产领域中收益与损失的大起大落。

资料来源:豆丁《西方经济学(微观部分)》案例分析 http://www.docin.com/p-155430114.html.

本章小结

本章通过考察单个商品市场的供给、需求及其与价格的关系,从理论上说明供求定律、市场均衡的实现。并对供求与价格的关系进行深入的定量分析,阐明需求价格弹性的大小与收益的关系。

简答题

1. 运用供求理论分析说明石油输出国组织为什么要限制石油产量?

2. 用替代效应和收入效应分析说明,如果牛肉的价格下降,对它的需求量必然会增加?

3. 影响需求价格弹性的因素有哪些?

4. 何为需求价格弹性?需求价格弹性的大小与销售收入变动有何关系?

案例剖析:牛奶为什么倒入下水道

不久前我在报纸上见到一则报道:西南乳业老大——成都市华西乳业公司工人把成吨的鲜牛奶倒入下水道,以避免巨额的损失。很快和其有合同关系的奶牛养殖户也不得不把部分牛奶倒入下水道。

这使我联想起20世纪30年代美国经济萧条时的一幕:工人把成吨的鲜牛奶倒入下水道,以避免巨额的损失。牛奶为什么要倒掉?其实原因很简单:用我们学过的弹性理论分析,无论是美国还是我们现在的中国,牛奶是生活必需品,弹性小,降价增加的销售收益,弥补不了降价的损失。因为养奶牛毕竟不是做服装,生产周期长,供给弹性小,对市场感应并不灵敏。3年前,成都地区乳业发展看好,所以很多企业(在政府的鼓励下)纷纷从事乳业生产,这样奶源偏紧,曾经出现鲜奶短缺。牛奶价格上升,由于需求弹性小,提高价格增加了奶牛养殖量和华西乳业公司的收入和利润。因此，市场调节（加上政府鼓励）的结果是，使奶牛养殖量的增大，大大小小奶牛饲养户加起来，1 天的产奶量便达 1000 吨。其中，80 吨鲜奶潮水般涌进了四川乳业三强之一的华西乳业有限公司。3 年后的今天，在大大小小各家乳业公司的参与下，市场这个蛋糕在目前的技术水平已经被挖到极致，换句话说，市场供给量增加而消费者的需求根本就没有消化这么多牛奶的能力。反映在华西乳业公司，只能按照每天处理 60 吨鲜奶的规模运作，过剩了整整 20 吨。这 20 吨怎么处理，和奶农定的合同是长期合同，不能随便毁约，否则就会丧失奶源，无论是降价收购还是拒绝收购都会断掉未来的业务联系。在如今乳业诸强以规模优势争夺市场和资源的时候，如此做法，就是把自己的货源拱手下滑，最后的损失不是倒掉这些牛奶能比拟的。即便目前倒了部分牛奶，市场也有了反映，300 毫升的华西奶售价已从春节前的 2.20 元骤降至 1.50 元；每件华西奶也由 50 多元降至 39 元，比可乐、中档纯净水还要便宜。由于牛奶缺乏弹性降价的结果是减少收入和利润。

市场经济发展到今天，中国人也开始逐步能对这样的事情不太怎么吃惊了，不会像过去一样问出“弱势群体还买不起牛奶，你们却把它倒掉，怎么可以？”这样对市场经济完全陌生的问题了。美国 20 世纪 30 年代的大萧条时把牛奶倒到河里是由于缺乏政府宏观调控，无政府经营的恶果，那么中国造成倾倒牛奶这一现象则是什么原因？这足以引发我们的思考。

资料来源：梁小民.微观经济学纵横谈.北京：生活·读书·新知三联书店，2000.

第三章

效用理论

哲学家把实现个人自由视为幸福；文学家把浪漫情调视为幸福；政治家把实现自己的抱负视为幸福；企业家把商业成功视为幸福；一般人觉得平平淡淡就是幸福。不同的人对幸福有不同的理解。美国的经济学家萨缪尔森说："幸福＝效用/欲望"。

本章导读

本章所研究的消费者行为理论是消费者选择行为的基础。在经济学中，消费者是指能够做出统一消费决策的经济单位，也称作居民户。消费者提供生产要素，从而获得收入，收入用于消费品的购买，于是产生了消费者的消费行为。有关消费者行为最基本的假设前提有两个：一是消费者的行为都是理性的，其目的是用有限的收入寻求获得欲望的最大满足，即追求效用的最大化；二是消费者能够知道自己对各种产品和劳务的偏好，商品和劳务满足自己需要的性能、价格和收入变动的情况等，即消费者在决策中拥有正确而完全的信息。因此研究消费者行为理论，就是要研究消费者如何用自己有限的收入获得最大化的效用，即使自己的欲望得到最大的满足。因此，消费者行为理论也称为效用理论。在西方经济学理论中，对消费者行为的研究采用了两种不同的分析方法，即基数效用论和序数效用论。

消费者行为理论研究的出发点，是美国经济学家萨缪尔森的幸福方程式：幸福＝效用/欲望。

学习目标

通过本章学习，使学生理解边际效用、消费者剩余等基本概念；掌握消费者均衡条件的内容及其计算；掌握运用各种图形工具进行分析的方法，增强运用微观经济学的基本原理，分析、解释市场经济中常见的一些经济现象的能力。

关键概念

效用(utility)

边际效用(marginal utility)

无差异曲线(indifference curve)

边际替代率(marginal rate of substitution)

消费者均衡(consumer equilibrium)

预算线(budget line)

第一节 欲望与效用

消费者在对物品进行消费时，其出发点是为了满足他的欲望，而当欲望得到满足时，就形成了效用。可见，欲望和效用有着必然的联系。美国经济学家萨缪尔森提出一个幸福方程式：幸福＝效用/欲望。这里所说的幸福是指消费者消费商品后的满足感，它取决于欲望和效用对它的影响。这里欲望是无限的，但就某个消费者来说，一定时期内他的欲望又是一定的，那么，幸福则取决于效用的大小了。

一、欲望

欲望是一种缺乏的感觉和求得满足的愿望的统一。对于消费者而言，既要有缺乏的感觉，又要有得到满足的愿望。如某人此时非常想喝水，这就是他的欲望。欲望有两个特点：一是具有主观性，欲望纯粹是一种主观心理感觉；二是具有无限性，因为人的不足之感是无穷无尽的，"人心不足蛇吞象"，说的就是人的欲望的无限性。美国著名的心理学家马斯洛把人的欲望分为五个层次：人的基本生理的需要，安全的需要，归属与爱的需要，尊重的需要和自我价值实现的需要。五个层次的欲望成金字塔形，表明了人的欲望是不断进步和发展的。但就某一个消费者来说，一定时期内他的欲望是一定的，那么，他是否幸福，则取决于效用的大小了。

二、效用

经济学中所说的效用是指经济物品满足人的欲望的能力，即指消费者在消费商品时所感受到的满足程度。任何一种物品的效用，不仅在于该物品本身具有的满足人们某种欲望的能力，而且还依存于消费者的主观感受。效用这一概念与人的欲望是联系在一起的，它是消费者对商品满足自己的欲望的能力的一种主观心理评价。

效用是相对概念，只有在两种物品的满足之间相互比较时才有意义。

效用的有无或效用的大小取决于个人主观心理评价。效用实际是个主观判断，同一物品有无效用或效用大小对不同的人来说是不同的。

效用因人、因时、因地的不同而不同。例如，一包香烟对喜欢吸烟的人效用大，而对于不吸烟的人效用就小；羽绒服的效用在寒冷的冬季要比在炎热的夏季大得多；在烈日炎炎的沙漠中，水的效用要比在水源充足的地方大得多。

可见，各种消费品的效用的大小，是由消费者的主观心理感觉决定的。因此，消费者的消费行为应侧重于心理分析。

三、效用函数

效用函数是指消费者的总效用与其消费的各种商品的数量的函数关系。例如，消费者消费 n 种商品，其数量分别为 $X_i, i=1,\cdots,n$，则其效用函数为 $U=U(X_1, X_2, \cdots, X_n)$。效用函数的形式由消费者的主观心理即偏好所决定。

【案例3-1】

最好吃的东西

兔子和猫争论,世界上什么东西最好吃。兔子说:"世界上萝卜最好吃。萝卜又甜又脆又解渴,我一想起萝卜就要流口水。"猫不同意,说:"世界上最好吃的东西是老鼠。老鼠的肉非常嫩,嚼起来又酥又松,味道美极了!"兔子和猫争论不休、相持不下,跑去请猴子评理。猴子听了,不由得大笑起来:"瞧你们这两个傻瓜蛋,连这点儿常识都不懂!世界上最好吃的东西是什么?是桃子呀!桃子不但美味可口,而且长得漂亮。我每天做梦都梦见吃桃子。"兔子和猫听了,全都直摇头。那么,世界上到底什么东西最好吃呢?

资料来源:道客巴巴微观经济学案例 http://www.doc88.com/p-77788850292.html.

【案例3-2】

是穷人幸福还是富人幸福

对于什么是幸福,美国的经济学家萨谬尔森用的"幸福方程式"来概括。这个"幸福方程式"就是:幸福=效用/欲望。从这个方程式中我们看到欲望与幸福成反比,也就是说人的欲望越大越不幸福。但我们知道人的欲望是无限的,那么多大的效用不也等于零吗?因此我们在分析消费者行为理论的时候假定人的欲望是一定的。那么我们在离开分析效用理论时,再来思考萨谬尔森提出的"幸福方程式"真是觉得他对幸福与欲望关系的阐述太精辟了,难怪他是诺贝尔奖的获得者。

在社会生活中对于幸福不同的人有不同的理解,政治家把实现自己的理想和报复作为最大的幸福;企业家把赚到更多的钱当作最大的幸福;教师把学生喜欢听自己的课作为最大的幸福;老百姓往往把平平淡淡衣食无忧作为最大的幸福。幸福是一种感觉,自己认为幸福就是幸福。一个人的欲望水平与实际水平之间的差距越大,他就越痛苦;反之,就越幸福。从"幸福方程式"使我想起了"阿Q精神"。鲁迅笔下的阿Q形象,是用来唤醒中国老百姓的那种逆来顺受的劣根性。而我要说的是人生如果一点阿Q精神都没有,会感到不幸福,因此"阿Q精神"在一定条件下是人生获取幸福的手段。在市场经济发展到今天,贫富差距越来越大,如果穷人欲望过高,那只会给自己增加痛苦。倒不如用"知足常乐",用"阿Q精神"来降低自己的欲望,使自己虽穷却也获得幸福自在。是穷人幸福还是富人幸福完全是主观感觉。

资料来源:豆丁《西方经济学(微观部分)》案例分析 http://www.docin.com/p-155430114.html.

第二节 基数效用论

一、基数效用论和边际效用分析法

西方经济学对效用的分析有两种理论,即基数效用论与序数效用论。这两种理论又分别采用了边际效用分析法和无差异曲线分析法来分析消费者的行为。

(一)基数效用论

基数效用论是研究消费者行为的一种理论。其基本观点是效用是可以计量并加总求和的，因此，效用的大小可以用基数（1，2，3…）来表示，正如长度单位可以用米来表示一样。所谓效用的计量，就是指消费者消费某种物品的满足程度可以用效用单位来进行衡量。例如，某消费者吃一片面包所得到的满足程度是 8 个效用单位等。所谓效用可以加总求和，是指消费者消费几种物品所得到的满足程度可以加总得出总效用。例如，某消费者吃一片面包所得到的满足程度是 8 个效用单位，喝一杯牛奶所得到的满足程度是 10 个效用单位，因此，其消费两种物品所得到的满足程度是 8＋10＝18 个效用单位。根据这种理论，可以用具体的数字来研究消费者效用最大化问题。

（二）边际效用分析法

1. 总效用与边际效用

边际效用分析法是基数效用论的主要分析方法。在运用边际效用分析法来分析消费者行为时，首先要了解两个重要的概念：总效用和边际效用。

总效用（**total utility**）是指消费者从某一消费行为或从消费一定数量的某种物品或几种物品的组合中所获得的总满足程度。用 TU 或 U 表示。

假定消费者消费的是商品组合 $X(x_1, x_2)$，则效用函数（亦为总效用函数）表示为

$$\mathrm{TU} = U(x_1, x_2)$$

或

$$\mathrm{TU} = U(X)$$

边际效用（**marginal utility**）是指每增加一单位某种物品的消费所获得的增加的满足程度。边际效用也可以理解为消费量变动一单位所引起的总效用的变动量。在总效用函数 $\mathrm{TU}=U(X)$ 连续并可以求导的情况下，边际效用表示为

$$\mathrm{MU} = \frac{\Delta \mathrm{TU}}{\Delta X} = \frac{\mathrm{dTU}}{\mathrm{d}X}$$

这里需要指出的是，在西方经济学中，边际分析法是最基本的分析方法之一，“边际”概念则是很重要的一个基本概念。边际效用是本书出现的第一个边际概念。在此，我们有必要强调一下，边际量的一般含义是表示一单位的自变量的变化量所引起的因变量的变化量。抽象的边际量的定义公式为

$$边际量 = \frac{因变量的变化量}{自变量的变化量}$$

总效用与边际效用的关系：我们可以用表 3-1 来说明总效用与边际效用的关系：

表 3-1　效用与边际效用

面包的消费量	总效用	边际效用
0	0	0
1	30	30
2	50	20
3	60	10
4	60	0
5	50	－10

从表 3-1 中可以看出，当消费一单位面包时，总效用为 30 效用单位，从没有消费面包到消费一单位面包，消费量增加了一单位，效用增加了 30 效用单位，因而边际效用为 30 个效用单位；当消费两个单位面包时，消费量增加了一个单位，总效用从 30 效用单位增加到 50 效用单位，总效用增加了 20 小勇单位，所以边际效用为 20 效用单位，以此类推。当消费 5 单位面包时，总效用为 50 效用单位，边际效用变为－10 效用单位。即增加第 5 个单位的面包的消费给消费者所带来的是负效用。结合图 3-1 所示，并从表中可以看出，当边际效用为正数，即 MU＞0 时，总效用 TU 是增加的；当边际效用为零，即 MU＝0 时，总效用 TU 达到最大；当边际效用为负数，即 MU＜0 时，总效用 TU 减少。

根据表 3-1 所绘制的总效用和边际效用曲线如图 3-1 所示。

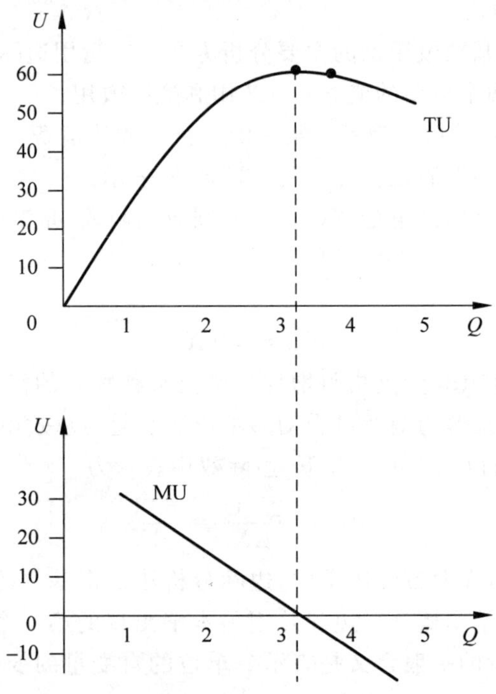

图 3-1　某商品的总效用和边际效用曲线

在图中，TU 曲线是以递减的速率先上升而后下降的。当边际效用为正值时，总效用曲线呈上升趋势；当边际效用递减为零时，总效用曲线达最高点；当边际效用为负值时，总效用曲线呈下降趋势。从数学意义上讲，如果效用曲线是连续的，则每一消费量上的边际效用值就是总效用曲线上相应的点的斜率。

2. 边际效用递减规律

从图 3-1 中可以看出，MU 曲线是向右下方倾斜的，边际效用是递减的，它反映了边际效用递减规律。

边际效用递减规律的基本内容是：在一定时间内，在其他商品的消费数量保持不变的条件下，随着消费者对某种物品消费量的增加，则连续增加的每单位物品给消费者带来的总效用的增加量是递减的，即边际效用递减。这种现象普遍存在，被称为边际效用递减规律。例如，一个人在非常饥饿的时候，吃第一块面包所获得的效用是很大的。以后，随着该消费者所吃面包数量的连续增加，虽然总效用还在增加，但每一块面包给他带来的效用增量即边际效用却是递减的。当他完全吃饱时，总效用达到最大，而边际效用却降为零。如果他还继续吃，给他带来的就会是不适甚至恶心，这意味着面包的边际效用进一步降为负值。总效用也开始下降。

为什么会产生边际效用递减规律呢？西方经济学家通常从两个方面来加以解释。

一是生理或心理的原因。消费一种物品的数量越多，即某种刺激不断反复，使人生理上的满足或心理上的反应减少，从而满足程度降低。我们在不断增加对某一种物品的消费时，例如，连续吃面包时，都会有这种感觉。因此，俗话说的"物以稀为贵"也可以用这个道理来解释。

二是因为物品本身具有多种用途，而且各种用途的重要程度不同。物品本身具有多种用途，而消费者又总是先把它用于最重要的用途上，因而第一单位的消费就会有最大的边际效用，当最重要的需要得到一定程度的满足后，消费者就会把它用于次重要的用途上，虽然总效用增加了，但增加的效用却减少了，即其边际效用减小了。依此类推，越往后，物品的用途越不重要，其边际效用自然也就递减了。例如，某消费者有三个面包，他可能把第一个面包用于最重要的用途——自己充饥，以满足其生理的需要；把第二个面包用于赠送朋友，以满足爱的需要；把第三个面包用于施舍，以满足对善的追求。这三个面包的用途在重要性上是不同的，因此其边际效用也是不同的。由此看来，边际效用递减规律是符合现实的。

【案例 3-3】

宿舍奇遇

在一间小屋里给你放第一遍《二泉映月》，你会被深深打动，拍手称好；紧接着放第二遍，你会泪流满面想再听一遍；第三遍后你会哼着曲调，心满意足，准备离开。但这时却发现门被锁上，你出不去了。而音乐又关不掉，于是你又坐下听着第四遍、第五遍、第六遍、第七遍后，你开始发呆；到第十遍后，你开始按捺不住，在屋内转个不停，试图掩住耳朵，或堵住音乐；到第二十遍后，你会出现独自大吵、大叫、歇斯底里等非正常症状；第三十遍后，你会出现血压降低、体温下降、目光呆滞等生理症状；第五十遍后，赵本山的担架找到了买主——你将被抬着出来，到此故事并未结束。以后的日子里，每当响起那首《二泉映月》的旋律，你就几乎会崩溃掉。

资料来源：道客巴巴微观经济学案例 http://www.doc88.com/p-77788850292.html.

3. 边际效用递减与需求规律

我们在介绍需求规律时讲过，商品的需求量与价格成反方向变动关系。我们可以用边际效用递减规律来解释这一规律。

消费者购买各种物品就是为了从消费这些物品中获得效用，他所愿意支付的价格(即消费者购买商品所必然要付出的代价)取决于他以这种价格获得的物品所能带来的效用的大小。例如，某消费者愿意以 20 元钱购买一本书，而愿意以 1 元钱购买一斤苹果，这就说明一本书或一斤苹果给这个消费者带来的效用是不同的。经济学的分析中同时假定，货币也具有效用，且货币的边际效用是相等的，即增加每单位货币所带来的效用均相同，不存在边际效用递减。因此，消费者消费一定数量的某种物品效用大，他愿意支付的价格就高；反之效用小，他愿意支付的价格就低。这是因为，随着消费者所购买的该种物品的数量增加，该物品所能带来的边际效用就会递减，而货币的边际效用不变，为了使每单位货币的支出所获得的边际效用相同，因而，消费者所愿支付的价格就下降了。这样，该物品的需求量与价格就必然会出现反方向的变动。这种情况可以用表 3-2 来说明。

表 3-2　某物品的边际效用

消费某物品数量	边 际 效 用	价格(元)
1	20	10
2	10	5
3	5	2.5
4	2	1
5	1	0.5

在表 3-2 中，假定货币的边际效用为 2。当物品消费量为 1 时，边际效用为 20 效用单位，消费者愿意为这 20 效用单位支付 10 元。当物品消费量增加至 2 时，消费者从第二单位物品消费中所得到的边际效用为 10 效用单位，消费者只愿为 10 效用单位支付 5 元。当物品消费量增加至 3 时，消费者从第三单位物品中所得到的边际效用为 5 效用单位，消费者只愿为 5 效用单位支付 2.5 元。随着物品消费量的增加，每增加一单位该物品的消费所带来的边际效用在减少，消费者愿意支付的价格也越来越低。

因此，消费者对某物品的需求量与价格成反方向变动就是因为边际效用递减的缘故。

我们容易注意到，消费者按照他自己对该物品效用的评价来决定他愿意为该物品支付的价格，而实际市场上的价格并不一定等于这种价格，由此我们又引出了消费者剩余的概念。

4. 边际效用与消费者剩余

消费者剩余这一概念是 19 世纪末 20 世纪初英国经济学家阿弗雷德·马歇尔提出来的，是指消费者为消费某种商品而愿意支付的价格与他购买该商品时实际支付的价格的差额。可用表 3-3 来说明消费者剩余。

表 3-3　消费者剩余

消费者对面包的购买	消费者愿意支付的价格(元)	某物品的市场价格(元)	消费者剩余(元)
第 1 个	5	1	4
第 2 个	4	1	3
第 3 个	3	1	2
第 4 个	2	1	1
第 5 个	1	1	0

在表 3-3 中，对于某消费者来说，他愿意为某物品付出的价格取决于他对该物品效用的评价，而边际效用递减规律决定了他愿意为该物品付出的价格是递减的，随着他购买该物品数量的增加，他愿意为该物品支付的价格也在递减，但市场价格是由整个市场对该物品的供求状况决定的，并不以其个人意愿为转移，该消费者对该物品的购买也仅占市场上该物品数量的极小的一部分，无法影响市场价格，因而，市场价格在短期内不会改变，这

样，在消费者一个面包也没有的情况下，为了得到1个单位的面包，他愿意支付5元/单位的价格。

他为购买第1个面包所获得的消费者剩余为4元。在获得了一个单位面包后，消费者为得到第2个单位面包而愿意支付的价格是4元/单位，所获得的消费者剩余时3元……由于边际效用递减规律的作用，随着该消费者购买某物品数量的增加，他愿意付出的价格在下降，而市场价格始终不变。这样，随着某消费者购买物品数量的增加，他从每单位该物品的购买中所获得的消费者剩余在减少。如果市场价格始终是1元/单位不变，则他为购买5单位面包所愿意支付的总价＝5＋4＋3＋2＋1＝15元。但他按市场价格实际支付的总价＝5×1＝5元。两者的差额＝15－5＝10元。这个差额就是全部的消费者剩余。

值得注意的是，消费者剩余并不是实际收入的增加，只是一种心理感觉，它能反映消费者购买和消费商品时所感受到的状态的改善。因此，消费者剩余常被用来分析和度量社会福利问题。例如，研究垄断问题时，经济学家便用消费者剩余概念来说明垄断所造成的社会福利损失。

【案例3-4】

古玩钟值不值

有一对夫妻，花了3个月时间才找到了一只他们非常喜爱的古玩钟，他们商定只要售价不超过600美元就买下来。但是，当他们看清上面的标价时，丈夫却犹豫了。“哎哟，”丈夫低声说，“上面的标价是800美元，你还记得吗？我们说好了不超过600美元，我们还是回去吧。”妻子说，“不过我们可以试一试，看店主能不能卖便宜点。毕竟我们已经寻找了这么久才找到。”夫妻俩私下商量了一下，由妻子出面，试着与店方讨价还价，尽管她认定600美元买到这只钟的希望非常小。妻子鼓起勇气，对钟表售货员说：“我看到你们有只小钟要卖。我看了上面的标价，而且价标上有一层尘土，这给小钟增添了几许古董的色彩。”停顿了一下，她接着说：“我告诉你我想干什么吧，我想给你的钟出个价，只出一个价。我肯定这会使你震惊的，你准备好了吗?”她停下来看了一下售货员的反应，又接着说：“哎，我只能给你300美元。”钟表售货员听了这个价后，连眼睛也没眨一下就爽快地说：“好！给你，卖啦！”你猜妻子的反应怎样？夫妻俩欣喜若狂了吗？不，事实的结果是正好相反。“我真是太傻了，这钟本来恐怕就值不了几个钱，或者肯定是里面缺少了零件，要不为什么那么轻呢？再要么就是质量低劣?”妻子越想越懊恼。尽管后来夫妻俩还是把钟摆到了家中的客厅里，而且看上去效果很好，美极了，似乎走得也不错，但是她和丈夫总觉得不放心，而且他们一直被某种欺骗的感觉所笼罩。

资料来源：豆丁《西方经济学(微观部分)》案例分析 http://www.docin.com/p-155430114.html.

二、消费者均衡

消费者的收入是有限的，一个理性的消费者总是尽力把他有限的收入用于购买各种物品，来满足自己的需要。通过边际效用分析法我们可以研究单个消费者如何把有限的货币收入分配在各种商品的购买和消费中以获取效用的最大化，即实现消费者均衡。

(一) 消费者均衡的含义

消费者均衡是指在商品价格和消费者收入既定的条件下，消费者实现效用最大化的购买行为。这里的均衡是指在商品现行价格和不变的消费者收入条件下，消费者不愿意再变动各种商品的购买量，或者说已经求得了效用最大化这样一种相对静止的状态。

从消费者均衡的概念可以理解到，在研究消费者均衡时，必须考虑以下三个假设：第一，消费者的收入是既定的；第二，消费者的偏好是既定的，即他对各种物品的效用与边际效用的评价是既定的，不会发生变动；第三，商品的市场价格是既定的。

(二) 消费者均衡的实现条件

要想获得效用的最大化即达到消费者均衡，消费者必须按照这样的原则来调整自己的购买量，即在既定的收入和商品价格下，追求效用最大化的消费者应该使得他花费在所购买的每一种商品上的最后一元钱所得到的边际效用相等，或者说，应该使自己所购买的各种商品的边际效用与该商品价格之比相等。

假定消费者的既定收入为 I，购买 n 种商品。用 $P_1,P_2,\cdots,P_n$ 代表各种商品的价格，$X_1,X_2,\cdots,X_n$ 表示各种商品的购买数量，$\mathrm{MU}_1,\mathrm{MU}_2,\cdots,\mathrm{MU}_n$ 为各种商品的边际效用，则消费者效用最大化的均衡条件表示为

$$P_1X_1+P_2X_2+\cdots P_nX_n=I$$

$$\frac{\mathrm{MU}_1}{P_1}=\frac{\mathrm{MU}_2}{P_2}=\cdots=\frac{\mathrm{MU}_n}{P_n}=\lambda$$

λ 为不变的货币的边际效用。

若消费者所购买的仅是两种商品，则消费者达到效用最大化的条件是

$$P_1X_1+P_2X_2=I$$

$$\frac{\mathrm{MU}_1}{P_1}=\frac{\mathrm{MU}_2}{P_2}=\lambda$$

也可以表示为

$$\frac{\mathrm{MU}_1}{\mathrm{MU}_2}=\frac{P_1}{P_2}$$

上面等式左端为消费者的主观评价，右端为市场的客观评价，即要达到效用最大化，消费者必须使自己的主观评价与市场的客观评价一致。

需要提请注意的是，均衡条件所谈的是每一元钱所得到的边际效用相等，而不是每一种商品的边际效用相等。每一种商品的边际效用相等并不能保证消费者获得最大的效用，因为各种商品的价格是不同的，这就不一定能够使得每一元钱所获得的边际效用都相等。

(三) 消费者均衡实现的经济学解释

若 $\mathrm{MU}_1/P_1<\mathrm{MU}_2/P_2$，表明对消费者而言，用同样一元钱购买商品 1 所得到的边际效用不如购买商品 2 所获得的边际效用大，于是理性的消费者将会增加对商品 2 的购买

而减少对商品 1 的购买。这样，一方面，减少一元钱的商品 1 的购买量而带来的边际效用的减少量小于增加一元钱购买商品 2 所带来的边际效用的增加量，这意味着消费者的总效用是增加的；另一方面，在边际效用递减规律的作用下，随着商品 1 的购买量的减少，其边际效用将不断递增，而随着商品 2 购买量的增加，其边际效用不断降低。当消费者将其购买组合调整到同样一元钱在购买两种商品所获得的边际效用相等时，即达到 $MU_1/P_1=MU_2/P_2$ 时，消费者便不再改变商品的购买量，他已获得了最大效用。

相反，若 $MU_1/P_1>MU_2/P_2$ 时，说明对消费者来说，同样一元钱购买商品 1 所获得的边际效用大于购买商品 2 所获得的边际效用，于是理性的消费者将会增加对商品 1 的购买量而减少对商品 2 的购买量，与上面的分析相类似，直至 $MU_1/P_1=MU_2/P_2$，从而获得最大的效用。

以表 3-4 为例，进一步加以说明。假定消费者所购买的其他商品量既定，而对苹果 X 与西红柿 Y 的购买量进行选择。假定消费者每周将 12 元钱用于苹果与西红柿的购买，苹果的价格 $P_x=2$(元)，西红柿的价格 $P_y=1$(元)。苹果与西红柿给消费者所带来的效用与边际效用如表 3-4 所示。

表 3-4　两种商品的效用比较

Q	0	1	2	3	4	5	6	7	8	9	10	11	12
U_x	0	16	30	42	52	60	66	70	72				
MUx		16	14	12	10	8	6	4	2				
U_y	0	11	21	30	38	45	51	56	60	63	65	66	66
MU_y		11	10	9	8	7	6	5	4	3	2	1	

在表 3-4 中，Q 表示苹果与西红柿的购买量；U_x，U_y 分别表示苹果与西红柿的总效用；MU_x，MU_y 分别表示苹果与西红柿的边际效用。表中可以看出，当苹果的价格为 2 元，西红柿的价格为 1 元时，消费者在 12 元支出的限制下，购买 3 单位的苹果与 6 单位的西红柿可以达到总效用的最大化。最大化的总效用是 93 个效用单位。此种情况下的购买是消费者的均衡购买，因为这种购买符合消费者均衡的必要条件，$MU_x/P_x=MU_y/Py=6$，且 $2\times3+1\times6=12$。在上述给定的价格与支出水平下，购买任何其他数量的苹果与西红柿所获得的总效用都要小于 93 个单位。

【案例 3-5】

把每 1 分钱都用在刀刃上

假定 1 元钱的边际效用是 5 个效用单位，一件上衣的边际效用是 50 个效用单位，消费者愿意用 10 元钱购买这件上衣，因为这时的 1 元钱的边际效用与用在一件上衣的一元钱边际效用相等。此时消费者实现了消费者均衡，也可以说实现了消费(满足)的最大化。低于或大于 10 元钱，都没有实现消费者均衡。我们可以简单地说，在收入既定商品价格既定的情况下，花钱最少得到的满足程度最大就实现了消费者均衡。

通俗地说，假定你有稳定的职业收入，你有 50 万元银行存款。要想实现消费者均衡，你应该用这 50 万元的一部分去购房、用一部分去买一些档次高的服装，银行也要有一些积蓄；相反如果你没有积蓄，购物欲望非常强，见到新的服装款式，甚至借钱去买，买的服装很多,而效用降低,如遇到一些家庭风险,没有一点积蓄,使生活陷入困境。

还如你在现有的收入和储蓄下是买房还是买车,你会作出合理的选择。你走进超市,见到琳琅满目的物品,你会选择你最需要的。你去买服装肯定不会买回你已有的。所以说经济学是选择的经济学,而选择就是在你资源(货币)有限的情况下,实现消费满足的最大化,使每1分钱都用在刀刃上,这就实现了消费者均衡。

资料来源:豆丁《西方经济学(微观部分)》案例分析 http://www.docin.com/p-155430114.html.

第三节 序数效用论

与基数效用论不同,一些经济学家如帕累托、希克斯和艾伦认为,效用是用来表示个人偏好的心理活动,因此,效用是无法计量并加总求和的,只能表示出满足程度的高低和排列顺序,因而效用只能用序数(第一,第二,第三,……)来表示,这种理论我们称为**序数效用论**。

虽然序数效用理论中并不重视效用的绝对数值,但基数效用论中所讨论的边际效用递减规律对于序数效用而言同样成立,但此时边际效用并不表示真实的数量关系,而是表现为效用的先后顺序。

在现代经济理论中,基数效用论与序数效用论同时存在,互相补充。序数效用论用无差异曲线分析法来说明消费者均衡的实现。

一、关于消费者偏好的假定

第一个假定是偏好的完备性。偏好的完备性是指消费者总是可以比较和排列所给出的不同商品组合。换言之,对于任何两个商品组合A和B,消费者总是可以作出而且仅能作出以下三种判断中的一种:对A的偏好大于对B的偏好;对B的偏好大于对A的偏好;对A和B的偏好相同(即A和B是无差异的)。偏好的完全性假定保证消费者对于偏好的表达方式是完备的,消费者总是可以把自己的偏好评价准确地表达出来。

第二个假定是偏好的可传递性。偏好的可传递性指对于任何三种商品组合A、B、C,如果消费者对A的偏好大于B,对B的偏好大于C,那么,在A、C这两个组合中,消费者必定有对A的偏好大于C。偏好的可传递性假定保证了消费者偏好的一致性,因而也是理性的。

第三个假定是偏好的非饱和性。偏好的单调性也叫偏好的非饱和性,该基本假设是指如果两个商品组合的区别仅在于其中一种商品的数量不同,那么,消费者总是偏好于含有这种商品数量较多的那个商品组合。这就是说,消费者对每一种商品的消费都没有达到饱和点,或者说,对于任何一种商品,消费者总是认为数量多比数量少好。

【案例3-6】

著名经济学家斯蒂格利茨曾经说到过这样一个经济探案的故事

有一个名叫史蒂文森的罪犯在犯罪后潜逃他国。经过侦察,将可能的嫌疑对象圈定为加拿大布朗、法国的葛朗台和德国的许瓦茨,并拿到了这三名疑犯的起居、消费记录。大侦探福尔摩斯接受了此案,但在几经分析之后因为没有新的发现只好宣布证据不足,无法定案。这时他的朋友萨缪尔森正好在一旁，他研究了史蒂文森和三名疑犯的消费记录之后发现：

1. 史蒂文森在潜逃之前每周消费 10 公斤香肠和 20 升啤酒，啤酒每升 1 磅，香肠每公斤为 1 磅。

2. 布朗每周消费 20 公斤香肠和 5 升啤酒，啤酒每升 1 加元，香肠每公斤为 2 加元。

3. 葛朗台每周消费 5 公斤香肠和 10 升啤酒，1 升啤酒和 1 公斤香肠均为 2 法郎。

4. 许瓦茨每周消费 5 公斤香肠和 30 升啤酒，1 升啤酒 1 马克，1 公斤香肠 2 马克。

萨缪尔森在做出四个人的预算之后，分析指出，除非史蒂文森改变其偏好，否则布朗不必受到怀疑(因为布朗所消耗的香肠比例大于其啤酒比例，其他三人则均相反)。在剩下的两名疑犯中，萨缪尔森又指出，史蒂文森自然选择前往某地，其处境一定比以前好。只要其偏好未改变，他就一定是德国的许瓦茨(因为葛朗台的总消费水平与史蒂文森具有相同的效用，而许瓦茨则更大)。后来经过追查，果然罪犯为许瓦茨。

故事自然是虚构的，然而我们却能在其中发现两个有意义的结论：

(1) 一个人的消费偏好一旦确定，往往难以变更。

(2) 一个人的生活条件发生改变时(无论这种改变是由远赴异国还是由收入增加引起的)，他往往会倾向于选择一种更好的处境，但仍然不会改变其消费偏好。

资料来源：梁小民. 微观经济学案例. 北京：生活·读书·新知三联书店，2000.

二、无差异曲线

(一) 无差异曲线的概念及其特点

无差异曲线是指能给消费者带来相同效用水平或满足程度的两种商品的所有不同数量组合所连成的一条曲线。

现在假定有 x，y 两种商品，它们在数量上有 a、b、c、d 四种组合方式，这四种组合方式都能给消费者带来相同的效用。据此列出无差异表 3-5。

表 3-5　无差异曲线

组合方式	X 商品	Y 商品
a	20	70
b	30	50
c	40	40
d	50	30

根据表 3-5 可以做出图 3-2。在图中，横轴表示 x 商品的数量，纵轴表示 y 商品的数量，连接 a、b、c、d、e 各点的曲线，即为一条无差异曲线。无差异曲线表明：曲线上任何一点所代表的 x 商品与 y 商品不同数量的组合给消费者带来的效用都是相同的。

无差异曲线通常具有如下几点特性。

(1) 商品空间上任一点都有一条无差异曲线通过，表示消费者可以比较任意两种不同组合的商品，确定它们是无差别的，即获得相同效用，还是一种优于另一种。离原点越

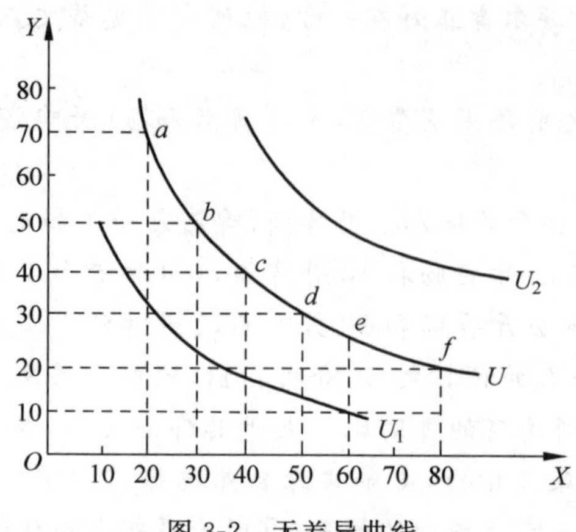

图 3-2 无差异曲线

远的无差异曲线，所代表的效用越大，离原点越近的无差异曲线，所代表的效用越小。

(2) 通常的无差异曲线具有负的斜率，是一条向右下方倾斜的曲线。说明要想维持消费者效用水平不变，在减少一种商品的消费量的同时必须增加另一种商品的消费数量。这也表明在保持消费者相同效用的前提下，商品之间具有一定的替代关系。

(3) 在同一平面图上，任意两条无差异曲线不能相交。

(4) 无差异曲线是一种凸向原点的曲线，其原因要由边际替代率递减来加以解释。

(二) 边际替代率

无差异曲线的本质特征就是商品的不同组合可以产生相同的效用水平。这表明在维持消费者效用水平不变的条件下，可以用一种商品来替代另一种商品。我们用边际替代率来研究这种商品间的替代关系。所谓**边际替代率**就是消费者在维持效用水平不变的前提下，若想增加某种商品的消费量，就必须减少另一种商品的消费量，而减少的商品的消费量与所增加的另一种商品消费量之比便称为边际替代率。

设 ΔX 为 X 商品的增加量，ΔY 为 Y 商品的减少量，MRS_{xy} 为 X 商品替代 Y 商品的边际替代率，则有

$$\mathrm{MRS}_{xy} = -\frac{\Delta Y}{\Delta X}$$

由于当 ΔX 为增加量时，ΔY 必定为减少量，所以，两者的符号肯定相反。由于我们对边际替代律的研究注重的是，增加一种商品的消费量时另一种商品消费量的变化量，而不论及商品消费量变化的方向问题，所以为了使 MRS_{xy} 的计算结果是正值，以便于分析和比较，就在公式中增加一个负号。

当商品数量的变化趋于无穷小时，则商品的边际替代率为

$$\mathrm{MRS}_{xy} = \lim_{\Delta x \to 0}(-\Delta Y/\Delta X) = -\frac{\mathrm{d}Y}{\mathrm{d}X}$$

显然，无差异曲线上某一点的边际替代率就是无差异曲线在该点的斜率的绝对值。

(三) 商品边际替代率递减规律

商品的边际替代率递减规律是指在维持效用水平不变的前提下，随着一种商品的消

费数量的连续增加，消费者为得到每一单位的这种商品所需要放弃的另一种商品的消费数量是递减的。在两商品的替代过程中，这是一个普遍存在的现象。边际替代率之所以呈递减的趋势是因为：随着 Y 的减少，它的边际效用在递增，而每增加一定量的 X，所能代替的 Y 的数量便越来越少，即 X 以同样的数量在增加时，所减少的 Y 越来越少，从而 MRS_{xy} 也就必然是递减的了。这种情况也可以通过前面的表 3-5 来说明，如表中，a 组合是 1 单位 X 商品和 6 单位 Y 商品，若消费者要想再增加一单位 X 商品，就必须减少 3 单位 Y 商品（由 a 变为 b 组合），要想再多得到一单位 X 商品，则必须减少一单位 Y 商品（由 b 变为 c 组合），要想得到 4 单位 X 商品，则只需减少 0.5 单位 Y 商品了（由 c 变为 d 组合）。可见，X 商品代替 Y 商品的边际替代率是递减的。

前面我们说到，无差异曲线是凸向原点的向右下方倾斜的曲线。这是由于边际替代率就是无差异曲线的斜率，边际替代率递减也就是无差异曲线的斜率的绝对值在减小。这样，无差异曲线的左上端斜率绝对值较大，使曲线较陡峭，而其右下端曲线斜率绝对值较小，使曲线较平缓，这样整条曲线便自然凸向原点。

三、预算线

（一）预算线的含义

预算线又称为消费可能线或价格线，它是指在消费者货币收入和商品价格既定的条件下，消费者花费其全部收入所能购买的商品的不同数量组合。

假定消费者将其全部的货币收入 M 用于购买 x，y 两种商品，x 商品的价格是 P_x，y 商品的价格是 P_y，则消费者的预算线方程表示为

$$P_x \cdot x + P_y \cdot y = M$$

预算线的几何意义如图 3-3 所示。

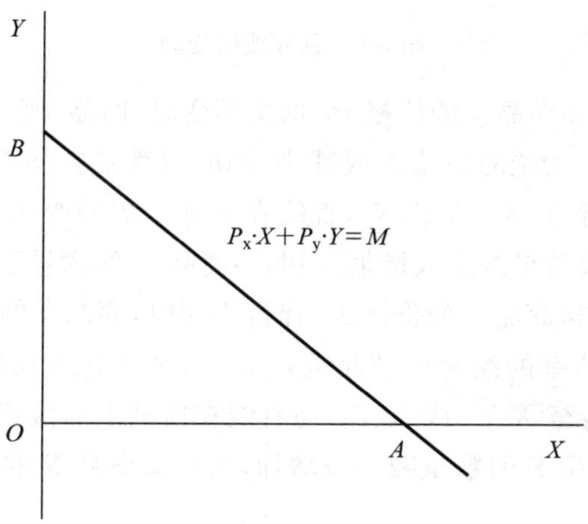

图 3-3 消费者预算线

消费者花费其全部或部分收入后所能购买的商品量的集合构成消费者的预算空间，表示为：$P_x \cdot X+P_y \cdot Y=M(x\geqslant 0, y\geqslant 0)$，即图 3-3 中 BOA 围成的部分。

（二）预算线的变动

从预算线方程可知：预算线斜率 $k=-P_x/P_y$，在横轴和纵轴上的结局分别为 $OA=M/P_x$，$OB=M/P_y$。因此我们看到，预算线的形状由商品的价格与消费者的货币收入决定。若 x 与 y 两商品的价格发生变化，将会改变预算线的斜率；若商品的相对价格不变，而消费者的货币收入发生变化，将会使预算线发生平行移动。分以下四种情况：

(1) 两种商品的价格 P_x 和 P_y 不变，消费者的收入 M 发生变化。这时，预算线的斜率不变，而消费者收入增加，使预算线的截距增大，即预算空间增大。预算线向右上方由 X_0Y_0 平行移动到 X_1Y_1，表示消费者由于收入增加，其全部收入用来购买任何一种商品的数量增加；消费者收入减少，会使预算线的截距减小，预算空间减小。预算线向左下方由 X_0Y_0 平行移动到 X_2Y_2，表示消费者由于收入减少，其全部收入用来购买任何一种商品的数量减少。如图 3-4(a)所示。

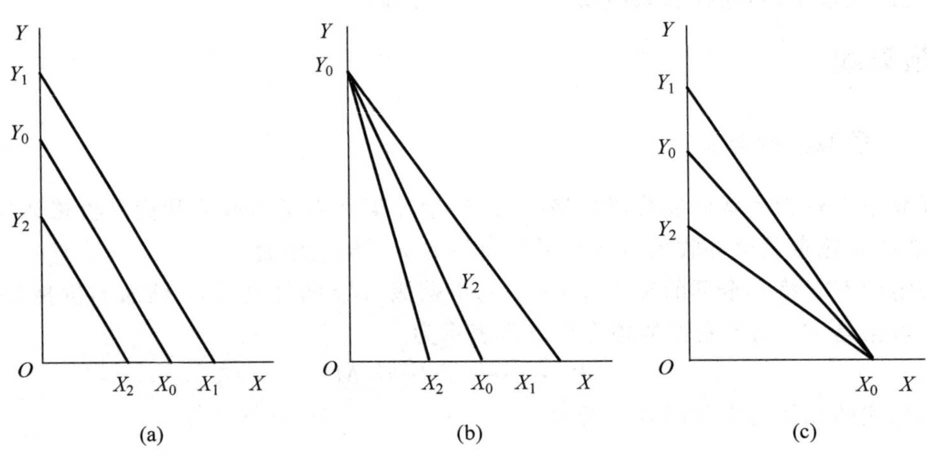

图 3-4 预算线的变动

(2) 当消费者收入和商品 y 的价格 P_y 保持不变时，商品 x 的价格 P_x 提高或下降，将会使预算线斜率 P_X/P_Y 的绝对值增大或减小，同时预算线在横轴上的截距缩小或增大，即预算线绕 Y_0 点旋转至 Y_0X_2 或 Y_0X_1，直线在纵轴上的截距不变。表明消费者全部收入用来购买商品 X 的数量将减少或增加，但购买商品 Y 的数量不变。如图 3-4(b)所示。

(3) 当消费者收入和商品 x 的价格 P_x 保持不变时，商品 y 的价格 P_y 的提高或下降，将会使预算线 P_X/P_Y 斜率的绝对值减小或增大，同时预算线在纵轴上的截距缩小或增大，即预算线绕 X_0 旋转至 X_0Y_2 或 X_0Y_1，但直线在横轴上的截距保持不变。表明消费者的全部收入用来购买商品 Y 的数量减少或增加，而购买商品 X 的数量不变。如图 3-4(c)所示。

(4) 当商品 X 和 Y 的价格 P_X、P_Y 同比例上升或下降，则预算线斜率不变，而消费者实际收入减少或增加，预算线将同第一种情况一样发生平行移动。亦即预算空间减小或增大。

四、消费者均衡

无差异曲线解决了既定收入和商品价格水平下两种商品的不同数量的组合能给消费者带来相同效用的问题；预算线即消费可能线解决了在既定收入和价格水平下消费者所能购买的两种商品数量的最大组合问题。现在的问题是，消费者究竟应当在无差异曲线及预算线上取哪一点，才能使自己的购买既能获得最大效用，又能获得两种商品数量的最大组合呢？经济学家将无差异曲线与预算线结合在一起来进行分析，以解决这个问题。

当我们把无差异曲线与预算线结合在同一个图上，那么，预算线必定与无数条无差异曲线中的一条相切于一点，在这个切点上，就实现了消费者均衡。我们可以用图 3-5 来说明。

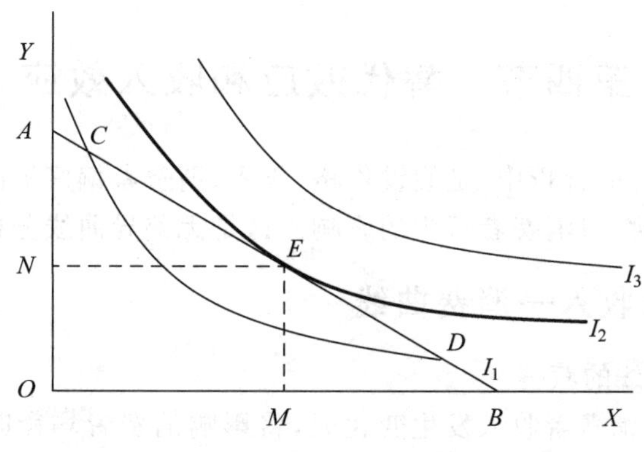

图 3-5 消费者均衡

在图 3-5 中，I_1、I_2、I_3为三条无差异曲线，它们效用大小的顺序为 $I_1<I_2<I_3$。AB为预算线。AB 线与 I_2 相切于 E，E 点即为消费者均衡点。也就是说，在收入与商品价格既定的条件下，消费者购买 OM 的 x 商品，ON 的 Y 商品，就能获得最大的效用。

为什么只有在 E 点才能实现均衡呢？从图 3-5 中可以看出，I_3 所代表的效用大于 I_2，但 I_3 与 AB 线既不相交又不相切，说明达到 I_3 效用水平的 x 商品与 y 商品的数量组合在收入和价格既定的条件下是无法实现的。又 AB 线与 I_1 相交于 C 点和 D 点，在 C 点和 D 点上所购买的 x 商品与 y 商品的数量也是收入与价格既定条件下的最大商品数量组合，但 $I_1<I_2$，在 C 点和 D 点上 x 商品与 y 商品的数量组合没有达到效用最大。因此，以既定的收入还可以实现更大的效用，即还可以有离原点更远的无差异曲线，直至 I_2。在 I_2 上除 E 点之外其他各点也均在 AB 线之外，即所要求的 x 商品与 y 商品的数量组合也是在既定收入与价格条件下无法实现的。由此看来，只有在 E 点才实现了消费者均衡。

在消费者均衡点，即无差异曲线与预算线的切点上，预算线的斜率与无差异曲线的斜率相等。如前所述，预算线的斜率为 $-P_x/P_y$，无差异曲线的斜率为 $\mathrm{d}y/\mathrm{d}x$，于是有：$\mathrm{d}y/\mathrm{d}x=-P_x/P_y$。且在消费者的满足程度不变时有：$\mathrm{MU}_x\cdot dx+\mathrm{MU}_y\cdot \mathrm{d}y=0$。也就是说，变动 $\mathrm{d}x$ 所带来的 x 商品的效用 $\mathrm{MU}_x\cdot \mathrm{d}x$ 与变动 $\mathrm{d}y$ 所带来的 y 商品的效用 $\mathrm{MU}_y\cdot \mathrm{d}y$ 的总和为零。也就是，$\mathrm{d}y/\mathrm{d}x=-\mathrm{MU}_x/\mathrm{MU}_y$，又因为 $\mathrm{d}y/\mathrm{d}x=-P_x/P_y$，因此，

消费者均衡条件就可以表示为

$$\frac{MU_x}{P_x}=\frac{MU_y}{P_y}$$

或

$$\frac{MU_x}{MU_y}=\frac{P_x}{P_y}$$

且由于边际替代率等于无差异曲线斜率的绝对值，所以由上有得到

$$MRS_{xy}=-\frac{dY}{dX}=\frac{MU_x}{MU_y}$$

可见，以序数效用论为基础的无差异曲线分析得出的消费者均衡条件，与以基数效用论为基础的边际效用分析得出的消费者均衡条件完全相同，二者的区别只是方法不同。

第四节　替代效应和收入效应

前面对消费者行为的分析中，是假设价格、收入、消费者偏好等因素不变的，下面我们将分析价格和收入变化，对消费者行为的影响。这是无差异曲线分析的继续。

一、收入的变化与收入—消费曲线

1. 收入—消费曲线的获得

当商品价格不变，消费者收入发生变化时，将影响消费者均衡时的商品组合。因此，从收入的变化我们可以导出收入—消费曲线。**收入—消费曲线**是指商品价格不变的条件下与货币收入变化相关联的商品组合均衡点的轨迹。如图 3-6 所示。

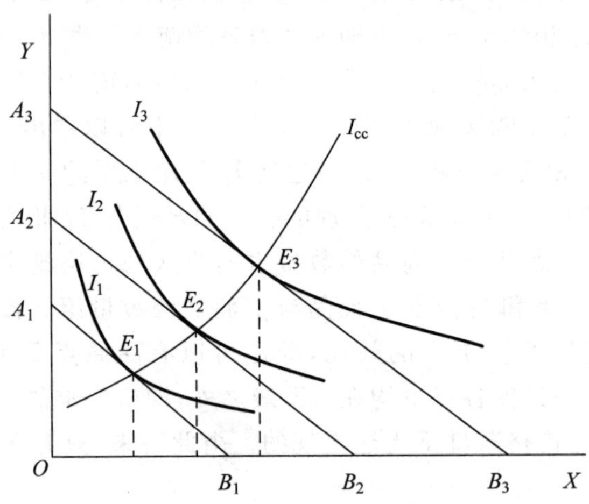

图 3-6　正常品的收入变化与收入—消费曲线

在图 3-6 中，假定消费者的偏好和商品价格不变，消费者货币收入增加，使预算线平行移动。从 A_1B_1 移到 A_2B_2、A_3B_3，分别与 I_1、I_2、I_3 三条不同效用的无差异曲线相切于 E_1、E_2、E_3，连接 E_1、E_2、E_3 三个消费者均衡点，即得出正常商品的收入—消费曲线 I_{cc}。

2. **恩格尔曲线与恩格尔系数**

从图 3-7 我们可以看到，从收入—消费曲线可以推导出恩格尔曲线 EC。**恩格尔曲线**是表示消费者在每一收入水平下所对应的某商品需求(购买)量之间关系的曲线。

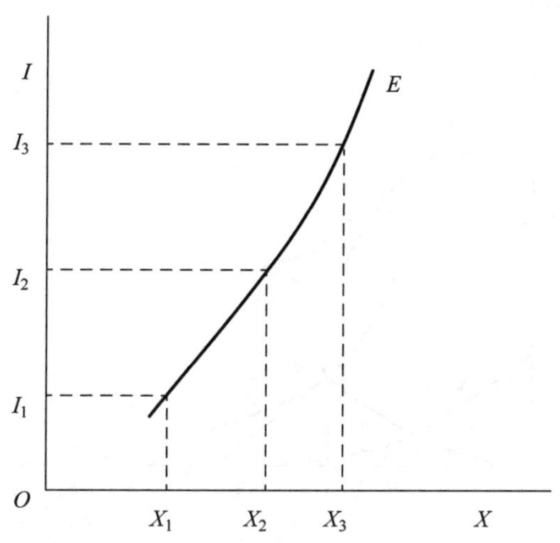

图 3-7　恩格尔曲线

19 世纪德国统计学家恩格尔(Ernst Engel)发现，家庭对不同商品的支出比例与家庭收入高低之间有密切的关系。在低收入家庭中，食物的支出占收入的绝大部分，当收入逐渐增加时，食物支出占收入的比例则逐渐缩小。由于此种现象普遍存在于不同国家之间，故将之称为恩格尔定律。

恩格尔定律是根据经验数据提出的，它是在假定其他一切变量都是常数的前提下才适用的，因此在考察食物支出在收入中所占比例的变动问题时，还应当考虑城市化程度、食品加工、饮食业和食物本身结构变化等因素都会影响家庭的食物支出增加。只有达到相当高的平均食物消费水平时，收入的进一步增加才不对食物支出发生重要的影响。

恩格尔系数是根据恩格尔定律得出的比例数，是表示生活水平高低的一个指标。其计算公式如下：

$$\text{恩格尔系数} = \frac{\text{食物支出金额}}{\text{总支出金额}}$$

恩格尔定律也可表述为随着收入的提高，恩格尔系数是递减的。恩格尔系数的取值为大于 0 和小于 1，该系数越是接近于 1，表示该家庭富裕程度与生活水平越低；该系数越是接近于 0，表示该家庭富裕程度与生活水平越高。当恩格尔系数大于 50%，表明该国或该家庭生活较贫困；恩格尔系数等于 30%，表明该国或该家庭处于小康生活水平；恩格尔系数小于 20%，表明该国或该家庭生活较富裕。当然，这一指标并不是绝对的，个别经济在一定时期内可能会出现经济发展与恩格尔系数相背离的情况。恩格尔还发现，随着收入提高，衣着、住房在总开支中的比重基本维持不变，而奢侈品、教育、娱乐、储蓄等比重是上升的。尽管如此，恩格尔系数还是被广泛运用的反映一国或一个家庭富裕程度与生活水平的重要指标。

需要说明的是，以上我们所讨论的都是对于正常品而言的。但对于低档消费品来说，因为随着收入的增加，对低档消费品的需求将不断减少。因此，其收入—消费曲线将向左上方倾斜，如图 3-8 所示。

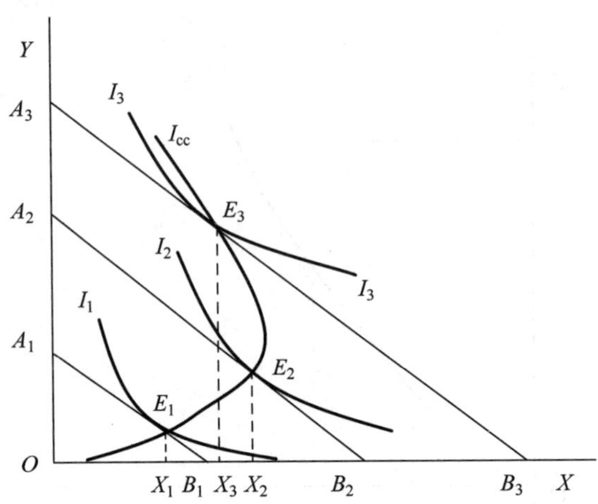

图 3-8 劣等品的收入变化与收入—消费曲线

二、价格的变化与价格—消费曲线

1. 价格—消费曲线

假定消费者的货币收入不变，而商品的相对价格发生了变化，使价格相对降低的商品的购买量与价格相对提高的商品的购买量发生相应变化，这一变化改变了消费者的均衡点。分析因商品的价格变化而引起的消费者均衡点的变化可以导出**价格—消费线**，该曲线表示货币收入不变，由于商品相对价格发生变化而导致消费者均衡点改变的轨迹。如图 3-9 所示。

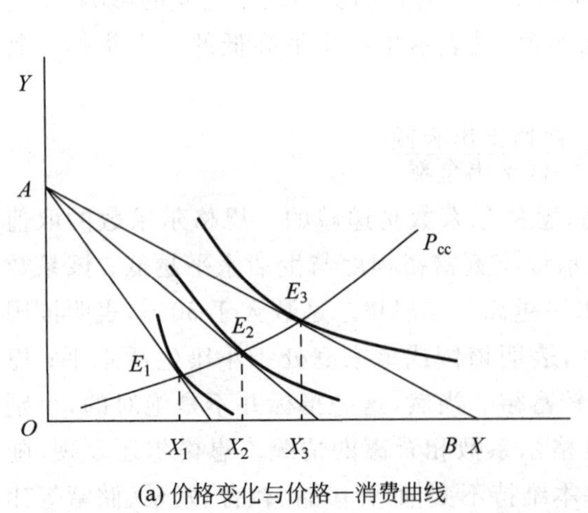

(a) 价格变化与价格—消费曲线

(b) 价格需求曲线

图 3-9 价格—消费曲线

在图 3-9(a)中,假定消费者收入不变,Y 商品价格不变的情况下,当 X 商品的价格从 P_1 下降到 P_2 再到 P_3 时,预算线从 AB_1 旋转到 AB_2 再到 AB_3。3 条预算线与 3 条无差异曲线的切点决定的 X 商品的购买量分别是 X_1, X_2, X_3,把 3 条预算线与 3 条无差异曲线相切的切点,即 X 商品价格变化后的新的消费者均衡点 E_1, E_2, E_3 连接起来,就得出价格—消费曲线 P_{cc}。价格—消费曲线表明在其他条件不变时,X 商品价格下降(上升)时,由于 X、Y 两种商品的相对价格发生变化,消费者实现均衡时,消费者购买 X 商品和 Y 商品的数量组合也发生相应变化。

2. 需求曲线

价格—消费曲线不是消费者对 X 商品的需求曲线。但是通过图 3-9(b)我们可以看到商品 X 的价格变化与消费者对商品 X 购买量之间的关系,即形成了消费者对 X 商品的需求曲线 D。

三、替代效应与收入效应

无差异曲线分析认为,商品价格变动对消费者均衡购买的影响,是收入效应与替代效应共同作用的结果。

一种商品的名义价格发生变化后将同时对商品的需求量产生两种影响:一种是**替代效应**,另一种是**收入效应**。当一种商品的名义价格变化时,将引起消费者所购买的商品中,该商品与同该商品相近的商品之间的替代,这称为替代效应;在一种商品的名义价格发生变化的同时,保持消费者名义收入不变,这种商品价格的变化将引起消费者实际收入发生变化,或者说引起消费者所购的商品总量发生变化,此为收入效应。图 3-10 描述了当其他商品价格不变,X 商品降价(预算线斜率改变)后的总效应以及替代效应与收入效应。

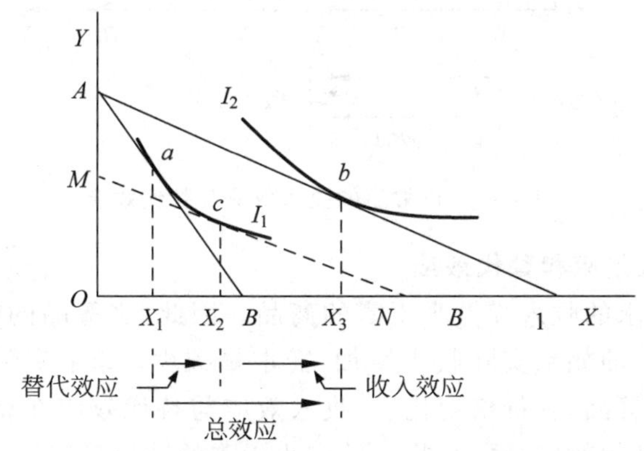

图 3-10 替代效应与收入效应

在图 3-10 中,原来的预算线 AB 与无差异曲线 I_1 相切于 a 点,消费者对 X 商品的均衡购买量为 X_1。当 X 商品的价格下降时,预算线从 AB 移至 AB_1,它与无差异曲线 I_2 相切于 b 点,消费者对 X 商品的购买量增加到 X_2,X 商品需求量的增加是替代效应与收入效应共同作用的结果。具体分析如下:MN 是平行于预算线 AB_1 的直线,与无差异曲线 I_1 相切于 c 点,a 点与 c 点都在无差异曲线 I_1 上,消费者的满足程度相同,表明 X 商品价格下降后,如果消费者仍保持价格下降前的效用水平,则消费者对 X 商品的购买量将增

加到 X_3，$X_3 > X_1$。这是因为 X 商品的价格相对于 Y 商品的价格下降后，为了保持价格下降前的效用水平，消费者会减少 Y 商品的购买而增加 X 商品的购买，即为替代效应。又由于预算线从 AB 移到 AB_1，表明 X 商品价格下降增加了消费者的实际购买力，即增加了实际收入，从而导致消费者增加对 X 商品的购买，发生均衡点从 c 点到 b 点的移动，消费者对 X 商品的购买从 X_3 增加到 X_2，即为收入效应。因此，商品 X 的价格下降，由替代效应和收入效应共同作用，最后总效应的结果是使 X 的需求量由 X_1 增加到 X_2。

四、正常品与劣等品的收入效应与替代效应

1. 正常品的收入效应和替代效应

正常品是指那些需求的收入弹性大于零的商品。因此，正常品的收入效应是需求量与实际收入同方向变化。如一种商品的价格降低，这意味着消费者实际收入提高。从收入效应看，对于正常品而言，商品需求量相应增加；从替代效应看，一种商品降价后也因为用该商品去替代其他商品而使得该商品的需求量增加。所以，正常品的收入效应与替代效应在同一方向上起作用。正常品的收入效应强化了替代效应。所以，对正常品而言，其需求量与价格反方向变化。如图 3-11 所示。

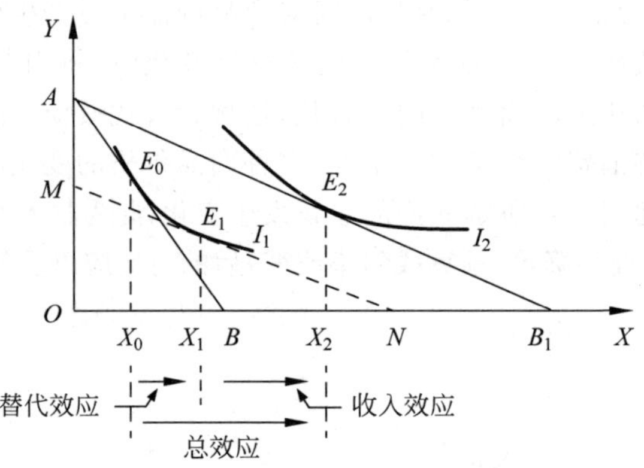

图 3-11 正常品的收入效应与替代效应

2. 劣等品的收入效应和替代效应

劣等品是那些需求的收入弹性小于零的商品。因此，劣等品的收入效应是需求量与实际收入反方向变化，即如果实际收入增加，需求量减少；如果实际收入减少，需求量增加。若某种商品是劣等品，其价格变化后，收入效应与替代效应在相反的方向上起作用。因此，收入效应使得替代效应减弱。收入效应小于零的结果是使得总效应小于替代效应。如图 3-12 所示。

尽管收入效应与替代效应在相反的方向起作用，由于在绝对值上替代效应大于收入效应，所以价格下降总的结果是该商品的需求量增加了。价格—消费曲线仍向右方倾斜。由此而导出的需求曲线也是向右下方倾斜的。因此，即使是劣等品，一般情况下也遵循需求规律，只不过需求曲线的价格弹性比较小。

3. 吉芬商品的收入效应和替代效应

若收入效应与替代效应在相反的方向起作用，而且从绝对值上看，收入效应大于替代

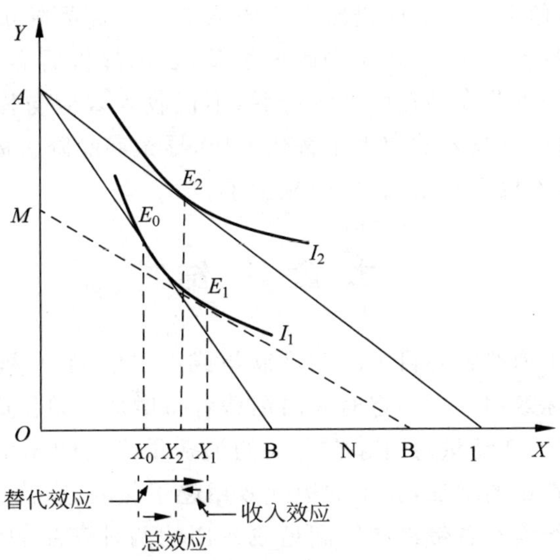

图 3-12 劣等品的收入效应和替代效应

效应,则该商品是一种特殊的劣等品,为吉芬商品。

由于在绝对值上收入效应大于替代效应,所以 X 商品降价后总效应是负值,即需求量下降了。价格—消费曲线向左方而不是向右方倾斜。如图 3-13 所示。

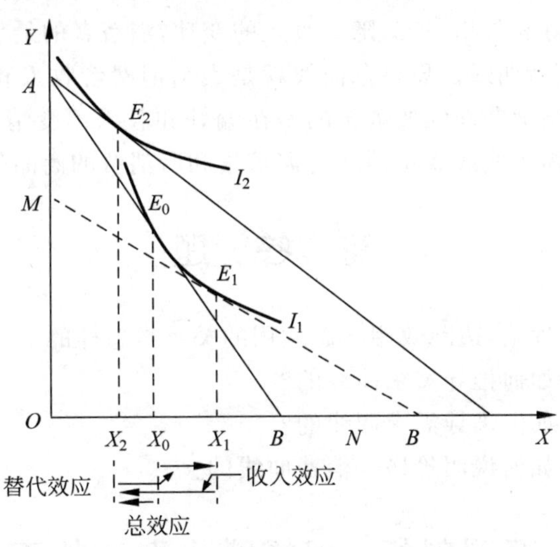

图 3-13 吉芬商品的收入效应和替代效应

我们可以就商品降价后所产生的各种效应的变化归结如下:不管商品是正常品还是一般的劣等品,或是吉芬商品,商品降价后的替代效应总是正的值,表明只要该商品降价,就会用该商品去替代其他商品。对于正常品而言,收入效应与替代效应在同一方向上起作用,表明在商品降价后,收入效应与替代效应都是正的值。总效应必然大于零,表示商品降价后需求量增加。对于一般的劣等品而言,虽然收入效应与替代效应在相反的方向上起作用，但是在绝对值上替代效应仍然大于收入效应。商品降价后正值的替代效应在绝对值上大于负值的收入效应，总效应仍然大于零，表示降价后商品需求量也是增加的。只有那些特殊劣等品即吉芬商品在商品降价后，不仅收入效应与替代效应在相反的方向上起作用，而且在绝对值上收入效应大于替代效应，导致商品降价后总效应小于零。这表明商品降价后，需求量不仅没有增加，反而减少了。

本章小结

效用是商品存在于消费者心目中的满足欲望或需要的能力，被认为是消费者经济行为或选择的基础。边际效用指在一定时间内消费者每增加一单位商品的消费而增加的满足程度，它等于总效用的变动量对引起它变动的消费量变动的比率。消费者在一定时间内随着对某一商品消费量的增加，获得的边际效用趋于递减，这就是边际效用递减规律。

无差异曲线表示给消费者带来同等满足或效用的两种商品的各种不同组合的轨迹。预算线是在消费者收入和商品价格既定条件下表示消费者能买到的两种商品最大数量组合的线。预算线与无差异曲线的切点就是消费者最大满足点或消费者均衡点，消费者均衡也就是在预算约束下使效用最大。消费者均衡的条件是$\frac{MU_x}{P_x}=\frac{MU_y}{P_y}$。从消费者的效用最大化选择中可以导出需求曲线，因此需求曲线上每一点都表示消费者的效用达到了最大化。把所有单个消费者的需求曲线加总就可以得到市场需求曲线。

如果消费者的偏好和价格不变，随着收入的变动，消费者的最佳购买行为也会随之变动，其轨迹就是收入消费曲线。恩格尔曲线就是表示消费者收入和某一商品均衡购买量之间关系的曲线。价格消费曲线要解析的是在偏好和收入不变情况下，价格变化对消费者购买行为的影响。需求曲线表示消费者需求量和所消费的商品的价格之间的关系。

简 答 题

1. 根据基数效用理论，边际效用与总效用的关系是怎样的？
2. 基数效用论是如何推导需求曲线的？
3. 序数效用论是如何推导需求曲线的？
4. 序数效用论是如何说明价格—消费曲线的？

案例剖析：保姆赚小费的故事

记得在初学经济学时，总觉得消费支出中的价格效应，包括替代效应和收入效应不怎么好理解。最近听说一个保姆的故事，却很好地体现了其原理，又一次体会到“经济学原来就在生活之中”。

一朋友虽事业蒸蒸日上，但为特别爱哭泣的小孩伤透了脑筋。为此两口子想了不少办法，但收效甚微，经过一段时间的摸索，最后总算找到了偏方：小孩特别爱吃一种小颗粒糖，也爱玩，所以每当小宝贝快要哭的时候，拿一两个欢乐球或吃几粒糖，小孩很快就会安静下来，若多些球或糖，小孩甚至还会高兴得手舞足蹈。要是不让宝贝哭，每周至少得破费 50 多元（大致 54 元），包括购买 100 多个（大致为 105 个）价格为 0.25 元的欢乐球和约 280 粒价格为 0.1 元的糖。

有一天，他们从保姆市场雇了一位保姆专门照顾小孩，基本要求是不能让宝贝哭，当然每周的预算仍然是 54 元左右。在主人的帮助下，保姆很快学会了如何买球和糖以及对付小孩哭泣的招数。然而，一个多月以后，欢乐球降价了，由原来的 0.25 元降到 0.15 元。保姆当然很高兴，因为现在虽然买 280 粒糖仍需 28 元，但买 105 个欢乐球不需要 26 元了，而只需要 16 元，每周就可以省出 10 元。但保姆没有把省出的钱交还给主人，而是进了自己的腰包，算是赚点“小费”。就这样，降价后保姆每次花约 44 元买 105 个球和 280 粒糖，并赚 10 元小费，主人全然不知。日复一日，循环往复，但保姆总琢磨着，既然球降价了，为什么不多买点球，而少买点糖。经过不断尝试，她觉得花上 44 元，买 45 个球和 220 粒糖效果最好，不仅能制止小孩哭泣，有时还会看到小孩的笑脸。

一次周末，保姆利用每周给的一天假，到正在上经济系研究生的哥哥处串门，并扬扬得意地把在主人家的故事一五一十讲给哥哥听。哥哥听后，觉得挺有意思，夸妹妹有心计，但仔细想想，心计还不够，因为让小孩高兴当然好，但这并不是妹妹的本职工作，她完全可以在不让小孩哭泣的前提下，更好地组合球与糖，省出更多的钱，赚更多的“小费”。经此点拨，妹妹觉得言之有理。回去之后，又经过不断尝试，她每次买大约 140 个球和 210 粒糖，花费约 42 元，就能保证小孩不哭。结果，每次可赚约 12 元“小费”，比哥哥点拨前多赚 2 元。

转眼间已是春节临近，保姆打算回家过年，期间只能由主人替代去买东西和照顾小孩。她知道，如果主人去买东西，必使其赚“小费”之事暴露无遗。为此，她以退为进，开始将每次能省出的 12 元分文不要，即把主人所给的 54 元全部购买球和糖。至于购买的数量，经尝试，最后觉得每周买 180 个球和 270 粒糖，能使小孩最高兴。见此情景，主人当然非常高兴，夸保姆很能干，而保姆就将球降价的事告诉主人，还得了个“诚实”的美名。

这虽然只是一个保姆赚“小费”的故事，却揭示了消费中包括的替代效应和收入效应原理，有趣的是还体现了 Slutsky 和 Hicks 两种分解方法。在此不妨假设小孩不哭为低的无差异曲线 1，小孩高兴为较高的无差异曲线 2，而小孩最高兴为无差异曲线 3。起初在糖和球的价格分别是 0.25 元和 0.1 元的条件下，总预算为 54 元就达到了无差异曲线 1，糖和球的均衡量分别为 105 个和 280 粒。当球的价格降至 0.15 元后，理性的保姆经过调整商品组合，不仅赚了 10 元“小费”，还使小孩的效用提高到无差异曲线 2。事实上，在这里体现了 Slutsky 分解方法，这 10 元“小费”是 Slutsky 补偿预算线下形成的成本差额，球由 105 增至 145，这增加的 40 就是球的替代效应。后来在哥哥的指点下，她又调整了商品组合，体现了 Hicks 分解方法。所赚 12 元“小费”就是 Hicks 补偿预算线下形成的补偿变量，而球的均衡数量由降价的 105 增至 140 个，这增加的额 5 就是替代效果。最后，由于怕暴露目标保姆放弃所能得到的“小费”，达到了最高的无差异曲线 3 的效用水平，球的均衡数量达到了 180 个，比降价前增加了 75 个，这就是欢乐球的全部降价效应。很显然采用不同的分解方法，收入效应也是不一样的，Slutsky 和 Hicks 分解的结果分别是 35

和 40。

由此可以看出，Slutsky 和 Hicks 两种分解方法的总效应是一样的，但由于补偿预算线的不同，导致了两者的替代效应和收入效应各异，前者替代效应大于后者，而收入效应则相反，但两者差异很小，所以结果大同小异。

案例评析：

价格变化对预算约束具有双重影响，一是消费者的实际收入水平变化。这种由于商品价格变动所引起的实际收入水平变动，从而引起对需求量的变动，称为收入效应。二是使商品的相对价格变化。这种由于商品价格变动所引起的相对价格的变动，从而引起对需求量的变动，称为替代效应。所以，一种商品的价格变化会引起需求量的变化，这种变化可分解为收入效应和替代效应两部分，即总效应＝收入效应＋替代效应。

理解替代效应和收入效应的关键在于认识补偿预算线，而 Slutsky 和 Hicks 两种分解方法的补偿预算线是不一样的。Hicks 认为，实际收入不变，是指原有的效用水平不变，即消费者可以维持原有的满足程度，保持原有的无差异曲线。这种分解法就是教材中所介绍的方法，补偿预算线与原来的无差异曲线相切来决定替代效应和收入效应。

Slutsky 认为，所谓实际收入不变，是指原有的商品组合不变，即消费者在价格变动后刚好能够购买原来的商品组合。为此，当一种商品价格下降时，必须剔除由于价格下降而增加的实际收入，使消费者在新的价格下刚好买到原有价格下的商品组合。因而，Slutsky 分解法中，补偿预算线与原来的无差异曲线相交于原来的消费均衡点，以此来决定替代效应和收入效应。

由于两种分解法的补偿预算线不同，因而均衡点也不同，所以替代效应和收入效应也不相同。就同一价格变动来说，Slutsky 分解法的替代效应应大于 Hicks 分解法，但总效应是一样的。当价格变动不大时，两种分析法的效应相似。

本案例阐述了保姆在一种商品价格下降时所采取的三种不同对策，这里面涉及两种分解法，生动形象，在理解教材中介绍的 Hicks 分解法基础上，又有了进一步的理论深化，在两种分解法的对比过程中理解替代效应和收入效应。

资料来源：曲辰. 经济学消息报. 2001-12-28.

第四章

生产理论

美国人的事就是搞企业。

——卡尔文·柯立芝(Calvin Coolidge)

本章导读

我们每天享用的物品和劳务都是企业生产的。苹果和华为是生产手机的,联想公司是生产电脑的。经济就是由成千上万家工厂或者公司组成的。

前面对消费者行为理论作了研究,从本章开始转入对生产理论的探讨。我们知道"居民"或者说"消费者"是微观经济学中一个重要的经济主体,另外的一个主体就是"企业"。企业是通过向社会提供产品或服务实现自身利益的经济主体。"企业"也叫"厂商",追求自身利益最大化是其行为的基本特征。

本章论证追求最大利润的厂商,怎样以最小成本或最大产量的最优要素组合进行生产,论证厂商根据哪些因素和什么原则确定要素投入的合理范围与数量。通过学习,学生应掌握生产函数的含义及图形,各种产量变动的规律与相互关系,特别是从中分析的生产要素合理投入区域。同时掌握实现要素最佳组合的均衡条件,包括了解等产量线、等成本线、边际技术替代率等一系列重要概念。认识微观经济学是如何证明为最大利润而进行生产的动机导致最优要素组合的,并能结合所学理论分析和认识我国企业改革面临的问题。

学习目标

通过本章的学习,重点掌握生产函数,包括短期生产函数和长期生产函数;掌握等产量曲线和等成本曲线,并在此基础上掌握最优生产要素组合等其他生产理论。

关键概念

生产函数(production function)

等产量曲线(isoquante curve)

等成本曲线(isocost line)

边际技术替代率(marginal rate of technical substitution)

规模报酬(returns to scale)

第一节　企业的目标

在微观经济学中，生产者亦称厂商或企业，它是指为一定目的从事某种经济活动的、独立的经营单位。在市场经济中，企业的独立性主要表现在以下两个方面：第一，企业在市场中作为一个整体，以独立的生产者身份和其他企业发生关系，而这种联系的基础就是市场；第二，企业内部的各个组成部分是非独立的，联系各个组成部分的是企业决策者的计划，各组成部分和外界的关系，同样受企业决策者的计划支配。企业的这种独立性来自企业产权的界定，因此，一家企业并不一定只有一家工厂或一家商店等，它可以是同一资本支配的各种经济活动单位的集合。从上述定义可以得出企业的组织形式。

一、企业的组织形式

企业作为一个基本的生产经济单位，主要可以采取三种组织形式：个人企业、合伙制企业和公司制企业。

个人企业是指由单个的个人独资经营的厂商组织。由于是个人独资经营的企业，个人企业家即是企业的所有者又是企业的经营者。个人企业主经营企业的目的明确、决策自由、企业规模小，易于管理。但个人企业由于资金有限，企业的生产发展会受到一些限制，比较容易破产。

合伙制企业是指由两个以上的人合资经营的厂商组织。相对于个人企业而言，合伙制企业的资金较多，规模较大，企业分工和专业化程度得到加强，但由于多人所有和参与管理，不利于企业的统一协调和管理。合伙制企业的合伙人之间的契约关系也较松散，虽然与个人企业相比资金、规模相对较大，但合伙制企业的规模和资金毕竟还是有限的，不利于企业生产的进一步发展。

公司制企业是指按照公司法的规定建立起来的具有法人资格的厂商组织。它是一种重要的现代企业组织形式。公司制企业内部的组织机构有股东大会、董事会、经理和监事会。各部门之间相互监督，相互制约。公司制企业可通过发行股票和债券的形式筹集资金；公司可以在短时间内迅速筹集大量资金。所以，公司制企业的资金雄厚，有利于实现规模生产，也有利于进一步强化分工和专业化。而且公司的组织形式相对稳定，有利于生产的长期发展。但公司制企业由于规模庞大，给公司的内部管理带来一定困难。

二、企业的本质

前面介绍了企业的组织形式，我们再关注一下企业的本质，有关这一问题最早可以追溯到 1937 年，在这一年，美国经济学家科斯发表了《企业的本质》一文，这一论文的发表在微观经济学界引致了一系列关于企业性质的研究，由此标志着现代企业理论的产生，科斯也被认为是现代企业理论的开创者。

现代企业理论主要关心企业的本质是什么，即企业为什么存在。一些微观经济学家认为，企业作为市场经济中的主体，是生产的一种组织形式，它在一定程度上是对市场的一种替代。

我们可以假设两种情况：

(1) 假设一个社会中每一种生产都由一个单独的个人来完成，如一个人制造一台洗衣机。这个人就要和很多的中间产品的供应商进行交易，而且，还要和自己的产品的需求者进行交易，这些交易都要通过市场在很多的个人之间进行。

(2) 假设经济中所有的生产都在一个庞大的企业内部进行，如一台洗衣机在企业内部生产出来，不需要通过市场进行任何的中间产品的交换。由此可见，经济活动中的每一笔交易，既可以通过市场的组织形式来进行，也可以通过企业的组织形式来进行。企业存在的意义，就是因为有的交易在企业内部进行效益更好，即成本相对最低，而有的交易在市场进行成本会更低。

那么企业作为一种组织形式，它的优势在哪里呢？

(1) 厂商在生产过程中要购买各种各样的生产要素和各种中间产品，在市场上购买中间产品是需要花费交易成本的，如果厂商能在自己的企业内部生产中间产品，就可以消除或降低一部分交易成本，而且还可以保证产品的质量。

(2) 厂商还可以在企业内部雇用一些具有专门技能的人员，进行产品设计，生产制作和成本管理等并与他们建立长期的契约关系，这样做将比从其他厂商那里购买相应的服务要好得多，可以大幅度消除或降低了相应的交易成本。

导致交易费用在市场和企业这两个组织之间不相同的主要因素在于信息的不完全性。由于信息的不完全性，在市场交易过程中，交易成本会较高。而通过企业这一组织形式，可以使部分市场交易内部化，从而降低市场交易所产生的较高的交易成本。同时，由于信息的不完全性，也会带来企业特有的交易费用。可见，企业的扩张是有限制的。

企业实际上是一种不同于市场的交易组织，企业作为市场的替代能够降低市场交易费用，这正是企业的本质。

三、企业的目标

在微观经济学中，假定厂商的目标是追求最大的利润。但在现实经济生活中，厂商有时并不一定选择实现最大利润的决策。

企业的目标选择与企业的所有制形式有着密切的联系。对于个人独资企业和合伙制企业，由于企业的经营者往往就是企业的所有者，因此，企业经营者的目标通常是与所有者的目标完全一致，这一目标就是利润最大化。但在现代公司制企业中，企业的所有者往往并不是企业的真正经营者，企业的日常决策是由企业所有者的代理人经理做出的。由于信息的不完全性，特别是信息的不对称性，所有者并不能完全监督和控制公司经理的行为，经理会在一定程度上偏离企业的利润最大化原则，而追求其他一些有利于自身利益的目标。

但经理对利润最大化目标的偏离在很大程度上也会受到制约。因为，如果经理经营不善，企业效率不好，公司的股票价值就会下降，投资者就会抛售公司股票，经理的职位就难保，一旦被解雇，很难再找到合适的工作。因此，在以后的分析中，依然将利润最大化作为厂商行为的一个基本假设，但在现实中具体分析某个厂商时，可以参考其他目标。

在长期中，实现利润最大化是企业生存竞争的基础。而现代微观经济学家进一步认识到，创建企业的核心竞争力是企业生存与发展的关键。

核心竞争力，是美国经济学家哈默和普拉哈雷德于1990年在《哈佛商业评论》上首次提出的，他们认为"就短期而言，公司产品的质量和性能决定了公司的竞争力，但长期而言，起决定作用的是造就和增强公司的核心竞争力"此观点一经提出，就得到了学术界和企业界的广泛认可，并引起了企业家的高度关注。

企业的"核心竞争能力"是指在企业经营过程中形成的不易被竞争对手效仿的能带来超额利润的独特的能力。这种竞争力具有独特性、独占性和不可仿效性，是企业独有的特殊资源。核心竞争能力一般是指一个企业长期积累的结果，可以体现这个企业的特点，并使其与其他企业显著区别开来。

提高企业的核心竞争力主要体现在以下几方面：

(1) 技术创新。技术是当今经济最主要的生产要素。技术创新可以扩大企业的市场需求，可以提高产品的质量和降低产品成本，使企业具有强大的竞争力和生命力。未来市场的竞争完全依赖于技术创新。

(2) 制度创新。现代产权制度不仅仅是讲产权清晰，重要的一条是看企业内部的产权结构是不是合理。产权结构必须从一元化转向多元化。多元化的产权结构才能使企业成为公众型企业，也才能实现人力资本同货币资本的结合。

(3) 企业文化创新。企业文化的内容十分丰富，主要包括经营性企业文化、管理性企业文化和体制性企业文化。所谓经营性企业文化，是指企业在对外经营过程中表现出来的价值和方法论。所谓管理性文化，指的是企业在处理对内管理过程中的各种关系所形成的价值观和方法论。它经常表现为企业的各种规章制度和运行机制。所谓体制性企业文化，指的是为了维系企业体制而产生的企业文化，是企业文化的核心。

企业核心竞争力是企业获取持续竞争优势的来源和基础。企业欲在经济全球化大潮中立于不败之地，最有效也是最关键的一点，即提升企业的核心竞争力。以技术创新为核心，以信息化为动力，以争创名牌为手段，以企业文化为后盾，全面提升自己的核心竞争力，才能在日趋激烈的国际市场竞争中有所作为。

第二节　生产函数

一、生产要素

微观经济学中所谓的"生产"是一个具有普遍意义的概念。经济学意义上的生产是指一切能够创造或增加效用的人类活动，生产活动包括物质资料的生产，也包括劳务等无形产品的生产。生产不仅仅意味着制造一台机器或是制作一套服装，它还包含了其他各种各样的经济活动，如经营一家超市或劳务服务公司、律师事务所、演出公司等。而生产过程则是从生产要素的投入到产品产出的过程。从物资技术角度分析，生产过程可分为两方面：一是投入，即生产过程中使用的各种要素，包括劳动、土地、资本和企业家才能这四种类型；二是产出，即生产出来的各种产品的数量。

微观经济学认为生产要素主要指劳动、土地、资本、企业家才能。

劳动包括体力劳动和脑力劳动。劳动不是指劳动者本身，而是指劳动者提供的劳务。劳动的价格是工资。微观经济学的劳动和马克思政治经济学的劳动力只有一字之差，但却有着本质的区别。微观经济学的劳动，掩盖了资本家对工人的剥削。

微观经济学中所讲的土地是一个广义的概念，不仅包括土地本身，还包括河山、矿藏、森林能源、原料等一切自然资源。土地的价格是地租。

资本是指生产过程中所使用的各种物品，既包括货币资本，也包括用货币资本购买的实物资本，如厂房、原材料、技术等。企业从要素市场购买资本，需要支付利息，利息可以看成是资本的使用代价。

在现代微观经济学中，企业家才能被视为第四个生产要素。企业家既包括企业的高级管理者，也包括中层乃至下层管理者。企业购买企业家才能，需要向企业家支付正常利润。

二、生产函数

生产函数(production function)就是用来表示投入和产出或生产要素和产量之间的关系的概念。表示在一定时期内，在技术水平不变的情况下，生产中所用的各种生产要素的数量与所能生产的最大产量之间的关系。

假定用 Q 表示所能生产的最大可能产量，用 $X_1, X_2, \cdots, X_n$ 表示某产品生产过程中各种生产要素的投入量，若不考虑可变投入与不变投入的区别，则生产函数可用如下一般表达式表示：

$$Q = f(X_1, X_2, \cdots, X_n) \tag{4-1}$$

该生产函数表示在既定的生产技术条件下，生产要素组合($X_1, X_2, \cdots, X_n$)在某一时期所能生产的最大可能产量为 Q。

在经济学中，为了分析方便，常假定只使用劳动和资本两种生产要素，如果用 L 表示劳动投入量，用 K 表示资本投入量，则生产函数可用下式表示：

$$Q = f(L, K) \tag{4-2}$$

研究生产函数一般都以特定的时期和既定生产技术水平作为前提条件，当这些因素发生变动时，相同的要素投入量可能生产出不同的产量，从而形成新的生产函数。

生产函数所反映的要素投入量与产出量之间的依存关系具有普遍性，但不同厂商的生产函数的具体形式却有很大的不同，同一厂商不同时期的生产函数也不同。研究和计算生产函数对企业的经济发展以及经济理论研究和生产实践都具有重要意义。生产函数应用非常广泛，不仅存在于生产企业，也存在于任何营利和非营利的经济组织，如学校、医院等。

生产函数分为可变技术系数生产函数和固定技术系数生产函数。

技术系数(technological coefficient)是指生产一定量的产品所需的各种生产要素的配合比例。技术系数分为可变技术系数和固定技术系数。

可变技术系数是指生产一定量的产品所需的各种生产要素的配合比例是可以变动的，表明生产要素之间可以相互替代。如生产同样的产量，可以采用劳动密集型生产，也可以采用资本密集型生产。在我国，由于劳动力价格相对较低，生产中厂商就会多使用劳动；而在欧美发达国家，由于劳动力价格较高，生产中就会多采用先进的机器设备，少使用劳动。即劳动和资本的投入比例是可以根据实际情况进行调整的。

固定技术系数是指生产一定量的产品只存在一种生产要素的配合比例，即生产要素之间不可替代，如果要增加产出，要素投入必须按照同一比例增加。例如，打字社的要素投入比例是一人一台打字机，增加打字机的数量就要相应增加打字员的数量。因此，现实中有固定比例生产函数。固定比例生产函数是指在每一产量水平上任何要素投入量之间的比例都是固定的生产函数。假定只用 L 和 K，则固定比例生产函数的通常形式为

$$Q = \text{Minimum}\left(\frac{L}{u}, \frac{K}{v}\right) \tag{4-3}$$

式中，u 为固定的劳动生产系数（单位产量配备的劳动数）；v 为固定的资本生产系数（单位产量配备的资本数）。

在固定比例生产函数下，产量取决于较小比值的那一要素。这时，产量的增加，必须有 L、K 按规定比例同时增加，若其中之一数量不变，单独增加另一要素量，则产量不变。既然都满足最小比例，也就有

$$Q = \frac{L}{u} = \frac{K}{v} \tag{4-4}$$

还可以推出：

$$\frac{K}{L} = \frac{v}{u} \tag{4-5}$$

微观经济学生产理论中主要研究可变技术系数的生产函数。

三、柯布—道格拉斯生产函数

柯布—道格拉斯生产函数最初是美国数学家柯布(C. W. Cobb)和经济学家道格拉斯(P. H. Douglas)共同探讨投入和产出的关系时创造的生产函数，是在生产函数的一般形式上作了改进，引入了技术资源这一因素。柯布—道格拉斯(Cobb-Dauglas)生产函数，又称 C-D 生产函数，是一个非常著名的生产函数，他们根据有关历史资料，研究了从 1899—1922 年美国的资本和劳动对生产的影响，认为在技术经济条件不变的情况下，产出与投入的劳动力及资本的关系可以表示为

$$Q = AL^{a}K^{1-a} \tag{4-6}$$

式中，Q 代表产量，L 和 K 分别代表劳动和资本的投入量，A 为规模参数，$A>0$，$A=1.01a=3/4$ 或 $0.751-a=1/4$ 或 0.25。

可以得出这一时期生产函数的具体形式为

$$Q = 1.01L^{3/4}K^{1/4} \tag{4-7}$$

这一生产函数表示：在资本投入量固定不变时，劳动投入量单独增加 1%，产量将增加 1%的 3/4，即 0.75%；当劳动投入量固定不变时，资本投入量增加 1%，产量将增加 1%的 1/4，即 0.25%。在柯布—道格拉斯生产函数中，劳动和资本的配合比例为 3∶1，即在生产中使用 3 单位的劳动与 1 单位的资本，即劳动和资本对总量的贡献比例为 3∶1。

一定历史时期的生产函数是反映当时的社会生产力水平的。只有明确一定历史阶段的社会生产力特征，才能构造出最能反映当时生产力发展水平的生产函数。工业时代的

生产力是以产量、能耗、劳动生产率等针对物质、能量的生产和利用等概念构成的。而对工业时代生产力水平的衡量是以投入产出的数量为依据的，柯布—道格拉斯生产函数正是在工业经济时代所构造出的反映工业经济时代生产力特征的函数模型。

当人类进入信息经济时代，由于信息资源的加入、技术的不断进步，导致生产力发展的特征和性能发生了变化。信息时代的经济发展特征是以性能、质量、产品的差异性组合，客户服务和信息管理等为主要竞争手段的。这样也就决定了信息时代这种以非物质、非能量的信息经济的生产力的概念与工业时代截然不同。

所以，柯布—道格拉斯生产函数已经不能适应新的经济发展形态，在工业时代用以衡量生产力水平的产量，资本投入量和劳动力投入量已经不能完全适应信息时代的生产力发展水平了。在信息经济时代，所投入的生产要素的核心成分从资本、劳动力逐渐转变为以信息技术为代表的高新技术。综合上述原因，就需要对柯布—道格拉斯生产函数做出一定的修正，使之适用于信息时代的生产力发展水平。

第三节 短期生产函数

微观经济学中有关生产的短期和长期的划分，与我们传统意义上的划分标准是不一样的。所谓短期是指至少有一种生产要素的数量是固定不变的时期；而长期则是指全部生产要素的数量都可以变动的时期。短期中根据要素的可变性，将全部生产要素投入分为固定投入和可变投入。固定投入是指一定时期内，其数量不随产量的变动而变动的要素，例如，机器设备、厂房等。可变投入是指在一定时期内，其数量随产量的变动而变化的要素，例如，劳动、原材料、易耗品等。长期中全部生产要素都可以变动。因此，厂商可以根据需求状况和企业的经营状况，扩大或缩小企业的生产规模，乃至进入或退出一个行业。长期中不存在固定投入和变动投入的区别。

生产函数给定了厂商为了达到某个产量可采取的各种生产要素投入的组合。但是，有时候并不是所有的组合都可供厂商自由选择。例如，某彩电生产厂商的订单突然激增，需要在下个月将产量增加一倍，此时厂商多半只能采用多雇用工人，加班加点的方法，因为一个月内增建厂房，并增加一倍的机器设备是不太现实的，而且厂商也不知道这种订单增加是长期现象还是暂时现象。因此，微观经济学中区分厂商的短期生产决策和长期生产决策，即短期生产理论和长期生产理论。

需要注意的是，微观经济学所说的短期和长期并不是一段具体的时期，而是以能否变动全部生产要素投入的数量作为划分标准的，其时间长短视具体情况而定。对不同行业来说，“短期”的实际时间长短可以有很大差异。例如，要想改变汽车厂的生产设备数量可能需要一年的时间；而增加一家快餐店，并对其进行全新装修则只需几个月。本节先介绍短期生产理论，即一种可变要素的生产函数。

一、短期生产函数

微观经济学中常以一种可变要素的生产函数考察短期生产理论。一种可变生产要素的生产函数表示产量 Q 随一种可变投入 X 的变化而变化。

函数形式如下：

$$Q = f(X) \tag{4-8}$$

若仅使用劳动与资本两种生产要素，并假设资本要素不变，劳动要素可变，则有函数：

$$Q = f(L, K) \tag{4-9}$$

该函数研究的是在既定生产规模下厂商的投入与产出之间的关系，反映企业的日常生产决策。只是这里产出量仅仅同一种可变投入存在依存关系，其他要素并不改变。产量包括三个不同变量，总产量、平均产量和边际产量。

二、总产量曲线、平均产量曲线和边际产量曲线

短期生产函数是指劳动投入量与产量之间的一种技术联系。为了进一步分析这种技术联系，除总产量外，还要了解平均产量和边际产量。

1. 总产量曲线

总产量(total product，TP)是指一定量的某种生产要素所生产出来的全部产量。公式为

$$TP_L = f(L) \tag{4-10}$$

总产量曲线的特点：初期随着可变投入的增加，总产量以递增的速度上升，然后以递减的速度上升，达到某一极大值后，随着可变投入的继续增加反而下降。

2. 平均产量曲线

平均产量(average product，AP)是指平均每个单位可变生产要素劳动所能生产的产量。公式为

$$AP_L = \frac{TP_L}{L} \tag{4-11}$$

平均产量曲线变动的特点：初期随着可变要素投入的增加，平均产量不断增加，到一定点达到极大值后，随着可变要素投入量的继续增加而下降。

3. 边际产量曲线

边际产量(marginal product，MP)是指每增加一单位可变要素劳动的投入量所引起的产量的变动量。公式为

$$MP_L = \frac{\Delta TP_L}{\Delta L} \tag{4-12}$$

边际产量曲线变动的特点：边际产量在开始时，随着可变要素投入的增加不断增加，到一定点达到极大值后，开始下降，边际产量可以下降为零，甚至为负。边际产量是总量增量的变动情况，它的最大值在 TP 曲线由递增速度上升转入以递减速度上升的拐点。

4. 总产量曲线、平均产量曲线和边际产量曲线的关系

根据以上的定义和公式，可以看出，总产量、平均产量和边际产量都随着劳动投入量的变动而变动，在短期生产函数中，产量与劳动投入量之间的关系可通过表 4-1 和图 4-1 来表示。

表 4-1　　总产量、平均产量和边际产量

资本投入量(K)	劳动投入量(L)	总产量(TP_L)	平均产量(AP_L)	边际产量(MP_L)
30	0	0	—	—
30	1	6.0	6.00	6.0
30	2	13.5	6.75	7.5
30	3	21.0	7.00	7.5
30	4	28.0	7.00	7.0
30	5	34.0	6.80	6.0
30	6	38.0	6.30	4.0
30	7	38.0	5.40	0.0
30	8	37.0	4.60	−1.0

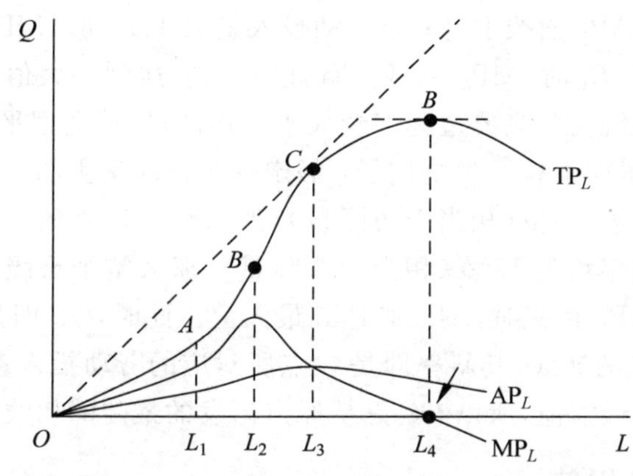

图 4-1　产量曲线图

微观经济学家通常将总产量曲线、平均产量曲线和边际产量曲线画在同一张坐标图形中,来分析这三个产量概念之间的关系。

图 4-1 是根据表 4-1 绘制的产量曲线图。图中,横坐标表示可变要素劳动的投入数量 L,纵坐标表示产量 Q,TP_L、AP_L 和 MP_L 三条曲线分别表示总产量曲线、平均产量曲线和边际产量曲线,这三条曲线都是先呈上升趋势,在达到本身的最大值后,再呈下降趋势。将三条产量曲线绘于同一个坐标图形中,即成一张反映短期生产中有关产量曲线的相互关系的图,如图 4-1 所示。

(1) 分析总产量和平均产量之间的关系。由定义公式 $AP_L = TP_L/L$ 可知,每一劳动投入量的平均产量都可以用与该要素投入量对应的总产量曲线上点与原点之间连线的斜率表示。图 4-1 中,当劳动投入量为 L_1 时,连结 TP_L 曲线上 A 点和坐标原点的线段 OA 的斜率,就是相应的 AP_L 值。

正是由于这种关系,当 AP 达到最大值时,TP 曲线必然有一条从原点出发的最陡的切线,切点为 C 点。

(2) 分析总产量和边际产量之间的关系。从定义公式 $MP_L = dTP_L/dL$ 来看,可知边际产量是总产量的一阶导数,表示了总产量的变化率。两条产量曲线的形状恰好反映了

这种关系。从图 4-1 来看,当劳动投入量从 0 增加到 L_2 时,MP_L 为正值且曲线呈上升趋势,由于 MP_L 表示 TP_L 的变化率,TP_L 曲线以递增的变化率上升;同理,当劳动量从 L_2 增加到 L_4 时,MP_L 为正值但曲线下降,TP_L 曲线以递减的变化率上升;当劳动投入量恰好为 L_4 时,$MP_L=0$,即相应的 TP_L 曲线斜率为零,TP_L 曲线达到最大值。当劳动投入量为 L_2 时,MP_L 曲线达到顶点,对应的 TP_L 曲线上的 B 点是总产量曲线的斜率由递增速度上升转为递减速度上升的拐点。当进一步增加劳动投入量时,MP_L 为负值,所以 TP_L 曲线开始下降。

此外,根据总产量和边际产量之间的关系,在已知 TP_L 曲线的情况下就可从中推出 MP_L 曲线,因为 TP_L 曲线任何一点的切线的斜率就是相应的 MP_L 值。如图 4-1 所示,当劳动投入量为 L_1 时,过 TP_L 曲线上 A 点的切线的斜率,就是相应的 MP_L 值。

(3) 分析边际产量和平均产量之间的关系。从图 4-1 中可以看出,当劳动投入量小于 L_3 时,$MP_L>AP_L$,AP_L 曲线上升;当劳动投入量大于 L_3 时,$MP_L<AP_L$,AP_L 曲线下降;当劳动投入量等于 L_3 时,$MP_L=AP_L$,且此时 AP_L 达到最大值。这是因为就任何一对边际产量和平均产量而言,只要边际产量大于平均产量,就会把平均产量向上拉,反之,则边际产量把平均产量向下拉。举个例子:假定一个班级学生的平均年龄是 15 岁,如果新转来一个同学,年龄为 17 岁(相当于边际量),那么整个班级的平均年龄就会增加。反之,如果新转来同学的年龄为 13 岁(相当于边际量),那么整个班级学生的平均年龄就会下降。而当 MP_L 与 AP_L 相交时,AP_L 必达到最大值。此时,OC 即是 TP_L 曲线上 C 点的切线,也是 C 点与原点的连线,其斜率即是 C 点所对应的劳动投入量 L_3 的 MP_L 值,也是 AP_L 值。由于 AP_L 是最大值,所以 OC 是从原点出发的最陡的切线。

三、边际报酬递减规律

TP、AP、MP 为什么会存在上述变动规律?微观经济学认为这是边际报酬递减规律起作用的结果。

所谓边际报酬递减规律(law of diminishing returns)是指在技术水平和其他要素投入量不变的条件下,连续增加一种可变生产要素的投入量,当这种可变生产要素的投入量小于某一特定数值时,增加该要素的投入量所带来的边际产量是递增的;当这种可变要素投入量连续增加并超过这一特定值时,增加该要素投入所带来的边际产量是递减的。

假定某纺织车间拥有 4 台纺织机,同时假定一名工人只能看一台纺织机。如果该车间只有 1 名工人,这名工人的产量一定是有限的,因为他不能利用他的全部时间来操作纺织机,他还必须亲自做许多辅助工作,如取原料、搬运布匹等。现假定这时他的日产量为 13 单位。如果车间增加到 2 名工人,尽管第 2 名工人的才干与第 1 名工人相同,但增加这名工人所增加的产量一定会超过第 1 名工人原来的产量。这是因为有了两个人就可以进行协作,协作可以产生新的生产力。现假定增加第 2 名工人所增加的日产量为 17 单位,此时总产量从每天 13 单位提高到 30 单位。同理,假定增加到 3 名工人时,总产量达到每天 60 单位。增加到 4 名工人时,即每人操作 1 台纺织机时,总产量上升到每天 104 单位。如果车间工人数增加到 5 名,总产量将继续上升,因为新增的第 5 名工人可以专做搬运等辅助工作,但第 5 名工人增加的产量会少于第 4 名工人增加的产量。现假定第 5

名工人使日产量增加 30 单位，使总产量达到 134 单位。如果工人数目增加到 6 名，第 6 名工人可能是个替换工，即当其他工人需要休息或有病时由他来替代，这样，也能增加产量，但增加的量更少了。如果工人继续增加下去，可以设想一定会达到这样的阶段，即增加工人不仅不会增加产量，而且还会使产量减少。因此，在技术水平和其他投入不变的情况下，如果单纯增加劳动力，随着劳动力数量的不断增加，其边际产量会不断提高，直至达到最佳的效果即最大的边际产量。但必须注意，如果劳动力的使用量超过最佳的使用量后，还继续增加劳动力的使用人数，就会出现劳动力的使用效率降低，人浮于事，推诿扯皮、人满为患的情况，即出现劳动的边际报酬递减规律。

边际报酬递减规律是短期生产的一条基本规律，是消费者选择理论中边际效用递减法则在生产理论中的应用或转化形态。边际报酬递减规律成立的原因在于，在任何产品的生产过程中，可变生产要素与不变生产要素之间在数量上都存在一个最佳配合比例。开始时由于可变生产要素投入量小于最佳配合比例所需要的数量，随着可变生产要素投入量的逐渐增加，可变生产要素和不变生产要素的配合比例越来越接近最佳配合比例，所以，可变生产要素的边际产量是呈递增的趋势。当达到最佳配合比例后，再增加可变要素的投入，可变生产要素的边际产量就呈递减趋势。

理解边际报酬递减规律，有以下几点需要注意：

(1) 边际报酬递减规律是从科学实验和生产实践中得出来的，是一个经验性的总结，现实生活中的绝大多数生产函数都符合这个规律，但在农业中的作用最明显。

(2) 这一规律的前提之一是假定技术水平不变，故它不能预示技术情况发生变化时，增加一单位可变生产要素对产出的影响。

(3) 这一规律的另一前提是至少有一种生产要素的数量是维持不变的，所以这个规律不适用于所有生产要素同时变动的情况，即不适用于长期生产函数。

(4) 随着可变生产要素的连续增加，边际产品变化要经历递增、递减，最后变为负数的全过程。边际产品递增是因为固定生产要素在可变生产要素很少时潜在效率未充分发挥出来。一旦固定生产要素潜在效率全部发挥出来了，边际产品就开始出现递减。但是，边际产品递增并不与报酬递减律相矛盾。因为这个规律的意义在于：当一种生产要素连续增加时，迟早会出现边际产品递减的趋势，而不是规定它一开始就递减。

19 世纪英国经济学家、人口学家马尔萨斯就认为，由于土地是有限的，随着人口的增长，仅靠劳动投入的增加一定会带来劳动的边际报酬递减，最后会普遍出现饥荒。这一理论在当时影响较广泛，马尔萨斯也就此提出很多解决方法，但他没有考虑到农业技术的发展会使农业劳动生产率大幅度提高，农业生产的增长超过了人口的增长。马尔萨斯提出的情况，在实际中并没有出现。

【案例 4-1】

马尔萨斯人口论与边际报酬递减规律

经济学家马尔萨斯(1766—1834)的人口论的一个主要依据便是报酬递减定律。他认为，随着人口的不断膨胀，地球上有限的土地将无法提供给人类足够的食物，最终劳动的边际产出与平均产出下降，但又有更多的人需要食物，因而会产生大的饥荒。幸运的是，人类的历史并没有按马尔萨斯的预言发展。

在20世纪，科学技术突飞猛进的发展，改变了人类的生产方式，劳动的平均产出因而上升。一些高产抗病的良种、高效的化肥以及先进的收割机械的广泛使用，使农作物产量大幅提高。在“二战”结束后，世界上总的食物生产的增幅总是或多或少地高于同期人口的增长。

粮食产量增长的源泉之一是农用土地的增加。例如，1961—1975年，非洲农业用地所占的百分比从32%上升至33.3%，拉丁美洲则从19.6%上升至22.4%，在远东地区，该比值则从21.9%上升至22.6%。但同时，北美的农业用地则从26.1%降至25.5%，西欧由46.3%降至43.7%。显然，粮食产量的增加更大程度上是由于技术的改进，而不是农业用地的增加。在一些地区，如非洲的撒哈拉，饥荒仍是个严重的问题。劳动生产率低下是原因之一。虽然其他一些国家存在着农业剩余，但由于食物从生产率高的地区向生产率低的地区的再分配的困难和生产率低地区收入也低的缘故，饥荒仍威胁着部分人群。

资料来源：梁小民.微观经济学案例.北京：生活·读书·新知三联书店，2000.

四、短期生产三个阶段的划分

边际报酬递减规律告诉我们，在其他条件不变的情况下，生产要素投入的越多，产出不一定越大。以这一规律为基础，根据短期生产的总产量曲线、平均产量曲线和边际产量曲线之间的关系，可以将短期生产划分为三个阶段，第Ⅰ阶段、第Ⅱ阶段、第Ⅲ阶段，如图4-2所示。

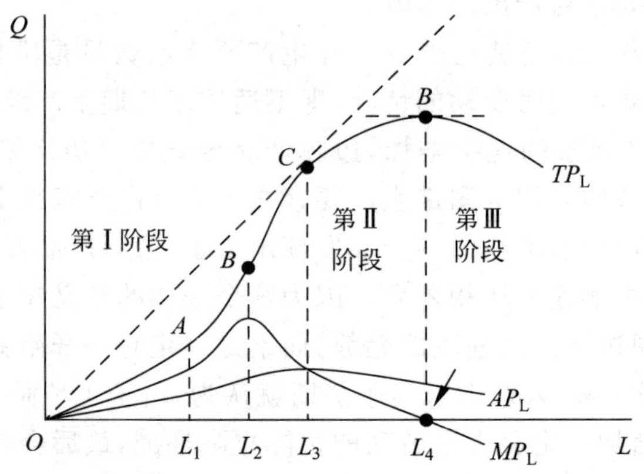

图4-2 一种可变生产要素的生产函数的产量曲线

第Ⅰ阶段（$O \sim L_3$ 阶段）：收益递增阶段，生产者不应停留的阶段。

从图4-2可以看出，在这一阶段中，劳动的边际产量始终大于劳动的平均产量，从而劳动的平均产量和总产量都在上升，且劳动的平均产量达到最大值。说明在这一阶段，可变生产要素相对于不变生产要素投入量显得过小，不变生产要素的使用效率还不高，因此，只要生产者增加可变生产要素的投入量就可以增加总产量。因此，生产者将继续增加生产要素投入量，把生产扩大到第Ⅱ阶段。

第Ⅱ阶段（$L_3 \sim L_4$ 阶段）：收益递减阶段，生产者最佳生产阶段。

在这一阶段，劳动的边际产量小于劳动的平均产量，从而使平均产量递减。但由于边际产量仍然大于零，所以总产量还会继续增加，但以递减的幅度增加。在这一阶段的起点 L_3，AP_L 达到最大，在终点 L_4，TP_L 达到最大。

第Ⅲ阶段（L_4 之后）：负收益阶段，生产者不能进入的阶段。

在这一阶段，平均产量继续下降，边际产量达到横轴以下，变为负值，总产量开始下降。这说明，在这一阶段，生产出现冗余，可变生产要素的投入量相对于不变生产要素来说已经太多，生产者减少可变生产要素的投入量是有利的。因此，理性的生产者将减少可变生产要素的投入量，把生产退回到第Ⅱ阶段。

由此可见，合理的生产阶段在第Ⅱ阶段，理性的厂商将选择在这一阶段进行生产。至于选择在第Ⅱ阶段的哪一点生产，要看生产要素的价格和厂商的收益。

第四节　长期生产函数

与短期生产函数不同，长期生产函数中的各种生产要素都是可变的，所以同一数量的产出可以由各种要素的多种不同组合来得到。下面以生产函数为例来讨论长期中生产要素的投入量与产量之间的关系。

一、长期生产函数

长期中，所有的生产要素都是可变的，在生产理论中，为了分析方便，通常以两种可变要素的生产函数来研究长期生产问题。假定生产者用劳动和资本两种可变要素来生产一种产品，则生产函数的形式为

$$Q = f(L, K) \tag{4-13}$$

式中，L 表示可变要素劳动的投入量，K 表示可变要素资本的投入量，Q 表示产量。式 4-13 表示，在长期内，在技术水平不变的条件下，两种可变要素投入量的组合与可能生产的最大产量之间的依存关系。

在两种可变投入生产函数下，如何使两种要素的投入量达到最优组合，以使生产一定产量下的成本最小，或使用一定成本时的产量最大，微观经济学运用了无差异分析、等成本分析的方法，即等产量线与等成本线的分析。

二、等产量曲线

在长期中，由于同一数量的产出可以由各种生产要素的不同组合得到，生产函数的这一特征可以用等产量曲线来描述。生产理论中的等产量曲线与效用理论中的无差异曲线是很相似的。所以，等产量曲线又被称为生产的无差异曲线。

1. 等产量曲线的含义及特点

等产量曲线是在技术水平不变的条件下，生产同一产量的两种生产要素投入的所有不同组合点的轨迹。或者说是表示生产一定数量的产品所需要的劳动与资本不同组合的一条曲线。

图 4-3 是等产量曲线图形。这一等产量曲线图是从三维空间中的等产量点向 L—K

平面投影而来的，因此曲线的纵坐标与横坐标所表示的并不是变量与自变量的关系。图中，L 与 K 都是自变量，Q 才是因变量。

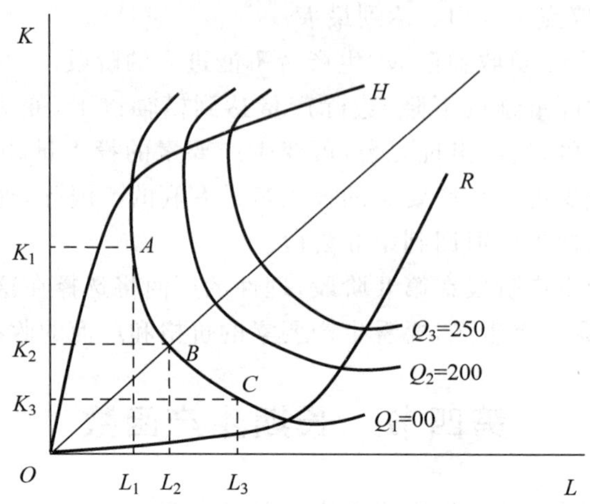

图 4-3 等产量曲线

图中三条等产量曲线，它们分别表示产量为 100、200、250 单位。以代表 100 单位产量的等产量曲线为例，即可以使用 A 点的要素组合（OL_1，OK_1）生产，也可以使用 B 点的要素组合（OL_2，OK_2）或 C 点的要素组合（OL_3，OK_3）生产。这是连续性生产函数的等产量线，它表示两种投入要素的比例可以任意变动，产量是一个连续函数，这是等产量曲线的基本类型。

2. **等产量曲线的特点**

等产量曲线的特点与无差异曲线的特点一样，表现在以下几个方面：

① 距原点越远的等产量曲线表示的产量水平越高；反之，则低。

② 同一平面坐标上的任何两条等产量曲线都不会相交。因为每一条产量线代表不同的产量水平。

③ 等产量曲线是凸向原点的。

④ 等产量曲线上任何一点的边际技术替代率为负，因此，等产量曲线是向右下方倾斜的。这意味着在产量水平一定时，增加某一种生产要素的投入量，就要减少另一生产要素的投入量。这样的调整才是有意义的。如果等产量曲线斜率为正时，表明资本和劳动同时增加或减少，才可以维持总产量不变。这意味着，其中一种生产要素的投入量达到饱和状态，再增加这一生产要素的投入量，其边际产量反而为负值，这时为了保持总产量不变，只有增加另一种要素的投入量。例如，化肥的过多使用会使农产品产量减少，只有增加劳动才能弥补由此造成的损失。

图中的 OH 和 OR 曲线把等产量曲线分为两部分；一部分在 OH 和 OR 曲线以内，其斜率为负；另一部分在 OH 和 OR 曲线以外，其斜率为正。曲线 OH 和 OR 又称为等产量曲线的脊线，脊线说明了生产要素替代的有效范围。实际上，厂商不会在脊线以外的区域生产，而只会在脊线以内的区域从事生产活动，因此，两条脊线围成的生产区域又叫生产的"经济区域"。该区域相当于短期分析中生产三阶段的第Ⅱ阶段。

3. 等产量曲线的特殊类型

根据生产要素之间的替代性不同，等产量曲线有如下类型。

(1) 直角形等产量线。在技术条件不变时，如果两种生产要素只能采用一种固定比例进行生产，说明两种生产要素不能互相替代，而是以一定比例完全互补，即两种生产要素必须以严格的比例互相匹配，才能实现既定产出，否则，多余的生产要素毫无用处。例如，某打印社有 5 台打字机，则只能也必须雇用 5 名打字员，否则就会出现不匹配，此时，打字机与打字员以 1∶1 的比例完全互补，等产量曲线是直角线，和消费理论中的完全互补品的无差异曲线一样。在这种情况下，边际技术替代率只在直角点 A、B、C 处存在，均等于 1 。等产量曲线呈直角形，如图 4-4 所示。图中等产量线的顶角(如 A、B、C 点)代表投入要素最优组合点。比如生产 Q_1 的产量，可以用劳动 L_1 和资本 K_1，如果资本固定在 K_1 上，无论 L 如何增加，产量也不会变化。同样的道理也适用于劳动固定不变的情形。只有当劳动和资本同时按固定比例增加，如图中从 A 点到 B 点，才会使产量从 Q_1 增加到 Q_2。这种等产量曲线中，单独增加的生产要素的边际产量为 0。

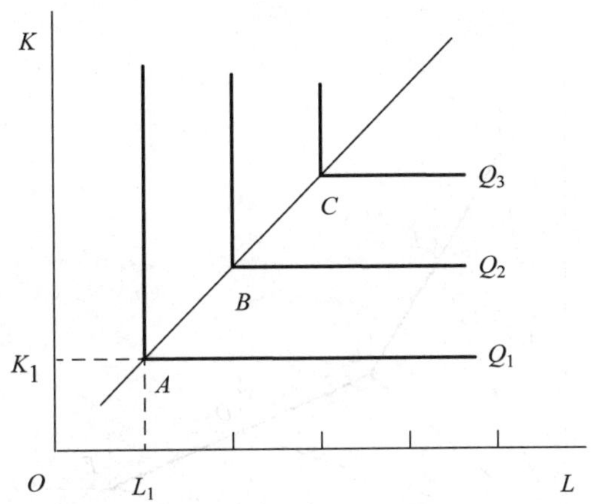

图 4-4　一种固定比例投入等产量线

(2) 直线形等产量线。在技术条件不变时，两种投入的生产要素之间可以完全替代，且替代比例为常数。例如，某企业雇用高级技工和普通工，假定高级技工的一半是普通工人，一个高级技工相当于两个普通工人，且高级技工的工资是普通工人的 2 倍，则高级技工和普通工人存在着 1∶2 的完全替代关系，此时的等产量曲线如图 4-5 所示，是一条直线，和消费理论中的完全替代品的无差异曲线一样。在等产量曲线 Q_0 上，各点的斜率都是相同的，且等于－0.5，这说明边际技术替代率为常数 1/2。企业为实现既定的产出 Q_0，可以选择等产量线上的任何要素组合。

(3) 折线形等产量线。如果企业可以采用多种投入比例生产出相同的产量，且同一比例中要素之间具有完全替代性，此时将会形成折线形的等产量线，如图 4-6 所示。A、B、C、D、E 分别代表劳动和资本投入的五种固定比例。由原点出发的五条射线的斜率，分别代表两种要素投入的五种固定比例。这种等产量曲线介于直线形和连续形等产量线之间。

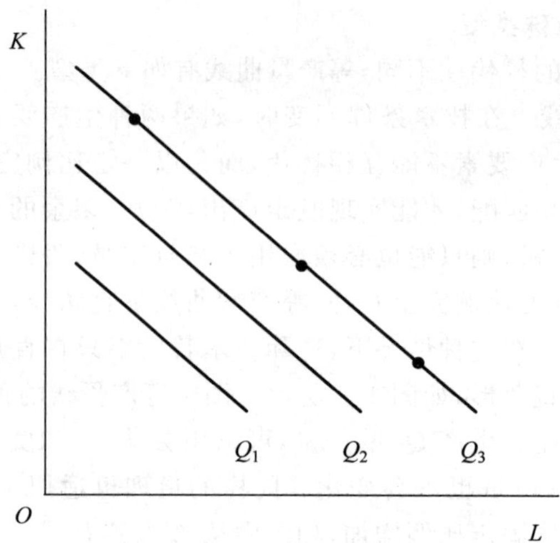

图 4-5 完全替代投入等产量线

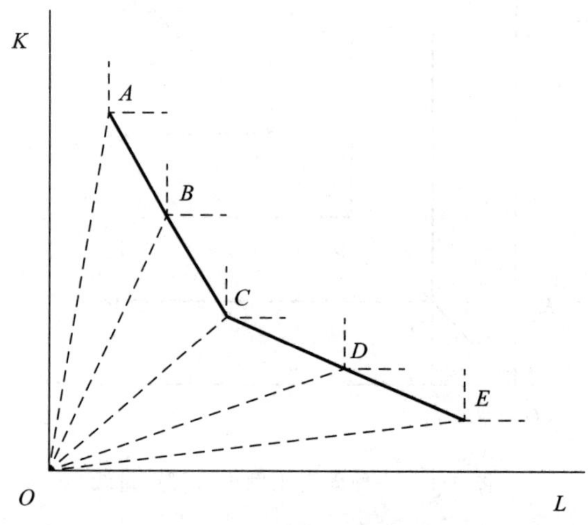

图 4-6 多种固定比例投入等产量线

虽然等产量曲线同前面讲过的无差异曲线类似，但二者却代表着不同的经济含义：无差异曲线代表消费者对两种消费品不同组合的主观评价；等产量曲线却代表两种生产要素的不同组合与产量之间的技术联系。

三、边际技术替代率

1. 边际技术替代率的含义

长期生产的主要特征是不同比例的要素组合可以生产同一产量水平，即在维持同一产量水平时，要素之间可以相互代替。例如，为生产 100 单位的某种产品，生产者可以使用较多的劳动和较少的资本，也可以是用较少的劳动和较多的资本。前者可以看成是劳动对资本的替代，后者可以看成是资本对劳动的替代。如图 4-2 中，厂商为维持固定的 100 单位的产量，劳动和资本的投入量会沿着 100 单位的等产量曲线上下移动。边际技术替代率是研究要素之间替代关系的一个重要概念，它是指在维持产量水平不变的条件下，增加一单位某种生产要素投入量时所减少的另一种要素的投入数量。以 $MRTS_{LK}$ 表示劳动对资本的边际技术替代率，则

$$MRTS_{LK} = \frac{K\text{的减少量}}{L\text{的增加量}} = -\frac{\Delta K}{\Delta L} \tag{4-14}$$

式中，ΔK 和 ΔL 分别表示资本投入量的变化量和劳动投入量的变化量，式中加负号是为了使 $MRTS_{LK}$ 为正值，方便比较。

边际技术替代率为负值，因为在代表一给定产量的等产量曲线上，作为代表一种技术上有效率的组合，意味着为生产同一产量，增加 L 的使用量，必须减少 K 的使用量，二者反方向变化。

从边际技术替代率的公式可以得出，等产量曲线上某一点的边际技术替代率就是等产量曲线在该点斜率的绝对值。

2. 边际技术替代率与边际产量的关系

边际技术替代率(绝对值)等于两种要素的边际产量之比。

由边际技术替代率公式可知

$$MRTS_{LK} = \frac{MP_L}{MP_K} \tag{4-15}$$

上述关系是因为边际技术替代率是建立在等产量曲线的基础上，所以对于任意一条给定的等产量曲线来说，当用劳动投入代替资本投入时，在维持产量水平不变的前提下，由增加劳动投入量所带来的总产量的增加量和由减少资本量所带来的总产量的减少量必然相等。

$$|\Delta L \cdot MP_L| = |\Delta K \cdot MP_K|$$

整理得

$$-\frac{\Delta K}{\Delta L} = \frac{MP_L}{MP_K}$$

根据边际技术替代率的公式得

$$MRTS_{LK} = -\frac{\Delta K}{\Delta L} = -\frac{dK}{dL} = \frac{MP_L}{MP_K} \tag{4-16}$$

可见，边际技术替代率可以表示为两要素的边际产量之比。

【案例 4-2】

边际技术替代率

服装加工厂生产服装，它可以使用两种方法，既可以多雇用工人进行生产，也可以少雇用工人多购买先进的机器设备。无论用什么方法都可以生产出服装。作为服装厂的厂长在用什么方法进行生产时他要做出选择。如果劳动力价值很低，而机器设备又很贵，厂长会选择多雇工人少用资本。在生产服装的过程中劳动和资本这两种生产要素是完全可以替代的。这就是本节讲的边际技术替代率，即用一种生产要素替代另一种生产要素技术上的比例。

资料来源：微观经济学案例分析 http://blog.sina.com.cn.

3. **边际技术替代率递减规律**

边际技术替代率递减规律指在维持产量不变的前提下，当一种生产要素的投入量不断增加时，每一单位的这种生产要素所能代替的另一种生产要素的数量是递减的。

以图 4-7 为例，当要素组合沿着等产量曲线由 a 点按顺序移动到 b、c 和 d 点的过程中，劳动投入量等量的由 L_1 增加到 L_2、L_3 和 L_4。即 $L_2-L_1=L_3-L_2=L_4-L_3$，相应的资本投入的减少量为 $K_1K_2>K_2K_3>K_3K_4$，这恰好说明了边际技术替代率是递减的。

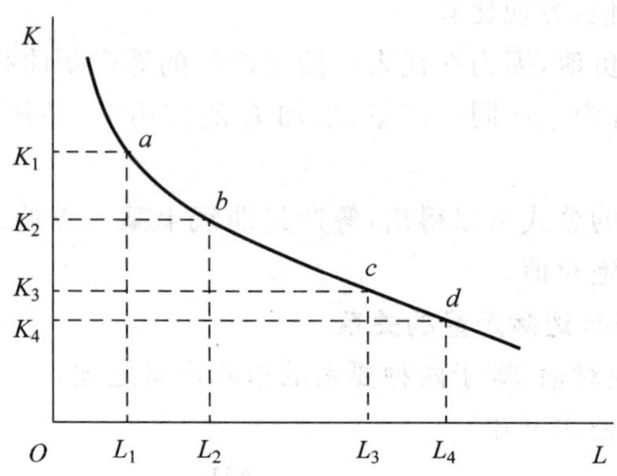

图 4-7 边际技术替代率递减

边际技术替代率递减的原因是边际产量是逐渐下降的。当资本量不变时，随着劳动投入量的增加，则劳动的边际产量有递减趋势；当资本量也下降时，劳动的边际产量会下降得更多。

等产量曲线上的切线斜率绝对值递减，使等产量线从左上方向右下方倾斜，并凸向原点。

四、等成本线

1. **含义和图形**

长期分析中厂商的成本用等成本线来表示。等成本线也称为企业的预算线，**是在企业成本和生产要素既定的条件下，生产者所能购买的两种生产要素数量的最大的各种组合点的轨迹**。假定厂商既定的成本支出为 C，生产要素市场上劳动的价格用工资率 w 表示，资本的价格用利息率 r 表示，则成本方程为

$$C = wL + rK \tag{4-17}$$

图 4-8 中，等成本线在纵轴上的截距表示全部成本支出用于购买资本时所能购买的资本数量，等成本线在横轴上的截距，表示全部成本支出用于购买劳动时所能购买的劳动数量，等成本线的斜率的大小取决于劳动和资本两要素相对价格的高低。

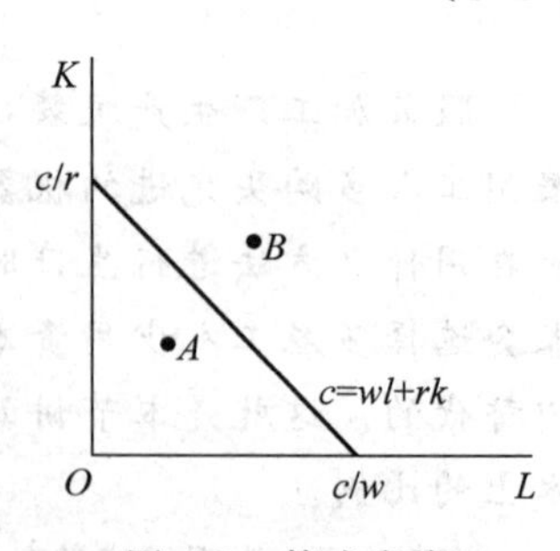

图 4-8 等成本线

图 4-8 中，在等成本线以内的区域，其中的任意一点(如 A 点)表示既定的总成本没有用完；等成本线以外的区域，其中的任意一点(如 B 点)表示既定的成本不够购买该点的劳

动和资本的组合；等成本线上的任意一点表示既定的全部成本正好能购买的劳动和资本的组合。

2．等成本线的移动

从以上分析可知，只要给定厂商的成本 C 和两种生产要素的价格 w 和 r，则相应的等成本线的位置和形状也就确定了。因为，等成本线的横轴和纵轴的截距分别为 C/w 和 C/r，等成本线的斜率为 $-w/r$。因此可以推断，在厂商的成本 C、劳动的价格 w 和资本的价格 r 这三个量中，只要有一个量发生变化，就会使原有等成本线发生变动。

等成本线的变动可以归纳为以下四种情况：

(1) 厂商的成本支出变化，两种生产要素的价格不变。这时，相应的等成本线的位置会平行移动。原因是：两种生产要素的价格都不变，如果厂商的成本支出增加，会使等成本线平行向右移动；如果厂商的成本支出减少，会使等成本线平行向左移动。如图 4-9 中(a)所示。

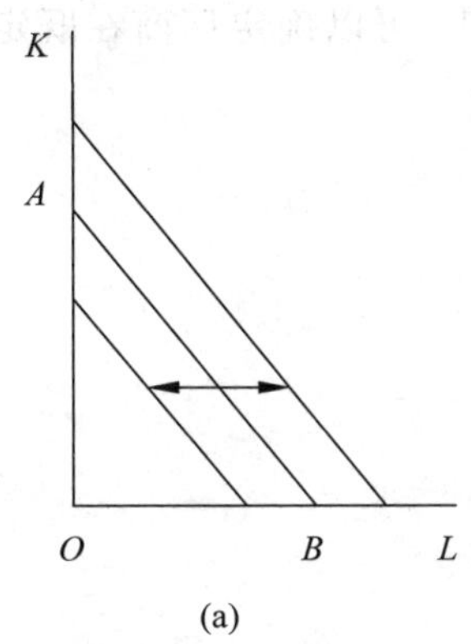

(a)

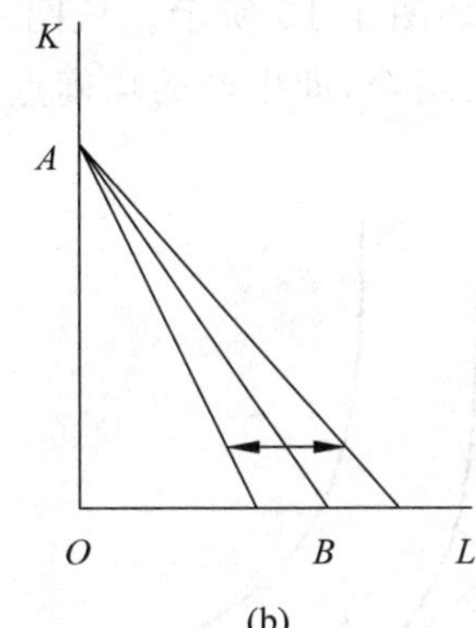

(b)

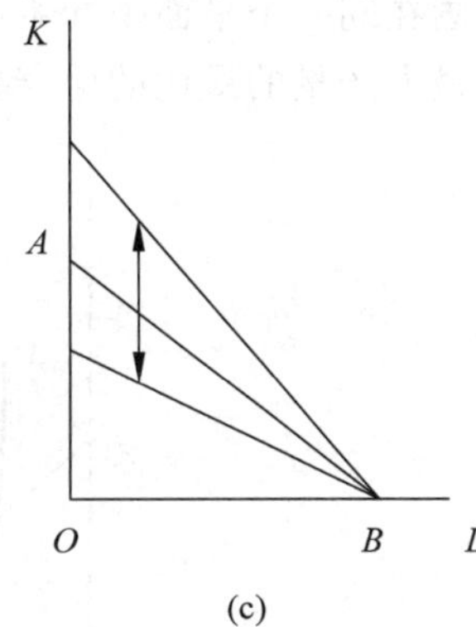

(c)

图 4-9　等成本线的移动

(2) 厂商的成本支出不变，两种生产要素的价格同比例同方向变化。这时，相应的等成本线也会发生平移。原因是，厂商的成本支出不变，如果两种生产要素的价格同时同比例提高，等成本线会平行向左移动；如果两种生产要素的价格同时同比例降低，等成本线会平行向右移动。如图 4-9(a)所示。

(3) 厂商的成本支出不变，劳动的价格变化而资本的价格不变。这时，等成本线的纵截距保持不变，而横截距会发生变化。如果劳动的价格提高，等成本线与横轴的交点向左移动；如果劳动的价格降低，等成本线与横轴的交点向右移动。如图 4-9 中(b)同样道理，劳动的价格不变而资本的价格变化，会导致等成本线与纵轴的交点发生变化。如图 4-9(c)所示。

(4) 厂商的成本支出与两种生产要素的价格都同比例同方向发生变化。这时，等成本线不发生变化。原因是：此时等成本线的斜率以及等成本线在横轴和纵轴的截距都不变，所以等成本线不会发生变化。

所以，任何关于成本和生产要素价格的变动，都会使等成本线发生变化。

第五节 最优生产要素组合和规模报酬

在长期生产中，由于全部生产要素都是可变的，任何一个理性的生产者都会选择最优的生产要素组合进行生产，从而实现利润的最大化。实现生产要素的最优组合可以有两种途径：一是在成本既定的条件下实现产量最大；二是在产量既定的条件下实现成本最小。下面就按这两种情况来分析。

一、既定成本条件下的产量最大化

为了实现最优的生产规模，实现利润的最大化，在成本给定的情况下，就要做到产量最大。

假定：厂商的既定成本为 C，劳动的价格为 w，资本的价格为 r，把等成本曲线和等产量曲线画在同一个平面坐标系中，如图 4-10 所示。从图 4-10 可以确定厂商在既定成本下实现最大产量的最优的生产要素组合，即生产的均衡点。

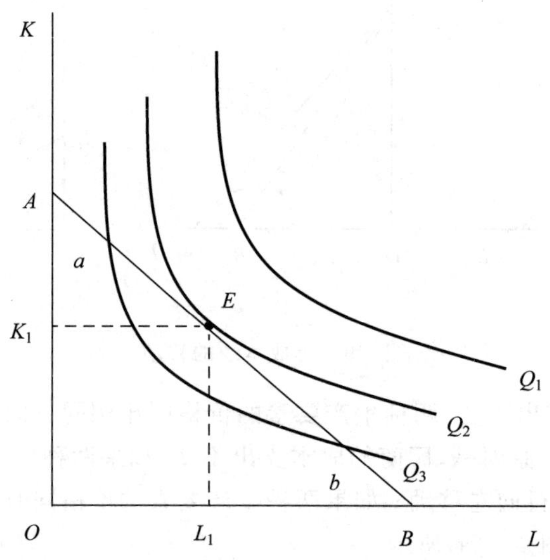

图 4-10 既定成本下产量最大的要素组合

因为成本是既定的，所以图 4-10 中只有一条等成本曲线，但是，可以提供给厂商选择的产量水平有很多，图中画出了 3 个产量水平 Q_1、Q_2、Q_3。

首先，看等产量曲线 Q_1，图中等产量曲线 Q_1 与原点距离最远，代表的产量水平最高，但由于该等产量曲线与等成本曲线既无交点又无切点，表明厂商在既定成本条件下，不能购买到生产 Q_1 产量所需的生产要素组合，因此 Q_1 代表厂商在既定成本条件下无法实现的产量。

其次，看等产量曲线 Q_3，等产量曲线 Q_3 与等成本曲线相交于 a、b 两点，但等产量曲线 Q_3 离原点最近，其所代表的产量是比较低的。因为，厂商只需由 a 点向右或由 b 点向左沿着既定的成本改变生产要素组合，在不增加成本的情况下，就可以增加产量。

最后，只有在等成本曲线 AB 和等产量曲线 Q_2 的切点 E，才是实现既定成本条件下的最大产量的生产要素组合。高于 E 的产量在既定成本条件下是无法实现的，低于 E 的产量都是低效率的。

边际技术替代率反映两种生产要素在生产中的替代比率，生产要素的价格比例反映了两种生产要素在购买中的替代比率。所以，只要两者不相等，厂商就会在总成本不变的条件下通过对生产要素组合的重新选择使总产量得到增加。只有在两种生产要素的边际技术替代率和两种生产要素的价格比例相等时，才能实现生产要素的最佳组合，即实现生产者均衡。在图 4-10 中，等成本线 AB 和等产量曲线 Q_2 的切点 E 才是厂商的生产者均衡点。所以，在生产者均衡点 E 有

$$\mathrm{MRTS}_{LK} = \frac{w}{r} \tag{4-18}$$

式(4-18)表示，为了实现既定成本条件下的最大产量，厂商必须选择最优的生产要素组合，使得两种生产要素的边际技术替代率等于两种生产要素的价格比例。这就是两种生产要素的最优组合的原则。

由于边际技术替代率可以表示为两种生产要素的边际产量之比，所以，上式可以写为

$$\mathrm{MRTS}_{LK} = \frac{\mathrm{MP}_L}{\mathrm{MP}_K} = \frac{w}{r} \tag{4-19}$$

还可以表示为

$$\frac{\mathrm{MP}_L}{w} = \frac{\mathrm{MP}_K}{r} \tag{4-20}$$

式(4-20)表示，厂商可以通过对两种生产要素投入量的不断调整，使得最后一单位的成本支出，不管用来购买哪一种生产要素所获得的边际产量都相等，从而实现既定成本条件下的最大产量。

二、既定产量条件下的成本最小化

为实现最优的生产规模，实现利润最大化，在产量给定的情况下，就要做到成本最小。

假定：厂商的既定产量为 Q，则可用图 4-11 来分析既定产量下的最优生产要素组合。

图 4-11 中有一条等产量曲线 Q，三条等成本曲线 AB、CD、GH，等产量曲线 Q 代表既定的产量，三条等成本线的斜率相同，但总成本支出不同，$AB>CD>GH$。

图中，等成本曲线 GH 与等产量曲线 Q 没有交点，等产量曲线 Q 在等成本曲线以外，所以产量 Q 是在 GH 的成本水平下无法实现的产量水平。

等成本线 AB 与等产量线 Q 有两个交点 a、b，但它代表的成本太高，通过移动可以获得相同的产量而使成本降低。等成本线 CD 与等产量线 Q 相切于 E 点，按照上述相同的分析方法可知，厂商不会在 a、b 点达到均衡，只有在切点 E，才是厂商的最优生产要素组合。

因为只有在切点 E，才能实现生产要素的最优组合，即实现生产者均衡，在均衡点 E 有

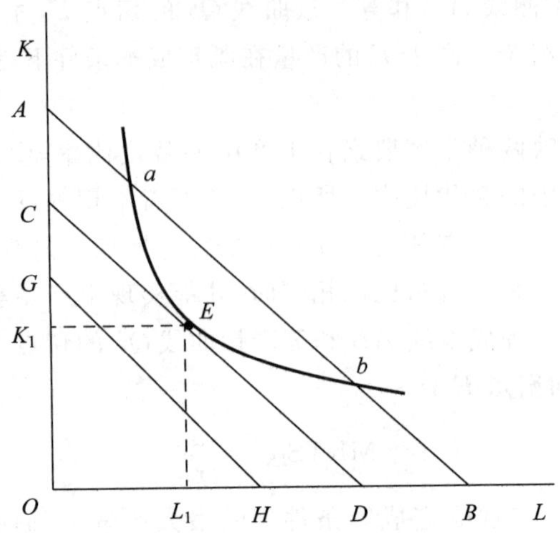

图 4-11　既定产量下成本最小要素组合

$$MRTS_{LK}=\frac{w}{r} \tag{4-21}$$

如果 $MRTS_{Lk}>w/r$ 或 $MRTS_{Lk}<w/r$，厂商就会不断调整生产中劳动和资本的使用量，只有当 $MRTS_{Lk}=w/r$ 时，厂商才会停止调整，此时，厂商实现了生产要素的最优组合。

生产者均衡的条件表示，厂商应该选择最优的生产要素，使得两种生产要素的边际技术替代率等于两种生产要素的价格比，从而实现既定产量条件下的最下成本。

由于边际技术替代率可以表示为两种生产要素的边际产量之比，所以，上式可以写为

$$MRTS_{LK}=\frac{MP_L}{MP_K}=\frac{w}{r} \tag{4-22}$$

还可以表示为

$$\frac{MP_L}{w}=\frac{MP_K}{r}$$

它表示：厂商可以通过对两种生产要素投入量的不断调整，使得花费在每一种生产要素上的最后一单位的成本支出所带来的边际产量相等，从而实现既定产量条件下的成本最小化。

三、生产要素的最优组合

按照微观经济学的观点，厂商生产的目的是为了实现利润最大化。在完全竞争市场条件下，对厂商来说，商品的价格和生产要素的价格都是既定的，厂商可以通过对生产要素投入量的不断调整来实现最大利润。厂商在追求最大利润的过程中，可以得到最优的生产要素组合。

通过以上两种情况的分析，已经得出生产要素最优组合是在等产量曲线与等成本曲线相切之点上的组合，在该点上，两条线的斜率相等，由于已经推导出边际技术替代率与边际产量的关系，所以，均衡条件可以表示为

$$\mathrm{MRTS}_{LK}=\frac{\mathrm{MP}_L}{\mathrm{MP}_K}=\frac{w}{r} \tag{4-23}$$

或

$$\frac{\mathrm{MP}_L}{w}=\frac{\mathrm{MP}_K}{r} \tag{4-24}$$

这就是说,当用于劳动的每元的边际产量等于用于资本的每元的边际产量时,总成本达到最低。

生产者为了实现生产要素的最优组合,必须把有限的资金在不同的投入品之间作这样的分配,使得投入的边际产品之比等于投入的价格之比;或者说生产者为了实现生产要素的最优组合,就必须通过对两种要素投入的不断调整,使得花费在两种要素上的最后一单位的货币成本所带来的边际产量相等。如果从用于劳动的最后1元支出所增加的产量大于用于资本的最后1元支出所增加的产量,企业就应该少用资本多用劳动。通过这种调整,企业可以以更低的总成本生产相同产量。相反,如果从用于资本的最后1元支出所增加的产量大于用于劳动的最后1元支出所增加的产量,企业就应该少用劳动多用资本。通过这种调整,企业可以降低生产既定量产量的成本。一个企业只有在用于所有投入品的最后1元所增加的产量相同时,才能实现最低成本的生产技术。

这种生产要素最优组合,即成本最低技术的条件与消费者均衡的条件相似。所以,这种成本最低技术也称为生产者均衡。

四、生产扩展线

生产扩展线表示在生产要素价格、生产技术和其他条件不变的情况下,企业扩大生产规模所引起的生产要素最优组合点移动的轨迹。

如果生产要素的价格不变,厂商的经费支出增加,等成本曲线会平行地向右上方移动;如果厂商改变产量,等产量曲线也会发生平行移动。这些等产量曲线将与相应的等成本曲线相切,形成一系列的生产者均衡点,把所有这些生产者均衡点连接起来所形成的曲线就叫作生产扩展线。

图4-12中的曲线ON就是一条生产扩展线。由于生产要素的价格保持不变,生产者均衡约束条件是两种生产要素的边际技术替代率等于两种生产要素的价格比例,所以生产扩展线上的所有的生产者均衡点的边际技术替代率相等。在生产扩展线上,可以用最小成本生产出最大的产量,从而获得最大利润。所以,厂商愿意沿着这条生产扩展线来扩大生产,虽然其他途径也能达到使产量扩大的结果,但都不是最优的途径,只有沿着生产者均衡点扩大规模才是最优的路径。但厂商究竟会把生产推进到扩展线上的哪一点,单凭生产扩展线是不能确定的,还得要看市场上需求的情况。图4-12说明了这种情况。

在长期生产中,厂商会对两种生产要素同时进行调整,引起生产规模的改变。随着生产规模的变化,产量也相应发生变化,研究其变化规律,涉及规模报酬问题。

生产规模变动与所引起的产量变化的关系即为规模报酬问题。企业生产规模的改变,一般说来是通过各种生产要素投入量的改变实现的,在长期生产中才能得到调整。

各种生产要素在调整过程中,可以以不同组合的比例同时变动,也可以按照固定比例

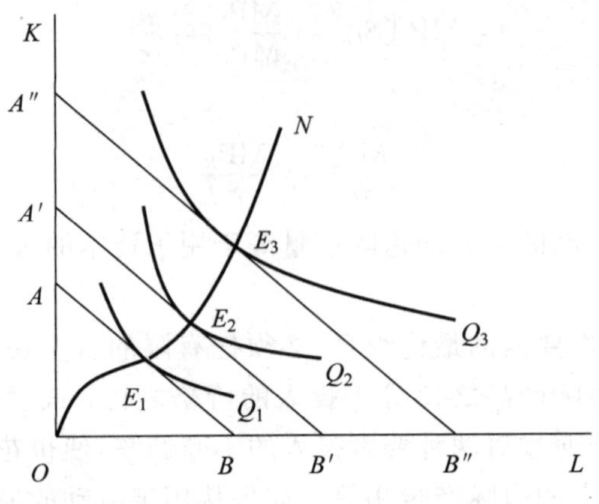

图 4-12 扩展线

变动。在生产理论中，常以全部生产要素以相同的比例变化来定义企业的生产规模变化，因此，**规模报酬**是指在其他条件不变的情况下，各种生产要素按相同比例变动所引起的产量的变动。根据产量变动与投入的生产要素变动之间的关系可以将规模报酬分为三种：规模报酬不变、规模报酬递增和规模报酬递减三种情况。

1. 规模报酬递增

所谓规模报酬递增，是指产量增加的比例大于各种生产要素增加的比例。如图 4-13 所示，当劳动和资本两种生产要素扩大一个很小的倍数就可以导致产出扩大很大的倍数。图中，当劳动和资本分别投入为 1 个单位时，产出为 10 个单位，但生产 20 单位产量所需的劳动和资本投入分别小于 2 个单位，产出是原来的两倍，投入却不到原来的两倍。规模报酬递增又称为规模经济，指生产者扩大生产规模而获得的经济利益。

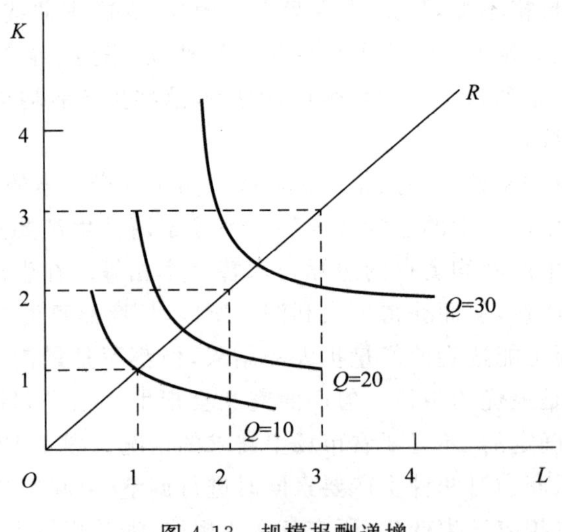

图 4-13 规模报酬递增

产生规模报酬递增的主要原因是由于企业生产规模扩大所带来的生产效率的提高。表现为企业扩大生产规模以后，能够利用更先进的机器设备，大幅度提高劳动生产率，即所谓的规模出效益。企业扩大生产规模后，内部专业化分工会更细，技术培训的加强等都会极大地提高劳动产率，降低企业的生产成本。

2. 规模报酬不变

规模报酬不变是指产量增加的比例等于各种生产要素增加的比例。如图 4-14 所示，生产要素的投入数量扩大某一倍数，产出也增加相应的倍数。图中，当劳动和资本两种生产要素的投入分别为 1 个单位时，产出为 10 个单位，当劳动和资本分别为 2 个单位时，产出为 20 个单位。产出与投入增加相同的倍数。

规模报酬不变行业的出现，只是一种偶然的、特殊的情况。

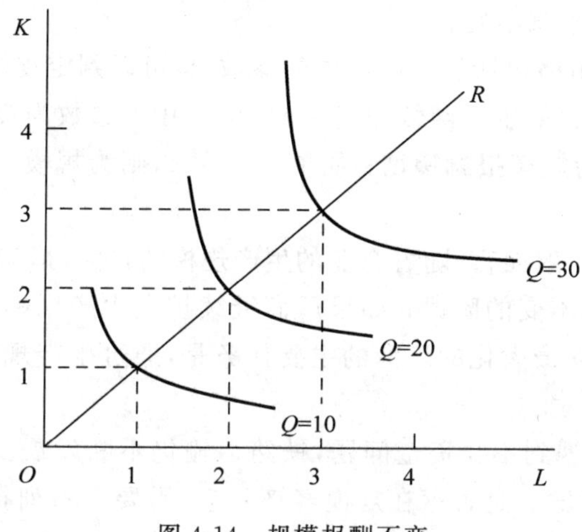

图 4-14　规模报酬不变

3. 规模报酬递减

所谓规模报酬递减，是指产量增加的比例小于各种生产要素增加的比例。如图 4-15 所示，当劳动与资本两种生产要素扩大一个很大的倍数，而产出只扩大很小的倍数。如图中，当劳动与资本投入为 1 个单位时，产出为 10 个单位；但当劳动与资本分别投入为 2 个单位时，产出低于 20 个单位，生产要素的投入是原来的两倍，但产出却不及原来的两倍。

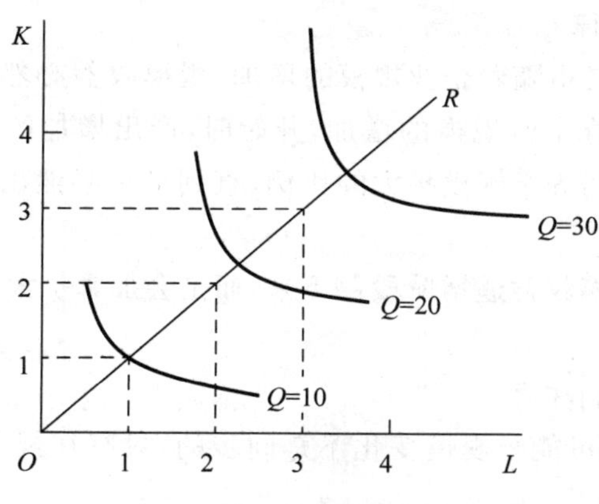

图 4-15　规模报酬递减

产生规模报酬递减的主要原因是由于企业生产规模过大，企业内部生产的各个方面很难协调好，企业生产效率降低。表现为有些行业不适合大规模生产，企业规模扩大后，生产效率不但不会提高，反而会降低，即会出现所谓的规模不经济。

规模报酬的上述三种情况也可以用公式表示。假设生产函数 $Q=f(L,K)$ 为 n 阶齐次函数，当全部要素投入量变动 a 时，产量变动为 a^n，生产函数的公式为

$$Q \cdot a^n = f(aL, aK) \tag{4-25}$$

如果 $n>1$，为规模报酬递增；

如果 $n<1$，为规模报酬递减；

如果 $n=1$，为规模报酬不变。

此外，根据柯布—道格拉斯生产函数中的参数，也可以判定规模报酬的情况。

假设：柯布—道格拉斯生产函数即 $Q=AL^aK^{1-a}$ 中的参数为 $Q=AL^aK^b$。

如果 $a+b>1$，则为规模报酬递增；如果 $a+b<1$，则为规模报酬递减；如果 $a+b=1$，则为规模报酬不变。

微观经济学认为，一般而言，随着企业的生产规模的扩大，最初往往规模报酬递增，然后可能有一个规模报酬不变的阶段；如果厂商继续扩大生产规模，就会出现规模报酬递减。在长期内，追求利润最大化的厂商的主要任务是，通过生产规模的调整，尽可能降低长期平均成本。

20 世纪以后，尽管遇到不少资金问题，铁路运输仍不断发展。规模对铁路运输业有无影响？要研究铁路运输业是否存在规模经济效应，需要一系列指标。首先可以用运输密度来度量投入。运输密度指的是在一特定线路上每单位时间内铁路可以承运的货物吨数。产出以沿着该线路在特定时间内运输的货物总重量计。产出与投入之间的规模报酬关系如何？大量研究表明，起初，在运输密度值较小时，存在着规模报酬递增效应，因为在运输密度增加以后，铁路管理部门可以统筹规划，制定出适宜的、富有效率的运输方案。但是，当运输密度的增加超过某一值（这一点称为有效密度）后，会出现规模报酬递减，因为超负荷的运输量已经多得难以规划，运输速度也将有所下降。这种现象只有在运输密度值很大时才会出现。

4. 规模收益递减规律

规模收益递减规律是指随着企业规模的增加，规模收益必然出现从递增到不变再到递减的现象，或者说，随着企业规模的增加，开始时，产出增加的比例大于规模扩大的比例，随后，产出增加的比例等于规模扩大的比例，直到最后必然出现产出增加的比例小于规模增加的比例。

企业一般不会在规模收益递增阶段停下来，而是会加紧扩大生产，通常企业会处在规模收益下降阶段。

以下有几点需要我们注意：

① 企业的产出变化可能与规模变化不是同步的，只有在规模收益不变时，两者才会同步变化。

② 规模收益递增时，应该及时扩大生产规模，以便充分获得规模扩大带来的好处，规

模收益递减时，如果进一步扩大规模的成本很大，就应该维持不变或减小生产规模，但并不意味着企业必须减小生产规模。

③ 企业不可能在规模收益递增阶段停下来，而是会进一步扩大生产规模。

【案例 4-3】

浙江到了出大企业的时候——规模报酬问题

浙江企业特别是温州企业以“小型”“民营”“低成本”和“劳动密集”而著称。这些特点在过去是优点，在今后还是优点。

经验都一再证明，“小”不一定弱(正像“大”不一定强一样)。而且，从企业竞争的逻辑来说，能够长成大企业的小企业终究是少数。

浙江企业已经度过初创期。企业从小到大的成长过程，就是通过竞争不断培育自身竞争力的过程。

中国经济已经进入一个以住宅、汽车、电子通信、城市基础设施建设等行业为龙头，带动钢铁、机械、建材、石化、能源等行业快速增长的阶段。在这些行业中，多数具有较强的规模经济要求，也就是说，投资就要上大项目。

最大的挑战在于，企业从无到有不易，从小到大更难。如果说第一阶段成功概率是百分之五十，第二阶段的成功概率可能不到百分之一。

资料来源：微观经济学案例分析 http://blog.sina.com.cn.

本章小结

本章研究生产理论。生产者或厂商是市场的主体。生产者生产的目标是实现利润最大化。厂商的生产可以分为短期生产和长期生产。

短期生产的基本规律是边际报酬递减规律。边际报酬递减规律是指在其他条件不变的前提下，任何一种可变要素的边际产量必然会从递增阶段发展为递减阶段。也就是说，任何一种可变要素的短期边际产量曲线具有先上升后下降的特征。由短期边际产量曲线的特征可以推导出短期总产量曲线与短期平均产量曲线。短期生产可以分为三个阶段，第二阶段是厂商生产的合理区间。

长期生产理论的主要分析工具是等产量曲线和等成本线。等产量曲线是指在技术水平不变的前提下，生产同一产量的两种生产要素投入量的所有不同组合。等成本线是在生产成本和要素价格给定的情况下，生产者可以购买到的两种生产要素的各种不同组合的轨迹。等产量曲线的斜率用边际技术替代率来表示，边际技术替代率是递减的；等成本曲线的斜率用两要素的价格之比来表示。

在长期生产中，厂商要实现生产要素的最优组合。厂商无论是实现既定成本下的最大产量，还是实现既定产量下的最小成本，生产要素的最优组合即生产者均衡点都发生在等产量曲线和等成本线的切点。在二者的切点上，等产量曲线和等成本线的斜率相等，即两要素的边际技术替代率等于两要素的价格之比。

企业在长期生产中，一般会经历规模报酬递增、规模报酬递减和规模报酬不变三个阶段。规模报酬递增、规模报酬递减和规模报酬不变分别指长期生产中全部生产要素增加的比例小于、大于和等于它所导致的产量增加的比例。

简 答 题

1. 试述规模报酬变动规律及其原因。

2. 规模报酬的递增、不变和递减这三种情况与可变比例生产函数的报酬递增、不变和递减的三种情况的区别何在？“规模报酬递增的厂商不可能也会面临要素报酬递减的现象”这个命题是否正确？为什么？

案例剖析：赠报的免费午餐

每年的12月，各大报刊都会做大量的广告，以期留住老客户，吸引新客户。在今年的元旦伊始，一家晚报向各个班赠送一个月的报纸，并且可以在以后进行补订。令人奇怪的是，一个月以后，这种赠送行为仍然在进行。

从订报者如一个班来说，在元旦这几天如果要订一份报纸的话，那么就会选择用较少的钱来订阅较多的报纸，也可以称之为追求阅读福利的最大化。那么，被赠阅的这个班就会订阅其他报纸，其阅读福利肯定会比订阅那份赠阅的报纸要多。报社的赠阅行为岂不是相当非理性，其直接后果是驱逐了其中一部分本来会订阅该报纸的客户，大部分报刊是不会赠阅的。

但从成本收益的角度来分析，报社的这种赠阅行为却可能是符合成本收益的。从短期分析看，报社的成本不一定会因为赠报而增加，办过报纸的人应该很清楚，报纸是存在规模经济的典型产品，发行量达到一定数量，报社所花的成本最低。况且报纸这种产品，其产品的边际成本是很低的。对报社来讲，如果今年的订阅量比上一年增加，那么报社应该增加印数，如果今年的订阅量比上一年有少量降低，那么报社可以按上一年的订阅量印刷，因为报社形成的生产要素可以不去调整，减少要素的投入来达到减少产量的做法可能会导致成本的提高。因为报社原有的工作人员、运作程序等就需要进行调整，而把多余的报纸送出去，所以这种赠送根本就不会增加成本。况且在受赠的客户中，有一部分会订阅该报刊，因为他们可以用11个月的钱来看12个月的报纸。这对报社来说，也会增加这后来订阅该报刊的小部分收益。更为重要的是，报社的这种赠阅行为有如公益行为，扩大了该报刊的知名度，这也是一种收益，而且比金钱的收益更加重要。

从长期分析看，一份报纸是可以形成偏好的，读者基本上不会因为报社的赠阅行为而改变对该报的偏好程度。事实上，一个读者既然可以在文化支出上订一份报刊，那么他也不会因为可能享受那点赠阅而改变偏好，所以他们基本上不会在乎这种赠阅行为。即使读者对那点赠阅有心，他也不可能获得该额外阅读福利，因为报社处于信息有利的一面，读者既不知道在哪一年要进行赠阅，也不知道报社在哪一年要进行赠阅，还不知道赠阅的对象是谁。笔者看来，学校的班级受赠的概率较高，但学校的班级也不会这样去总结规律,或者说等到总结规律时已经毕业了。因此,赠阅行为的信息和主动权掌握在报社手中,报社不会因为赠报而减少客户。从长期分析来看,报社的长期赠阅仍然可以理解,不知道这份报纸还会不会继续赠阅下去,这有待于实践来检验。

从以上的分析中可以看出,赠报的行为表面上是驱逐订阅客户的,但实质上符合成本收益的分析,报社这一生产者是追求利润最大化的。对受赠的客户来说,他们因为报社在追求利润最大化的行为而享受到了免费的午餐。

资料来源:吕明晓.赠报的免费午餐.经济学消息报.2002-5-31.

第五章

成本和收益理论

成本记录的是竞争的吸引力。

——弗兰克·奈特(Frank Knight)

本章导读

假如你所在的城市准备用一座拥有 1000 个床位的医院或两座拥有 500 个床位的医院来取代现有的医院。在讨论这两种方案利弊的听证会上,一位经济顾问作了下面的说明:“一座大医院远比一座小医院有效率。因而,不建一座有 1000 个床位的医院而建两座有 500 个床位的医院是愚蠢的。”事实上,在 1000 个床位的大医院中,每个床位的成本仅为 500 个床位医院的 1/3。在决定究竟是建一座还是两座医院之前,必须仔细研究提供大小两座医院服务的成本。同样,企业在安装一种生产设备之前,它也必须确定在不同规模设备时的生产产量和成本。

成本(costs)是微观经济学中一个非常重要的概念,也是企业、政府以及消费者个人进行经济决策的重要因素。它通常是指以货币支出来衡量从事某项经济活动所必须支付的代价。厂商的利润最大化理论也是以成本分析为基础的。

本章将从厂商决策的角度讨论成本理论,并在成本的基础上结合收益分析研究厂商的利润最大化问题,以及成本如何随着生产设备规模和既定设备时生产的产量的变动而变动。本章的成本分析实际是上一章生产理论的一部分,生产理论包括生产函数和生产成本。即当生产要素价格既定时,与投入一定量的各生产要素对应的有总产量、平均产量、边际产量,而与这些产量相对应的有总成本、平均成本、边际成本,与边际产量递减规律相对应的有产品的边际成本递增规律。

学习目标

通过本章的学习,重点掌握成本的概念,包括短期成本和长期成本;掌握短期成本曲线和长期成本曲线,并在此基础上掌握各种成本曲线以及各种成本曲线之间的关系。

关键概念

机会成本(opportunity cost)
经济成本 (economic cost)
边际成本(marginal cost)
短期成本(short-run cost)
长期成本(long-run cost)

第一节　成本和利润

企业的生产成本通常被看成是企业对所购买的生产要素的货币支出。但在经济学的分析中，仅从这一角度理解成本是不够的，因而提出了不同的成本概念。厂商的生产成本一般是指生产一定产量时在生产过程中所支付的费用。值得注意的是微观经济学的成本概念与会计学上的成本概念是有区别的，不能将其混为一谈。

一、机会成本与经济成本

经济学是一门研究人们面对资源的稀缺性作出选择的学科。稀缺性是指社会拥有的资源是有限的，因此，不能生产人们希望拥有的所有的物品与劳务。资源的稀缺性，表现为绝对的稀缺和相对的稀缺。经济学的任务就是研究如何利用有限的、稀缺的资源来满足人们对产品和劳务的无限的需求。

正如前文所述，所谓机会成本(opportunity cost)，是指把资源投入某一特定用途以后，在所放弃的其他用途中，可能给选择者带来的最大收益。这意味着必须用机会成本的概念来研究厂商的生产成本。机会成本是微观经济学中的一个非常重要的成本概念，也是其独有的概念。

微观经济学中生产成本概念与会计成本概念是有区别的：

(1) 生产成本或经济成本(economic cost)，在微观经济学中，企业的生产成本应该从机会成本的角度来理解。因为，经济学是从稀缺资源配置的代价而不是从会计学的意义上来考察成本的概念的。当一定量的经济资源投入某一种产品的生产中时，生产这种产品的代价不仅包括这一定量经济资源的耗费，而且包括没有用这些资源生产另一些产品可能获得的收益。即生产成本等于机会成本。

(2) 机会成本只是一种观念上的成本，而不是实际发生的成本；会计成本是实际发生的在会计账簿上记载的支出。例如，当一个厂商决定将 1 吨原油用作燃料时，就不能再用这 1 吨原油生产化纤等其他产品。假定原油每吨的价格为 1000 元，可以发电 1000 度，可以生产化纤 500 吨。假定化纤收入是各种产品中最高的，则用 1 吨原油发电的机会成本就是 1 吨原油所能生产的化纤。假定化纤价格为每吨 10 元，则用货币表示的每一度电的机会成本是 5 元，而会计成本仅为 1 元。机会成本的概念虽然有些抽象，但却是经济分析中一个非常重要的概念，它是人们在决策时必须考虑的一个重要的因素。

按照微观经济学的观点，影响人们决策行为的还有沉没成本。所谓沉没成本，是指已发生或承诺、无法回收的成本支出，如因失误造成的不可收回的投资；从成本的形态看，沉没成本可以是固定成本，也可以是变动成本；从成本的可追溯性来说，沉没成本可以是直接成本，也可以是间接成本；从数量角度看，沉没成本可以是整体成本，也可以是部分成本。例如中途弃用的机器设备，如果能变卖出售获得部分价值，那么其账面价值不会全部沉没，只有变现价值低于账面价值的部分才是沉没成本。一般来说，资产的流动性、通用性、兼容性越强，其沉没的部分就越少。沉没成本是一种历史成本，对现有决策而言是不可控成本，不会影响当前行为或未来决策。从这个意义上说，在决策时应排除沉没成本的干扰。

经济分析的目的在于考察资源的最优配置，采用机会成本能够促使各种要素用于最优的途径。需要注意的是机会成本并不是企业实际支付的成本，而是人们在决策中必须考虑的一个重要概念，因而可以将这一概念推广到任何有关人类行为的决策过程中去。

利用机会成本概念进行经济分析的条件是：

(1) 所使用的资源具有多种用途。机会成本本质上是对不能利用的机会所付出的成本，因为企业选择了这种用途，就必然丧失其他用途所能带来的收益。如果资源的使用方式是单一的，那就谈不上各个机会的利益比较。只有当资源具有多用性的时候，企业才要考虑机会成本，这是考虑机会成本的一个前提条件。

(2) 把可能获得的最大收入视为机会成本。考虑机会成本时并不是指任何一个使用方式，而是指可能获得最大的收入使用方式。

(3) 资源是稀缺的，资源可以自由流动。

【案例 5-1】

机 会 成 本

在现实中，有很多企业在购进某种生产要素时，这种要素的市场价格较低，一段时间后，价格上扬，这个时候，是按照原来的生产计划再加工这种要素，还是直接出售这种要素呢？如果是选择前者，那么直接销售可能获得的收益就是再加工的机会成本。机会成本可以用来衡量一项决策的经济利益。管理者必须考虑机会成本这个概念。

作为决策分析中经常使用的一个特定概念“机会成本”，是在决策分析过程中，从多个供选方案中选取最优方案而放弃次优方案，从而放弃了次优方案所能取得的利益而成为损失。这种由于放弃次优方案而损失的“潜在利益”就是选取最优方案的机会成本。

机会成本虽然不构成一般意义上的成本，不构成企业的实际支出，也不入账，但它是决策者进行正确决策所必须考虑的现实的因素。忽视了机会成本，往往有可能使投资决策分析发生失误。

例如，某企业准备将其所属的零售门市部改为餐厅，预计餐厅未来一年内可获利润约 7 万元，在这种情况下，企业主在决定是否应该将其所属的门市部改为餐厅时应考虑机会成本后再决策，他的优选方案的预计收益必须大于机会成本，否则所选中的方案就不是最优方案。

资料来源：微观经济学案例分析 http://blog. sina. com. cn.

二、显明成本与隐含成本

企业的生产成本可以分为显明成本和隐含成本。

1. 显明成本

显明成本(explicit cost)就是一般会计学上的成本概念，是指厂商在生产要素市场上购买或租用所需要的生产要素的实际支出，这些支出是在会计账目上作为成本项目记入账上的各项费用支出。它包括厂商支付所雇用的管理人员和工人的工资、所借贷资金的利息、租借土地、厂房的租金以及用于购买原材料或机器设备、工具和支付交通能源费用等支出的总额，即厂商对投入要素的全部货币支付。从机会成本角度讲，这笔支出的总价格必须等于相同的生产要素用作其他用途时所能得到的最大收入，否则企业就不能购买或租用这些生产要素并保持对它们的使用权。

2. **隐含成本**

隐含成本(implicit cost)是对厂商自己拥有的，且被用于该企业生产过程的那些生产要素所应支付的费用。这些费用并没有在企业的会计账目上反映出来，所以称为隐含成本。例如，厂商自己经营管理企业和利用自有资金及厂商将自有的房屋建筑作为厂房，在会计账目上并无租金支出，不属于显明成本。但西方经济学认为既然租用他人的房屋需要支付租金，那么当使用厂商自有房屋时，也应支付这笔租金，所不同的是这时厂商是向自己支付租金。从机会成本的角度看，隐含成本必须按照企业自有生产要素在其他最佳用途中所能得到的收入来支付，否则，厂商就会把自有生产要素转移到其他用途上，以获得更多的报酬。

显明成本与隐含成本的区别强调了经济学家与会计师分析经营活动之间的不同。经济学家关心的是研究企业如何做出生产和定价决策。由于这些决策既根据显性成本又根据隐性成本，因此，经济学家在衡量企业的成本时就包括了这两种成本。与此同时，会计师的工作是记录流入和流出企业的货币，结果他们衡量显性成本(也称为会计成本)，但往往忽略了隐性成本。

经济学中的成本概念与会计学成本概念之间的关系，可以用下列公式表示：

$$\text{会计成本} = \text{显明成本}$$

$$\text{生产成本} = \text{机会成本}$$

$$\text{机会成本} = \text{隐含成本} + \text{显明成本}$$

由此可见，在经济学的分析中，厂商投入要素的机会成本(生产成本)应该等于厂商显性成本与隐性成本之和，而会计成本只包括前者。

三、利润与经济利润

经济学中的利润概念是指经济利润(economic profit)，经济利润等于总收入减去总成本的差额。而总成本既包括显明成本也包括隐含成本。因此，经济学中的利润概念与会计利润也不一样。

从前面的介绍已经知道，隐含成本是指稀缺的资源投入任意一种用途中所能得到的正常的收入，如果在某种用途上使用经济资源所得的收入还抵不上这种资源正常的收入，该厂商就会将这部分资源转向其他用途以获得更高的报酬。因此，微观经济学中隐含成本又被称为正常利润(normal profit)。将会计利润再减去隐含成本，就是经济学中的利润概念，即经济利润。企业所追求的利润就是最大的经济利润。可见，微观经济学中的正常利润相当于中等的或平均的利润，它是生产某种产品所必须付出的代价。如果生产某种产品连正常的或平均的利润都得不到，资源就会转移到其他用途中去，该产品就不可能被生产出来。而经济利润相当于超额利润，亦即总收益超过机会成本的部分。

经济利润可以为正、负或零。在微观经济学中经济利润对资源配置和重新配置具有重要意义。如果某一行业存在着正的经济利润，这意味着该行业内企业的总收益超过了机会成本，生产资源的所有者将要把资源从其他行业转入这个行业中，因为他们在该行业中可能获得的收益超过该资源的其他用途。反之，如果一个行业的经济利润为负，生产资源就要从该行业退出。经济利润是资源配置和重新配置的信号：正的经济利润是资源进入某一行业的信号；负的经济利润是资源从某一行业撤出的信号；只有经济利润为零时，企业才没有进入某一行业或从中退出的动机。

上述利润与成本之间的关系可用下列公式表示：

会计利润 ＝ 总收益 － 显明成本

正常利润 ＝ 隐含成本

经济利润 ＝ 总收益 － 机会成本 ＝ 总收益 －（显明成本 ＋ 正常利润）

表 5-1 经济利润的计算 单位：万元

项目	金额
总收益（销售总额）	2000
减：显明成本（工资、利息、租金、原料、电力等支出）	－1580
等于：会计利润（纳所得税前）	420
减：隐含成本（厂商自有要素的报酬和风险＝正常利润）	－200
等于：经济利润（纳所得税前）	220
减：所得税	－200
等于：经济利润（纳所得税以后）	20

机会成本是由选择产生的，资源用于其他方面可能获得的最大收益就是资源用于实际方面的机会成本，经济利润是考虑了机会成本的利润，有效的管理者必须关注机会成本与经济利润。

第二节 厂商的短期成本

在生产理论中，微观经济学把生产分为短期生产和长期生产。那么，在短期生产过程中所发生的成本费用支出为短期成本，即只能对部分生产要素进行调整，而不能对全部生产要素进行调整的时期内所发生的成本。在长期生产过程中所发生的成本费用支出就为长期成本，即对一切要素均可调整的时期内发生的成本。

在短期中，由于生产要素分为固定投入和可变投入，因此，短期中的成本相应的区分为总成本、固定成本、变动成本、平均成本、平均固定成本、平均变动成本、边际成本等成本概念。

一、短期成本种类

1. 固定成本

固定成本（fixed cost，FC）是指那些在短期内无法改变的固定投入所带来的成本，这部分成本不随产量的变化而变化，一般包括厂房和资本设备的折旧费、地租、利息、财产税、广告费、保险费等项目的支出。这些费用即使是在企业停止生产的情况下，也必须支付。

由于固定成本的这一特点，即使当生产的产量为零时，也须付出相同的数量；而当生产的产量增加时，这部分支出仍然不变。因此，在横轴代表产量、纵轴代表成本的坐标图形中，固定成本曲线表现为一条水平线，如图 5-1 所示。

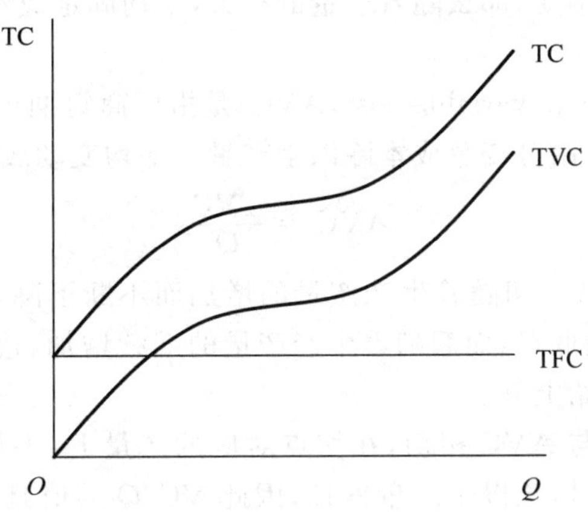

图 5-1　总成本、总固定成本和总变动成本曲线

2. **变动成本**

变动成本(variable cost，VC)是指短期内可以改变的可变投入的成本，它随着产量的变化而变化。例如，生产过程中使用的原材料、燃料、动力支出、雇佣工人的工资等。当生产的产量为零时，变动成本也为零，生产的产量越多，发生的变动成本也就越多。因此，变动成本曲线是一条从原点开始的不断向右上方上升的曲线。

变动成本曲线的变动规律：初期随着产量的增加先以递减的幅度上升，到达一定阶段以后转入以递增的幅度上升，如图 5-1 所示。

3. **总成本**

总成本(total cost，TC)是指短期内生产一定产量所付出的全部成本，总成本等于厂商总固定成本与总变动成本之和。由于 TVC 是产量的函数，因此 TC 也是产量的函数。总成本用公式表示为

$$\mathrm{TC} = \mathrm{TFC} + \mathrm{TVC} \tag{5-1}$$

由于 FC 值不变，所以 TC 曲线与 VC 曲线任意一点的垂直距离始终等于 FC，且变动规律与 VC 曲线的变动规律是一致的，只是不是从原点出发。如图 5-1。

总成本、总固定成本、总变动成本的曲线形状及相互关系可以用图 5-1 说明。图中：TFC 是一条水平线，表明 TFC 与产量无关。TVC 与 TC 曲线形状完全相同，都是先以递减的速度上升，再以递增的速度上升。不同的是 TVC 的起点是原点，而 TC 的起点是 TFC 与纵坐标的交点。这是因为总成本是由总固定成本和总变动成本加总而成的，而总固定成本是一常数，所以任意一产量水平的 TC 与 TVC 之间的距离均为 TFC。

4. **平均固定成本**

平均固定成本(average fixed cost，AFC)是指厂商在短期内平均生产每一单位产品所消耗的固定成本，即用固定总成本除以生产量。平均固定成本用工时表示为

$$AFC = \frac{TFC}{Q} \tag{5-2}$$

从图 5-2 中可以看到 AFC 曲线随产量的增加一直呈下降的趋势。这是因为在短期生产中总固定成本保持不变，那么随着产量的扩大，平均固定成本会呈不断下降的趋势。

5. 平均变动成本

平均变动成本(average variable cost，AVC)是指厂商短期内生产平均每一单位产品所消耗的总变动成本，即用可变总成本除以生产量。平均变动成本用公式表示为

$$AVC = \frac{TVC}{Q} \tag{5-3}$$

平均变动成本曲线，初期随着生产产量的增加而不断下降，当产量增加到一定数量时，平均变动成本达到最低点，而后随着生产产量的继续增加，边际报酬递减规律致使平均变动成本曲线转而开始上升。

从原点引一条射线与 AVC 相切，在切点对应的产量上，平均可变成本达到最低点。切点的左边，总可变成本增长慢于产量增长，因此 VC/Q 的值是下降的；在切点的右边，总可变成本快于产量增长，因此 VC/Q 的值是上升的。

6. 平均成本

平均成本(average total cost，AC)是指厂商在短期内平均生产每一单位产品所消耗的全部成本。平均成本用公式表示为

$$AC = \frac{TC}{Q} \tag{5-4}$$

平均成本由平均固定成本和平均变动成本构成。即

$$AC = AFC + AVC \tag{5-5}$$

在初期，平均成本曲线随着生产产量的增加而不断下降。但当生产的产量增加到一定数量时，平均成本达到最低点，而后随着生产产量的继续增加，平均成本开始上升。

从原点引一条射线与 TC 相切，在切点对应的产量上，平均总成本达到最低点。切点的左边，总可变成本增长慢于产量增长，因此 TC/Q 的值是下降的；在切点的右边，总可变成本快于产量增长，因此 TC/Q 的值是上升的。

这里 AC 曲线与 AVC 曲线的变动规律是相同的，但有两点不同须特别注意：

(1) AC 曲线一定在 AVC 曲线的上方，两者的差别在于垂直距离永远等于 AFC。当产量 Q 无穷大时，AC 曲线与 AVC 曲线无限接近，但永远不会重合相交。

(2) AC 曲线与 AVC 曲线最低点不在同一个产量上，而是 AC 最低点对应的产量较大，即 AVC 已经达到最低点并开始上升时，AC 仍在继续下降，原因在于 AFC 是不断下降的。只要 AVC 上升的数量小于 AFC 下降的数量，AC 就仍在下降。

7. 边际成本

边际成本(marginal cost，MC)是指厂商在短期内增加一单位产量所引起的总成本的增加。边际成本用公式表示为

$$MC = \frac{\Delta TC}{\Delta Q} \tag{5-6}$$

边际成本曲线，随着生产产量的增加，初期会迅速下降，很快降至最低点，而后迅速上

升，上升的速度快于平均可变成本和平均成本。边际成本的最低点在平均成本由递减上升转入递增上升的拐点的产量上。

由于 TC＝FC＋VC，而 FC 始终不变，因此，MC 的变动与 FC 无关，MC 实际上等于增加单位产量所增加的可变成本。即

$$MC=\frac{dTC}{dQ}=\frac{dVC}{dQ} \tag{5-7}$$

（因为 dTC＝dVC＋dFC，而 dFC＝0。）

边际成本是微观经济学中非常重要的一个成本概念。按照微观经济学的观点，边际成本决定商品的供给价格，厂商在决定生产产量时，边际成本起着关键性的作用。厂商总是要把商品的市场价格与边际成本加以比较，以决定产量的增减。如果边际成本处于递减中，厂商就要继续增加产品的生产；如果边际成本处于递增中，厂商就应迅速减产。但在完全竞争市场条件下，厂商会在边际成本还小于单位产品市场价格时继续增加产量，直到其边际成本等于商品的市场价格为止。所以，只有当边际成本等于产品市场价格时，厂商才能够实现利润最大化。

以上四个成本概念的曲线以及它们之间的关系如图 5-2 所示。AC、AVC、MC 曲线都是 U 形。AC 曲线在 AVC 曲线的上方，它们之间的距离相当于 AFC，而且 MC 曲线在 AVC 曲线、AC 曲线的最低点分别与之相交，即 M、E 点。

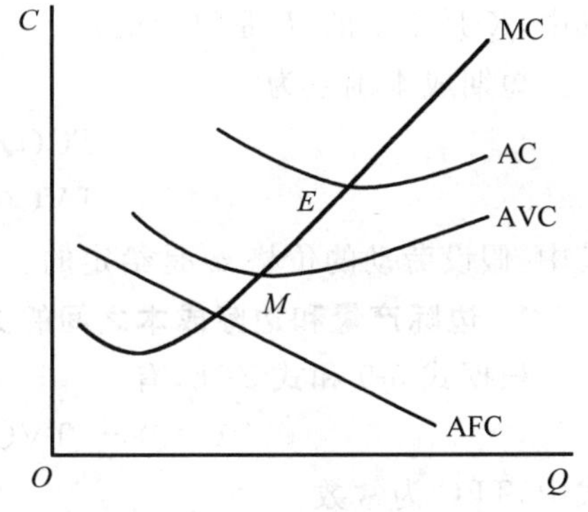

图 5-2 短期平均成本曲线和边际成本曲线

从图 5-2 可看出各种成本曲线之间存在的特点和关系：

(1) AFC 曲线随着产量的增加呈一直下降趋势。这是因为固定成本在短期内是不变的，随着产量的增加，平均固定成本是不断递减的。

(2) AC、AVC、MC 曲线均为 U 形形态。这是因为这几条曲线先受边际收益递增，而后又受边际收益递减影响的结果。

(3) AC 曲线高于 AVC 曲线。因为 TC＞TVC，所以 TC/Q＞TVC/Q，即 AC＞AVC。

(4) MC 曲线的最低点一定低于 AVC 曲线和 AC 曲线。因为，当边际成本大于平均可变成本时，AVC 曲线才能向上提高，因此 MC 曲线和 AVC 曲线相交的一点一定是 AVC 曲线的最低点。同时，MC 曲线和 AC 曲线相交的一点也一定是 AC 曲线的最低点。

(5) AC 曲线和 AVC 曲线之间的距离随着产量的增加而逐渐接近，但永远不能相交。因为，随着产量的增加，平均固定成本越来越小，但不可能等于零，所以，二者只能越来越靠近，但却永远不能相交。

二、短期成本的变动

边际报酬递减规律是短期生产中的一个基本规律，这一规律同样适用于短期成本分

析。成本分析与生产函数分析不同的是成本分析中用的是价值量概念，而生产函数分析中用的是实物量概念。现在假定生产要素的价格不变，来分析边际报酬递减规律在短期成本分析中的体现。

边际报酬递减规律是指在短期生产中，在其他条件不变的前提下，随着一种可变生产要素投入量的连续增加，它所带来的边际产量先是递增的，达到最大值以后开始递减。

在边际报酬递减规律作用下，短期边际产量和短期边际成本之间存在着一一对应的关系。即在短期生产中，边际产量的递增阶段对应的是边际成本的递减阶段，边际产量的递减阶段对应的是边际成本的递增阶段，与边际产量的最大值对应的是边际成本的最小值。正因如此，在边际报酬递减规律作用下的边际成本曲线表现为先下降而后上升的U形特征。

短期边际产量和短期边际成本的一一对应关系可以通过下面短期生产条件下的生产函数和成本函数之间的对应关系加以说明。

假设短期生产函数为

$$Q = f(L, K) \tag{5-8}$$

其中，K 是不变的，L 是可变的。

短期成本函数为

$$\mathrm{TC}(Q) = \mathrm{TVC}(Q) + \mathrm{TFC} \tag{5-9}$$

$$\mathrm{TVC}(Q) = wL(Q) \tag{5-10}$$

其中，假设劳动的价格 w 是给定的。

1. 边际产量和边际成本之间的关系

根据式 5-9 和式 5-10，有

$$\mathrm{TC}(Q) = \mathrm{TVC}(Q) + \mathrm{TFC} = wL(Q) + \mathrm{TFC}$$

式中，TFC 为常数。

由上式可得

$$\mathrm{MC} = \frac{\mathrm{dTC}}{\mathrm{d}Q} = w \cdot \frac{\mathrm{d}L}{\mathrm{d}Q} + 0$$

即

$$\mathrm{MC} = w \cdot \frac{1}{\mathrm{MP}_L} \tag{5-11}$$

第一，从式 5-11 得出边际成本 MC 和边际产量 MP_L 两者的变动方向是反方向的。

前面已经分析了由于边际报酬递减规律的作用，可变生产要素的边际产量 MP_L 随着总产量以递增的速度上升而上升，达到最高点以后开始下降，最高点即为总产量以递增速度上升转为以递减速度上升的转折点，与其相对应，边际成本 MC 是先下降，达到一个最低点以后再上升。这种一一对应关系如图 5-3(b)和(c)所示：MP_L 曲线的上升段对应着 MC 曲线的下降段；MP_L 曲线的下降段对应着 MC 曲线的上升段；MP_L 曲线的最高点对应着 MC 曲线的最低点。

第二，由边际产量和边际成本的对应关系可以推导出总产量和总成本之间的对应关系。

如图 5-3(a)和(d)的所示：当总产量 TP_L 曲线向下凸时，总成本 TC 曲线和总可变成

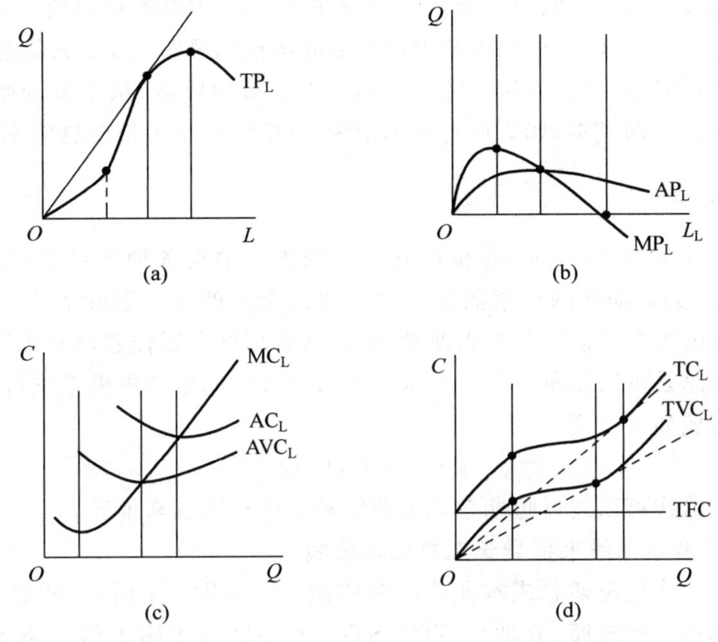

图 5-3　短期生产函数和短期成本函数之间的关系

本 TVC 曲线是向下凹的；当总产量 TP_2 曲线向下凹时，总成本 TC 曲线和总可变成本 TVC 曲线是向下凸的；当总产量 TP_L 曲线存在一个拐点时，总成本 TC 曲线和总可变成本 TVC 曲线也都存在一个拐点。

2. 平均产量与平均可变成本之间的关系

根据(5-10)式有

$$\mathrm{AVC}=\frac{\mathrm{TVC}}{Q}=w\cdot\frac{L(Q)}{Q}=w\cdot\frac{L}{Q}=w\cdot\frac{1}{AP_L} \tag{5-12}$$

由式 5-12 可得出如下结论：

第一，平均可变成本 AVC 和平均产量 AP_L 之间呈反方向变化。这种关系如图 5-3 所示：平均可变成本递减时，平均产量则递增；平均可变成本递增时，平均产量则递减；平均可变成本最低点对应平均产量的最高点。

第二，如图 5-3(b)和(c)所示：MC 曲线与 AVC 曲线交于 AVC 曲线的最低点，MP_L 曲线与 AP_L 曲线交于 AP_L 曲线的最高点。所以，MC 曲线与 AVC 曲线的交点与 MP_L 曲线与 AP_L 曲线的交点是对应的。

综上所述，短期生产函数与短期成本函数存在着这样的对偶关系，可以根据短期生产函数推导出短期成本函数。

第三节　厂商的长期成本

讨论厂商生产的长期成本，实际上是假定厂商有足够的时间，全部生产要素都可以进行调整，是考察厂商从预计提供的生产量出发，根据生产的技术状况，可以利用的厂房、设备、投入的规模。因此，在长期成本分析中，所有的生产要素都是可以变动的，没有固定成本和变动成本的区别。这样，长期生产中用到的成本概念只有三个：长期总成本、长期平均成本和长期边际成本。此外，为了区别长期成本和短期成本，从本节开始，短期成本概念前加“S”，以区别长期成本，如短期总成本记为 STC 以区别于长期总成本 LTC。

一、长期总成本

长期总成本(long total cost)是指厂商在长期生产中在各种产量水平上的最低总成本。LTC 曲线是 STC 曲线的包络曲线。生产要素投入的变动意味着生产规模的调整。长期生产中所有的生产要素都是可以改变的，意味着厂商可以任意调整生产规模。因此，长期生产中厂商总是可以在每一个产量水平上选择最优的生产规模来进行生产。长期总成本函数可以写成如下形式：

$$\text{LTC} = \text{LTC}(Q) \tag{5-13}$$

长期总成本曲线可以通过短期总成本曲线和生产扩展线来推导。

1. 由短期总成本曲线来推导长期总成本曲线

长期总成本曲线是短期总成本曲线的包络曲线。如图 5-4 所示，假设长期生产中只有三种可供选择的生产规模，分别是 STC、STC_2 和 STC_3，由图中的三条 STC 曲线都不是从原点出发，每条 STC 曲线在纵坐标上的截距也不相同。从图 5-4 中看，生产规模由小到大依次为 STC_1、STC_2、STC_3。

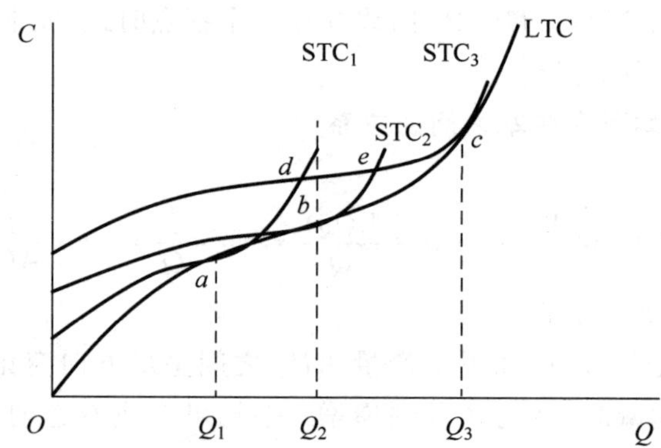

图 5-4 最优生产规模的选择和长期总成本曲线

现在假定生产 Q_2 的产量。厂商面临三种选择：

第一种是在 STC_1 曲线所代表的较小的生产规模下进行生产，相应的总成本在 d 点；

第二种是在 STC_2 曲线代表的中等生产规模下生产，相应的总成本在 b 点；

第三种是在 STC_3 所代表的较大的生产规模下，相应的总成本在 e 点。

在长期生产中，由于所有的生产要素都是可以调整的，因此厂商可以通过对生产要素的调整选择最优的生产规模，以最低的总成本生产每一产量水平。在 d、b、e 三点中，b 点代表的成本水平最低，所以长期生产中厂商在 STC_2 曲线所代表的生产规模生产 Q_2 产量，所以 b 点在 LTC 曲线上。这里 b 点是 LTC 曲线与 STC 曲线的切点，代表着生产 Q_2 产量的最优生产规模和最低成本。通过对每一产量水平进行相同的分析，可以找出长期中厂商在每一产量水平上的最优生产规模和最低长期总成本,也就是可以找出无数个类似的 b(如 a、c)点,连接这些点即可得到长期总成本曲线。

2. 从生产扩展线来推导长期总成本曲线

由生产扩展线推导长期总成本曲线,说明长期总成本曲线如何从生产扩展线中推导出来的,对理解长期成本的概念很有帮助。如图 5-5 所示。

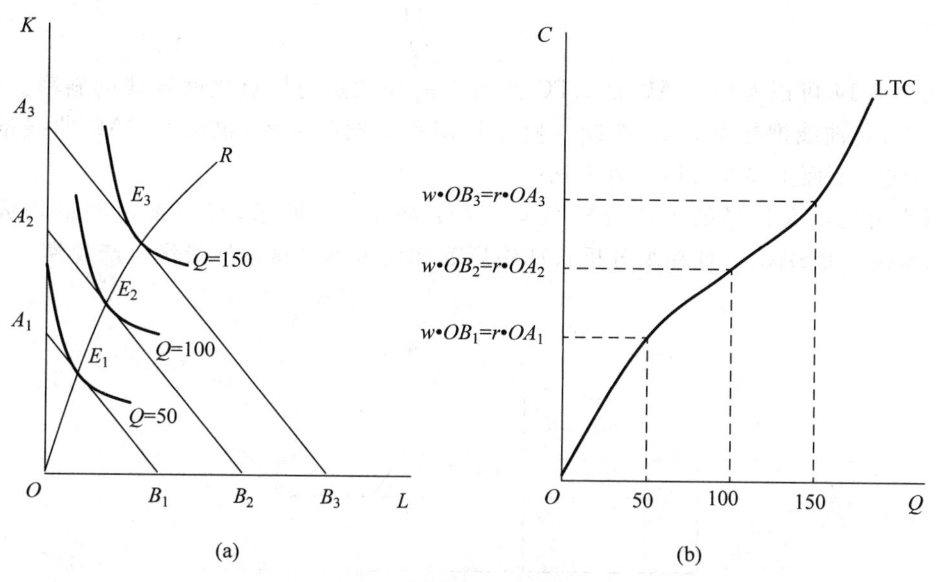

图 5-5 生产扩展线和长期总成本曲线

从前面的分析中可知,生产扩展线上的每一点都是最优生产要素组合点,代表长期生产中某一产量的最低总成本投入组合,而且长期总成本又是指长期中各种产量水平上的最低总成本,因此,可以从生产扩展线来推导长期总成本曲线。

以图 5-5(a)中 E_1 点为例进行分析。E_1 点生产的产量水平为 50 单位,所应用的生产要素组合为 E_1 点所代表的劳动与资本的组合,这一组合在总成本线 A_1B_1 上,所以其成本即为 A_1B_1 所表示的成本水平。将 E_1 点的产量和成本表示在图 5-5(b)中,即可得到长期总成本曲线上的一点。同样的道理,找出生产扩展线上每一个产量水平的最低总成本,并将其标在图 5-5(b)中,连接这些点即可得到 LTC 曲线。

由此可见,LTC 曲线表示厂商在长期生产内进行生产的最优生产规模和最低总成本。

理解长期总成本应注意以下几点:

(1) LTC 曲线相切于与某一产量对应的最小的 STC 曲线,在切点之外,LTC 都高于 STC。

(2) LTC 曲线是从原点开始的。因为长期生产中不存在固定成本,所有的成本都是可变的。

(3) LTC 曲线先是以递减速度上升,到一定点后以递增的增长率上升。

二、长期平均成本

1. 长期平均成本曲线的推导

长期平均成本是指厂商在长期生产内按照产量平均计算的最低成本，LAC 曲线是无数条 SAC 曲线的包络曲线。长期平均成本用公式表示为

$$\mathrm{LAC}=\frac{\mathrm{LTC}}{Q} \tag{5-14}$$

从式 5-14 可以看出，LAC 是 LTC 曲线上的任意点与原点之间连线的斜率。因此，可以从 LTC 曲线推导出 LAC 曲线。根据长期和短期的关系，也可由 SAC 曲线推导出 LAC 曲线。下面主要介绍后一种方法。

假设可供厂商选择的生产规模只有三种：如图 5-6 所示，有三条短期平均成本线 SAC_1、SAC_2 和 SAC_3。现在来分析长期中厂商如何根据产量选择最优生产规模。

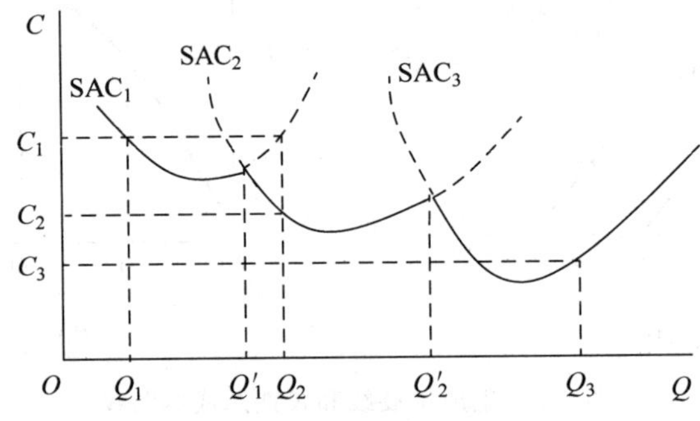

图 5-6 最优生产规模

假定：厂商生产 Q_1 的产量水平，厂商选择 SAC_1 进行生产。此时的成本 OC_1 是生产 Q_1 产量的最低成本。如果生产 Q_2 产量，可供厂商选择的生产规模是 SAC_1 和 SAC_2，比较两种生产规模，SAC_2 的成本相对较低，所以厂商会选择 SAC_2 曲线进行生产，其成本为 OC_2。如果生产 Q_3，则厂商会选择 SAC_3 曲线所代表的生产规模进行生产。有时某一种产出水平可以用两种生产规模中的任意一种进行生产，而产生相同的平均成本。例如，生产 Q_1' 的产量水既，即可以选用 SAC_1 曲线所代表的较小生产规模进行生产，也可以选用 SAC_2 曲线所代表的中等生产规模进行生产，两种生产规模的生产会产生相同的生产成本。那么厂商究竟会选择哪一种生产规模来进行生产呢？回答这个问题就要考虑长期中产品的销售量是会进一步扩张还是收缩。如果产品销售量可能会扩张，则应该选择 SAC_2 所代表的生产规模来生产；如果产品销售量可能会收缩，则应该选择 SAC_1 所代表的生产规模来生产。由此可以得出只有三种可供选择的生产规模时的 LAC 曲线，即图 5-6 中 SAC 曲线的实线部分。

在理论分析中，常假定存在无数个可供厂商选择的生产规模，从而有无数条 SAC 曲线，于是便得到如图 5-7 所示的长期平均成本曲线。LAC 曲线是无数条 SAC 曲线的包络曲线。在每一个产量水平上，都有一个 LAC 与 SAC 的切点，切点所对应的平均成本就是生产相应产量水平的最低平均成本，SAC 曲线所代表的生产规模则是生产该产量的最

优生产规模。

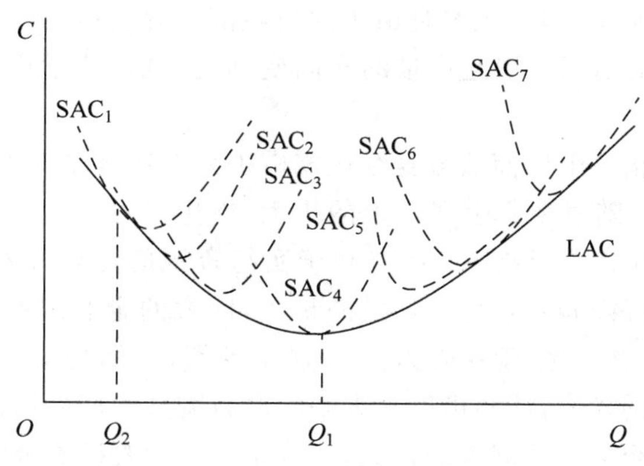

图 5-7　长期平均成本曲线

理解长期平均成本应注意以下几点：

(1) LAC 曲线相切于某一产量所对应的最小的 SAC 曲线，即过 SAC 曲线的最低点所做的圆滑的切线。在切点之外，SAC 高于 LAC。

(2) LAC 曲线最低点与某一特定 SAC 曲线最低点相切，其余之点，LAC 并不切于 SAC 最低点。而是 LAC 最低点左侧，相切于 SAC 最低点左侧；LAC 最低点右侧，相切于 SAC 最低点右侧。

在短期内，厂商的生产规模是不能变动的，因此厂商就要做到在既定的生产规模下使平均成本降到最低。而长期决策则要在相应的产量下使成本最低，如图 5-7 中的 Q_2 产量水平。虽然从短期看用小的生产规模达到了 SAC_1 的最低点，但是它们仍高于生产这一产出水平的长期平均成本。尽管用 SAC_2 生产这一产量的平均成本不是在 SAC_2 曲线的最低点，但这是生产 Q_2 产量水平的长期最低平均成本。这是因为短期内厂商仍然受到固定投入的限制，不可能使生产要素的组合比例调整到长期最低水平。只有在长期中，厂商才可能对所有投入要素进行调整，从而使它们的组合达到最优，从而达到长期平均成本最低点，因此，在其他条件相同的情况下，短期成本要高于长期成本。

(3) LAC 曲线的形状是随着产量的增加，先下降而后上升。

2. LAC 曲线呈 U 形特征的原因

长期平均成本曲线呈 U 形特征的原因是长期生产过程中内在的规模经济与规模不经济所决定的。

规模经济是指厂商由于扩大生产规模而使经济效益得到提高，此时产量增加倍数大于成本增加倍数。规模不经济是指厂商由于生产规模扩大而使经济效益下降。此时，产量增加倍数小于成本增加倍数。规模经济与规模不经济和生产理论中提到的规模报酬不同，二者的区别在于前者表示在扩大生产规模时，成本变化情况，而且各种生产要素投入数量增加的比例可能相同也可能不同；而后者表示在扩大生产规模时，产量变化情况，并假定多种生产要素投入数量增加的比例是相同的。但一般说来，规模报酬递增时，对应的是规模经济阶段，规模报酬递减时，对应的是规模不经济的阶段。往往在企业生产规模由小到大的扩张过程中，先出现规模经济，即产量增加的倍数大于成本增加的倍数，因而

LAC 下降；然后再出现规模不经济，即产量增加的倍数小于成本增加的倍数，此时 LAC 上升。可见，LAC 曲线呈 U 形，主要是由于规模经济与规模不经济作用的结果。

生产规模的扩大之所以会引起产量的不同变动，微观经济学用内在经济和内在不经济来解释。

所谓内在经济是指一个厂商从自身企业规模扩大中获得递增的规模收益。引起内在经济的因素主要有：①随着企业生产规模的扩大，在生产过程中企业可以购置和使用更加先进的机器设备；提高生产效率；还有利于实行资源的综合开发和利用，使生产要素效率得到充分发挥。②随着企业生产规模的扩大，巨大的企业规模能使厂商内部管理系统高度专业化，使各个部门管理者成为某一方面专家，从而提高管理水平和工作效率。③随着企业生产规模的扩大，厂商可以从大宗的原料购买和产品销售中获得更大好处，节约生产成本。④随着企业生产规模的扩大，在为企业扩展筹措资金时，大厂商具备一切有利条件。由此可见，企业规模的扩大可以使厂商从很多方面获得内在经济，从而获得递增的规模收益。但是，如果一个厂商不断地扩大企业规模，达到一定程度，会因管理越来越复杂，管理效率下降；因增加生产要素供给和产品销售困难，使生产要素价格与销售费用增加，从而规模收益将会出现递减的趋势。这种情况就叫作**内在不经济**。

此外，外在经济与不经济会影响 LAC 曲线的位置。企业的外在经济会使长期平均成本曲线向下移动；相反企业的外在不经济使长期平均成本曲线向上移动。

一个厂商除了从企业规模扩大中获得利益外，还可以从行业规模扩大中获得好处。这种因整个行业生产规模的扩大给个别厂商所带来的产量与收益的增加称为**外在经济**。引起外在经济的因素是：行业规模的扩大可以设立专业技术学校培养熟练劳动力，提高整个行业的劳动力素质；可以建立共同的服务组织，提高整个行业的经济效益；可以建立较便利的交通运输和通信网络等。此外，行业规模的扩大如同厂商规模扩大一样，能够在行业内部实行更好的专业化协作，提高各个厂商的生产效率。但是，这不是说行业规模越大越好。若行业规模过大，厂商之间互相争购原料和劳动力，从而导致生产要素价格上升，成本增加。行业规模过大，也会加重环境污染，使交通紧张，个别厂商要为此承担更高代价。因此，行业规模过大将会导致外在不经济，使厂商的规模收益递减。

由此可见，一个厂商和一个行业的生产规模既不能过小，也不能过大，要实现适度规模。

适度规模就是使两种生产要素的增加，即生产规模的扩大正好使收益递增达到最大。当收益递增达到最大时就不再增加生产要素，并使这一生产规模维持下去。对于不同行业的厂商来说，适度规模的大小是不同的，并没有一个统一的标准。在确定适度规模时应该考虑的因素主要有：①本行业的技术特点。一般来说，需要的投资量大，所用的设备复杂先进的行业，适度规模也就大。相反，需要的投资少，所用的设备比较简单的行业，适度规模也小。②市场条件。一般来说，生产市场需求量大，而且标准化程度高的产品的厂商，适度规模也就应该大。相反，生产市场需求小，而且标准化程度低的产品的厂商，适度规模也应该小。

【案例 5-2】

中国汽车业的规模经济之路

随着中国经济的快速平稳发展及中国居民生活水平的提高，越来越多的中国人得以实现拥有私人汽车的梦想，中国也成为世界上成长最快的汽车市场。各跨国公司纷纷抢滩中国建立合资工厂。一汽丰田、东风悦达起亚、一汽轿车马自达、北京现代、东风本田、东风标致、长安福特等厂家相继建成投产；国内各类国有资本和民间资本也争先恐后挤上造车的寻宝船，轿车产能大幅提升。据新华社报导，2006 年，中国汽车产量为 728 万辆，比上年增长 27.6%，已超过德国，仅次于美国、日本，居世界第三位。与产能迅速扩大相对应的是汽车库存急剧增加。我国汽车工业现在存在一种矛盾：规模经济的压力和库存增加的压力。我国汽车工业距 200 万辆的规模经济要求差距太大，需要扩大企业规模；而扩大企业规模又会加大库存。

出路在于实现规模经济。因为从国际汽车产业发展现状来看，年产销 100 万辆以下的汽车公司已经不能单独存在。实现规模经济有两种方式：一是扩张生产能力，二是重组。结合我国的情况看，后者也许更具有现实意义。

资料来源：微观经济学案例 http://www.docin.com.

三、长期边际成本

长期边际成本是指长期中增加一单位产量所增加的最低总成本。长期边际成本用公式表示为

$$LMC = \frac{dLTC}{dQ} \tag{5-15}$$

从上式中可以看出 LMC 是 LTC 曲线上相应点的斜率。因此，可以从 LTC 曲线推导出 LMC 曲线，也可根据短期成本和长期成本的关系由短期边际成本 SMC 曲线推导出长期边际成本，见图 5-8 所示。

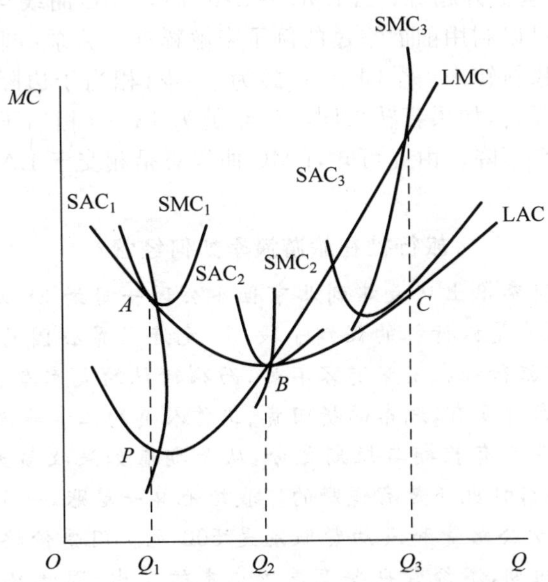

图 5-8　长期边际成本曲线与短期成本曲线

1. 长期边际成本曲线的推导

由长期边际成本曲线的公式得知，长期边际成本是长期总成本曲线上相应点的斜率。所以，只要把每一个产量水平上的 LTC 曲线的斜率值描绘在横轴为产量、纵轴为成本的平面坐标图中，便可得到长期边际成本曲线。

长期边际成本曲线也可以由短期边际成本曲线得到。

LMC 曲线上任一点是与某一特定 SMC 曲线相交之点，该交点所代表的产量也是 LAC 与 SAC 相切之点对应的产量。在交点左边，SMC 位于 LMC 的下面，或 SMC＜LMC；在交点右边，SMC 位于 LMC 的上方，或 SMC＞LMC。

假设：在长期生产中，只有三种生产规模可供厂商选择，规模大小依次为 SAC_3、SAC_2、SAC_1，相应的短期边际成本曲线分别为 SMC_3、SMC_2、SMC_1。由前述 LAC 的特点可知，LAC 曲线与每条 SAC 曲线只有一个切点，设切点分别为 A、B、C 。在 A 点 LAC＝SAC，对应的产量是 OQ_1，此时亦有 LTC＝STC。根据边际成本的公式得

$$\mathrm{LMC} = \mathrm{SMC} \tag{5-16}$$

即当 LAC＝SAC 时，LTC 与 STC 的斜率相等，LMC 等于 SMC。从图形上看，Q_1 是 LAC＝SAC 时的产量水平，P 点是 Q_1 产量水平与 SMC 曲线的交点，所以 P 点表示的成本水平即是 Q_1 产量水平上的长期边际成本。

同样的道理找出 B、C 点的产量水平与 SMC 曲线的交点，连接这些交点即得出 LMC 曲线。在生产规模无限细分的情况下，即可得到无数个 A、B、C 点，连接起来即可得到一条光滑的长期边际成本曲线。

2. LAC 与 LMC 曲线的关系

从图 5-8 中可看出 LMC 与 LAC 的关系：当 LMC＜LAC 时，LAC 呈下降趋势；当 LMC＞LAC 时，LAC 呈上升趋势；当 LMC＝LAC 时，LMC 曲线与 LAC 曲线在 LAC 的最低点相交。我们还可以利用前面举过的例子来解释这一关系：即假定一个班级学生的平均年龄是 15 岁，如果新转来一个同学，年龄为 17 岁(相当于边际量)，那么整个班级的平均年龄就会增加。反之，如果新转来同学的年龄为 13 岁(相当于边际量)，那么整个班级学生的平均年龄就会下降。由此可知，LMC 曲线总是相交于 LAC 曲线的最低点。

【案例 5-3】

旅行社在旅游淡季如何经营?

某旅行社在旅游淡季推出从天津到北京世界公园一日游 38 元(包括车费和门票)。我的一位朋友不信，认为是旅行社的促销手段，38 元连世界公园的门票都不够。我给他分析，这是真的。因为旅行社在淡季游客不足，而旅行社的大客车、工作人员这些生产要素是不变的。一个游客都没有，汽车的折旧费、工作人员的工资等固定费用也要支出。任何一个企业的生产经营都有长期与短期之分，从长期看如果收益大于成本就可以生产。更何况 38 元的票价旅行社也还是有钱赚的。我给他算一笔账，一个旅行社的大客车载客 50 人，共 1900 元。高速公路费和汽油费假定是 500 元。门票价格 10 元，共 500 元。旅行社净赚 900 元。在短期，不经营也要有固定成本的支出，因此只要收益能弥补可变成本，就可以维持下去。换个说法，每位乘客支付的费用等于平均可变成本，就可以经营。另外，公园在淡季门票和团体票也会打折，同样是这个道理.

资料来源：经济学—从理论到实践. 北京：化学工业出版社，2004.

第四节 成本曲线

一、短期成本曲线

前面分别介绍了短期成本的种类及成本曲线的形状，现在，我们综合分析这些不同类型的短期成本曲线相互之间的关系。

表5-2是一张厂商的短期成本表。表中的平均成本和边际成本的各栏数字都是根据相应的总成本的各栏数字推算出来的。表中的数字体现了各种短期成本之间的相互关系。

表5-2 短期成本表 单位：元

产量 Q	总成本			平均成本			边际成本
	总不变成本 TFC	总可变成本 TVC	总成本 TC	平均不变成本 AFC	平均可变成本 AVC	平均总成本 AC	边际成本 MC
0	1200	0	1200				
1	1200	600	1800	1200	600	1800	600
2	1200	800	2000	600	400	1000	200
3	1200	900	2100	400	300	700	100
4	1200	1050	2250	300	262.5	562.5	150
5	1200	1400	2600	240	280	520	350
6	1200	2100	3300	200	350	550	700

图5-9是根据短期成本表5-2绘制的短期成本曲线图，它是一张典型的短期成本曲线综合图。

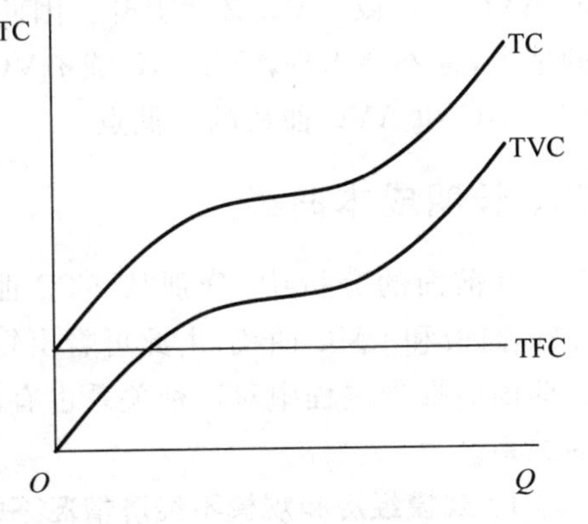

图5-9 总成本、总固定成本和总变动成本曲线

根据边际报酬递减规律所决定的U形的MC曲线，可以用来解释其他的短期成本曲线的特征以及短期成本曲线相互之间的关系。

1. MC成本曲线的形状

在短期生产中，起初由于边际报酬递增的作用，增加一单位可变生产要素投入所生产的边际产量是递增的。与此相反，这一阶段增加一单位产量所需的边际成本是递减的。随着可变生产要素投入量的不断增加，特别是当超过一定界限以后，边际报酬递减规律开始发生作用，这时增加一单位可变生产要素的投入所生产的边际产量是递减的。与此相反，这一阶段每增加一单位产量所需要的边际成本是递增的。因此，在边际报酬递减规律作用下，MC曲线随可变生产要素投入量的增加先递减后增加，最终形成一条U形的曲线。

且MC>AC时，AC也开始增加。因此，在边际报酬递减规律作用下，AC曲线也呈

U形，但AC曲线的最低点晚于MC曲线的最低点出现。这是因为MC曲线经过最低点开始上升时，由于MC<AC，AC曲线仍在下降。同样的道理也适用于AVC曲线。随着可变生产要素投入数量的增加，MC曲线、AC曲线、AVC曲线最低点出现的先后顺序是MC、AVC、AC。

2. TC曲线和TVC曲线的形状

考虑到TC曲线和TVC曲线的形状完全相同，在此仅就TC曲线的形状进行分析。MC曲线在边际报酬递减规律作用下先降后升，而MC又是TC曲线上相应点的斜率，因此，TC曲线的斜率也是先递减后递增的，即TC曲线先以递减的速度增加，再以递增的速度增加。MC曲线的最低点则对应TC曲线上由递减向递增变化的拐点。这与图5-1中TC曲线的形状完全相符。

3. AC、AVC曲线的形状

在边际报酬递减规律作用下，MC曲线呈U形，随着可变生产要素投入数量的增加，MC先减小，后增加。根据边际量和平均量之间的关系，随着可变生产要素投入数量的增加，MC先减小，则相应地AC也减小；随着可变生产要素投入数量的进一步增加，MC开始增加，但小于AC的数值，则AC继续减少；当MC继续增加，且MC>AC时，AC也开始增加。因此，在边际报酬递减规律作用下，AC曲线也呈U形，但AC曲线的最低点晚于MC曲线的最低点出现。这是因为MC曲线经过最低点开始上升时，由于MC<AC，AC曲线仍在下降。同样的道理也适用于AVC曲线。随着可变生产要素投入数量的增加，MC曲线、AC曲线、AVC曲线最低点出现的先后顺序是MC、AVC、AC。

4. MC曲线总是相交于AC和AVC曲线的最低点

从前面的分析已知，只要MC<AC或AVC，AC或AVC必然下降；只要MC>AC或AVC，AC或AVC必然上升。因此，既不会出现MC<AC或AVC，AC或AVC上升的情况，也不会出现MC>AC或AVC，AC或AVC下降的情况。所以，MC曲线只能相交于AC和AVC曲线的最低点。

二、长期成本曲线

在前面的分析中，分别从STC曲线、SAC曲线和SMC曲线推导出了LTC曲线、LAC曲线和LMC曲线，由此可看出短期成本曲线与长期成本曲线之间存在密切的关系。在前面的推导过程中对这种关系也有说明。这里综合说明短期成本曲线与长期成本之间的关系。

1. 规模经济和规模不经济情况下的短期成本和长期成本

图5-10是推导LTC曲线、LAC曲线、LMC曲线的综合图形。规模经济与规模不经济的存在决定了长期平均成本曲线的U形形状，如图5-11所示。

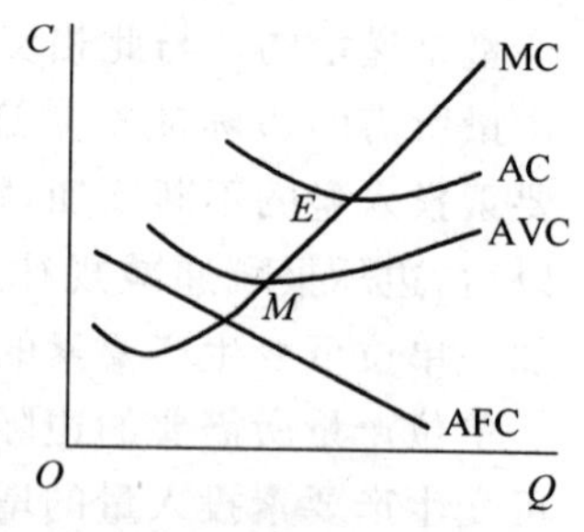

图5-10 短期成本曲线

在图中可以看出在Q_1产量水平上，LTC与STC_1相切于a点，LTC与STC_2切于b点，LTC与STC_3相交于c点，在其他产量水平上也存在类似的情况。即当某一产量水平上的LTC与STC相等时，该产量水平的LAC必等于SAC，SMC

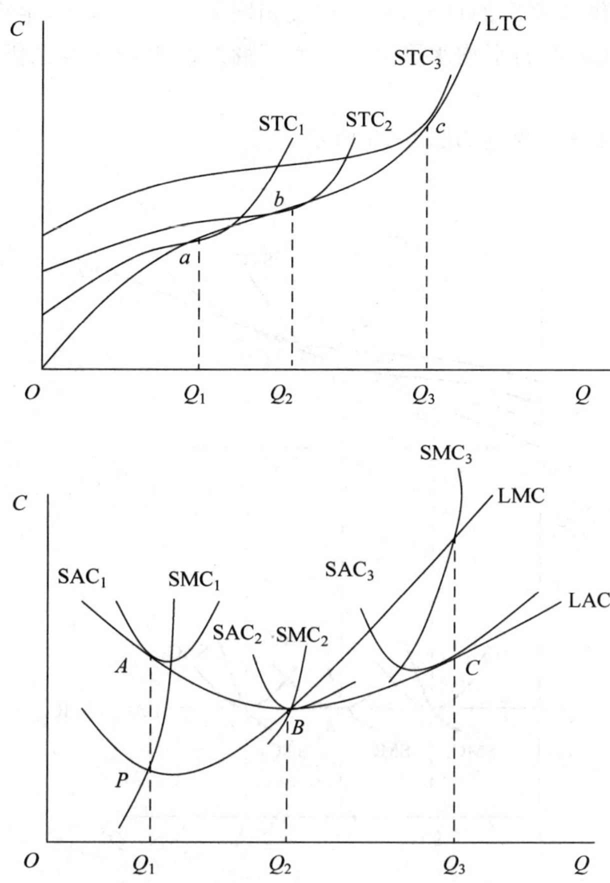

图 5-11　规模经济和规模不经济情况下的短期成本曲线和长期成本曲线

也必等于 LMC。即

$$\mathrm{LMC} = \mathrm{LAC} \tag{5-17}$$

式 5-17 说明在 LAC 的最低点 LMC＝LAC。

又因为在 LAC 的最低点，LAC 与 SAC 的最低点相切；SMC 经过 SAC 的最低点，所以有

$$\mathrm{LAC} = \mathrm{LMC} = \mathrm{SAC} = \mathrm{SMC} \tag{5-18}$$

2. 规模报酬不变情况下的短期成本和长期成本

从前面的分析中可知 LAC 曲线的形状是呈 U 形的，但在实际中，不少行业的企业在由规模经济转到规模不经济的情况时，要经历一个较长的规模经济的阶段，也就是说，LAC 曲线的最低点不是一个产量，而是一条直线，一个很大的产量范围。如图 5-12 所示。

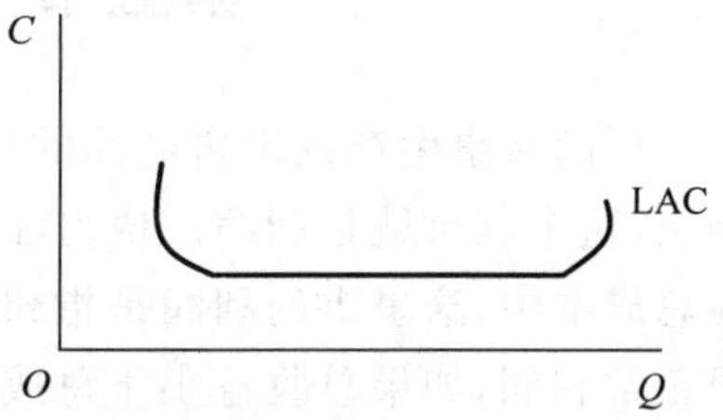

图 5-12　L 形的长期平均成本曲线

LAC 曲线水平段的形状可以用规模报酬不变来解释。当厂商的生产成本达到 LAC 的最低点时，规模经济状况达到最佳。此时，如果厂商想继续扩大产

量，通常的做法不是继续原厂的规模，而是增设相同的工厂。这样，生产的产量增加了，平均成本仍可以维持在最低的平均水平上。因而厂商总的平均成本也仍然可以维持在最低的长期平均水平上。

水平段的推导及图形特点如图 5-13 所示。

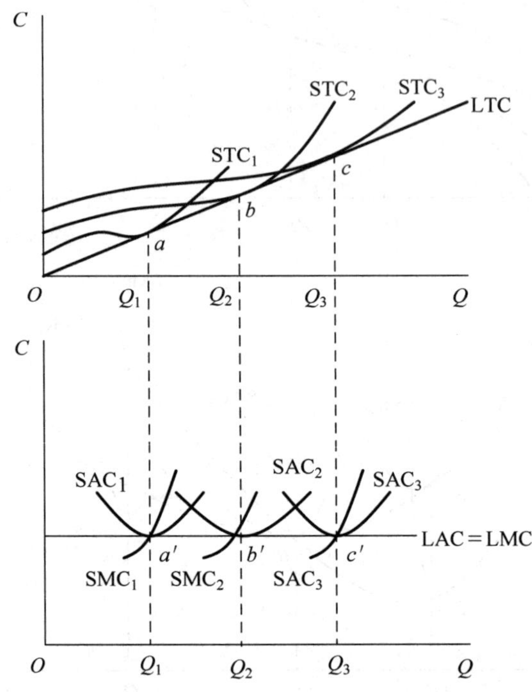

图 5-13 规模报酬不变情况下的短期变动成本曲线

图 5-13 中，在 Q_1 产量水平上，厂商拥有一个最优生产规模的工厂，其成本曲线用 SAC_1 和 SMC_1 表示，最低平均成本为 $a'Q_1$，如果厂商生产的产量增加到 Q_2 时，厂商可以增建一个相同规模的工厂，共同生产 Q_2 的产量，这时厂商的成本曲线为 SAC_2 和 SMC_2，仍然在最低平均成本处生产。与上述分析类似的厂商，可以建立第三个、第四个分厂来生产更大的产量。这样，厂商可一直在最低平均成本处生产。由此构成的长期平均成本和长期边际成本为一条经过最低成本处的直线。这说明在所有的产量水平上，长期边际成本等于长期平均成本。

第五节 厂商利润最大化原则

厂商从事生产或出售商品的目的是为了赚取利润。如果总收益大于总成本，就会有剩余，这个剩余就是利润。值得注意的是，这里讲的利润，不包括正常利润，正常利润包括在总成本中，这里讲的利润是指超额利润。如果总收益等于总成本，厂商不亏不赚，只获得正常利润，如果总收益小于总成本，厂商便要发生亏损。厂商从事生产或出售商品不仅要求获取利润，而且要求获取最大利润。那么厂商将如何获取利润最大呢？本节将围绕这一方面展开研究。在研究之前，需要先来认识一下收益的有关概念。

一、收益的概念

厂商收益(revenue)是指厂商出售产品所得到的收入，即销售量与价格的乘积。厂商收益可分为总收益、平均收益和边际收益。

总收益(total revenue，TR)，是厂商生产并销售一定数量商品和劳务所获得的货币收入总额，或全部的销售收入。以 P 表示既定的市场价格，以 Q 表示销售总量，总收益的定义公式为

$$\mathrm{TR} = \mathrm{PQ} \tag{5-19}$$

平均收益(average revenue，AR)，是厂商出售每单位商品和劳务所得到的平均货币收入，即平均每个单位商品的卖价。它等于总收益除以销售数量，用公式为

$$\mathrm{AR} = \frac{\mathrm{TR}}{Q} = \frac{\mathrm{PQ}}{Q} = P \tag{5-20}$$

由于 $\mathrm{AR}=\frac{\mathrm{PQ}}{Q}=P$，所以，平均收益实际上就是销售任一数量商品时每单位商品的售价。由于需求曲线可以理解为消费者并能够为任一购买量支付的价格，故在任何市场条件下，厂商的平均收益曲线均可用它的需求曲线来表示。

边际收益(marginal revenue，MR)，是指厂商每多销售一单位商品而带来的总收益的增加量。它等于总收益的增量与销售量增量之比。公式表示为

$$\mathrm{MR} = \frac{\Delta \mathrm{TR}}{\Delta Q} \tag{5-21}$$

或

$$\mathrm{MR} = \lim_{\Delta x \to 0} \frac{\Delta TR}{\Delta Q} = \frac{\mathrm{d}TR}{\mathrm{d}Q} \tag{5-22}$$

二、利润最大化假说

在了解完收益的概念后，就可以与成本结合起来，探讨厂商应该生产多少才能获得最大的利润。所谓厂商的利润(π)，是指总收益(TR)与总成本(TC)的差额，即

$$\pi = \mathrm{TR} - \mathrm{TC} \tag{5-23}$$

由于它们都是产量 Q 的函数，都根据 Q 的变化而变化，因此厂商的利润公式又可以写为

$$\pi(Q) = \mathrm{TR}(Q) - TC(Q) \tag{5-24}$$

要使利润最大化，就意味着厂商要选择使总收益与总成本之间的差额最大。于是对 π 求导，其结果如下

$$\frac{\mathrm{d}\pi(Q)}{\mathrm{d}Q} = \frac{\mathrm{dTR}}{\mathrm{d}Q} - \frac{\mathrm{dTC}}{\mathrm{d}Q} \tag{5-25}$$

由于 $\frac{\mathrm{dTR}}{\mathrm{d}Q}=\mathrm{MR}$，$\frac{\mathrm{dTC}}{\mathrm{d}Q}=\mathrm{MC}$，故

$$\frac{\mathrm{d}\pi(Q)}{\mathrm{d}Q} = \mathrm{MR} - \mathrm{MC} \tag{5-26}$$

利润最大化的必要条件为一阶导数等于零，即

$$\frac{\mathrm{d}\pi(Q)}{\mathrm{d}Q} = \mathrm{MR} - \mathrm{MC} = 0 \tag{5-27}$$

这样，就得到了利润最大化的原则

$$\mathrm{MR} = \mathrm{MC} \tag{5-28}$$

三、利润最大化原则

厂商要实现利润最大化，必须使边际收益等于边际成本，即 MR＝MC。边际收益是最后增加一单位销售量所增加的收益，边际成本是最后增加一单位产量所增加的成本。如果最后增加一单位产量的边际收益大于边际成本，就意味着增加产量可以增加总利润，于是厂商会继续增加产量，以实现最大利润目标。如果最后增加一单位产量的边际收益小于边际成本，那就意味着增加产量不仅不能增加利润，反而会发生亏损，这时厂商为了实现最大利润目标，就不会增加产量而会减少产量。只有在边际收益等于边际成本时，厂商的总利润才能达到极大值。所以 MR＝MC 成为利润最大化的条件，这一利润极大化条件适用于所有类型的市场结构。

需要说明的是，MR＝MC 的均衡条件，有时也被称为利润最大化或亏损最小的均衡条件。这是因为，当厂商实现 MR＝MC 的均衡条件时，并不意味着厂商一定能获得利润。从更广泛的意义上讲，实现 MR＝MC 的均衡条件，能保证厂商处于由既定的成本状况（由给定的成本曲线表示）和既定的收益状况（由给定的收益曲线表示）所决定的最好的境况之中。这就是说，如果在 MR＝MC 时，厂商是获得利润的，则厂商所获得的一定是相对最大的利润；相反，如果在 MR＝MC 时，厂商是亏损的，则厂商所遭受的一定是相对最小的亏损。

【案例 5-4】

歌星演唱会的利润最大化

2004 年秋季，上海某演出公司策划一场歌星演唱会，演唱会拟定在上海万人体育馆内举行。演唱会一旦举行，成本开支几乎是完全可以预算的：歌星及乐队的出场费、招待费（包括餐饮、住宿、交通等开支）、场地租借费、安保费、工作人员加班费等。

演出公司估计，尽管到时市里有韩国电影周等活动，但凭所请几位歌星的影响力，出票数有望至少达到 6000 张。当然，场内位置不同，票价也不同，但按平均票价计算，出票数达到 4800 张便正好与演唱会的成本持平。因此，演唱会盈利是很有把握的。

刚到演出公司实习的经济系大学生周星看了演出策划书后有些困惑：每增加一个观众的票价收入是公司的边际收益，这时的边际成本是多少呢？按照 MR＝MC 的原则，理想的观众人数是多少呢？周星回校向微观经济学的教师求救，教师的一番话解开了周星的困惑。

因为演唱会的成本几乎是固定的，每增加一名观众的总成本变化为零，也就是边际成本为零。从经济学上讲，当 MR＞MC 时，增加产销量（在这里为观众）会带来利润总额的增加，因此，每增加一名观众都会使总利润增加。但观众的增加极限是场馆内的座位数，因此，场馆内的座位数就是给演出公司带来最大利润的理想观众人数。

资料来源：http://www.docin.com/p-155430114.html.

第六节　范围经济和学习效应

厂商生产的目的就是追求利润最大化，为实现这一目的，在生产中就要想办法降低成本，可以降低长期平均成本的因素包括范围经济和学习效应。

一、范围经济

前面涉及的规模经济，是指在企业生产活动中，当一种产品的产量达到一定规模时，产品的平均成本下降。规模经济的理论基础在于固定资产的不可分割性和固定资本的可分摊性。固定资产是以厂房、机器设备等整体形式存在，即使产量很小，这部分成本也不能分割和降低。只有当产量达到一定规模后，这部分成本可以分摊到更多的产品中，平均成本可以降低，形成规模经济。但是由于规模报酬递减规律的存在，当产量超过合理规模以后，规模收益递减就会出现。在这种情况下，微观经济学又引入范围经济的概念。

如果一家炼油厂还出售沥青，你会感到奇怪吗？其实没有什么好奇怪的，因为提炼石油时不但可以得到汽油，同时还会产生沥青。显然，让炼油厂既产汽油又产沥青的花费比让它只生产汽油而让其他企业单独生产沥青的花费要小。在这种情况下，就称其存在着范围经济。

1. 范围经济及其度量

范围经济(economies of scope)，是指在相同的投入下，由单一企业生产联产品比多个不同企业分别生产这些联产品中每种单一产品的产出水平要高。所谓联产品是两种或两种以上的可以使用共用设备、技术、管理等资源条件的技术特性相同或相近的产品。范围经济的概念最早是由 Panzar 和 Willig 提出的，范围经济是由于企业的范围(而不是规模)而产生的成本节约。只要在一个企业中将两条或更多的生产线合并起来比各自分开生产更能节约成本的话，就存在范围经济。范围经济的存在会使生产多种产品的企业增加。当今世界，一些大公司都不是生产单一产品，而是生产一系列产品，例如海尔的冰箱、空调、洗衣机、微波炉、电脑、手机、电视机等。

范围经济如果用一定量某种资源生产两种联合产品 X 和 Y，这两种产品之间存在着替代关系，它们之间最大数量组合曲线称为产品转换曲线，曲线上任意两点间的连线上所代表的产出水平要低于连线之上的曲线上所代表的产出水平。如果产品转换曲线是一条直线，就不存在范围经济，说明在这种情况下，利用相同投入，由单一企业生产联产品与多个不同企业分别生产这些联产品中每种单一产品的产出水平相同。如果在相同投入下，由单一企业生产联产品比多个不同企业分别生产这些联产品中每种单一产品的产出水平要低，则称该种生产过程为范围不经济。当将不同产品放在一起生产会发生冲突时，也会造成范围不经济。

范围经济产生于多种产品生产，而不是单一产品生产的情况中。许多企业同时生产多种产品而不是一种产品，如机动车辆生产厂家既生产卡车也生产客车，炼油厂生产汽油的同时，也生产柴油等其他各种油料，其主要原因就是范围经济优势条件的存在。企业同时进行多种产品生产称为联合生产。企业采取联合生产的方式可以通过使多种产品共同分享生产设备或其他投入物而获得产出方面的好处，也可以通过统一的营销计划或统一的经营管理获得成本方面的好处。

例如，某企业生产 X、Y 两种产品，使用同样的生产设备与其他要素投入。图 5-14 中的曲线 Q 就是这两种产品的产品转换曲线，表示在技术不变条件下，使用一定的要素投入可以生产不同数量组合的 X、Y 两种商品。图中的 A 点表示全部资源只用于生产 Y 产品，而不生产 X 产品，Y 产品的最大产量；B 点表示全部资源只用于生产 X 产品，而不生产 Y 产品，X 产品的最大产量；曲线 Q 上各点表示的是进行这两种产品组合生产，两种产品的各种最大的产量组合。产品转换曲线具有负的斜率，表示在要素投入为既定的条件下，为了多生产某种产品而必须减少另一种产品的生产。图中，产品转换曲线凹向原点，说明如果减少一种商品(比如 X 商品)的生产，必须减少另一种商品(如 Y 商品)的生产，而且每增加一单位 X 商品生产所放弃的 Y 商品的数量越来越多。从图 5-14 中可以看出，在存在着范围经济的产品生产过程中，在产品转换曲线上任何两点之间做一直线，直线上每一点所形成的 X 与 Y 的产量组合都小于曲线上除两个端点以外各点所形成的产量组合，这就是范围经济的效益优势所在。

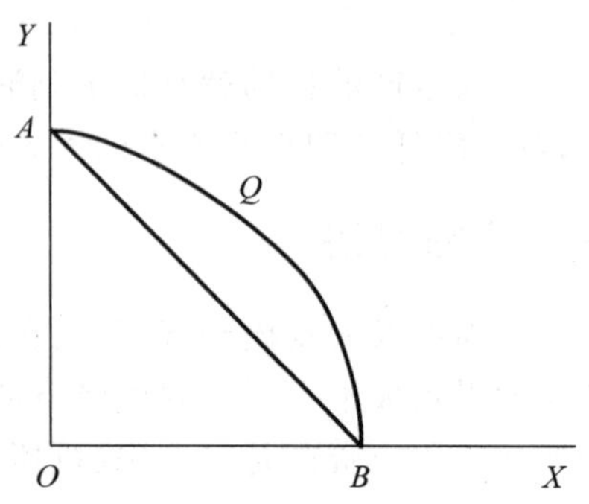

图 5-14 产品转换曲线图

在市场经济环境里，企业面临的需求是决定企业生产的关键因素，这种需求决定了企业生产什么，生产多少，以及商品价格的高低。如果企业面临的需求一致时，依靠大批量生产带来的规模经济就会发挥重要作用，如福特汽车大批量生产模式的成功；而当这种需求呈现多样化、个性化的时候，小批量、多品种、多规格的生产逐渐成为企业发展的重要趋势。企业要想在竞争中获得优势，就应向市场提供具有更高让渡价值的产品，包括产品价格更具竞争力、品质更高、更具差异化、更便利的服务等。因此，随着市场需求多样性的发展，范围经济使企业显现竞争力的现象越来越受到重视。

范围经济是 IT 产业的一种普遍现象。比如，市话服务、长话服务、电信产品就是关联产品；ISP、ICP、IDC 也是关联产品；微软公司的操作系统、办公软件、浏览器等也是关联产品。范围经济同规模经济一样，能显著降低企业的运营成本，还能增加抗风险能力。因此在 IT 产业中，范围经济更能加强企业的竞争优势，其重要性甚至要大于规模经济。

企业同时进行多种产品生产称为联合生产。企业采取联合生产的方式可以通过使多种产品共同分享生产设备或其他投入物而获得产出或成本方面的好处，也可以通过统一的营销计划或统一的经营管理获得成本方面的好处。

范围经济可以用范围经济程度(SC)指标来度量，公式为

$$\mathrm{SC}=\frac{C(X)+C(Y)-C(X,Y)}{C(X,Y)} \tag{5-29}$$

其中：SC 代表范围经济，$C(X)$ 为生产产品 X 的成本，$C(Y)$ 为生产产品 Y 的成本，$C(X,Y)$ 为这两种产品的联合生产成本，则 $\mathrm{SC}>0$，存在范围经济；$\mathrm{SC}<0$，存在范围不经济。

2. 范围经济与规模经济的关系

范围经济与规模经济是两个不同的概念，二者之间是有区别的。

在一个生产多种产品的企业，其生产过程可能不存在规模经济，但是却有可能获得范围经济。以生产乐器提琴为例，只有使用高技艺的工人在较小规模的工厂生产提琴才是有效的，利用稍大一点规模进行生产就会出现规模报酬递减，但是在一个大的工厂里同时生产大提琴与小提琴两种乐器却可以产生范围经济。同样，一个工厂用较大规模只生产某一种产品可能会产生规模经济，但是同时生产两种以上产品却不会产生范围经济。例如，由一个大的工厂同时向某一城市提供自来水与煤气服务可能不会产生范围经济而有可能导致范围不经济。但是由两个工厂分别只生产这两种产品中的一种产品，即一个提供自来水服务，另一个工厂提供煤气服务，两个工厂可能都会出现规模报酬递增。

可见，范围经济强调生产不同种类产品获得的经济性，规模经济强调的是产量规模带来的经济性。即会出现一个生产多种产品的企业，其生产过程可能不存在规模报酬递增，但是却可能获得范围经济。一个工厂用较大规模只生产某一种产品可能会产生规模报酬递增，但是同时生产两种以上产品却不会产生范围经济。

企业生产的单一产品产量增加时产生的成本节约是企业内部的规模经济，当企业规模的扩大使产品品种增加时，这种企业内部的规模经济又常常被称作"范围经济"。

规模经济和范围经济存在的原因就在于，生产经营活动存在"可共享的投入"或一定的"不可任意分割性"。

范围经济的特征也可以通过研究产品的成本情况加以说明。如果把图 5-14 中 X,Y 两产品的产品转换曲线所揭示的成本特征表示在图形上，其成本特征如下图 5-15 所示。

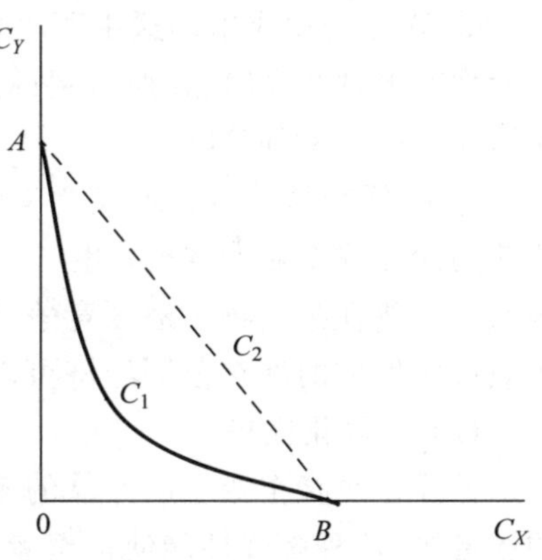

图 5-15　范围经济成本分析图

图 5-15 中曲线 C_1 表示生产 X、Y 两种产品存在范围经济时所耗费的总成本。虚线 C_2 是不存在范围经济情况下的这两种产品等成本曲线。曲线 C_1 与纵坐标的交点 A 表示该企业用既定的货源只生产 Y 商品而不生产 X 商品所耗费的总成本，曲线与横坐标的交点 B 表示该企业用既定的资源只生产 X 商品而不生产 Y 商品所耗费的总成本。A 与 B 之间 C_1 曲线上的任意一点表示用既定的资源所生产的 X 与 Y 两种商品各种不同数量的组合所耗费的总成本。该曲线呈现出与产品转换曲线对偶的特征。产品转换曲线是向下凹的，而这里的等成本曲线是向下凸出的。这表明用既定资源由一个企业同时生产两种商品比由两个企业使用这一既定的资源分别只生产其中一种商品所耗费的成本总量要低。如果等成本曲线是连接 A、B 两点的直线（图 5-15 中是虚线 C_2），则不存在范围经济。这种情况下，对于既定的资源，是由一个企业同时生产两种产品，还是由两个企业分别生产两种产品即每一个企业只生产其中的一种产品，所产生的成本是相同的。

在现实的生产管理中，因生产品种的增加而带来总产量的增加，从而表现出单位成本的降低，这种经济性是建立在生产多种产品满足市场多样性需求的基础上的。这其实可以看作是范围经济的一种特殊形式。如果生产的产品品种和规模单一，不能满足市场多样性的需求，生产规模受到限制，规模经济性就难以实现。如果企业不顾这种限制，进一步扩大生产规模，就有可能会造成产品的积压，积压部分的产品就难以给企业带来现实的收益，可能还会造成损失。而范围经济的这种特殊形式往往能避免这种积压，并给企业带来现实的收益。

因此，要获得范围经济，一是企业必须生产两种或两种以上的产品(包括品种与规格)，二是产品的单位成本由此降低或得到节约。

3. 范围经济所形成的竞争优势

范围经济的竞争优势具体表现为：

(1) 合成优势

合成优势是指同一个厂商进行多品种产品的生产，在研发、生产、销售等方面的成本比分别生产要低。

① 降低固定成本。通过多种产品的生产来分摊固定资产的折旧费用，从而降低单位产品的固定成本，即企业的厂房、机器设备等固定资产的折旧、固定费用的分摊等。企业根据季节性消费的特点，可以利用相同的生产设备来安排生产具有不同季节消费需求的产品，就能降低企业生产设备的空置率，从而大大降低单个产品分摊的固定成本。例如，家电生产厂商，可以根据季节的不同需求，分别生产冰箱或者空调等家电产品。

② 降低变动成本。这主要表现在降低采购成本、提高资源的利用率等方面。当一个企业生产多种产品时，在原材料的采购、运输保管及产品营销等方面常常采用横向一体化和纵向一体化两种策略。

③ 降低交易成本。现代竞争更多地表现为对劳动生产率的依赖，而不仅是投入资源的使用途径或企业的规模；生产率则更依赖于企业如何竞争，而不仅是它们竞争的特定领域。企业在某一特定地区竞争的熟练程度受到地区商业环境质量的强烈影响。这种聚集效应所形成的外在范围经济可以进一步影响竞争。

(2) 差异化优势

差异化是指企业生产产品的多样性，包括产品的质量、功能、外观、品种、规格及提供的服务等，这种多样性能使消费者认同该产品并区别于其他企业提供的类似产品。企业产品的差异性越大，企业的竞争力就越强。要形成差异化优势，就必须让消费者认同这种多样性而由此产生购买欲望并付诸于行动。同时，企业因差异化带来的收益要大于因差异化而产生的成本。

范围经济形成的差异化优势特别明显，从内在来看是因为满足“多样化、个性化、差别化”需求，是企业寻求范围经济的出发点和追求的目标。从外在方面来看，在行业内或聚集区域内，竞争的结果往往是使区内生存下来的企业更能适应市场环境的变化，并利用产品差异化和市场占有率之间的交互反馈机制，提高市场竞争力，并形成市场占有率与差异化之间的良性循环。

(3) 市场营销优势

在市场经济条件下，由于是买方市场，因此，获得市场营销优势的关键，在于正确确定目标市场的需要和欲望，比竞争者更有效地提供目标市场所要求的满足。这里强调的是满足消费者的需要和欲望，指的是产品本身的功能与品质满足及品牌声誉给消费者的心理满足；从营销理论来说，就是从产品、价格、促销，公共舆论等方面体现了企业的竞争能力。

范围经济形成的成本优势和差异化优势体现了企业在产品、品质和价格方面的竞争能力。同时，企业又能在内部建立的营销平台上利用原有的渠道销售多种产品，不仅大大缩减了新产品投放市场的时间周期，并且能给消费者带来便利。范围经济可以利用企业形成的品牌优势，特别是在市场上品牌有着较高美誉度的情况下，新产品更容易被消费者所接受，其导入市场的速度将加快，同时也对跟进者形成巨大的进入障碍。

(4) 抵御风险的优势

企业获得范围经济能够在成本、差异化、市场营销等方面获得竞争优势。从另一个角度来看，这实际上是增加了企业抵御风险的能力。范围经济在抵御风险方面所形成的优势，具体表现为：

第一，企业不断开发有关的新产品，实际上是在延长核心产品的生命力。

在这个过程中，企业一方面会根据市场需求的细微变化对核心产品进行不断的改进，以延长其生命力并对企业的正常营运继续作出贡献；另一方面，企业不断发掘成长型业务的机会，开发新的产品以淘汰进入衰退期的产品和相关业务，使企业能有效抵御市场衰退和业务萎缩的风险，保持旺盛的生命力。

第二，企业生产适应不同季节的产品或互补产品时，能够有效保持生产与销售的持续稳定性。与生产单一季节性产品的企业相比，该企业不仅能获得范围经济，而且不会因个别季节产品的竞争力弱化而影响企业整体的竞争实力，使企业有能力承担短暂的失利，并能防范因季节性现金流短缺所带来的财务风险。

认识范围经济在抵御风险方面的优势，其实是企业通过范围经济来获得竞争优势的一个不容忽视的重要方面。

范围经济是一种普遍存在的规模经济形态，它可以解释当代企业的多元化经营的发展，微观经济学者对多元化经营所做的经验研究表明，在20世纪中期以来，尤其是在六七十年代，发达国家的企业多元化经营已经呈现显著上升之势。最新研究资料显示，在西方主要发达国家中，企业多元化经营的发展态势仍在继续；在当今国际市场上唱主角的那些巨型企业即主要指跨国公司，绝大多数都属于多元化经营企业。多元化经营之所以获得广泛的发展，其经济学解释就是范围经济的存在。多元化经营成为企业规模扩张的一种方式，而范围经济这一规模经济形态则为这种方式的企业规模扩张提供了理论解释。

【案例 5-5】

范围经济案例

范围经济并不仅仅存在于IT产业内部，在经济发展史上有许多范围经济发挥作用的案例。在20世纪70年代，宽阔的产品线给美国著名的履带式拖拉机制造公司Caterpillar带来了强有力的竞争优势。在这一行业中，只有该公司有能力将产品开发、制造和销售过程中的管理费用全部消化掉，也只有该公司无须为满足顾客的特殊需求而向其他制造商借用设备，并且只有该公司的生产能力能保证在24小时内将任何零部件送达任何顾客。

范围经济给 Caterpillar 公司带来强有力的竞争优势，使产品线较窄的竞争对手 Komatsu 等公司根本无力与之竞争。但 Caterpillar 的竞争优势并不是永远无法打破的。敏捷制造方式被引入设备建造后，履带式拖拉机制造行业在设计、装配方面的固定成本大大降低。Komatsu 公司无须在现有厂房、设备、存货等方面做很大的改进就能生产出更多不同型号的产品。此外，如今的空运服务已实现隔日送达，这使 Komatsu 的经销商无需为对抗 Caterpillar 的 24 小时送达服务而库存大量不同型号的零部件。Komatsu 等公司反而因为各种外包服务而降低了成本，重新获得了竞争优势。

二、学习效应

1. 学习效应

学习效应是指在长期生产过程中，企业的工人、技术人员、经理人员等可以积累起产品生产、产品的技术设计以及管理方面的经验，从而导致长期平均成本的下降。

学习效应是通过学习曲线来表示的。学习曲线所描述的是企业的累积性产品产量与每一单位所需要投入物数量之间的关系。

图 5-16 表示某工厂累积性加工的产品批量，(假设每一产品的批数量是相等的，比如每一批产品都是 800 件)与每一批产品所需的劳动投入量之间的关系。图中的横坐标 OQ 表示累积性加工的产品批量，纵坐标 OL 表示每一批产品所需劳动投入量。图中从左上方向右下方倾斜的曲线就是学习曲线，随着产品生产批量的累积性增加，每批产品所需要的劳动投入量在较大的范围内呈现下降的趋势。

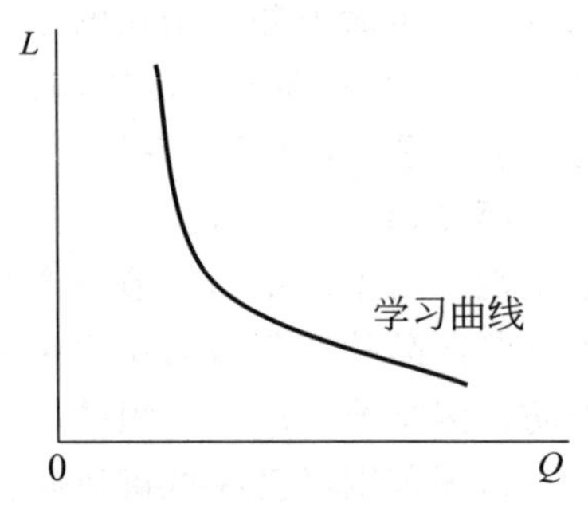

图 5-16 学习曲线图

可见，当厂商尝试生产一系列相关产品时，沿着学习曲线不断进行学习，保持成本不断下降的优势就会更加明显。

2. 学习效应与规模经济的关系

由于学习效应而导致的单位产品劳动投入量下降必然导致产品长期平均成本的下降，使企业能够用较低的劳务成本生产较多的产品。当学习效应完全实现后，学习曲线与横坐标相平行。学习曲线可以由如下关系式表示：

$$L = a + bN^{-\beta} \tag{5-30}$$

其中，L 表示每一批产出所需要的劳动投入量，N 表示累积性产品批量，a、b、β 为参数。a 与 b 为正的数值，β 大于 0，小于 1。当 N 等于 1 时，要素投入等于 $a+b$，这时 $a+b$ 是生产第一批产品所需要的要素投入。如果 β 等于 0，随累积性产品批量的增加，每单位产出所需要的要素投入保持不变，表示不存在学习效应。当企业生产了多批产品以后，学习效应有可能全部实现。β 的值的大小与企业所属行业的技术经济特点和厂商的管理水平、资本有机构成有关。如果在某项生产过程中存在学习效应，企业将通过增加产品生产的批量降低单位产品的劳务成本。学习曲线对于一个进入新行业的厂商进行新产品经营决策是非常重要的。当一个企业从事某种新产品生产时，生产最初阶段产品成本是很高的,可能会出现规模不经济的现象,这往往会使得不少企业在进入这一新行业时望而却步。但是如果在该行业的产品生产过程中存在着学习效应,则企业不应该被开始阶段较高的生产成本所吓倒。从长期来看,进入该行业也许是有利的。对于存在学习效应的行业,当企业生产规模扩大到足够大时,进入该行业的企业可以通过提高生产技术水平,降低劳务成本和提高经营管理水平等措施获得比较好的经济效益。

加强学习与经验交流特别是技术与经验实际上是一种宝贵的资源,又被称作第一生产力。加强企业内部的技术与经验交流不仅能加快新产品、新工艺、新材料等技术信息和管理经验的有效传递,而且能更为广泛地应用这种技术与经验,进一步促进生产效率的提高。并且还能反馈实际应用当中的各种技术问题,并对此展开及时的讨论与分析,这样往往还能尽快解决问题并获得解决问题的优化方法。行业和聚集区域的竞争压力迫使企业要学习行业中或聚集区域内成功企业的各种经验和技术,吸取失败企业或事件的教训,这将使企业更加清楚地认识到自己的长处和不足,在学习、借鉴的基础上求得不断的发展和进步。这里值得一提的是,企业正常与合理的人才流动实际上是技术与经验交流的一种有效办法,因此企业既要通过竞争的手段引入所需人才,也要采取多种方法防止人才不合理的流失。当然还要以平常心看待企业人才的"跳槽"。

既然学习与经验交流对企业获得范围经济性或者进一步提高范围经济性起着巨大的作用,那么,企业就应倡导在内部形成学习型组织,制定有关的培训、学习考核制度及技术创新的激励政策。对外则根据自身资源的情况,除了间接学习竞争对手的长处外,还要采取走出去、请进来的方式,加强与同行或相关企业间的横向与纵向交流。

综上所述,学习效应研究的是在长期生产中由于生产批量增多或生产规模扩大,可以使企业通过积累生产经验、提高技术或管理水平而降低成本,增加收益。范围经济研究的是企业规模较小时生产单一产品可能会出现规模不经济现象,但生产联产品可能获得范围经济的好处。但当某一企业生产能力较大时,扩大产品生产规模,可能会出现规模经济递增,但生产联产品可能会导致范围不经济的结果。归纳起来就是,学习效应重在说明"熟能生巧",长期重复进行同种产品生产可能比短期生产更有利于积累生产经验,提高生产效率,降低成本。范围经济旨在说明企业经营规模"大"有大的优势,"小"有小的长处,专业化生产有利于在大规模生产条件下进行,联合产品生产在小规模生产情况下比较有利,专业化生产和"多种经营"二者适应的条件各不相同,对厂商的经营规模要求也不同。

本章小结

成本是生产者在生产经营过程中必须考虑的一个重要因素。本章主要围绕着生产成本展开了论述。首先主要阐述了成本论中的一个重要的概念,即机会成本。在此基础之上,了解了经济学中的成本和利润与财务会计中成本与利润的区别。成本论是以生产论作为基础,而生产论可以分为短期和长期两种。相应地,成本理论也可以分为短期成本理论和长期成本理论。在接下来的分析中,本章主要围绕着生产要素是否可以变动这一主线,分析了各种成本函数及其成本曲线的形状及特点等。最后,将生产论和成本论相结合,研究了生产者利润最大化的条件及其原则。通过本章的学习,要求在重点掌握机会成本、总成本、固定成本、可变成本、平均成本、边际成本、边际报酬递减规律等基本概念以及与此有关图形的推导的基础之上，培养运用理论联系实际的能力。

简 答 题

1. 简要分析当 MC 下降时，要素(如劳动)投入是否在合理的区域内？
2. 简述短期生产函数和短期成本函数之间的关系。
3. 试述短期成本与长期之间的关系。
4. 为什么长期平均成本曲线(LAC)必有一点且只有一点和最低短期平均成本相等？
5. 各种短期成本的种类有哪些？说明它们之间的相互关系。

案例剖析：沉没成本对企业决策的影响

现实经济中，骑虎难下的投资项目比比皆是，到底是继续投资还是决然退出，总是令投资决策者左右为难。本案例中给出两个实际例子来说明沉没成本对企业决策的影响。相信大家在分析完本案例后，能在投资决策时拨开各类似是而非的成本因素的困扰，从而做出明智的投资决定。

事件一：

中国航空工业第一集团公司在 2000 年 8 月决定今后民用飞机不再发展干线飞机，而转向发展支线飞机。这一决策立刻引起广泛争议。

该公司与美国麦道公司于 1992 年签订合同合作生产 MD90 干线飞机。1997 年项目全面展开，1999 年双方合作制造的首架飞机成功试飞，2000 年第二架飞机再次成功试飞，并且两架飞机很快取得美国联邦航空局颁发的单机适航证。这显示中国在干线飞机制造和总装技术方面已达到 90 年代的国际水平，并具备了小批量生产能力。

就在此时，MD90 项目下马了。在各种支持或反对的声浪中，讨论的角度不外乎两大方面：一是基于中国航空工业的战略发展，二是基于项目的经济因素考虑。本文不想就前一角度展开讨论，在这方面航空专家最有发言权。单从经济角度看，干线项目上马、下马之争可以说为“沉没成本”提供了最好的案例。

许多人反对干线飞机项目下马的一个重要理由就是，该项目已经投入数十亿元巨资，上万人倾力奉献，耗时六载，在终尝胜果之际下马造成的损失实在太大了。这种痛苦的心情可以理解，但丝毫不构成该项目应该上马的理由，因为不管该项目已经投入了多少人力、物力、财力，对于上下马的决策而言，其实都是无法挽回的沉没成本。

事件二：

QC 公司是世界上最大的食品生产企业之一，1990 年，QC 公司瞄准发展中的中国饮用水行业，投资近 2 亿元人民币在天津兴建矿泉水厂。1998 年又耗资 4000 万元人民币收购上海某饮料厂，并增加投资 3 亿元人民币扩建成年产 5 亿公升纯净水的现代化生产基地。

然而，QC 在中国饮用水市场上面临严峻挑战。第一，从市场需求角度看，中国由于收入水平、消费者对茶饮料偏好等方面因素，饮用水市场总体规模还比较小。第二，从市场竞争情况看，中国市场上有几千家质量低、效率低但成本也很低的地方瓶装水厂。由于饮用水缺乏明确的卫生和技术质量标准，进入门槛比较低。QC公司基于在饮用水行业的经验和对自身品牌的严格质量要求，引进意大利、法国的现代化大型设备，严格控制生产流程，检测要求精益求精，使其产品质量优异但生产成本(特别是固定资产折旧成本)高昂。因而，QC饮用水面临的困难是，相对于国内很多竞争对手缺少价格优势，相对于如达能集团这样的国际竞争对手又缺少规模优势。

在上述背景下，虽然QC公司凭借其成功的中国营销队伍、优质品牌效益可以吸引一部分高端客户群并占有一定市场，然而维持低价销售且无法达到规模产量，长期亏损则不可避免，退出似乎成为不得不考虑的选择。然而，实际上，由于存在巨大的沉没成本，QC想要退出也不容易。

依据经济学理论，企业在考虑退出一个行业时，需要比较平均成本与价格水平，并且考虑固定成本比例以及固定成本中沉没成本所占比例。在建立生产能力所进行的投资中，通常会有相当部分用于厂房、设备等不变投入，这些固定成本如果在企业退出这一行业时无法变卖回收，便成为沉没成本(sunk cost)。另外，投入生产后发生的部分成本，如广告支出等，也具有沉没成本性质。沉没成本数量规模对于企业选择是否退出某个行业时具有重要制约作用。大体来说，在完全没有沉没成本情况下，如果现实和未来预期价格低于平均成本，企业就应退出这一行业以避免亏损。然而，如果成本结构中有不同比例沉没成本，即便价格低于平均成本，企业可能仍然不应退出，因为退出可能意味着承受更大的财务损失。极端地说，如果所有固定成本都是沉没成本，那么只要价格没有低于可变成本，企业仍然应当维持亏损经营以避免更大的财务损失。

正是沉没成本使QC难以顺利退出。QC在华饮用水项目固定投资巨大，上海、天津两家工厂总投资迄今超过5.4亿元人民币，再加上每年大约3000万元人民币广告投入，累计达3亿元人民币。如果退出，厂房、土地、通用机器设备虽有可能部分收回，但资产处置时间很长，针对饮用水的广告成本完全付之东流，沉没成本总计超过8亿元人民币。

反过来看，如果维持经营，市场分析结果表明QC公司仍有机会在高端产品保持优势，占有一定市场份额。特别在5加仑大桶水市场，QC公司有丰富经验，是美国等地的市场领导者，具有明显优势。经过努力，饮用水产量可能达到1.5亿公升以上。虽然仅为设计生产能力的1/3，但是公司可以至少保持每年20%～30%的毛利，约为2000万元人民币。

经过全面的市场调研和缜密分析，该公司董事会决定继续饮用水工厂的生产经营。提出利用QC公司在中国的成功的营销网络和经验，继续扩大市场和销售。同时公司还实施减少外籍人员、加快管理人员本地化，压缩广告开支等节流措施，努力降低亏损额。从2002年的情况看，公司销售业绩与去年大体持平，但是管理费用和销售费用明显下降，净亏损大幅度下降，董事会维持亏损经营决策得到了较好贯彻。

第六章

完全竞争市场

竞争是企业成败的核心所在。……竞争战略就是在一个行业里寻求一个有利的竞争地位。竞争战略目的是针对决定产生竞争的各种影响力而建立一个有利可图和持之以久的地位。

——迈克尔·波特

本章导读

在成本理论中，根据成本与收益的分析推导出厂商利润最大化的一般条件。任何理性的厂商的供给行为都会遵循这一基本原则，即 MR＝MC。但是对于处于不同市场条件的厂商，即使都按照利润最大化原则进行决策，产品的均衡价格和均衡产量的决定也有不同的特征。完全竞争市场是一个非常理想化的市场，通过对完全竞争市场的分析对于研究其他市场有积极的借鉴作用。在分别讨论完全竞争的消费者与生产者的行为"规则"后，对于各种市场形态的分析，则是这些"规则"的具体运用。本章以竞争性市场为研究对象，具体分析了厂商如何实现最大利润下的均衡产量和均衡价格。厂商实现利润最大化不仅取决于它的成本条件，而且还取决于它的收益状况，即它所面临的市场需求情况。在存有大量买主和卖主、产品同质、投入要素可以自由流动、买卖双方信息充分的完全竞争市场上，厂商的需求曲线为一条水平线，且与平均收益曲线、边际收益曲线三线合一；行业的需求曲线是一条向右下方倾斜的曲线，它是所有厂商需求曲线之和。在短期，厂商只有通过产量的调整来实现利润最大化；在长期，厂商可以通过全部生产要素投入量的调整来实现利润最大化。厂商的生产者剩余是收入与最小成本间的差额，这对于生产利润最大化的产出是必要的。

学习目标

通过本章的学习掌握完全竞争市场均衡的条件及厂商和行业的供给曲线，分清成本递增、递减和不变行业的生产特征，并逐步学会用简单的模型分析完全竞争市场的均衡。

关键概念

完全竞争市场(perfect competition market)
生产者剩余(producer surplus)
沉没成本(sunk costs)
收支相抵点(breakeven point)

第一节　完全竞争的市场和厂商

一、完全竞争的市场和厂商

（一）市场与市场结构

随着市场经济的发展,市场已经不仅是从事简单商品买卖的交易场所,市场可以是一个有形的商品的买卖交易场所,也可以是通过现代化通信工具进行各种交易的接触点,市场是交换关系的总和。有一种商品就有一个市场,有多少种商品,就有多少个市场。例如,这种市场可以是彩电市场、服装市场、粮食市场等。为同一个商品市场生产和提供同一类产品的所有厂商的总体即是一个行业,行业与市场是紧密联系的,同一种商品的市场类型与行业类型是一致的,竞争的市场对应的是竞争的行业,垄断的市场对应的是垄断的行业。

如果某种或某类产品有众多的生产厂家,厂商之间的产量竞争或价格竞争非常激烈,我们就说生产该种或该类产品的产业是竞争的或垄断竞争的;反之,如果生产某种或某类产品有唯一的或数目很少的生产厂家,厂商之间竞争较弱,我们就说生产该种或该类产品的产业是垄断的或寡头垄断的。因此我们可以用生产同种或同类产品的厂商之间的竞争程度或其反面——垄断程度,来划分产业的结构或市场的结构。

市场结构是指某一经济市场的组织特征,而最重要的组织特征,是那些影响竞争性质及市场价格确定的因素。决定市场竞争程度的具体因素有四个:第一,卖者和买者的集中程度或数目,卖者和买者的数目越多,集中程度越低,竞争程度就越高;第二,不同卖者之间各自提供的产品的差别程度,即各厂商提供的产品差异程度越小,竞争就会越激烈;第三,单个厂商对市场价格控制的程度,单个厂商若无法控制价格,表明市场竞争越激烈;第四,厂商进入或退出一个行业的难易程度,显然,厂商进出容易的市场,是竞争充分的市场,如果存在进入市场的障碍,意味着原有厂商拥有了一些新加入者不具备的有利条件。

根据各个决定因素的强度的不同,微观经济学把市场结构划分为四种:完全竞争市场、垄断竞争市场、寡头垄断市场和完全垄断市场,其中完全竞争和完全垄断处于两个极端状态,而垄断竞争和寡头垄断是介于这两个极端之间的普遍存在的市场结构,垄断竞争市场是偏向于完全竞争但又存在一定程度的垄断,寡头垄断偏向于完全垄断但又存在一定的竞争。

关于这四个类型的市场和相应的厂商的区分及其特点可以用表 6-1 来说明:

表 6-1　市场和厂商类型的划分和特征

市场和厂商的类型	厂商的数目	产品差别的程度	对价格控制的程度	进出一个行业的难易程度	接近哪种市场情况
完全竞争	很多	完全无差别	没有	很容易	一些农产品
垄断竞争	很多	有差别	有一些	比较容易	香烟、糖果
寡头	几个	有差别或无差别	相当程度	比较困难	钢铁、汽车
垄断	一个	唯一的产品,没有接近的替代产品	很大程度,但经常受到管制	很困难,几乎不可能	公用事业,如水、电

（二）完全竞争市场的基本假定

完全竞争(perfect competition)亦称纯粹竞争市场，是指竞争充分而不受任何阻碍和干扰的一种市场结构。完全竞争市场必须具备以下条件：

(1) 市场上厂商出售的同一种产品具有同质性。这里的产品同质不仅指商品之间的质量、性能等无差别，还包括在销售条件、装潢等方面是相同的。因为产品是相同的，对于购买商品的消费者来说哪一个厂商生产的产品并不重要，他们没有理由偏爱某一厂商的产品，也不会为得到某一厂商的产品而必须支付更高的价格。同样对于厂商来说，没有任何一家厂商拥有市场优势，他们都将以既定的市场价格出售自己的产品。

(2) 厂商可以自由地进入或退出一个行业，即所有的资源都可以在各行业之间自由流动。劳动可以随时从一个岗位转移到另一个岗位，或从一个地区转移到另一个地区；资本可以自由地进入或撤出某一行业。资源的自由流动使厂商总是能够及时地向获利的行业运动，及时退出亏损的行业，这样，效率较高的企业可以吸引大量的投入，缺乏效率的企业会被市场淘汰。资源的流动是促使市场实现均衡的重要条件。

(3) 市场上有大量的卖者和买者。作为众多参与市场经济活动的经济单位的个别厂商或个别消费者，单个的销售量和购买量都只占很小的市场份额，其供应能力或购买能力对整个市场来说是微不足道的。这样一来，无论卖方还是买方都无法对市场价格产生任何影响，或者说单个经济单位将不把价格作为决策变量，他们是价格的被动接受者。显然，在交换者众多的市场上，若某厂商要价过高，顾客可以从别的厂商购买商品和劳务；同样，如果某顾客压价太低，厂商可以拒绝出售给该顾客而不怕没有别的顾客光临。

(4) 参与市场活动的经济主体具有完全信息。市场中的每一个卖者和买者都掌握与自己决策、与市场交易相关的全部信息，这一条件保证了消费者不可能以较高的价格购买，生产者也不可能以高于现行价格出卖，每一个经济行为主体都可以根据所掌握的完全信息，确定自己最优购买量或最优生产量，从而获得最大的经济利益。

显然，在理论分析上所假设的完全竞争市场的条件是非常严格的，在现实的经济中没有一个市场真正具有以上四个条件，通常将某些农产品市场看成是比较接近的完全竞争市场类型。但是完全竞争市场作为一个理想经济模型，是西方经济学家设想的一种理论上的市场结构，通过对这种市场结构的分析为进一步分析其他三种市场类型打下理论基础。同时通过对完全竞争市场的分析，有助于我们了解经济活动和资源配置的一些基本原理，解释或预测现实经济中厂商和消费者的行为。

二、完全竞争厂商的需求曲线和收益曲线

（一）需求曲线

在任何一个商品市场中，市场需求是针对市场上所有厂商组成的行业而言的，消费者对整个行业所生产的商品的需求称为行业所面临的需求，相应的需求曲线称为行业所面临的需求曲线，也就是**市场的需求曲线**，它一般是一条从左上方向右下方倾斜的曲线。图 6-1(a)中的 D 曲线就是一条完全竞争市场的需求曲线，是向右下方倾斜的。

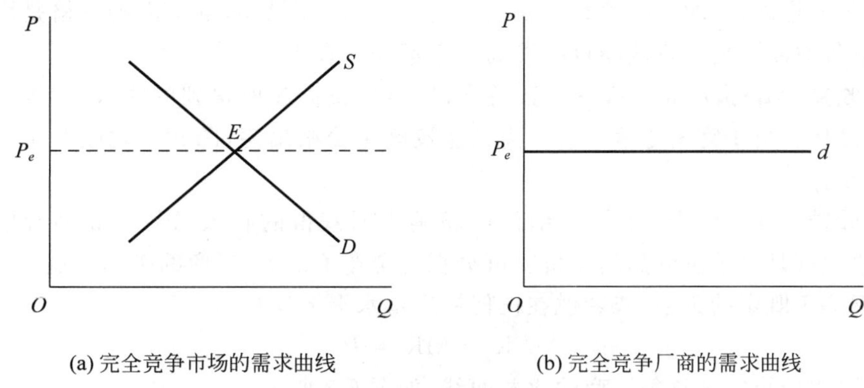

(a) 完全竞争市场的需求曲线 (b) 完全竞争厂商的需求曲线

图 6-1 完全竞争市场和完全竞争厂商的需求曲线

消费者对行业中的单个厂商所生产的商品的需求量，称为厂商所面临的需求量，相应的需求曲线称为厂商所面临的需求曲线，简称**厂商的需求曲线**。在完全竞争条件下，厂商所面临的需求曲线是一条由既定的市场均衡价格出发的水平线。图 6-1(b)中的 d 曲线就是一条完全竞争厂商的需求曲线，是一条与横轴平行的水平线。

在完全竞争市场上，由于市场中有众多的生产者和消费者，单个厂商的行为不会对市场产生任何影响，单个厂商只是市场价格的被动接受者，而不是价格的决定者。如果哪家厂商把价格定得高于市场价格，由于是在完全竞争市场，产品具有同质性，且消费者有完备信息，而且可以自由流动，那么将没有人购买该厂商的产品。也就是说，厂商一旦涨价，它所面临的需求会迅速下降为零。如果厂商的价格等于市场价格，则由于厂商数目众多的条件，一个厂商的供应是无关大局的，厂商无论供应多少，价格都会维持不变，或者说在既定的市场价格下，厂商可能销售出任何数量的商品。那么在完全竞争市场条件下，厂商又会不会把价格降到市场价格以下呢？厂商降价的目的是刺激需求，既然每个厂商在既定的市场价格下可以销售任意数量的产品，那降价又有什么必要呢？因此，在完全竞争市场上，厂商既不能提高价格，也不会降低价格，只能是市场价格的被动接受者。从需求的角度看，完全竞争厂商所面临的需求曲线是一条水平线，水平的需求曲线的需求弹性是无穷大的，即价格微小的上升，会使需求降为零，而价格微小的下降，会引起购买者急剧增加，厂商面对的需求变成无穷大。

图 6-1(b)中的厂商的需求曲线 d 是相对于图 6-1(a)中的市场需求曲线和市场供给曲线共同作用所决定的均衡价格 P_e 而言的。如果市场的供给曲线或需求曲线的位置发生移动，就会形成新的市场均衡价格，相应地，在图 6-1(b)中便会形成另一条从新的均衡价格水平出发的呈水平线形状的厂商的需求曲线。

(二) 收益曲线

厂商的收益就是厂商的销售收入。

总收益(**TR**)指厂商按一定价格出售一定量产品时所获得的全部收入，即价格与销售量的乘积。由于完全竞争市场的一个基本特征就是单个厂商无法通过改变销售量来影响市场价格，也就是说，厂商每销售一单位的商品都只能被动地接受相同的价格。这样随着厂商销售量的增加，它的总收益是不断增加的。但由于商品的单位市场价格是固定不变的，所以总收益曲线是一条从原点出发的斜率不变的直线。

平均收益(**AR**)指厂商出售一定数量商品，每单位商品所得到的收入，它等于总收益与销售量之比。由于完全竞争市场厂商只能按既定价格出售，因此平均收益也等于商品的单位价格。

边际收益(**MR**)指厂商增加一单位产品销售所获得的收入增量。商品价格为既定时，边际收益就是每单位商品的卖价。可见在完全竞争市场，厂商的平均收益与边际收益相等，且都等于既定的价格，或者说在任何销售量水平上都有：

$$\mathrm{AR}=\mathrm{MR}=P$$

相应可以绘出完全竞争厂商的收益曲线，如图 6-2 所示。

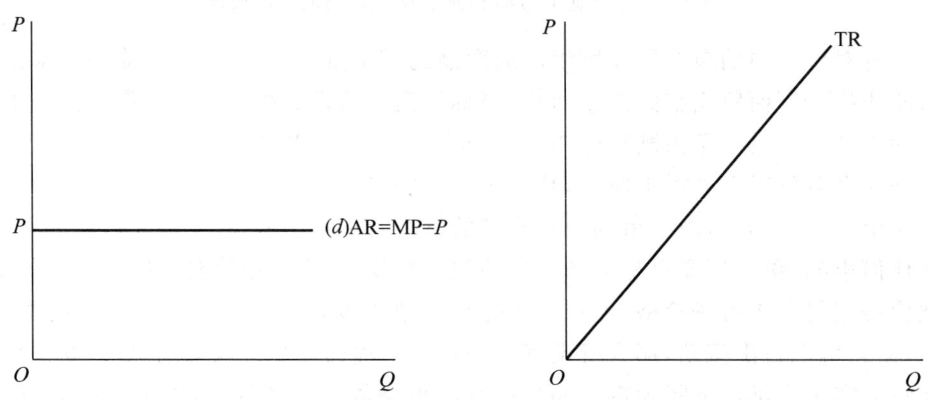

图 6-2　完全竞争厂商平均收益与边际收益曲线

图 6-2 中横轴表示厂商的销售量或所面临的需求量，纵轴表示商品的价格。图中的收益曲线具有如下特征：完全竞争厂商的平均收益 AR 曲线、边际收益 MR 曲线与需求曲线 d 是重合的，是从既定价格出发的平行于横轴的一条水平线。同时，由于每一销售量上的边际收益值是相应的总收益曲线的斜率，且边际收益是不变的，等于既定的市场价格，所以决定了总收益曲线是斜率不变的直线。

第二节　完全竞争厂商和行业的短期均衡

一、完全竞争厂商的短期均衡

当厂商的生产水平达到那么一种状态，生产既不扩大也不缩小时，厂商就实现了均衡。在短期里，不仅产品的市场价格是既定的，而且生产中的不变要素投入量是无法改变的，或者说厂商只能通过变动可变要素的投入量来调整产量，从而通过对产量的调整来实现 MR＝MC 的利润最大化均衡条件。在完全竞争的市场中，市场供给和需求相互作用形成的产品价格，有时高于平均成本、有时低于平均成本、有时等于平均成本，因此在短期内，厂商出售产品就有可能处于盈利、盈亏平衡或亏损等不同状态。完全竞争厂商短期均衡时的盈亏状态可以用下面的图 6-3 来说明。

图 6-3 中成本曲线表示了厂商短期内既定的生产规模，从分析中可以看到，完全竞争厂商短期均衡的基本条件满足 MR＝MC 的原则，但不同的市场价格水平将直接影响既定规模下的厂商短期均衡的盈亏状况。

第一，价格或平均收益大于平均总成本，即 $P=\text{AR}>\text{SAC}$，厂商处于盈利状态。

此时，市场价格较高，达到 P_1 时，厂商的需求曲线为 d_1，为了取得最大利润，厂商根据 MR＝SMC 的利润最大化原则，把产量确定在 Q_1 上，SMC 曲线与 MR_1 曲线的交点 E_1

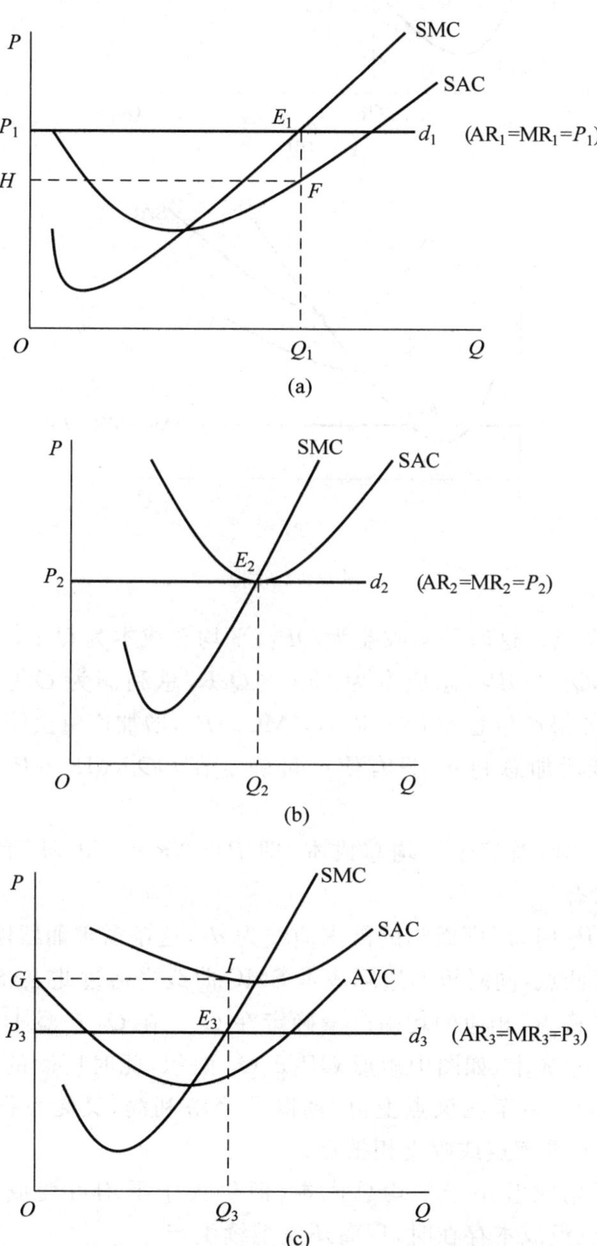

图 6-3 完全竞争厂商短期均衡

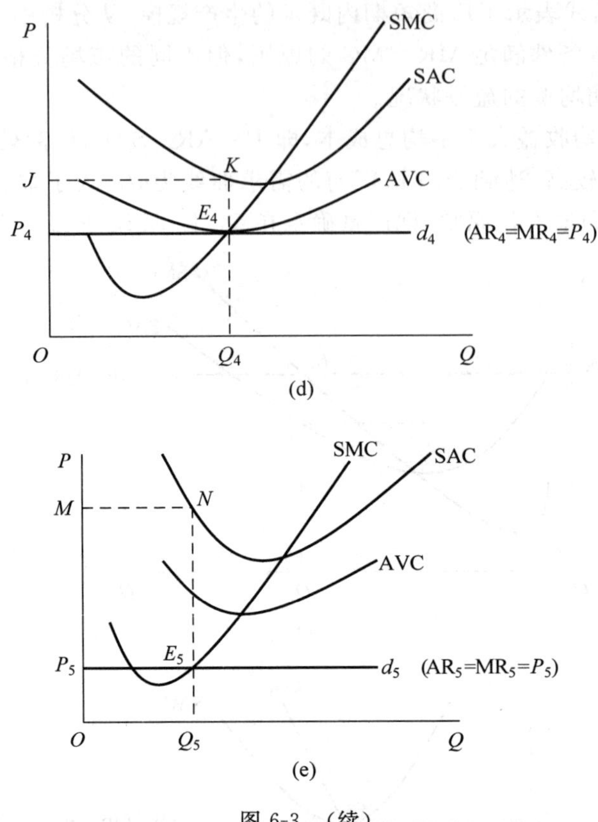

图 6-3 （续）

即为厂商的短期均衡点。这时平均收益为 OP_1，平均总成本为 Q_1F，单位产品获得的利润为 E_1F，总收益为 $OQ_1 \times OP_1$，总成本为 $OQ_1 \times Q_1F$，总利润为 $OQ_1 \times E_1F$，即图中矩形 HP_1E_1F 的面积。如果产量超过 OQ_1 以后，$MC > P_1$，增加产量会降低总利润，若产量小于 OQ_1，增加产量能增加总利润，只有使产量确定在 OQ_1，$MR = P = SMC$，总利润达到最大。

第二，价格或平均收益等于平均总成本，即 $P = AR = SAC$，厂商的经济利润恰好为零，处于盈亏平衡状态。

当市场价格为 P_2 时，厂商面临的需求曲线为 d_2，这条需求曲线刚好切于短期平均总成本曲线 SAC 的最低点，同时短期边际成本 SMC 曲线也通过此点，SMC 曲线与 MR_2 曲线的交点 E_2 就是均衡点，相应的均衡产量确定在 Q_2。在 Q_2 产量上，平均收益等于平均成本，总收益也等于总成本，如图中矩形 $OP_2E_2Q_2$ 面积，此时厂商的经济利润为零，但实现了全部的正常利润。由于在该点上，厂商既无经济利润，又无亏损，所以也把 SMC 与 SAC 的交点称为盈亏平衡点或收支相抵点。

第三，价格或平均收益小于平均总成本，但仍大于平均可变成本，即 $AVC < AR < SAC$，厂商亏损，当沉没成本存在时，厂商还应继续生产。

当市场价格为 P_3 时，厂商的平均总成本已经高于产品的市场价格，整个平均总成本曲线 SAC 处于价格 P_3 线之上，出现了亏损。为使亏损达到最小，产量由 SMC 曲线和

MR_3 曲线的相交的均衡点 E_3 决定，在 Q_3 的均衡产量上，平均收益为 OP_3，平均总成本为 OG，总成本与总收益的差额构成厂商的总的亏损量，如图 6-3(c)中矩形 P_3GIE_3 面积。此时的平均可变成本小于平均收益。厂商是应该立即停止生产，还是应继续进行生产？按照西方经济学的观点，厂商是否生产取决于是否存在沉没成本。沉没成本是指一旦停止生产，已投入的不能再收回的成本。这里我们可以把厂商的某些不变成本或全部不变成本看作是沉没成本，则当价格或平均收益处于平均总成本和平均可变成本之间时，虽然出现亏损，厂商仍会继续生产。因为此时厂商获得的全部收益，不仅能够弥补全部的可变成本，还能够收回一部分固定成本，即厂商继续生产所获得的收益超过继续生产所增加的成本。

第四，价格或平均收益等于平均可变成本，即 $P=AR=AVC$，厂商处于亏损状态，且处于生产与停产的临界点。

当价格为 P_4 时，厂商面临的需求曲线为 d_4，此线正好切于平均可变成本 AVC 曲线的最低点，SMC 曲线也交于该点。根据 $MR_4=SMC$ 的利润最大化原则，这个点就是厂商短期均衡点 E_4，决定的均衡产量为 Q_4。在 Q_4 产量上，平均收益小于平均总成本，必然是亏损的。同时平均收益仅等于平均可变成本，这意味着厂商进行生产所获得的收益，只能弥补可变成本，而不能收回任何的不变成本，生产与不生产对厂商来说，结果是一样的。所以，SMC 曲线与 SVC 曲线的交点是厂商是否继续生产的临界点，也称为“停止营业点”或“关闭点”。

【案例 6-1】

泛美航空公司的终结

1991 年 12 月 4 日是个值得注意的日子，世界著名的泛美国际航空公司寿终正寝。这家公司自 1927 年投入飞行以来，数十年中一直保持国际航空巨子的骄人业绩。有人甚至认为，泛美公司的白底蓝字徽记(PAN AM)可能是世界上最广为人知的企业标识。

但是对于了解内情的人来说，这个巨人的死亡算不上什么令人吃惊的新闻。1980—1991 年，除一年外，泛美公司年年亏损，总额接近 20 亿美元之巨。1991 年 1 月，该公司正式宣布破产。细心的读者一定注意到，这个日子同公司关闭之日相距将近一年。究竟是什么力量支持垂死的巨人又多活了一段时间？而且，就在 1980 年出现首次亏损后，为什么不马上停止这家公司的业务？又是什么因素使这家公司得以连续亏损经营长达 12 年之久？

从经济学角度看，这是以市场供求曲线为基础的企业进出(市场)模式作用的结果。可变成本是随生产规模变化而变化的成本。按照企业进出模式，只要企业能够提出一个高于平均可变成本的价格并被顾客接受，那么不管该价格是否低于市场平均价格而必将导致企业亏损，这个企业的经营就算是有经济意义的，也就可以继续存在。

当然，企业要想在亏损情况下继续经营，必须通过出售其原有资产来维持。泛美公司在几十年的成功经营中积累了巨大的资产财富，足够它出售好一段时间的。自 20 世纪 80 年代起，这家公司先后卖掉了不少大型财产，包括以 4 亿美元将泛美大厦卖给美国大都会人寿保险公司，国际饭店子公司卖了 5 亿美元，向美国联合航空公司出售太平洋和伦敦航线，还把位于日本东京的房地产转手。到 1991 年年末，泛美已准备将自己缩减成以迈阿密为基地的小型航空公司，主要经营拉美地区的航线，而把其余全部航线卖给三角洲航空公司。换言之，在整个80年代，尽管泛美公司仍然坚持飞行，但同时已开始逐步撤出国际航空市场。其实，在现实世界里，"企业进出模式"中的"撤出"通常就意味着缩减规模。

至于市场经济是否应该加速企业撤出的问题，经济学家之间也是争论不休。从泛美公司的例子来看，撤出是一种渐进过程。工人们可以多安心工作一段时间，晚一点再考虑转换工作的事情。然而泛美的股票持有者不这么看。他们的利益全在公司经年积累的家当上，当然不同意公司出售资产维持经营。也许他们并不了解实情，仍然抱有一线希望，以为公司只要变卖一些家产就可以渡过难关，否则肯定会设法迫使它早些关门。

资料来源：http://www.docin.com/p-155430114.html.

第五，价格或平均收益小于平均可变成本，即 AR<AVC，厂商处于亏损状态，且停止生产。

当价格进一步下降至 P_5 时，厂商面临的需求曲线为 d_5，MR_5 曲线与 SMC 曲线相交之点为短期均衡点 E_5，相对应的产量为 Q_5。在这一产量上，平均收益已小于平均可变成本，意味着厂商若继续生产的话，所获得的收益连可变成本都收不回来，更谈不上收回固定成本了，所以厂商停止生产。

上述分析表明，完全竞争厂商短期均衡的条件是

$$MR = SMC$$

此时，MR=AR=P。在短期内，完全竞争的厂商在实现短期均衡时，可能获得最大经济利润，可能经济利润为零，也可能蒙受最小亏损。

【案例 6-2】

覆水难收与沉没成本

在生活中或许有时有人会对你说"覆水难收"或者"过去的事让它过去吧！"等这些含有理性决策的深刻真理的话。经济学家说，当成本已经发生而且无法收回时，这种成本是沉没成本。一旦成本沉没了，它就不再是机会成本了。因为对沉没成本无所作为，当你做出包括经营战略在内的各种社会生活决策时可以不考虑沉没成本。

我们对企业停止营业决策的分析，是沉没成本无关性的一个例子。我们假设，企业不能通过暂时停产来收回它的固定成本。因此，在短期中企业的固定成本是沉没成本，而且，企业在决定生产多少时可以放心地不考虑这些成本。企业的短期供给曲线是在平均可变成本曲线以上的边际成本曲线的那一部分，而且，固定成本的大小对供给决策无关紧要。

沉没成本的无关性解释了实现企业是如何决策的。例如，在20世纪80年代初，许多最大的航空公司有大量亏损。美洲航空公司1992年报告的亏损为4.75亿美元，三角航空公司亏损5.65亿美元，而美国航空公司亏损6.01亿美元。但是，尽管有亏损，这些航空公司继续出售机票并运送乘客。乍一看，这种决策似乎让人惊讶：如果航空公司飞机飞行要亏损，为什么航空公司的老板不干脆停止他们的经营呢？

为了理解这种行为，我们必须认识到，航空公司的许多成本在短期中是沉没成本。如果一个航空公司买了一架飞机而且不能转卖，那么，飞机的成本就沉没了。飞行的机会成

本只包括燃料的成本和机务人员的工资。只要飞行的总收益大于这些可变成本，航空公司就应该继续经营。而且，事实上它们也是这样做的。

沉没成本的无关性对个人决策也是重要的。例如，设想你对看一场新放映的电影的评价是10美元。你用7美元买了一张票，但在进电影之前，你丢了票。你应该再买一张票还是应该马上回家并拒绝花14美元看电影？回答是你应该再买一张票。看电影的利益10美元仍然大于成本即第二张票的7美元。你为丢了的那张票付的7美元是沉没成本；覆水难收，不要为此而懊恼。

资料来源：[美]曼昆(N. Gregory Mankiw). 经济学原理(第二版). 梁小民译. 北京：生活·读书·新知三联书店出版社，2000.

二、完全竞争厂商的短期供给

我们已经知道，厂商要实现利润最大化的产量，必须具备边际收益等于边际成本这一条件。而在完全竞争市场上，厂商的产量并不会影响价格，它面对的需求是水平的，因此厂商多出售一单位产品所增加的收益就等于价格，即厂商的边际收益等于价格。于是厂商利润最大化的产量也决定于如下条件：

$$P = \mathrm{SMC}(Q)$$

上式表明，完全竞争厂商为了获得短期最大利润，就应该把最优产量确定在使商品的价格和边际成本相等的水平上。就是说在每一个短期均衡点上，厂商的产量与价格之间都存在着一种对应的关系。在图6-3的图形(a)～(e)中可以看到，根据$P=\mathrm{SMC}(Q)$或$\mathrm{MR}=\mathrm{SMC}(Q)$的短期均衡条件，当商品市场价格为$P_1$时，厂商所选择的最优产量为$Q_1$，当商品市场价格为$P_2$时，厂商所选择的最优产量为$Q_2$，等等。由于每一个商品价格水平都是市场给定的，所以，在短期均衡点上商品价格与厂商的最优产量之间的对应关系可以明确地表示为以下的函数关系：

$$Q_s = f(P)$$

其中P表示商品的市场价格，Q_s表示厂商的最优产量或供给量。

同时，在图6-4中还可以看到，根据$P=\mathrm{SMC}(Q)$或$\mathrm{MR}=\mathrm{SMC}(Q)$的短期均衡条件，商品的价格和厂商的最优产量的组合点或均衡点E_1、E_2、E_3、E_4，都出现在厂商的边际成本SMC曲线上。若进一步严格地说，商品价格与厂商愿意提供的产量的组合点，并非出现在全部的边际成本曲线上。我们知道，边际成本曲线穿过平均可变成本的最低点，价格低于这一点，厂商关闭，产量为零；价格超过这一点，产量与价格的关系由边际成本曲线所决定。既然是通过边际成本曲线来确定厂商在该价格下的产量，因此边际成本曲线反映了产量与市场价格之间的关系。

基于以上分析，可以得到如下结论：完全竞争厂商的短期供给曲线，就是完全竞争厂商的短期边际成本SMC曲线上等于和高于平均可变成本AVC曲线最低点的部分。毫无疑问，完全竞争厂商的短期供给曲线是向右上方倾斜的。图6-4中实线部分所表示的，即为完全竞争厂商短期供给曲线。

完全竞争厂商短期供给函数说明了厂商的产量是如何随着价格变化而变化，但是只有作为价格接受者的厂商其产量才随着价格变化而变化。厂商若是价格的决定者，则价

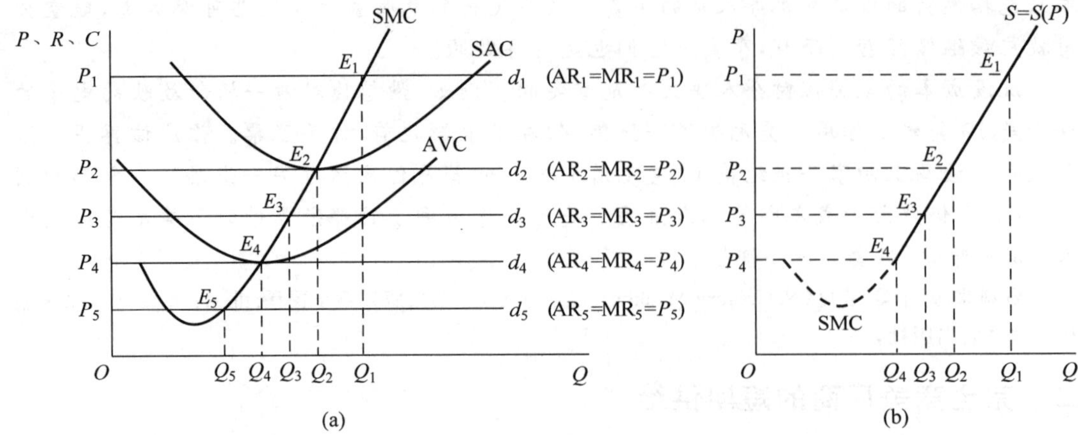

图 6-4 完全竞争厂商短期供给曲线

格和产量都是厂商的决策变量。所以，只有价格接受者才有供给函数。

从对完全竞争厂商短期供给曲线的推导过程中，可以清楚地看到供给曲线背后的生产者追求最大利润的经济行为。供给曲线不仅仅是表示在其他条件不变的条件下，生产者在每一价格水平愿意而且能够提供的产品的数量，更重要的是，生产者所提供的产品数量是在既定价格水平下能够给他带来最大利润或最小亏损的产品数量。

三、生产者剩余

前面我们将消费者剩余定义为人们愿意为某一物品支付的最高价格与它的市场价格之间的差额。类似地，对于厂商来讲，由于边际成本随产量增加而上升，最后一单位产品的边际成本等于价格，而以前的每一单位产品的边际成本都低于价格，厂商因此获得剩余。这里，我们把生产者剩余定义为出售商品的收益减去生产这些产品的变动成本或者减去生产每一单位这些产品的边际成本的总和。生产者剩余也可以定义为：厂商在提供一定数量的某种产品时实际接受的总价格或总支付与愿意接受的最小总价格或总支付之间的差额。

由于厂商从事生产或经营，总是要追求利润最大化，而保证利润最大化的条件就是要使 MR＝MC，只要 MR＞MC，厂商就是有利的，由于在完全竞争市场里，MR＝P，因此只要价格 P 高于边际成本 MC，厂商进行生产，就可以得到生产者剩余。此时厂商实际接受的总价格或总支付就是价格线以下的总收益，而厂商愿意接受的最小总价格或总支付便是边际成本线以下的总边际成本。用图来表示，则价格直线和边际成本曲线所围成的面积即为生产者剩余，如图 6-5(a)中阴影部分的面积。

在短期里，生产者剩余还可以用厂商的总收益与总可变成本的差额来衡量。因为在短期里，厂商的固定成本是无法改变的，总边际成本必然等于总可变成本。当产量为 1 时，可变成本即是边际成本，即 VC(1)＝MC(1)，当产量为 2 时，VC(2)＝MC(1)＋MC(2)，以此类推，VC(Q)＝MC(1)＋MC(2)＋…＋MC(Q)。表明可变成本可以用边际成本曲线与横轴之间的面积来表示。此外在短期里厂商无论生产还是不生产，固定成本都是要

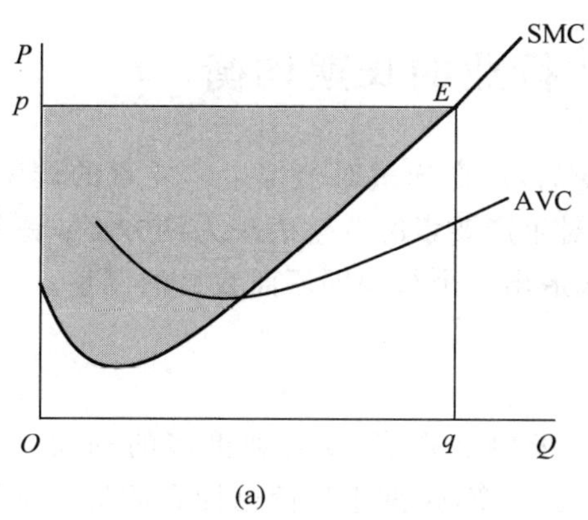

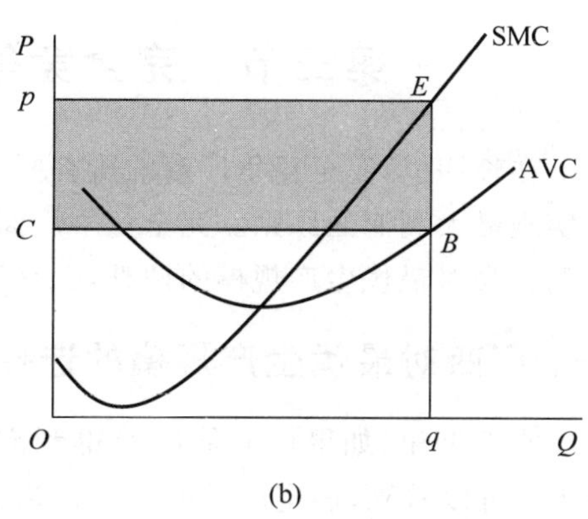

图 6-5　生产者剩余

支付的，实际上只要价格高于可变成本，厂商生产就是有利的。这时继续生产不仅能收回全部的可变成本，还能够补偿一部分固定成本，可以减少损失，若厂商不生产，将损失全部的固定成本。所以图 6-5(b)中阴影矩形 CpEB 的面积便是生产者剩余，它等于总收益减去总可变成本。

在以后的内容中我们将会看到，生产者剩余与消费者剩余这两个概念结合在一起，是分析经济效率和社会福利的十分有用的工具。

四、完全竞争行业的短期供给

根据完全竞争厂商的短期供给曲线，我们就可以推导出完全竞争行业的短期供给曲线了。任何一个行业的供给量都是该行业所有厂商供给量的总和。若假定生产要素价格是不变的，那么完全竞争行业的短期供给曲线就是由行业内所有厂商的短期供给曲线水平相加构成的，或者说把行业内所有厂商的等于和高于 AVC 曲线最低点以上的那部分 SMC 曲线水平相加，便可得到整个行业的短期供给曲线。正由于行业的短期供给曲线是单个厂商短期供给曲线水平相加，所以行业的短期供给曲线也是向右上方倾斜的。并且，该曲线上的每一点都表示在相应价格水平下能够使所有厂商获得最大利润或最小亏损的行业短期供给量。如图 6-6(b)中 S 曲线即是完全竞争行业的短期供给曲线。

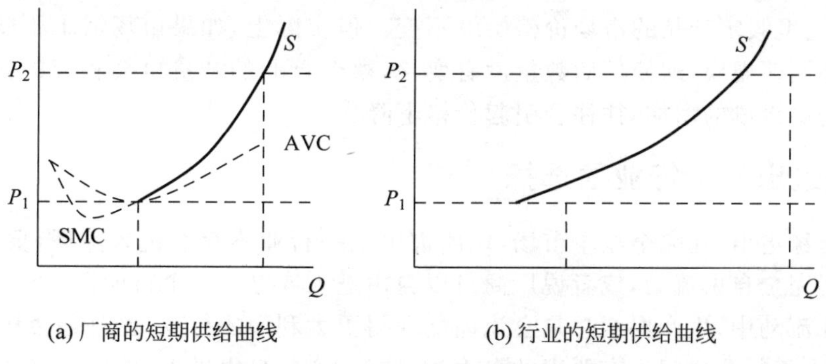

图 6-6　完全竞争行业的短期供给曲线

第三节 完全竞争厂商和行业的长期均衡

在长期里，完全竞争厂商的所有要素都是可变的，厂商通过对全部生产要素的调整，来实现最大利润的原则。完全竞争厂商在长期中对生产要素的调整表现为两方面：一是厂商自身对最优生产规模的调整，二是厂商进入或退出一个行业即厂商数目的调整。

一、厂商对最优生产规模的选择

在短期里，如果厂商能够获得利润，它会进一步加以调整，以得到更多的利润。从图 6-7 可以看到，假定产品的市场价格为 P_0，且既定不变，短期里厂商已拥有的生产规模以 SAC_1 曲线和 SMC_1 曲线表示，在短期里厂商生产规模给定，只能在既定的生产规模下进行生产，根据利润最大化均衡条件，厂商选择的最优产量为 Q_1，所获得的利润为图中 P_0E_1GF 面积。但是，在长期里，厂商会调整生产规模，假设厂商将生产规模调整为 SAC_2 曲线和 SMC_2 曲线所代表的最优生产规模进行生产，按照 MR＝LMC 的利润最大化原则，相应的最优产量达到 Q_2，此时厂商获得的利润增大为图中 P_0E_2IH 所示的面积。很显然，在长期内，厂商通过对生产规模的调整，能够获得比在短期所能获得的更大的利润。

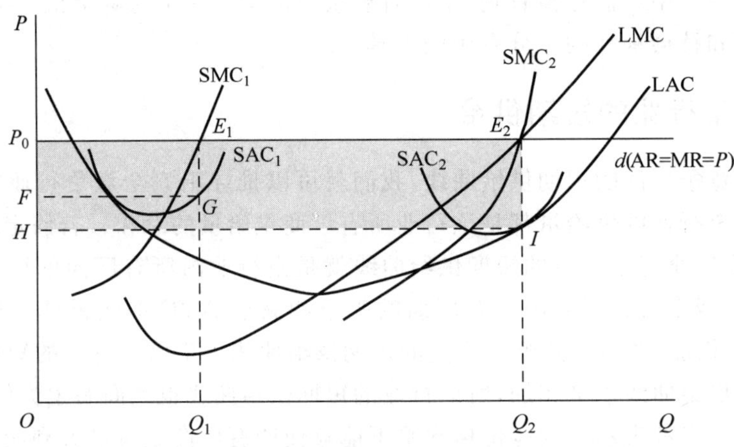

图 6-7 长期内厂商对最优生产规模的调整

不过，这里假定产品的市场价格始终不变。但实际上，如果市场需求不变的话，各个厂商自身都调整规模，即使厂商数量没有变化，整个行业的产量也会相应的发生变化，随着整个市场供给量的增加，往往会引起价格下降。

二、厂商进出一个行业的选择

前面已经指出，在完全竞争市场，厂商进出某一行业不存在进入障碍，要素可以在不同部门之间完全自由流动，或者说厂商可以自由进入或退出一个行业。

在实际流动中，生产要素总是会流向能获得更大利润的行业，也总是会从亏损的行业退出，正是由于行业之间生产要素的自由流动或厂商的自由进出，导致了完全竞争厂商长期均衡时的经济利润为零。具体来看，如果当某一行业开始时的产品价格较高为 P_1，厂商根据利润最大化均衡条件，将选择最优生产规模进行生产，如图 6-8 中的 Q_1 产量。此时厂商获得了利润，这会吸引一部分厂商进入该行业中。随着行业内厂商数量的增加，市场上的产品供给就会增加，在市场需求相对稳定的情况下，市场价格就会不断下降，单个厂商的利润随之逐步减少，厂商也将随着价格的变化进一步调整生产规模。只有当市场价格水平下降到使单个厂商的利润减少为零时，新厂商的进入才会停止，至此厂商的生产规模调整至 Q_2 产量上。

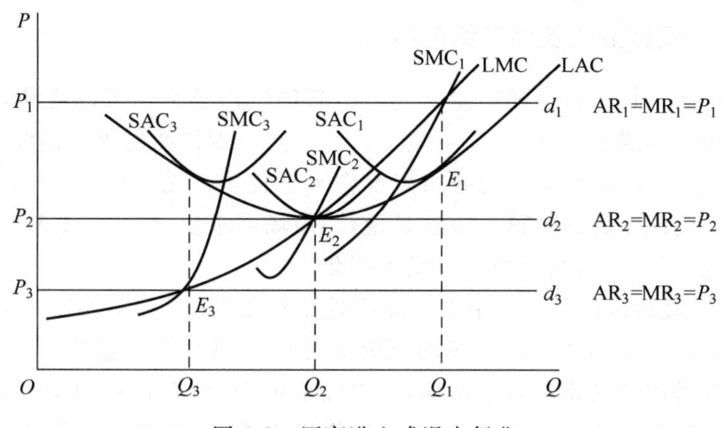

图 6-8　厂商进入或退出行业

相反，如果市场价格较低为 P_3，厂商根据 MR＝MC 的条件，相应的最优生产规模选择在 Q_3 产量上。此时，厂商是亏损的，这会使得行业内原有厂商中的一部分退出该行业的生产，随着行业内厂商数量的逐步减少，市场上产品的供给就会减少，若市场需求相对稳定，产品的市场价格就会上升，单个厂商的利润又会随之逐步增加。只有当市场价格水平上升到使单个厂商的亏损消失即经济利润为零时，厂商的退出才会停止。

总之，不论是新厂商的加入，还是原有厂商的退出，最终这种调整将使市场价格达到等于长期平均成本最低点的水平，如图 6-8 中的价格水平 P_2。在这一水平，行业中的每个厂商既无利润，也无亏损，但都实现了正常利润，实现了长期均衡。

图 6-8 中 E_2 点是完全竞争厂商的长期均衡点。在这个长期均衡点上，LAC 曲线达到最低点，代表最优生产规模的 SAC_2 曲线相切于该点，相应的 SMC_2 曲线和 LMC 曲线都从该点通过，厂商面对的需求曲线与 LAC 曲线相切于这一点。总而言之，完全竞争厂商的长期均衡出现在 LAC 曲线的最低点。此时不仅生产的平均成本降到长期平均成本的最低点，而且商品的价格也等于最低的长期平均成本。

因此我们得到完全竞争厂商的长期均衡条件为

$$\text{MR} = \text{LMC} = \text{SMC} = \text{LAC} = \text{SAC} = \text{AR} = P$$

此时单个厂商的经济利润等于零。

三、完全竞争行业的长期供给

在短期均衡分析中，存在生产要素价格不变的假定，所以行业的供给曲线就可由厂商的短期供给曲线水平相加得到。但是在长期分析中，情况就有所不同了。当厂商进入或退出一个行业时，整个行业产量的变化有可能对生产要素的市场需求产生影响，进而影响生产要素的价格。完全竞争行业的长期均衡，就是分析长期中需求变化和要素价格变化对行业供给的影响。

根据生产要素价格变动对行业的影响不同，西方经济学理论把行业区分为三类：当一个行业扩大生产时，使用的生产要素价格保持不变的称为成本不变行业，使用的生产要素价格上涨的称为成本递增行业，使用的生产要素价格下降的称为成本递减行业。

（一）成本不变行业的长期供给曲线

成本不变行业是指该行业的产量变化所引起的生产要素需求的变化，不对生产要素的价格发生影响。当成本不变时，完全竞争行业达到长期均衡的供给曲线是一条水平线。这说明：成本不变的行业是在不变的均衡价格水平提供产量，该均衡价格水平等于厂商的不变的长期平均成本的最低点。也就是说，当市场需求变化时，会引起行业长期均衡产量的同方向变化，但长期均衡价格不会发生变化。

在图 6-9 中，最初该行业及其中的厂商都处于均衡状态，由市场需求曲线 D_1 和市场短期供给曲线 S 的交点所决定的市场均衡价格为 P，行业的生产量是厂商生产量的总和。现在假定由于各种因素使市场需求增加，需求曲线由 D_1 向右移到 D_2，与原来的供给曲线 S_1 相交，相应的市场价格提高到 P_2。在新的价格水平下，厂商不仅可以获得净利润，而且由于产量扩大至 Q_{i2}，可以获得更多的利润。从长期看，新的厂商由于受利润的吸引，就会不断进入该行业中来，新厂商的加入，虽然没有引起生产要素价格的变化，企业的成本曲线的位置并未发生改变，但供给曲线却不断向右移动，总产量的增加使价格下降，单个厂商的利润也随之下降，原有厂商沿着它们的边际成本曲线削减生产。这个过程一直要延续到单个厂商的利润消失为止，即供给曲线移动到 S_2 的位置，使市场价格又回到原来的长期价格水平。

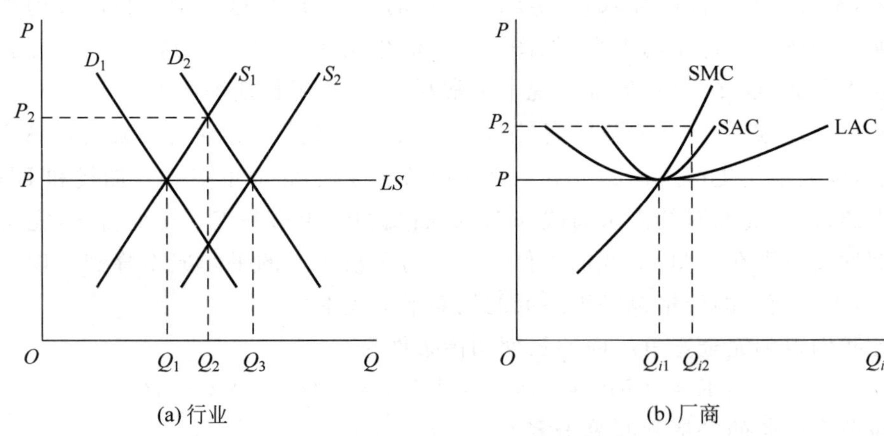

图 6-9　成本不变行业长期均衡及供给曲线

单个厂商在原来的长期平均成本曲线 LAC 的最低点实现均衡，仍然生产原来的产量，市场的均衡产量的增加量为 Q_1Q_3，它是由新加入的厂商提供的。将各个短期需求曲线和相应的供给曲线的长期均衡点连接起来，就是完全竞争行业成本不变时的长期供给曲线 LS。总之,不变成本行业有着一条水平的长期供给曲线。如果需求增加,产品价格将提高,随着新厂商加入该行业,供给曲线向右移动,最终迫使价格恢复到原有水平。厂商能长期维持成本不变,主要是由于生产要素的供给是完全弹性的。

(二)成本递增行业的长期供给曲线

成本递增行业是指该行业的产量增加所引起的生产要素需求的增加,会导致生产要素的价格上升。当成本递增时,完全竞争行业达到长期均衡的供给曲线是一条向右上方倾斜的曲线。这说明:当行业实现长期均衡时,虽然产量增加了,但是其价格也上涨了。这是由于外部不经济提高了投入物的价格或降低了投入物的生产效率引起的。例如,增加投入物的供应量必须提高其价格才能获得;或者由于行业扩大生产后,对工人的需求增加,在熟练工人被雇用完之后,不得不增雇非熟练工人;再或者一些产业随着行业的扩展,它的产出率发生递减现象等,这些都使行业的长期平均成本曲线 LAC 上移。

图 6-10 表明需求增加时,成本递增行业调整供给的过程。假设该行业和其中的厂商是在价格为 P_1 时达到初始的均衡状态。假如这时需求增加,需求曲线向右移动,短期内商品价格上涨,厂商在短期内仍以短期的边际成本曲线所代表的既定的生产规模调整生产,并因此获得利润。在长期生产过程中,净利润的出现会吸引新厂商进入该行业,整个行业的供给增加。由于行业供给增加,就会增加对生产要素的需求,生产要素需求的增加使生产要素的市场价格上升,从而使厂商的长期平均成本曲线 LAC 的位置向上移动。行业内由于新厂商的加入,产量供给大幅增加了,供给增加使供给曲线向右移动为 S_2。最终在 LAC_2 曲线和 SMC_2 曲线的位置及 S_2 曲线的位置,实现厂商和行业的长期均衡。虽然新厂商的进入增加了全行业的产量,但成本的上升不会使价格下降到原来的水平,而是形成一个新的均衡价格水平 P_2,厂商在 LAC_2 曲线的最低点实现长期均衡,每个厂商的利润又都为零。这时,连接行业的两个长期均衡点的直线就是行业的长期供给曲线 LS。它是一条向右上方倾斜的长期供给曲线。分析得知,在长期内,对于成本递增行业,行业的产品价格和供给量成同方向变动,市场需求的变动不仅会引起行业长期均衡价格同方向变动,还引起行业长期均衡产量的同方向变动。

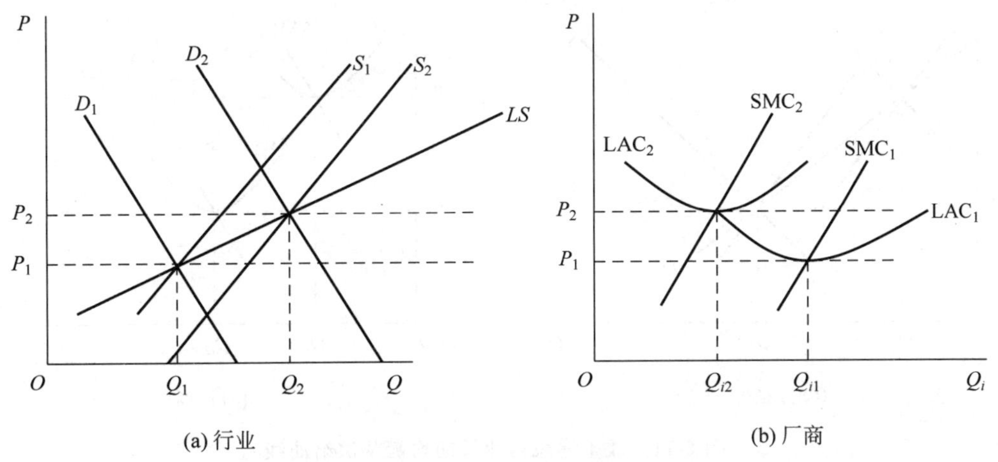

图 6-10　成本递增行业长期均衡及供给曲线

（三）成本递减行业的长期供给曲线

成本递减行业是指该行业的产量增加所引起的生产要素需求的增加，会导致生产要素的价格下降。当成本递减时，完全竞争行业达到长期均衡的供给曲线是一条向右下方倾斜的曲线。这说明：当行业实现长期均衡时，不但产量增加，而且其价格也降低了。这主要是由于外部经济在起作用。随着一个行业的发展而产生的外部经济可以概括为两个方面：一是降低了投入物的价格，二是提高了投入物的生产效率。例如，由于行业的扩大，现代经济中大型的现代化物流配送体系的建立，会使得行业中各家厂商大大降低运输成本；行业的扩大，有条件大批量供应原材料和半成品，它们的价格将会降低，质量也会提高，从而降低采购成本；行业的扩大也有可能使公共资金大幅扩大，有条件搞员工的技术培训，从而提高劳动力的技术水平。可见，外部经济能大幅降低厂商的长期平均成本。

图 6-11 表明需求增加时，成本递减行业调整供给的过程。假设该行业和其中的厂商是在价格为 P_1 时达到初始的均衡状态。假如这时需求增加，需求曲线会向右移动，短期价格上涨，厂商在短期内仍以短期的边际成本曲线所代表的既定的生产规模调整生产，并因此获得利润。长期里，净利润的出现吸引新厂商进入该行业，整个行业的供给增加。行业供给增加，会增加对生产要素的需求，但生产要素的增加使生产要素的市场价格下降了，从而使厂商的长期平均成本曲线 LAC 的位置下移。同时行业内新厂商的加入，产量还是增加了，供给增加使供给曲线向右移动到 S_2。最终在 LAC_2 曲线和 SMC_2 曲线的位置及 S_2 曲线的位置，实现厂商和行业的长期均衡。虽然新厂商的进入增加了全行业的产量，但成本的下降不会使价格下降到原来的水平，而是形成一个新的均衡价格水平 P_2，厂商在 LAC_2 曲线的最低点实现长期均衡，每个厂商的利润又都为零。连接行业的两个长期均衡点的直线就是行业的长期供给曲线 LS。它是一条向右下方倾斜的长期供给曲线。很显然，对于成本递减行业，在长期内，行业的产品价格和供给量成反方向变动。市场需求的变动引起行业长期均衡价格反方向变动，引起行业长期均衡产量的同方向变动。

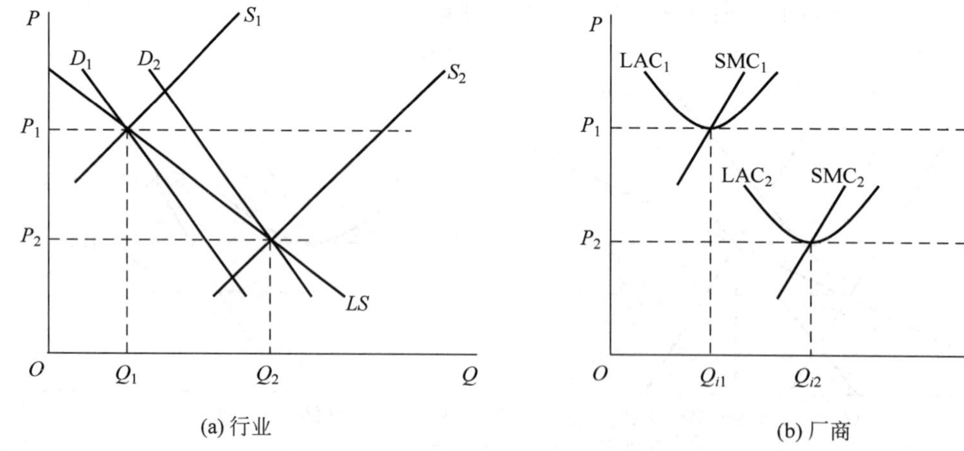

图 6-11　成本递减行业长期均衡及供给曲线

以上分析可见，我们不能通过将行业内厂商的长期边际成本曲线加总的方法推导行业的长期供给曲线。不能否认，每个厂商都是在长期供给曲线上 LMC＝P 的每一个点上进行生产的，但当行业沿 LS 曲线进行调整时，厂商正在进入或退出该行业。因此，不可能像在短期那样，对一既定数量厂商 LMC 曲线进行加总。而且对于成本递增或递减行业来说，LMC 曲线本身也会由于要素价格的变化而移动。

四、完全竞争市场的长期均衡

在长期中，各个厂商都可以根据市场价格来调整全部生产要素和生产，也可以自由进入或退出该行业。这样，整个行业供给的变动就会影响市场价格，从而影响各个厂商的均衡。具体来说，当供给小于需求，价格高时，各厂商会扩大生产，其他厂商也会涌入该行业，从而整个行业供给增加，价格水平下降。当供给大于需求，价格低时，各厂商会减少生产，有些厂商会退出该行业，从而整个行业供给减少，价格水平上升。最终价格水平会达到使各个厂商既无超额利润又无亏损的状态。这时达到整个行业的供求均衡，各个厂商的产量也不再调整，于是就实现了长期均衡。

在完全竞争市场上，厂商在短期可能获得超额利润，也可能遭受亏损，但在长期，厂商只能得到正常利润。由此，完全竞争的短期均衡条件是：P＝MR＝SMC，长期均衡的条件是：P＝MR＝SMC＝SAC＝LMC＝LAC。它们的区别是，短期均衡不要求价格等于平均成本，但在长期中要求它们相等。实现了长期均衡时，平均成本与边际成本相等。因为在边际成本与平均成本相等时平均成本最低，由于总成本是平均成本与产量的乘积，所以总成本也最低。这就说明了，在完全竞争条件下，可以实现成本最小化，从而取得的经济效率最高。

第四节　完全竞争市场的效率

一、完全竞争市场的效率

效率是经济学的中心概念。经济效率的标准含义是指资源配置实现了最大的价值。

完全竞争市场是一种竞争不受任何形式干扰、阻碍和限制的市场类型。这种市场完全由“看不见的手”进行调节，政府承担的只是“守夜人”的角色。这种市场类型需要具备许多条件：市场上有众多的生产者和消费者，任何一个生产者或消费者都不能影响市场价格；生产者生产的产品具有同质性，不存在差别；生产者进出市场不受社会力量限制；市场交易活动自由、公开，没有人为限制；市场信息畅通准确，市场参与者充分了解各种情况；各种资源都能够充分流动。

（一）完全竞争市场是一种有配置效率的市场

具备了以上条件的完全竞争市场类型，应当是一种有配置效率的市场类型。这是因为：

第一，完全竞争市场可以使微观经济运行保持高效率。完全竞争市场全面排除了任何垄断和限制，完全由市场机制进行调节，因而生产效率低和无生产效率的生产者会在众多生产者的相互竞争中被迫退出市场，生产效率高的生产者则得以继续生存，同时，又有生产效率更高的生产者随时进入市场，参与市场竞争，只有生产效率更高的生产者才能在新一轮竞争中取胜。这样一来，完全竞争市场便促使生产者充分发挥自己的积极性和主动性，进行高效率的生产。

第二，完全竞争市场可以促进生产效率的提高。完全竞争市场可促使生产者以最低成本进行生产，从而推动生产率不断提高。因为在完全竞争市场条件下，每个生产者都只能是市场价格的接受者，他们要想使自己的利润最大化，就必须以最低的成本进行生产，必须按照其产品平均成本处于最低点时的产量进行生产。生产者以最低的生产成本生产出最高产量的产品，就提高了资源和生产能力的利用效率，因而这种生产过程就是一种促进生产效率和生产效益不断提高的过程。

第三，完全竞争市场可促进社会利益。完全竞争市场中的竞争在引导生产者追求自己利益的过程中，也有效地促进了社会的利益。这是亚当·斯密的重大发现及著名论断。他认为，市场竞争引导每个生产者都不断地努力追求自己的利益，他们所考虑的并不是社会的利益，但是，由于受着一只“看不见的手”的指导，去尽力达到一个并非他本意想要达到的目的。他追求自己的利益，往往使他能比在真正出于本意的情况下更能有效地促进社会的利益。例如，每个生产者都努力使其生产物的价值达到最高程度，其结果必然会使社会的年收入额增加，从而也促进了社会的公共利益。

第四，完全竞争市场可提高资源的配置效率。在完全竞争市场条件下，资源能不断地自由流向最能满足消费者需要的商品生产部门，在资源的不断流动过程中实现了资源在不同用途间、不同效益间和在生产过程中的不同组合间的有效选择，使资源发挥出更大的效用，从而大大提高了资源的配置效率和配置效益。

第五，完全竞争市场有利于消费者及其消费需求满足的最大化。在完全竞争市场条件下，价格趋向等于生产成本，因而，在许多情况下，它可以形成对消费者来讲最低的价格，而且完全竞争市场条件下的利润比其他非完全竞争市场条件下的利润要小。所以，在纯粹竞争的情况下，获利最大的是消费者。同时，完全竞争市场还可以使消费需求的满足趋向最大化。

（二）完全竞争市场的主要缺陷

完全竞争市场也是一种具有许多缺陷的市场形式。它的主要缺陷包括：

第一，它在现实生活中很难出现。只有在具备了严格前提条件的情况下，完全竞争市场才能成立，因而，完全竞争市场的效率也必须在具备了严格的前提条件情况下才会出现。因此，完全竞争市场只能是西方经济学家在研究市场经济理论过程中的一种理论假设，是其经济分析的一种手段和方法。这样一来，没有实践意义就成了完全竞争市场的最根本缺陷。

第二，它所必需的有大量小企业存在这个条件既不可能也不适用。在现实经济实践中，即使进入市场非常自由，由于其他各个方面条件的限制和影响，进入市场的企业也不可能无限多。即使市场中已存在有大量的企业，这些企业也只能是小企业。在有着大量小企业的情况下，市场商品价格就可能相对较高。

第三，会造成资源的浪费。在完全竞争市场条件下，自由进入使效率更高、产品更能适合消费者需要的企业不断涌进市场，而那些效率低、产品已不能适应消费者需要的企业又不断地被淘汰从而退出市场。小企业在进步和外来干扰的冲击下很容易在竞争中失败，成为完全竞争市场条件下正常的和经常的现象。那些因在竞争中失败而退出市场的企业，其整个企业的设备与劳动力在仍然可以发挥作用的情况下被迫停止使用，这样，就不能不造成资源的浪费。

第四，完全信息假设。一般情况下，无论是生产者还是消费者，都只能具有不完全的信息。生产者对其在现实市场中的地位、将来发展的动向及影响市场的各种因素的信息等都不可能完整掌握，只能经常在不确定的世界中进行活动。消费者也不可能全面掌握特定市场上全部产品的价格、品质等方面的情况。同时，市场信息也不可能畅通无阻而且非常准确。

尽管完全竞争市场在现实经济生活中几乎是不存在的，但是，研究完全竞争市场类型仍有积极的意义。分析研究完全竞争市场形式有利于建立完全竞争市场类型的一般理论，当人们熟悉掌握了完全竞争市场类型的理论及其特征以后，就可以用其指导自己的市场决策，例如，生产者就可以在出现类似情况时（如作为价格接受者时等）做出正确的产量和价格决策。更重要的是分析研究完全竞争市场类型理论，可为我们分析研究其他市场类型提供借鉴。

二、实现经济效率

1. 社会福利

一般我们用生产者剩余和消费者剩余的总和来衡量社会福利的大小。当市场处于完全竞争的均衡状态时，消费者剩余和生产者剩余的总和达到最大水平。所以，完全竞争市场是一种高效率的市场，也是高福利的市场。

2. 价格管制和生产配额

在市场经济发展中，市场对经济的调节不一定总能使政府满意。因此，在一些特殊时期政府要进行价格管制，就是政府制定一个不受市场影响的固定的价格，生产者和消费者都是价格的接受者。如果制定的价格高于市场完全竞争均衡的价格，则消费者需求减少，厂商供给过剩，最终均衡结果是厂商减少产量使供求平衡。反之，如果，管制价格低于完全竞争市场的均衡价格，则消费者需求将过剩，最终均衡产量也会减少到生产者在管制价格下的产量。

在完全竞争的市场上，如果没有价格管制，让生产者和消费者充分自由的交换，市场会达到社会最优的均衡状态。如果经济中有其他力量干预即主要是政府的干预，如图 6-12 所示，价格管制使实际价格 P_1 高于市场均衡价格 P^*，在这样的管制价格下，需求萎缩，供给过剩，只有一部分消费者得到满足，消费者剩余 C 减少，生产者剩余为 $E+G$，社会福利损失为阴影部分 F，这部分损失称为直接损失。如果价格为 P_2，低于 P^* 的价格，则生产者剩余为 E，消费者剩余为 $C+G$，社会福利损失同样是 F。

除此之外，价格管制还会带来配给损失，当管制价格高于完全竞争的市场均衡价格时,因为供给过剩,必然有一部分厂商是有能力供给但找不到市场需求的,如果市场需求不是由低成本、供给欲望强烈的厂商提供供给,而是由较高成本的厂商供给,则会使生产这些产品的成本高于社会最优的生产成本,造成配给损失。而当管制价格低于市场完全竞争的均衡价格时,由于需求大于供给,可能是购买欲望最强的消费者未被满足,这会引起"黑市交易"盛行,产品可能以很高的非管制价格进行交易。

政府通过生产许可证等方式限制生产者的产量,使其供给小于市场完全竞争下的均衡产量,同样可以使市场价格高于完全竞争下的均衡价格。这样的产量管制行为我们称为生产配额。如图 6-13 所示,政府如果有足够的强制能力,让行业的供给量固定在 Q_1,价格固定在 P_1,则社会福利会损失为 $B+C$。比如有的地方政府为保护环境,发放经营许可证,限制城市的出租汽车总量,抬高出租费,就属于这种强制性的生产配额。

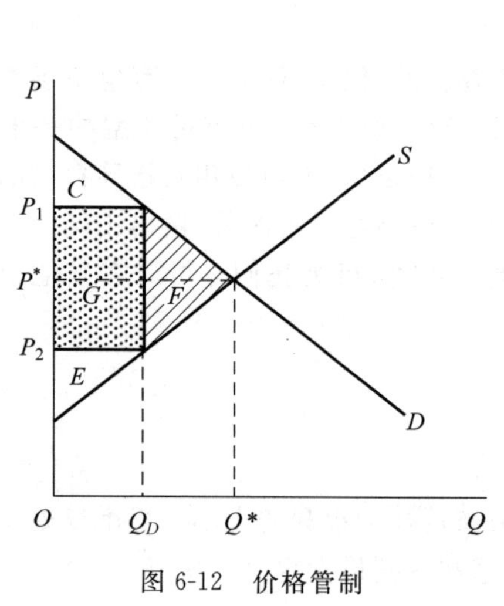

图 6-12 价格管制

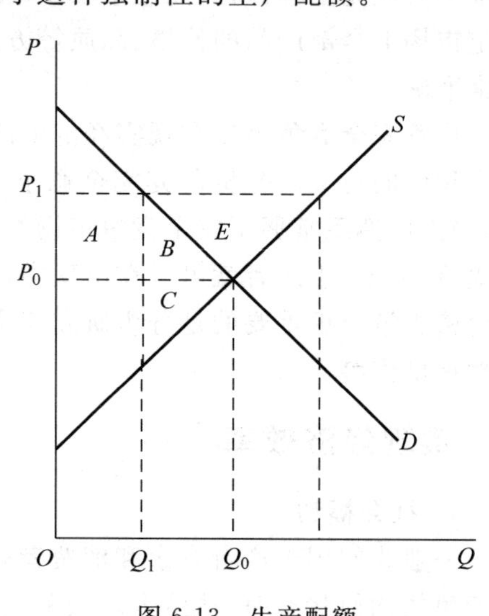

图 6-13 生产配额

如果政府没有足够的强制能力,则它可以通过给予生产者一定的激励,使其愿意生产 Q_1 的产量,而后以 P_1 的价格出售。比如有的政府为鼓励某些行业的发展,就会出台一些鼓励行业发展的优惠政策,这种做法就是属于这种非强制性的生产配额。

3. 赋税和补贴

(1) 税收对均衡的影响

有国家就有税收,政府在向消费者或者生产者征收一定的税收时,会使消费者面临的买方价格高于厂商供给的卖方价格,则均衡产量小于社会最优的产量,消费者剩余和生产者剩余同样都会减小,并且二者的损失将大于政府的税收收入,出现社会福利的净损失。假如税收没有全部用于公用事业,而是被挥霍浪费,则损失会更大。如图 6-14 所示,从价税率为 t,消费者面临的价格为 $P+t$,生产者按价格 P 供给 Q_t 的产量,政府税收为 T,消费者剩余为 C,生产者剩余为 E,社会福利净损失为 F。

(2) 补贴对均衡的影响

跟税收相反,如果政府给予生产者或消费者补贴,使消费者面临的买方价格低于厂商供给的卖方价格,则均衡产量大于社会最优的产量,消费者剩余和生产者剩余都将增加,但二者的增加总和将小于政府的补贴额，同样造成社会福利的损失。如图 6-15 所示，政府每单位产品补贴 a，使厂商的卖方价格为 $P+a$，消费者的买方价格为 P，消费者剩余增加了 E，生产者剩余增加了 C，政府总补贴为 $Q_a \times a$，即 $C+E+F$，所以最终社会损失仍为 F。

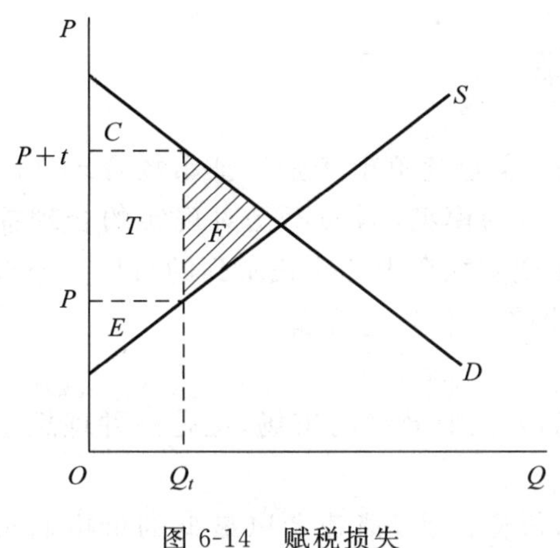

图 6-14　赋税损失

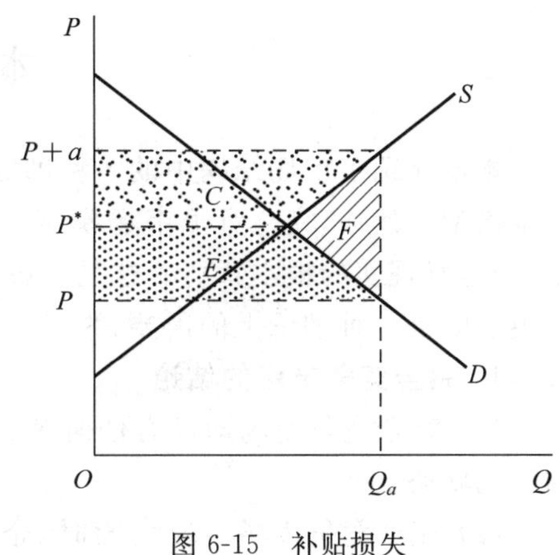

图 6-15　补贴损失

(3) 赋税或补贴的分摊

政府税收或补贴在生产者和消费者之间的分配取决于需求曲线和供给曲线的弹性，如果 E_d/E_s 较小，则赋税主要由买方承担，反之则主要由卖方承担。极端情况下，如果 E_d 为无穷大，或者 $E_s=0$，则税收全部由生产者承担；反之，如果 E_s 为无穷大，或者 $E_d=0$，则税收全部由消费者来承担。

补贴作为一种负的税收，也有类似的结论：如果 E_d/E_s 较小，则补贴主要由买方获得；反之则主要由卖方获得。极端情况下，如果 E_d 为无穷大，或者 $E_s=0$，则补贴全部由生产者获得；反之，如果 E_s 为无穷大，或者 $E_d=0$，则补贴全部由消费者获得。

4. 政府管制还是自由放任

根据以上分析得知，价格管制会带来社会福利损失，但由于市场自身的缺陷(外部性、公共产品等)和发展的不完善，又必然地要求政府的干预和调整，于是在经济学史上，是坚持自由放任还是坚持政府管制，就成为经济学上永远也争论不出完整结果的课题。

从亚当·斯密主张市场可以完全依靠“看不见的手”来自我调节开始，到 19 世纪初马歇尔进行的综合和总结，自由放任的思想最终被贯穿于整个经济学研究，形成完整的经济学体系——新古典经济学。但是 20 世纪 30 年代的大萧条极大地打击了人们对自由放任的迷信，于是 1936 年凯恩斯发表《就业、利息和货币通论》，将政府干预的理论带进了经济学的理论范畴。尽管凯恩斯当时被经济学界视为异端，但其经济思想却为许多国家政府采纳并对经济恢复和发展起了极大的促进作用。凯恩斯及其宏观经济理论也在其他经济学家的猛烈攻击中，在学术上迅速发展完善到人们不得不信服的地步。于是 50 年代的萨谬尔森把新古典经济学和凯恩斯理论结合创立了新古典综合派，认为微观经济学是宏观经济学的基础，两者是相互联系又各成体系的经济理论。在这之后，西方国家经济出现停滞和通胀并存的局面。这种以滞胀为特征的经济危机使人们又开始回味自由放任的高速增长时代,新自由主义的经济思潮又重新兴起,在微观领域以科斯为主要代表,在宏观领域以弗里得曼为主要代表,新自由主义者大力抨击政府干预,认为政府的过度干预是导致滞胀的主要原因。同时,凯恩斯的后继者们仍在极力地为自己的学术辩护,关于政府管制和自由放任的争辩继续进行,永远也不会停止。

本章小结

本章介绍了市场结构中的一种即完全竞争市场,完全竞争市场是论证市场合理性的基本模型。然而,完全竞争市场模型恰恰是没有竞争的模型,因而不是对现实的合理抽象,而是对现实的根本背离。这是一种纯理论的、在现实社会中几乎找不到的市场。分析它更多的是一种理论上的需要,为以后分析其他市场类型作理论准备。

1. 完全竞争市场的结论

(1) 完全竞争市场即没有任何垄断因素的市场,是最有效率的市场,也是一种理想化的市场状态。

(2) 完全竞争市场实现均衡时,企业以最低的价格出售,消费者以最低的价格购买商品。

(3) 只要存在政府干预,就会导致效率损失。

2. 决策

(1) 生产者:因为厂商是市场价格的被动接受者,无法用产量来影响价格,并且产品是同质的,所以完全竞争厂商不用广告促销或者创新。

(2) 消费者:由于所有的厂商都以相同的最低价格出售同质的产品,消费者没有必要寻求更便宜的商品或更好的卖者,并且不可能通过提高购买量改变市场价格。

(3) 市场:完全竞争是非对抗性竞争,如同赛跑,一人一个跑道,互不干预,不存在互相攻击的情况。

3. 对完全竞争市场的评论

根据对完全竞争市场厂商均衡的分析,可以认为,在完全竞争的市场条件下,价格可以充分发挥其“看不见的手”的作用,调节整个经济的运行。通过这种调节可以实现:第一,社会供给与需求相等,使资源得到最优配置,生产者的生产不会有不足或过剩,消费者的需求也得到了充分满足;第二,在长期均衡时所达到的平均成本处于最低点,表明可以通过完全竞争与资源的自由流动,使生产要素的效率得到最有效的发挥;第三,平均成本最低决定了产品的价格也是最低的,这对消费者是有利的。从以上来看,完全竞争市场是理想的市场结构类型。

但完全竞争市场也有其缺点,主要表现在:第一,各厂商的平均成本最低并不一定是社会成本最低;第二,产品无差别,这样,消费者的多种需求无法得到满足;第三,完全竞争市场上生产者的规模都很小,这样,他们没有能力去实现重大的科学技术突破,从而不利于科学技术发展和科技创新;第四,在实际经济生活中,完全竞争的情况是很少的,而且,一般来说,竞争也必然引起垄断。应该指出,对完全竞争市场的分析,为我们对其他市场的分析提供了一个理论基础。

简　答　题

1. 简要分析厂商实现最大利润的均衡条件。

2. 完全竞争条件下，厂商实现长期均衡时的价格为什么难以保持在大于最小的LAC水平上？

3. 简析完全竞争厂商的需求曲线、平均收益曲线和边际收益曲线的特征及关系。

4. 简述完全竞争厂商的长期均衡。

5. 分析完全竞争厂商的短期均衡。

案例剖析：大型养鸡场为什么赔钱？

20世纪80年代，一些城市为了保证居民的菜篮子，由政府出资办了大型养鸡场，但成功者少，许多养鸡场最后以破产告终。这些大型养鸡场在市场上反而竞争不过农民养鸡专业户或老太太，往往赔钱者多。为什么大反而不如小呢？

从经济学的角度看，这首先在于鸡蛋市场的市场结构。鸡蛋市场有四个显著的特点：第一，市场上买者和卖者都很多，没有一个卖者和卖者可以影响市场价格。即使是一个大型养鸡场，在市场上占的份额也微不足道，难以通过产量来控制市场价格。用经济学术语说，每家企业都是价格接收者，只能接受整个市场供求决定的价格。第二，鸡蛋是无差别产品，企业也不能以产品差别形成垄断力量。大型鸡场的蛋与老太太的鸡蛋没有什么不同，消费者也不会为大型养鸡场的蛋多付钱。第三，自由进入与退出，任何一个农民都可以自由养鸡或不养鸡。第四，卖者与卖者都了解相关信息。这些特点决定了鸡蛋市场是一个完全竞争市场，既没有任何垄断因素的市场。

在鸡蛋这样的完全竞争市场上，短期中如果供大于求，整个市场价格低，养鸡可能亏本。如果供小于求，整个市场价格高，养鸡可以赚钱。

但在长期中，养鸡企业(包括农民和大型养鸡场)则要对供求做出反应；决定产量多少和进入还是退出。假设由于人们受胆固醇不利于健康这种宣传的影响而减少了鸡蛋的消费，价格下降，这时养鸡企业就要做出减少产量或退出养鸡业的决策。假设由于发生鸡瘟，供给减少，价格上升，原有养鸡企业就会扩大规模，其他人也会进入该行业。在长期中通过供求的这种调节，鸡蛋市场实现了均衡，市场需求得到满足，生产者也感到满意。这时，各养鸡企业实现成本(包括机会成本在内的经济成本)与收益相等，没有经济利润。

在完全竞争市场上，企业完全受市场支配。由于竞争激烈，成本被压得相当低。生产者要对市场供求变动做出及时的反应。换言之，在企业无法控制的市场上，成本压不下来或调节能力弱，都难以生存下去。大型养鸡场的不利正在于压低成本和适应市场的调节能力远远不如农民养鸡者。在北京的鸡蛋市场上，大型养鸡场就斗不过北京郊区和河北的农民。

大型养鸡场的成本要高于农民。在短期中，养鸡的成本包括固定成本(鸡舍、蛋鸡、管理人员等)和可变成本(鸡饲料、劳动等)。大型养鸡场的固定成本(现代化养鸡设备和从场长、党委书记到职员的众多管理人员)远远高于农民(农民养鸡的固定成本除蛋鸡外其他很少)。甚至农民的可变成本也低(用剩饭菜等代替部分外购饲料,自己的劳动也可忽略不计)。这样,当价格低时,大型养鸡场难以维持或要靠政府财政补贴,而农民养鸡户却可以顽强的生存下来。长期中,大型养鸡场每个蛋的平均成本也高于农民,因为现代化大量养鸡带来的好处并不足以弥补巨额投资和庞大管理队伍的支出。农民则以低成本和低价格占领了鸡蛋市场。

大型养鸡场的市场适应能力也不如农民。当供大于求价格低时,农民可以迅速退出市场,不会有多大损失,大型养鸡场停产则很难。现代化养鸡设备限制下来比不用鸡窝的损失大得多。解雇管理人员比老太太不养鸡难得多。在供小于求价格高时,大型养鸡场的产量要受设备能力的限制,但有什么能限制农民多样鸡呢?

在鸡蛋市场上需要的是“造小船成本低”和“船小好调头”。庞然大物的大型养鸡场反而失去了规模经济的好处。而且,即使将来农民养鸡现代化了,也仍然是农民养鸡业的进步,难以有大型企业的地位。这是行业生产技术特点决定的。你听说过美国500强企业中有养鸡公司吗?或者说,你听到过什么有名的养鸡场吗?这类企业本来就应该是“小的是美好的”。

鸡蛋市场的事例告诉我们,市场经济的一个重要原则是,市场能做的尽量交给市场。只要不把农民养鸡作为“资本主义尾巴”来割,千百万养鸡农民追求致富的行为会自发使鸡蛋市场均衡。政府又是办大型养鸡场,又是给补贴,或用政策限制农民的鸡蛋进城,结果“赔了夫人又折兵”,还没有改变市场规律。

资料来源:微观经济学案例分析 http://www.kaoyan365.cn.

第七章

不完全竞争市场

垄断在技术上是无效率的。

——亚当·斯密

本章导读

在上一章中,我们讨论了完全竞争情况下厂商的产量决策,并说明了完全竞争市场的优缺点。在这一章中,我们将分析不完全竞争市场中的厂商行为,并说明这些市场的有效性。按照流行的理论,不完全竞争市场分三类:完全垄断、垄断竞争和寡头垄断。不完全竞争市场是相对于完全竞争市场而言的,除完全竞争市场以外的所有或多或少带有一定垄断因素的市场都被称为不完全竞争市场。不完全竞争市场的特点是,市场中存在一定程度的垄断,某些个别经济人对商品的市场价格具有一定程度的影响力。

学习目标

本章通过研究不完全竞争市场厂商不同的需求曲线,收益曲线,进一步论证其短期均衡和长期均衡产量确定的特点,依此对不同市场条件下经济效率的差异作出比较。通过本章的学习,应能使学生掌握从现实对独家垄断的理论分析和民众看法引出对完全垄断、垄断竞争、寡头垄断市场的分析,重在比较,从中理解不同市场经济效率的差别以及政府对此作出的调整。还须了解有关博弈理论的知识。最终能结合现实,对完全垄断和寡头垄断企业的经营行为与定价特点有较深入的认识和分析,以及理解政府限制垄断、鼓励竞争的政策。

关键概念

垄断(monopoly)
价格歧视(price discrimination)
垄断竞争(monopolistic competition)
寡头垄断(oligopoly)
价格领导(price leadership)

第一节　完全垄断市场

一、完全垄断市场概述

垄断(monopoly)一词来自希腊文,可理解为单个生产者面对众多的消费者。完全垄断又称独占或卖方垄断。与完全竞争相反，它是只存在一个供给者和众多需求者的产品市场，从而具有以下见个相互联系的特征：

(1) 与完全竞争市场有众多卖者不同，完全垄断企业能够排斥其他竞争对手，独自控制整个行业的供给。由于整个行业仅存在唯一的供给者，企业就是行业。

(2) 正由于完全垄断企业控制整个行业的供给，也就能够控制整个行业的价格，成为价格的制定者。与完全竞争企业面对既定价格只能调整产量不同，完全垄断企业可以有两个决策变量：以较高价格出售较少产量，或以较低价格出售较多产量。

(3) 完全垄断企业的产品没有替代品，需求交叉弹性为零。否则，其他企业将以自己的产品替代垄断品，完全垄断企业就不可能成为唯一的供给者。

(4) 与完全竞争市场要素自由流动不同，完全垄断行业存在进入障碍，其他企业难以参与竞争。

完全垄断与完全竞争一样，也是一种理论假设。它只是说明某种产品仅有唯一供给者，并不排斥不同产品之间的竞争。除极其珍贵的古董、邮票等外，绝大多数产品都具有不同程度的替代性，完全垄断是极其罕见的。

垄断者怎样才能将其他企业排斥在外，以保证自己永远是行业的唯一的供给者呢？这可以从垄断存在的原因来分析。主要有以下三个方面：

(1) 专利制度。法律保护一个企业在特定时期内拥有生产某种产品特殊技术的权利，不允许其他企业仿造，从而形成垄断。

(2) 市场特许权。出于社会公共福利和经济效率的考虑，政府对供电、公共交通等公用事业，特许一家公司垄断经营权。

(3) 规模经济。某些规模经济明显的行业，单个企业在平均成本最低点的产量已经足以满足市场需求，由一家企业供给最有效率。在这种情况下，往往会形成自然垄断。

【案例 7-1】

减价与提价

保罗和彼得在同一条河上经营航运。他们各自拥有一个航运公司，整日在河上运送货物和旅客。保罗想，如果河上只有我一家航运公司，生意该更红火了。保罗共有 20 条大船，彼得只有 10 条，保罗比彼得的资本雄厚得多。而且，彼得还欠下银行的大笔债务。于是，保罗降低了票价，打起了价格战。彼得没有办法，只得跟着降价。保罗再次降价，彼得再次跟上。如此反复交锋，乘客大占便宜，两位老板都受到重大损失。保罗亏损巨大，彼得更是欠债累累、行将破产。最后彼得不得不将所有的船都出售给保罗。保罗获胜了，成了河上唯一的航运公司。保罗逐步提高了票价，很快成为当地首富。来往的乘客一面抱怨着票价太贵，一面却只得坐他的船，让自己的血汗钱填满了保罗的口袋。

二、完全垄断厂商的需求曲线和收益曲线

完全垄断市场中只有一个厂商，所以市场的需求曲线就是垄断厂商所面临的需求曲线，它是一条向右下方倾斜的曲线。假定厂商的销售量等于市场的需求量，于是，向右下方倾斜的垄断厂商的需求曲线表示：垄断厂商可以用减少销售量的办法来提高市场价格，也可以用增加销售量的办法来压低市场价格，即垄断厂商可以通过改变销售量来控制

市场价格。

厂商所面临的需求状况直接影响厂商的收益，这便意味着厂商的需求曲线的特征将决定厂商的收益曲线的特征。垄断厂商的需求曲线是向右下方倾斜的，其相应的平均收益曲线 AR、边际收益曲线 MR 和总收益曲线 TR 的一般特征如图 7-1(a)和图 7-1(b)所示：①由于厂商的平均收益 AR 总是等于商品的价格 P，所以垄断厂商的 AR 曲线和需求曲线 d 重叠，都是同一条向右下倾斜的曲线。②由于 AR 曲线是向右下方倾斜的，则根据平均量和边际量之间的相互关系可以推知，垄断厂商的边际收益 MR 总是小于平均收益 AR。因此，图中 MR 曲线位于 AR 曲线的左下方，且 MR 曲线也向右下方倾斜。③由于每一销售量上的边际收益 MR 值就是相应的总收益 TR 曲线的斜率，所以在图 7-1 中，当MR>0 时，TR 曲线的斜率为正；当 MR<0 时，TR 曲线的斜率为负；当 MR=0 时，TR 曲线达到最大值点。

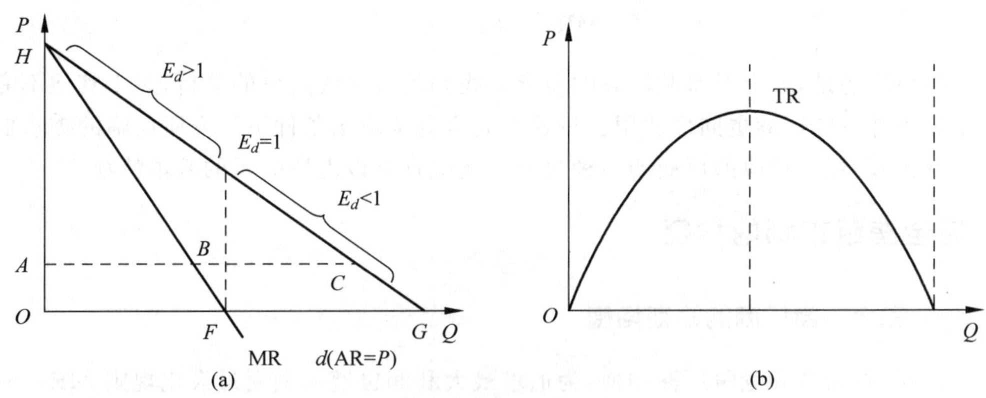

图 7-1　垄断厂商的收益曲线

垄断厂商的需求曲线可以是直线形的，也可以是曲线形的。图 7-1(a)中垄断厂商的需求曲线是直线形的，该图体现了垄断厂商的 AR 曲线、MR 曲线和 TR 曲线相互之间的一般关系。在此，需要提出的是，当垄断厂商的需求曲线为直线形时，相应的 MR 曲线还有其他一些重要的特征。关于这一点具体分析如下：

假定线性的反需求函数为

$$P = a - bq \tag{7-1}$$

式中，a，b 为常数，且 $a,b>0$。由(7-1)式可得总收益函数和边际收益函数分别为

$$\mathrm{TR}(Q) = \mathrm{PQ} = aQ - bQ^2 \tag{7-2}$$

$$\mathrm{MR}(Q) = \frac{\mathrm{dTR}(Q)}{\mathrm{d}Q} = a - 2bq \tag{7-3}$$

根据(7-1)式及(7-3)式可求得需求曲线和边际收益曲线的斜率分别为

$$\frac{\mathrm{d}P}{\mathrm{d}Q} = -b \tag{7-4}$$

$$\frac{\mathrm{dMR}}{\mathrm{d}Q} = -2b \tag{7-5}$$

由此可得以下结论，当垄断厂商的需求曲线为直线形时，d 曲线和 MR 曲线的纵截距

是相等的，且 MR 曲线的横截距是 d 曲线横截距的一半，即 MR 曲线平分由纵轴到需求曲线 L 的任何一条水平线，如在图 7-1 中有 AB＝BC，OF＝FG 等。

图 7-1 中也体现了以下三种情况：

当 $E_d>1$ 时，有 MR＞0，此时总收益 TR 随销售量 Q 的增加而增加。

当 $E_d<1$ 时，有 MR＜0，此时总收益 TR 随销售量 Q 的增加而减少。

当 $E_d=1$ 时，有 MR＝0，此时总收益 TR 达到极大值点。

可以证明如下：

假定反需求函数为 $P=P(Q)$，则有

$$\mathrm{TR}(Q)=P(Q)\cdot Q$$

$$\mathrm{MR}(Q)=\frac{\mathrm{dTR}(Q)}{\mathrm{d}Q}=P+\frac{\mathrm{d}P}{\mathrm{d}Q}\cdot Q=P\left(1+\frac{\mathrm{d}P}{\mathrm{d}Q}\cdot\frac{Q}{P}\right)$$

即

$$\mathrm{MR}=P\left(1-\frac{1}{E_d}\right)$$

需要指出的是，以上对垄断厂商的需求曲线和收益曲线所作的分析，对于其他不完全竞争市场条件下的厂商也同样适用。只要不完全竞争市场条件下厂商所面临的需求曲线是向右下方倾斜的，相应的厂商的各种收益曲线就具有以上所分析的基本特征。

三、完全垄断市场的均衡

（一）完全垄断厂商的短期均衡

在短期，垄断者和竞争厂商相似，为追求最大利润也遵循利润最大化规则 MR＝MC。但是这两类厂商之间也有一个重要的差别：竞争厂商的边际收益等于其价格，而垄断者的边际收益小于其价格。

对于竞争厂商：P＝MR＝MC

对于垄断厂商：P＞MR＝MC

垄断者如何找出其产品利润最大化的价格呢？需求曲线回答了这个问题，因为需求曲线把消费者愿意为之支付的量和销售量联系起来了。因此，在垄断厂商选择了使边际收益等于边际成本的产量之后，就可以用需求曲线找出与那种产量一致的价格。垄断企业能否盈利取决于销售价格与平均成本的大小。图 7-2(a)和图 7-2(b)表示了垄断厂商短期盈利和亏损的两种情况。在图 7-2(a)中，利润最大化的价格在 B 点，高于平均成本，此时厂商获得的超额利润为长方形 $ABDC$ 的面积。在图 7-2(b)中，价格 P^* 低于平均成本，厂商会亏损。此时厂商是否会继续生产取决于价格水平是否高于平均可变成本 AVC。当然，这只是理论上的分析，事实上，由于垄断厂商控制市场价格，即使短期内会出现亏损，但在长期内厂商总会设法把价格提高到平均成本以上。获得超额利润是一种通常情况，也是厂商维持垄断地位的基本动力。

（二）完全垄断厂商的长期均衡

从长期来看，为了获取更多的利润，垄断厂商也将对其使用的各种生产要素的组合进

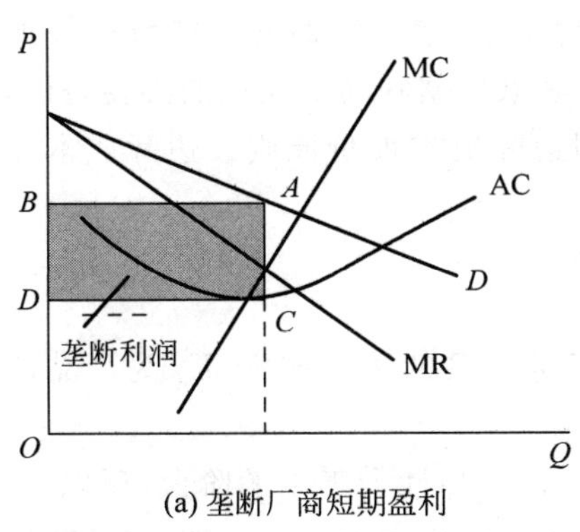

(a) 垄断厂商短期盈利

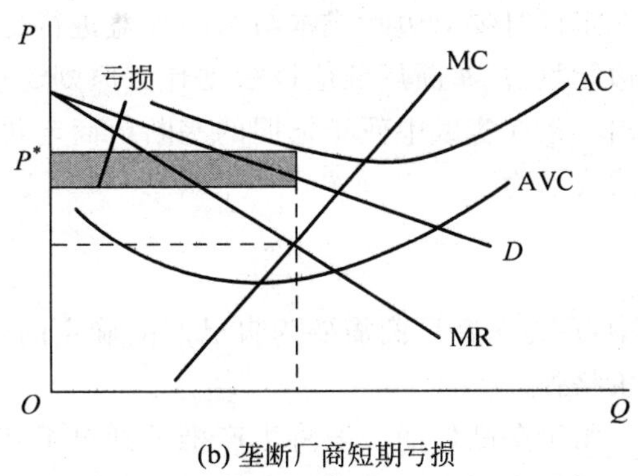

(b) 垄断厂商短期亏损

图 7-2 完全垄断厂商的短期均衡

行调整,以便在生产每个产量时都能处于成本最低的生产规模状态。而从厂商所面临的市场需求状况来看,由于存在行业的进入障碍,其他厂商无法与这个垄断厂商竞争,因此不同于完全竞争,垄断厂商面临的需求曲线不会因为其他厂商的进入而发生改变。

对应于特定的市场需求,当厂商可以在长期中获得超额利润时,它就会依照边际收益等于长期边际成本的条件选择利润最大化的产量,如图 7-3 所示。

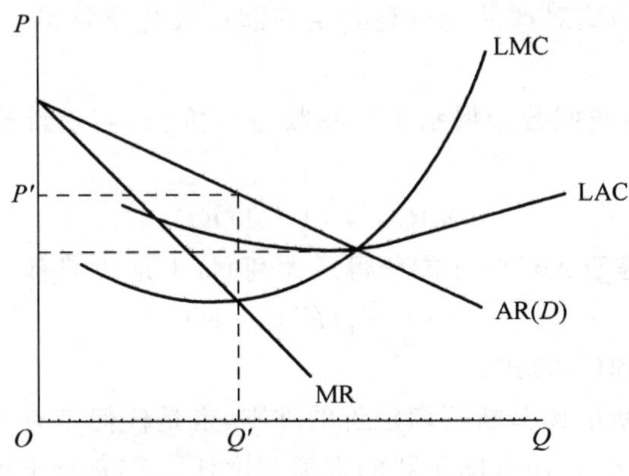

图 7-3 完全垄断厂商的长期均衡

因此,垄断厂商的长期均衡条件是

$$\mathrm{LMC}=\mathrm{MR}$$

厂商在长期中的最优产量使得厂商长期的边际成本和边际收益相等。这一最优产量一般不在厂商的长期平均成本的最低点。

四、垄断市场的定价原则与价格歧视

我们讨论垄断厂商的价格歧视是在分析垄断厂商定价原则的基础上进行的。

(一) 垄断厂商的定价原则

厂商的目标是追求利润的最大化,厂商确定自己产品的价格不能脱离这一目标。利润最大化的必要条件是边际成本等于边际收益。因此,为实现利润最大化的目标,垄断厂商在定价时要对边际成本与边际收益进行比较。在现实中，垄断厂商并不能够很好地把握边际收益，垄断厂商应该根据什么原则定价？经济学家根据利润最大化的必要条件，概括出一条在实践中便于把握的垄断厂商定价原则，即边际成本加价原则。边际成本加价公式表示为

$$P = \frac{\mathrm{MC}}{1 - 1/E_d} \tag{7-6}$$

其中，P 为垄断厂商需要为自己产品确定的价格，MC 为产品的边际成本，E_d 为产品需求的价格弹性。

由于垄断厂商一般将生产推进到对于其产品需求价格弹性大于 1 的阶段，所以(7-6)式表明厂商对自己产品的定价高于边际成本，因此称为边际成本加价。比如，某垄断厂商产品的边际成本是 8 元，对于该垄断厂商产品需求价格弹性是 2，则垄断厂商应该将自己产品的价格定为 16 元。定价时在边际成本上加价多少取决于垄断厂商产品需求价格弹性的大小。对垄断厂商产品需求价格弹性越大，加价越低。在极限的情况下，若需求价格弹性为无穷大，则无须在边际成本上加价，让价格等于边际成本即可。价格等于边际成本的定价原则是完全竞争厂商的定价原则。因此由(7-6)式我们可以明白，在垄断厂商产品需求价格弹性为无穷大的情况下，垄断是没有必要的。

垄断厂商按照(7-6)式对产品定价是满足利润最大化条件的。我们可以通过对(7-6)式的推导证明这一点。

在讨论边际收益时我们曾经揭示了边际收益与价格、需求价格弹性之间的关系。这一关系是

$$\mathrm{MR} = P(1 - 1/E_d)$$

由于厂商只有在 MR 等于 MC 时才能获得最大利润，于是我们有

$$P(1 - 1/E_d) = \mathrm{MC} \tag{7-7}$$

整理(7-7)式便可以得到(7-6)式。

(7-6)式不仅是垄断市场垄断厂商定价的准则，也是任何带有某种垄断力量的厂商定价的准则。实际上，(7-6)式还有助于我们理解测度任一厂商对于市场垄断程度的勒纳指数 L。勒纳指数(Lerner index)L 表示为

$$L = (P - \mathrm{MC})/P \tag{7-8}$$

勒纳指数值介于 0 与 1 之间(包括 0 与 1)。用(7-8)式来衡量市场垄断度是很自然的。在完全竞争的情况下，价格等于边际成本 MC，市场垄断程度为 0，当价格高出边际成本很多，以致勒纳指数接近于 1 时，市场近乎垄断。由(7-6)式，我们知道勒纳指数还可以表示为

$$L = \frac{1}{E_d} \tag{7-9}$$

由于对于任意厂商而言，需求价格弹性不可能小于 1，因此(7-9)式告诉我们，厂商对于市场的垄断程度与自己产品需求价格弹性呈反方向变化，厂商产品需求价格弹性越大，它对于市场的垄断程度越小，反之就越大。

（二）垄断厂商的价格歧视

上面讨论的垄断均衡中，假定垄断厂商只能制定一种统一的价格，但作为价格制定者的垄断厂商，还可以向不同的购买者索取不同的价格，如果这些不同价格并非因为成本不同造成，我们就叫作价格歧视或者差别定价。垄断厂商实行价格歧视，其目的是在一定条件下获得更高的利润。所谓**价格歧视**是指垄断者在一定时间内对相同成本的产品向不同的购买者收取不同的价格，或是对不同成本的商品向不同的购买者收取相同的价格。具体有三种表现：①垄断者对市场进行分割，对不同团体的顾客收取不同的价格。②对给定的消费者，依据其购买数量的多少来确定价格水平。③垄断者对每一消费者所购买的每一单位的产品分别定价。

一般来讲，价格歧视分为三种类型，分别为一级价格歧视、二级价格歧视和三级价格歧视。

1. 一级价格歧视

一级价格歧视是指垄断厂商对他所销售的每一单位产品都索取最高的可能价格（如图 7-4 所示）。

假设市场需求曲线为 D，有 i 件（$i=1,2,3\cdots,N$）产品可供出售，如果不实行价格歧视，垄断厂商将按最后一件产品的价格 P_N 销售其所有产品。我们知道，需求曲线反映了消费者在不同价格水平下所愿意购买的商品数量，也就是消费者对每一件商品所愿意支付的价格。由于边际效用递减规律，随着商品销售量的增加，消费者所愿意支付的价格减少，因此，需求曲线实际上反映了消费者对不同量商品愿意支付的最高价格。那么，在实行一级价格歧视的时候，垄断厂商也就是按每单位商品的最高价格向他们销售产品。如图 7-4 所示，第 1 件产品边际效用最大。消费者愿意支付的最高价格为 P_1，而垄断厂商就按此价格出售；第 2 件产品边际效用减少，因此按 P_2 销售……最后第 N 件产品按 P_N 销售。显然，这是一种极端的情况，但垄断厂商的利润由此可以达到最大的极限状态。在图 7-4 中，假定垄断厂商的平均成本等于价格，那么垄断厂商按单一价格 P_N 出售商品，其利润为零；而在实行一级价格歧视的情况下，垄断厂商总成本为矩形面积 OP_NBN，总收益为 $OABN$，因此可获取面积为三角形 P_NAB 的利润。三角形面积 P_NAB 代表了消费者剩余，因此实行一级价格歧视的垄断厂商实际上是把所有消费者剩余转化成了垄断利润。

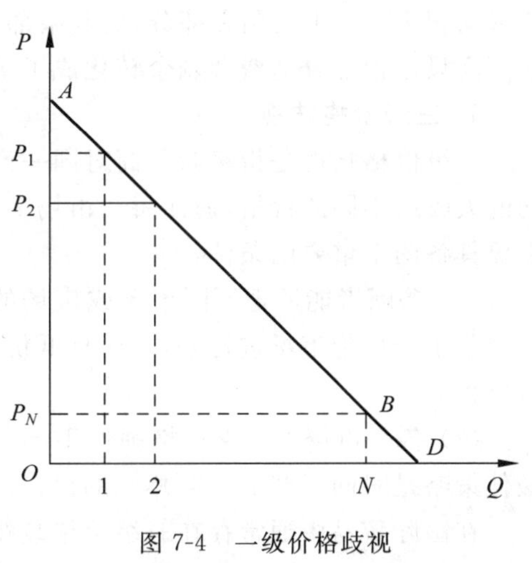

图 7-4　一级价格歧视

在现实中，一级价格歧视是很少见的。实行一级价格歧视的难处在于，垄断厂商必须非常清楚地了解市场需求曲线，了解每一个消费者的最高买价。

2. 二级价格歧视

二级价格歧视是指垄断厂商对某一特定的消费者按照消费者购买商品的数量来确定价格。日常生活中二级价格歧视较为普遍，典型例子是电力公司实行的分段定价(如图 7-5 所示)。

图 7-5 中，当消费者的耗电量在 Q_1 以下时，他需按价格 P_1 付电费；当耗电量达到 Q_2 时，其超过 Q_1 部分的电费可按价格 P_2 支付；当耗电量达到 Q_3 时，价格可进一步降低，按 P_3 付费。从图 7-5 中可见，与一级价格歧视不同的是，实行二级价格歧视的垄断厂商不是对每一不同单位商品制定不同价格，而是对不同的数量制定不同价格。那么，二级价格歧视的垄断利润如何计算呢？假定厂商的平均成本等于 P_3，当消费者的耗电量在 Q_1 以下时，利润应为矩形面积 P_3P_1AB，由此类推，该厂商的垄断利润应该是三角形面积 P_3EC 中的阴影部分，而其余部分则是消费者剩余。因此在二级价格歧视下，垄断厂商只是把部分消费者剩余转化成了垄断利润。

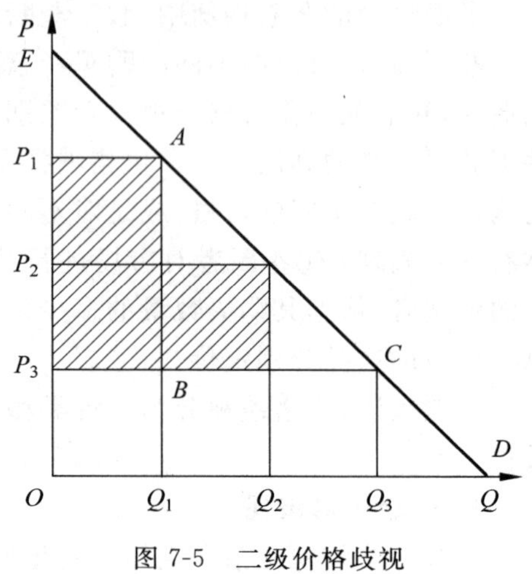

图 7-5 二级价格歧视

3. 三级价格歧视

三级价格歧视是指垄断厂商对同一商品在不同的市场上收取不同的价格，或者对不同的人收取不同的价格，但使每一市场上出售产品的边际收益相等。实行三级价格歧视需要具备两个重要的条件：

(1) 垄断者能够把不同市场或市场的各个部分有效地分割开来。否则，不仅全部顾客会集中于低价市场进行采购，而且低价市场的顾客也会把低价商品转到高价市场上进行出售。

(2) 各个市场上需求价格弹性不同。如果被分隔的各个市场需求价格弹性相同，则最佳策略是对同一产品收取相同的价格。

在国际贸易中通常存在三级价格歧视。一国某一厂商的产品在国内与国外收取不同的价格。之所以能够如此，在于国内与国外市场是分隔的，而且两个市场需求价格弹性不同。某些商品与服务对不同的社会团体收取不同的价格。例如，垄断厂商对军人与非军人收取不同的价格，对成年人与未成年人收取不同的价格等，这都属于三级格歧视。

在现实中，价格歧视可能有各种不同的形式，厂商还可按时间的不同来对市场进行划分。比方说，在新产品进入市场时，就可按产品进入市场的时期的长短来区分市场。对任何一种新产品，消费者的偏好是不一样的，有些消费者喜欢标新立异，新产品价格再高，也会迫不及待地购买，对新产品的需求弹性较小；有些消费者则比较谨慎，当价格较高时他会等待降价，对新产品的需求弹性也较大。因此，许多新产品在刚刚进入市场时定价相当高，但在进入市场一段时间之后却以较大的幅度降价销售，这就是针对两种不同类型的消费者实行了价格歧视。例如，当“电子宠物”从日本流入中国市场时，消费者争相购买，每个“电子宠物”可以卖到 100 多元。但不久，这些“电子宠物”降价到一二十元，放在柜台里几乎无人问津。时装的销售是更典型的例子，在正当时令的季节，时装的价格令一般的消费者望而却步，而时令一过，大甩卖的广告到处都是。

【案例 7-2】

垄断市场——价格歧视

我们北大同学可以花费 10 元钱看成龙的最新电影《神话》，但在校外的电影院看同样的电影却要花 30～50 元。海淀图书城附近的餐馆，如果有人下午 3 点以后来就餐就能以 6～8 折的价格享用到中午要付原价的同样一餐饭。许多大商场为了促销，常常打出买 100 送 50 元现金(或购物券)或买 200 送 100 元现金(或购物券)的广告。

在广州很容易以 750 元左右的价格买到从广州到济南的经济舱飞机票，但是在济南只能买到 1420 元的从济南到广州的经济舱飞机票。乘的是同一航空公司的飞机，甚至是同一架飞机，同样的机组，时间里程也一样，价格却相差如此悬殊。

总之，这些同样商品向不同人群索取不同价格的做法叫作价格歧视。它暗示着垄断势力的存在，所以在经济上是无效率的，并常常是非法的。然而社会上价格歧视不仅普遍，而且还是隐蔽、非预期地再分配消费品的重要方法，多数情况下，是由富人到穷人来分配。

资料来源：http://www.docin.com/p-155430114.html.

五、对完全垄断市场评价

(一) 完全垄断市场的利处

1. 完全垄断市场具有促进资源效率提高的可能性

规模经济是完全垄断市场形成的重要原因，完全垄断市场具有促进经济效率提高的可能性也表现在规模经济上。要形成完全垄断市场，必须要拥有并投入大量的固定资产和资金，只要充分发挥投入的大量固定资产和资金的效用，企业就具有进行规模生产的能力，就可以进行大规模生产。一方面提高产品的产量、增加产品的品种，提供全部供给，这时的产量高于完全竞争企业的产量；另一方面减少资源的消耗，尽量降低产品的成本，这时的产品成本低于完全竞争时产品的成本；再一方面采用效率高的生产设备和先进的生产技术(因为只有这样才能提高产量、降低成本)，从而促进资源效率的提高。完全从规模生产的经济性上来考虑，这种可能性是存在的，同时，垄断企业形成的初期也是通过规模生产来提高资源效率和企业的经济效率的。

2. 完全垄断市场具有刺激创新的作用

创新就是指在生产过程中第一次使用某种新知识，研究出一种新产品、新的劳务或一种新的加工技术等。完全垄断市场类型与创新之间存在紧密的联系。专利是形成垄断的一种原因，只要创造了一种新产品、劳务或新的加工技术并获得了专利，就会形成对这种产品、劳务或加工技术的垄断；同时，只有对创新进行专利保护，授予创新者以垄断权力，才能促进创新。这是因为完全垄断市场通过专利形式给予创新者以垄断排他性权利，使创新者在一定时期内享有创新所带来的经济利益。因而，就会刺激更多的企业进行创新活动，同时，也刺激垄断者继续大量投资于科研开发工作，这样就能促进更大范围和更高层次创新活动的开展，从而推动社会的发展。

（二）完全垄断市场的弊处

1. 完全垄断市场会造成市场竞争的损失

完全垄断市场的物品、劳务或资源都由一个供给者提供，即完全由一个企业垄断；在这种市场类型中，由于法律的和自然的限制，新的企业无法进入市场，因而完全排除了市场竞争。而市场竞争是市场运行发展和技术进步的推动力，市场竞争关系到企业的生存命运和发展前途，因而市场竞争会迫使企业不断改进生产技术，提高劳动生产率，降低个别劳动消耗，从而推动整个社会的技术迅速发展。完全垄断市场排除了市场竞争之后，垄断企业无市场竞争压力，它不用改进生产技术同样也可获得高额垄断利益，因为垄断企业的目的是利润最大化，改进生产技术能促进利润最大化目标的实现时它就改进生产技术，不用改进生产技术也可实现利润最大化目标时它就不会改进生产技术，这样，就造成了社会竞争的一定损失，使社会在一定程度上失去了技术进步的推动力。

2. 完全垄断市场会造成生产效率的损失

在完全垄断市场条件下，垄断企业具有进行规模生产的条件和能力。如果垄断企业进行规模生产，就可以降低产品成本、提高产品产量，获得最佳的生产效率，在获得丰厚利润的同时也促进了社会生产效率的提高。但是，垄断企业垄断了市场供给，没有供给的竞争者，因而可以通过降低产量、提高产品价格的手段来获取丰厚的利润，而不必通过采用花费大量投资购买先进的机器设备和技术提高生产效率的方法增加盈利。对于垄断企业来说，通过降低产量、提高产品价格的办法比提高生产效率的办法更容易获利，同时获利的成本更低，因而垄断企业就没有必要去提高生产效率。如果各个行业的垄断企业都只用降低产量、提高产品价格的办法就能获取丰厚的利润，那么谁也不会去设法提高生产效率，这样一来，就必然会造成社会生产效率的损失。

3. 完全垄断市场会造成社会产量的损失

在完全垄断市场条件下，由于垄断企业完全垄断了市场供给，因而垄断企业生产的产量决定着市场供给的产品总量。一般来说，垄断市场的产量低于完全竞争市场的产量，因为在完全竞争市场条件下，企业根据平均成本最低点所决定的产量进行生产，即按最佳产量进行生产，社会产品的产量多。而在完全垄断市场条件下，垄断企业则是根据利润最大化所决定的产量进行生产，利润最大化决定的产量只能是较低的产量。因为垄断企业在垄断了全部市场供给的情况下，只有降低产量使供给市场的产品数量减少时，产品才会供不应求，这时的产品才能在垄断市场中卖出高价钱，从而垄断企业就能获得最大利润。这种利润最大化决定的生产规模对于社会来说不是最优生产规模，其产量不是社会最优产量。在利润最大化决定垄断企业产量的情况下，由于垄断企业的生产条件和生产能力没有充分发挥其作用，所以，垄断市场首先造成了社会生产条件和生产能力的损失，最终造成了社会产量的损失。

4. 完全垄断市场会造成消费者利益的损失

在完全垄断市场条件下，由于垄断企业垄断了市场供给，并凭借着垄断权力控制了市场价格，消费者只能被迫接受垄断企业控制的市场高价格。这样一来，消费者出高价格购买的产品和服务，价格与其价值严重背离，消费者的利益与其权利严重背离，必然造成消费者利益的重大损失。从实质上来看，垄断企业对消费者造成的各种损失，就是垄断企业对消费者利益和权力的掠夺。垄断企业对消费者造成损失的行为，既违背了市场经济条件下等价交换的基本原则，又阻碍了社会的进步与发展。同时，垄断企业对其损害消费者利益的行为很难有正确的认识及改进的措施。因而，政府必须采取强有力的措施进行干预，如对垄断企业的产品价格进行调节，甚至直接定价，对其征收合理的高额税收，从而降低垄断企业的超额垄断利润；加强对垄断企业的监管和处罚，及时发现并制止垄断企业对消费者的损害，等等。完全垄断市场也是一种极端的市场类型，这种市场类型只是一种理论的抽象，在现实经济实践中几乎是不可能存在的。因为在现实经济实践中大多数垄断企业总是要受到政府或政府代理机构各个方面的干预和调节，不可能任意由垄断企业去完全垄断市场。当然，如果政府对垄断企业不进行干预，或者干预不力，垄断企业垄断市场、损害社会和消费者利益的可能性也是随时可能出现的。即使完全垄断市场在现实经济实践中几乎是不存在的，但是，研究完全垄断市场还是具有积极意义。例如，研究完全垄断市场可以促使我们了解完全垄断市场条件下出现的各种经济关系，从而有利于我们运用这种理论来研究现实市场类型条件下市场主体行为如何最佳化；研究完全垄断市场理论还可以使我们明确政府对垄断行为进行干预、调节的必要性，以及政府干预、调节活动对市场正常运行及对市场主体利益的协调所起的重要作用等。

【案例 7-3】

机场出口的收费

某城市的国际机场的年客流量超过 1000 万人次。在机场的唯一的车辆出口处有个收费站，对出站的各类车辆实行收费。这项收费已经收了很多年了，还不知道哪天会结束。以前有一段时期，收费的名义是车辆要上高架公路，所以往郊区方向的车辆可以不收费，于是有些车辆就宁愿绕个大圈子避开收费站。后来这个例外也被取消了，所有出机场的车辆必须在收费站交费后才被允许通过。

我国近年来新建和扩建了几十个机场，从机场通往市区的主要干道都对车辆实行收费，而收费的标准和期限大都不甚清楚和公开。这类问题也时常引起一些人大代表和政协委员的关注。

这个案例是一个典型的完全垄断的例子。第一是市场上仅此一家，没有竞争。第二是市场不准入，不可能允许另一家厂商也去修条路，再设个收费站，无论你具有怎样的资质和条件。第三是产品无替代。原先的绕路可以看作是替代产品，而现在的对开往郊区的车辆也实行了收费，就使得该时常完全垄断的特征更加显著了。

资料来源：陈宏民、赵旭. 管理经济学. 上海：上海交通大学出版社，2004：137.

第二节　垄断竞争市场

一、垄断竞争市场概述

垄断竞争市场就是指既有垄断又有竞争，是一种竞争和垄断因素并存的市场结构。

引起垄断竞争的根本原因在于产品差别。正是由于各厂商的产品之间存在差别,因而厂商对其产品的价格具有一定的控制能力,在市场上具有一定的垄断性;另外,由于厂商的数目较多,厂商有差别的产品之间又有很高的替代性,并且新厂商较容易进出该行业,因而这种市场又存在激烈既竞争,接近于完全竞争市场。具体说来,垄断竞争市场具有下述特征:

(1)市场上有许多厂商,厂商间存在激烈的竞争。垄断竞争市场上的厂商一般都是中小企业,比如零售商业、服务业、手工业、修理业以及生产服装、糖果、香烟等不需要很多资本设备和巨额货币资本的工业部门。这些厂商对市场的控制是有限的,不可能达到相互勾结、控制市场的地步。同时,由于各厂商生产或销售的产品间存在很高的替代性,厂商之间的竞争十分激烈。

(2)厂商进入某一行业比较容易。这一点与完全垄断市场是不同的。垄断竞争市场阻碍新厂商进入的主要障碍是原有厂商已建立起来的商业信誉,然而行业中的产品具有很高的替代性,因此对于新厂商来说,这一障碍并不是不可逾越的。

(3)垄断竞争厂商生产的产品是有差别的。所谓“**产品差别**”是指同种产品在质量、品种、规格、颜色、包装以及售后服务等方面存在的差别。这种产品差别一般区分为“真实的”产品差别和“人为的”产品差别。真实的产品差别是指产品在自然特性方面的差别,比如不同品牌的化妆品,其实际化学成分和性能是有差别的。“人为的”产品差别是指由于包装、商标、名称和广告宣传在消费者心理上引起的差别以及提供商品的地理位置和服务方式的不同造成的差别。

正是由于垄断竞争市场上产品既有一定的差别又有一定的替代性,才导致了垄断竞争格局的形成。产品的差别形成了一定程度的垄断,差别越大,垄断程度越大;同时产品又具有替代性,从而具有激烈的竞争,替代性越强,竞争程度越高。因而垄断竞争厂商既是垄断者又是竞争者。

二、垄断竞争产品市场均衡

(一)垄断竞争厂商需求曲线

严格地讲,由于垄断竞争市场企业间的产品都有某些差别,不能通过这些差别产品相加得到行业需求曲线或供给曲线,通过研究具有代表性企业的行为,也就能够大致理解所有企业的行为。

对于垄断竞争企业的产品来说,实际上存在着两条需求曲线:①主观需求曲线。由于垄断竞争企业自以为可以独立行动,其他企业不会做出反应,代表性企业主观上的需求曲线是一条其他企业价格保持不变,仅仅自己价格变动的需求曲线。②客观需求曲线。实际上,当代表性企业采取某种行动后,其他企业必定会采取相应对策,因此它客观上面临的需求曲线是一条产品集团中所有企业价格同时变动的需求曲线。

在垄断竞争市场上,由于产品具有差异性,企业在一定程度上是市场价格的影响者。这就是说,个别企业不再是市场价格接受者,需求曲线弹性不可能为无限大,但由于企业间存在激烈的竞争,个别企业也不可能是市场价格的制定者。因此,垄断竞争企业的需求曲线是一条向右下方倾斜的曲线。

图 7-6 表示，d_1 是一条弹性较大的主观需求曲线。这个代表性企业设想，可以在其他企业价格不变的情况下，通过降价争夺顾客。在价格 P_1 时，销售量为 q_1，价格降到 P_2 时，销售量将增加到 q_m，它表示，由于这个企业降低价格，而其他企业价格不变，部分顾客转而购买他的降价产品，销售量便可迅速增加。

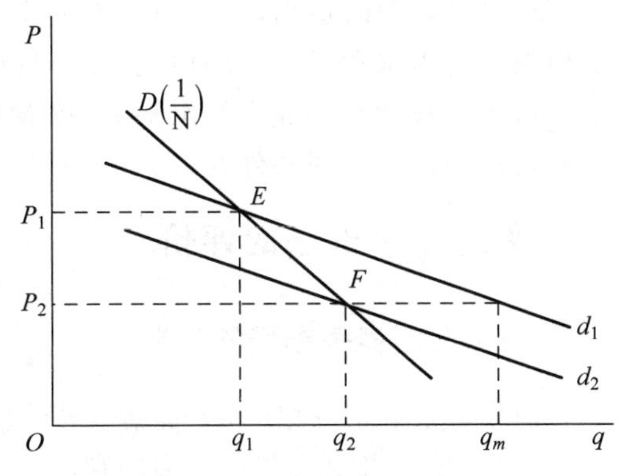

图 7-6　主观需求曲线与客观需求曲线

当所有企业都作如是想时，其他企业便会与这个企业同时变动价格，个别企业面临的需求曲 d_1 将不再是主观需求曲线，而是图 7-6 中的客观需求曲线 $D\left(\frac{1}{N}\right)$，即产品集团所有 N 个企业市场需求曲线的$\frac{1}{N}$，这是因为如果个别企业在价格下降 P_2 时，产品集团中所有企业产品价格都随之下降到 P_2 水平，就意味着 d_1 向下移动到 d_2，价格与销售量在曲线 d_2 上交于点 F，那么个别企业的销售量就不会增加到 q_m，而只能增加到 q_2。同样地，如果产品集团中所有企业继续同时降低价格，主观需求曲线也将不断下移，产生一系列新的价格与销售量的交点。连接这些点，便成为需求曲线 $D\left(\frac{1}{N}\right)$。这种企业同时面临两条需求曲线的情况，在其他市场结构中是不存在的。

（二）垄断竞争产品市场均衡

1. 垄断竞争产品市场短期均衡

在垄断竞争的市场结构中，厂商的产量也是根据成本和收益状况来决定的。就短期而言，厂商也会在价格不低于平均可变成本的限度内，使产量达到能够使边际收益等于边际成本的水平，换言之，MR＝MC 也是厂商短期均衡的条件。

在图 7-7 中，边际收益曲线与边际成本曲线在 E 点相交，该点所对应的产量为 Q_0，Q_0 即为厂商的短期均衡产量。该产量所对应的均衡价格为 P_0，平均成本为 N，矩形 OP_0GQ_0 的面积为厂商的总收益，矩形 $ONFQ_0$ 的面积则为总成本，显然二者之间的差值即矩形 NP_0GF 的面积即是厂商的超额利润。

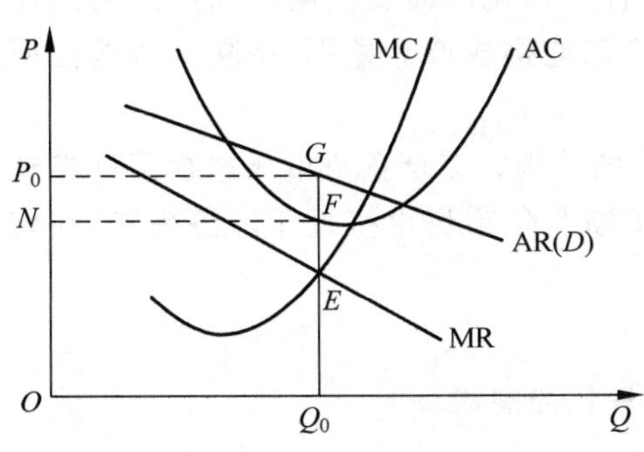

图 7-7　垄断竞争市场短期均衡

同样地，与完全垄断的市场结构一样，在短期内，由于生产要素不能全部调整，故厂商不一定必然能够获得超额利润。如果短期内需求减少，成本上升，必然会导致需求曲线左移和成本曲线上移，结果可能使超额利润消失，甚至得不到正常利润而处于亏损状态。

2. 垄断竞争条件下的厂商长期均衡

从长期来看，由于垄断竞争条件下，厂商

的生产能力和生产规模本身可以调整，同时，厂商的数目也可以调整，新厂商随时加入，原有厂商也可以随时退出，故厂商既不可能获得超额利润，也不可能处于亏损状态，他必然要根据市场需求和成本变动情况，使产量调整到使边际收益等于长期边际成本，同时使平均收益等于长期平均成本的水平上，故 MR＝LMC，AR＝LAC 被认为是垄断竞争条件下厂商长期均衡的实现条件。

三、垄断竞争市场的评价

（一）垄断竞争市场的弊端

（1）同完全竞争相比，垄断竞争导致较少的产量和较高的价格，消费者由此将支付较高的价格，生产者也未获得更多的利润。

（2）在垄断竞争厂商达到长期均衡时，其生产规模小于最优生产量，因而垄断竞争厂商的生产设备没有得到充分利用，而增加产量，利润并未增加，这显然对生产者不利。因此，垄断竞争市场上，个别厂商以致行业都存在过剩生产能力，这种市场结构占用了过多的经济资源，没有实现资源的最佳配置。

部分经济学家则认为，垄断竞争固然存在资源浪费的一面，但这是为了提高经济效率和发展社会经济所必须付出的代价，总的说来，对于生产者和消费者及社会进步是有利的。

（二）垄断竞争市场的利处

（1）垄断竞争最有利于技术创新，因而最有利于促进整个社会的技术进步和经济效率的提高。在完全垄断条件下，由于缺乏竞争对手的威胁，从而缺乏技术创新的外在压力，不易产生重大的技术创新；在完全竞争条件下，由于难以从技术创新中获得收益（如果能获得技术垄断收益，就不是完全竞争），也不易产生重大的技术突破。而介于两者之间的垄断竞争，既有竞争对手的竞争压力，又有一定的垄断因素使技术创新收益得到保障，因而最能促进技术创新，有利于经济效率的提高。

（2）垄断竞争有利于满足消费者多样化的需要。消费者的需要是千差万别、千变万化的。而在完全竞争条件下，尽管资源得到合理配置，然而产品的同质单调难以满足消费者的这种需要。而垄断竞争带来的产品差别正是针对消费者的需要差异的，因而使消费者在消费过程中有更大的选择余地，满足了消费者多样化的需要。同时除产品的内在质量的差别外，产品的商标、销售方式和服务态度等都能构成产品差别，垄断竞争能促使厂商在这些方面不断提高质量，从而有利于消费者。

（3）垄断竞争被认为是更接近经济现实的市场结构。完全竞争市场忽视了许多现实的无法克服的差别，只是一种理想的市场结构，垄断竞争市场更接近于经济现实，在理论研究上更加具有现实指导意义。

【案例 7-4】

垄断竞争下的差异化战略

产品差异化是垄断竞争市场上常见的一种现象，不同企业生产的产品或多或少存在相互替代的关系，但是它们之间存在差异，并非完全可替代的。垄断竞争厂商的产品差异化包括产品本身的差异和人为的差异，后者包括了方位的差异、服务的差异、包装的差异、营销手法的差异等，企业往往希望通过产品差异化来刺激产品的需求。

(1) 产品的原材料——潘婷洗发水宣称成分中有70%是用于化妆品的，让人不能不相信其对头发的营养护理功效。舒蕾的"小麦蛋白"洗发水也是在试图通过原料成分来加强产品的价值感。

(2) 产品的手感——TCL电工通过李嘉欣告诉大家"手感真好"，因为手感好也是消费者自己判断开关质量的简单而又重要的标准。

(3) 产品的颜色——普通的牙膏一般都是白色的，然而，当出现一种透明颜色或绿色的牙膏出现时，大家觉得这牙膏肯定更好。高露洁有一种三重功效的牙膏，膏体由三种颜色构成，给消费者以直观感受：白色的在洁白我的牙齿，绿色的在清新我的口气，蓝色的在清除口腔细菌。

(4) 产品的味道——牙膏一般都是甜味的，可是LG牙膏反而是咸味的，大家觉得这牙膏一定好。那么，如果有种苦味的牙膏呢？大家还会觉得好，这就是差异化的威力。

(5) 产品的造型设计——摩托罗拉的V70手机，独特的旋转式翻盖成为其最大的卖点。

(6) 产品功能组合——组合法是最常用的创意方法。许多发明都是据此而来。海尔的氧吧空调在创意上就是普通空调与氧吧的组合。白加黑也是一种功能的分离组合，简单的功能概念却造就了市场的奇迹。

(7) 产品构造——"好电池底部有个环"，南孚电池通过"底部有个环"给消费者一个简单的辨别方法，让消费者看到那个环就联想到了高性能的电池。海尔"转波"微波炉的"盘不转波转"也是在通过强调结构的差异来提高产品价值感。

(8) 新类别概念——建立一个新的产品类别概念。最经典的当属"七喜"的非可乐概念，这里不再多言。

(9) 隐喻的概念——瑞星杀毒软件用狮子来代表品牌，以显示其强大"杀力"；胡姬花通过隐喻概念"钻石般的纯度"来强化其产品价值；白沙烟用鹤来表现飞翔、心旷神怡、自由的品牌感受。

(10) 事件概念——相信很多人都知道海尔的"砸冰箱"事件，直到多少年后，海尔还在不厌其烦地经常拿出来吆喝几声，该事件为海尔的"真诚到永远"立下了汗马功劳，可见事件概念的传播也是威力巨大。事件营销要注意把握时机，如能与社会上的热，最话题联系起来，则会起到事半功倍的效果。2003年的一大热点当然是神五飞天，"蒙牛"及时"对接成功"，有效地提升了品牌形象，是近年来少见的优秀事件营销传播案例。

(11) 广告传播创意概念——"农夫果园摇一摇""乐百氏27层净化""金龙鱼1∶1∶1"都属此类型。

(12) 专业概念——专业感是信任的主要来源之一，也是建立"定位第一"优势的主要方法。很多品牌在塑造专业感时经常直称专家：方太——厨房专家；华龙——制面专家；中国移动——移动通信专家。

(13) 建立"老"概念——时间长会给人以信任感，因此，诉求时间的概念也是一种有效方法。而且,时间的概念感觉越老越好,如玉堂酱园——始于康熙五十二年,青岛啤酒——始于1903年。

(14) 产地概念——总有许多产品具有前列的产地特点,如北京的二锅头、烤鸭,山东的大花生,新疆的葡萄,还有我们常说的川酒云烟等。提炼这些地域特色强烈的产品的地域概念显然是很有效的方法。如云峰酒业的"小糊涂仙""小糊涂神""小酒仙"等都在说"茅台镇传世佳酿"。"鲁花"花生油说"精选山东优质大花生"等。

(15) 具体数字概念——越是具体的,信任感越强。因此,挖掘产品或品牌的具体数字也是常用的方法。"乐百氏27层净化""总督牌香烟,有2万个滤嘴颗粒过滤"等都是该方法的应用。

(16) 服务概念——同样的服务,但如果有一个好的概念则能加强品牌的美好印象。比如海尔提出的"五星级服务"也为其"真诚到永远"做出不少的贡献;另外还有"24小时服务""钻石服务"等都是不错的服务概念,在加强品牌美誉度方面起到不可忽视的作用。

第三节 寡头垄断市场

一、寡头垄断市场的含义和特点

寡头垄断又称为寡头,其原意是数为数不多的销售者。**寡头垄断**是指少数几家厂商垄断了某一行业的市场,控制了这一行业的供给,其产量在该行业中占很大比重的市场结构。在这种市场上,每家厂商的产量都占该行业总产量中的较大份额。寡头垄断市场具有下述特点:

(1) 寡头垄断市场最显著、最基本的特点是行业中存在的厂商屈指可数。少数几家厂商垄断了某一行业的生产,提供全部产品或大部分产品。

(2) 产品差别可有可无。产品无差别时称为纯粹寡头垄断市场,产品有差别时称为差别寡头垄断市场。

(3) 厂商间利害关系直接,相互关系密切,相互依存。厂商在采取每个行动之前都要仔细权衡其竞争对手的反应。

(4) 新厂商要进入寡头垄断行业不易。

二、寡头垄断市场的厂商均衡

寡头垄断市场的理论非常复杂。由于寡头间的相互依存性和寡头行为的不确定性,使得寡头所面临的市场条件也是不确定的。这种不确定性,使得理论分析面临极大困难。迄今为止,经济学家们尚未建立起被普遍接受的寡头价格——产量决定模型。人们只能根据一些不同的假设对寡头行为进行各自的解释。寡头垄断的市场理论是依据企业行为的目标假定、勾结的程度以及它们对各自对手的相关反应的不同理解建立起来的,主要有相互勾结式的寡头垄断市场定价模型和非勾结式的寡头垄断市场定价模型。前者主要有卡特尔定价模型、价格领导模型和成本加成定价模型;后者主要有古诺模型、斯塔克伯格模型、张伯伦模型、埃奇沃恩模型和斯威齐模型。下面择要介绍其中六种。

1. 卡特尔定价模型

卡特尔是独立企业之间签订的有关价格、产量以及瓜分销售区域等事项的明确而正式的协议。最有名、最成功的卡特尔是石油输出国组织(OPEC)。

卡特尔如何确定价格、产量以及分配销售额?我们以两个寡头的卡特尔来分析。通过卡特尔协议,寡头厂商成为完全垄断厂商,它的需求曲线就是行业的需求曲线,它的边际成本曲线就是卡特尔成员企业的边际成本曲线的水平相加。根据 MR=MC,卡特尔就能确定总体利润最大化的产量和价格。

图 7-8 和图 7-9 分别描述了寡头 A 和寡头 B 的成本状况。在图 7-10 中,D 是卡特尔面临的需求曲线,由 D 得到卡特尔的边际收益曲线 MR^m。卡特尔的边际成本曲线 MC^m 是由图 7-8 和图 7-9 的厂商边际成本曲线加总得到。由 $MR^m=MC^m$ 得到卡特尔的均衡产量 Q_m、均衡价格 P_m。

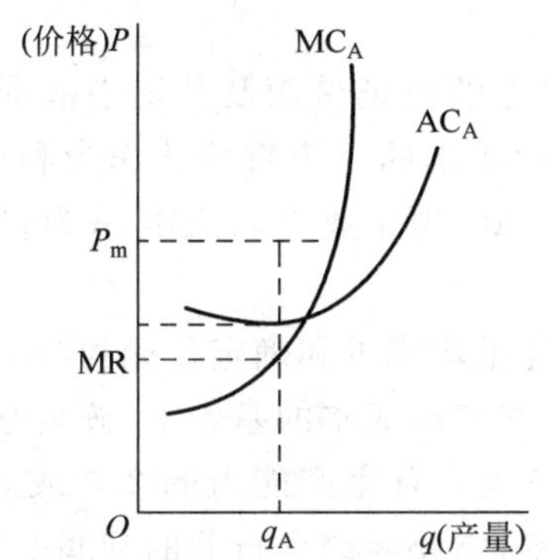

图 7-8　寡头 A 的成本状况

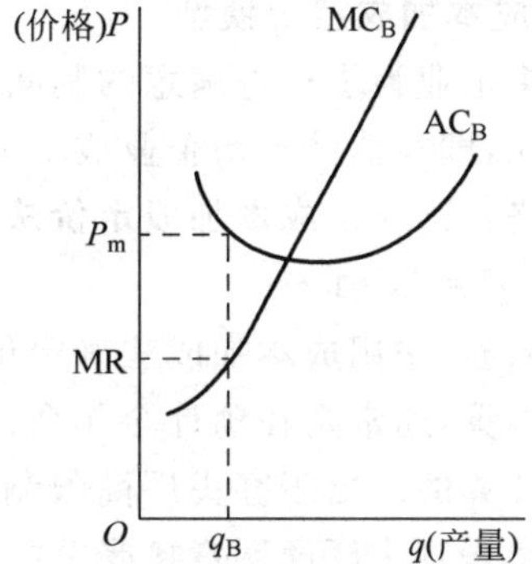

图 7-9　寡头 B 的成本状况

卡特尔的产量和价格确定之后,将根据等边际成本原则在厂商间分配销售额,即在图 7-10 中所决定的利润最大化的 MC_m 水平上,分别将产量按 q_A 和 q_B 分配给 A、B 厂商,使 $MR_m=MC_A=MC_B$。显然,厂商 A、B 生产量的总和为 q_m,即 $q_m=q_A+q_B$。由于各厂商成本不同,故在既定的 P_m 上,它们各自在均衡产量处的盈亏是不同的。图中,A 厂商可获得虚线部分的利润,而 B 厂商不亏不盈。

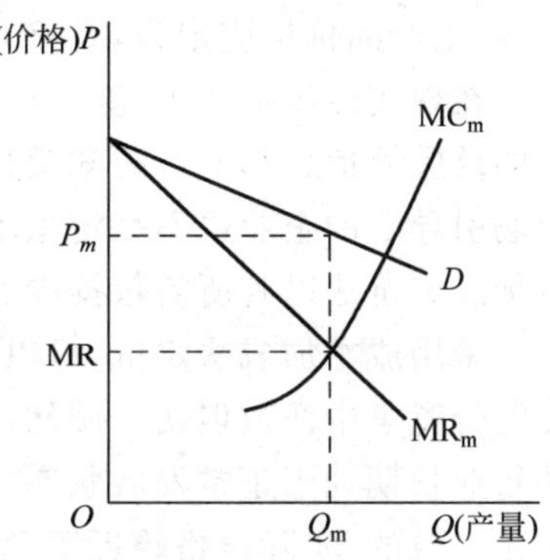

图 7-10　卡特尔需求曲线

当然,卡特尔通常并不按边际成本分配产量,产量配额还决定于很多因素,比如厂商规模和地理位置等。同时,卡特尔可能是不稳定的,因为卡特尔内部每一个厂商都可能违背卡特尔的限产协议。

2. 价格领导模型

事实上,卡特尔不是在每一个国家都可以建立,如卡特尔在美国就是非法的。卡特尔的非法性促使寡头在没有明示协议和通信联系条件下,寻求一种暗中默契的勾结方式,即价格领导制。**价格领导制**是指一个行业的价格通常由某一寡头率先制定,其余的寡头追随其后确定各自的价格。率先制定和调整价格的寡头就是价格领导。在美国汽车行业中，通用汽车公司传统上就是价格领导。作为价格领导的寡头一般有以下三种：

(1) 支配型价格领导。领先确定价格的厂商是本行业中最大的、具有支配地位的厂商。它根据自己利润最大化的原则确定产品价格及变动，其余规模较小的寡头则根据这种价格来确定自己的价格及产量。

(2) 效率型价格领导。领先确定价格的厂商是本行业中成本最低、效率最高的厂商。它对价格的确定也使得其他厂商不得不随之变动。

(3) 信号型价格领导。信号型厂商不一定是该行业中规模最大或效率高的企业，但它在管理或掌握信息方面可能有很强的判断力。它能衡量行业面临的需求压力，估计其他厂商想调整的价格。一旦需求变化，信号型企业就第一个宣布调整价格，其他企业随之改变自己的价格。

3. 成本加成定价模型

寡头企业为了获得满意的利润，故意采用尊重对方的市场份额及其销售范围的同一定价方式，即在估计平均企业成本的基础上，加上平均成本的一个百分比作为利润，从而确定价格。这就是**成本加成定价法**。如果 P 为价格，AC 为企业平均成本，η 为目标利润率，则有 $P=\mathrm{AC}(1+\eta)$。

很明显，采用成本加成法确定价格，关键在于估计平均成本和确定目标利润率。平均成本的估算，通常是在预计全年会计账目中固定成本和变动成本的基础上，按企业的标准产量来计算的。由于寡头厂商限制产量，标准产量一般只有生产能力的 2/3 或 3/4。目标利润率是寡头厂商愿意接受并能实现的预期利润率，它要参照全行业的利润率来确定，并根据市场需求状况做适当调整。例如，某寡头企业年变动成本为 500 万元，年固定成本为 250 万元，年生产能力为 625 件，标准产量为生产能力的 80%。如企业目标利润率为 20%，则产品价格应定为 18 万元。

在现实经济生活中，寡头厂商面临着大量不确定因素，对未来的成本、需求和竞争对手的反应等信息都不可能知道得很确切，很难精确地计算边际成本和边际效益；而且，在市场引导下的企业也不一定追求最大化利润，也许有一个满意的利润就行了。缘于此，成本加成定价法以其所需数据少、方法简单易行而被广泛应用。

采用成本加成法定价，可以避免各寡头之间的价格竞争，使价格相对稳定，从而避免在降价竞争中两败俱伤。诚然，这种价格并不能实现理论分析中的最大化利润。但是，如果行业长期处于正常发展状态，平均成本变化不大，这种方法和目标利润最大化的定价方法是一致的，实际价格趋近于理性决策价格。

4. 古诺双寡头模型

法国经济学家古诺于 1938 年提出了古诺模型，古诺模型通常被作为寡头理论分析的出发点。

古诺模型的假定条件如下：①市场上只有两个厂商生产和销售相同的产品。它们的边际成本为常数。②这两个厂商追求利润最大化，并且不存在任何勾结行为。③这两个厂商面临的市场的需求曲线是线性的，它们都准确地了解市场需求曲线。④两个厂商同时做出产量决策，两个厂商都是在假定对方产量的情况下，各自确定能给自己带来最大利润的产量。

古诺模型的本质是各厂商将它的竞争者的产量水平当作固定的，然后决定自己生产多少。我们先来考虑厂商 A 的产量决策。

假定市场需求函数为：$P=90-Q$，式中，Q 是两厂商的总产量(即 $Q=q_A+q_B$)。我们还假设两厂商都有零边际成本：$MC_1=MC_2=0$。

如果厂商 A 认为厂商 B 什么也不会生产，则厂商 A 的需求曲线就是市场需求曲线。按 MR=MC 的利润最大化原则，厂商 A 的产量应为 45 单位。反过来，如果厂商 A 认为厂商 B 将生产 45 单位，则厂商 A 的需求曲线就是市场需求曲线左移 45 单位。此时厂商 A 的利润最大化产量是 225 单位。假定厂商 A 认为厂商 B 将生产 90 单位，则它自己就什么都不会生产。

归纳起来，给定厂商 B 的每一个产量 q_B，厂商 A 都会做出反应，确定能给自己带来最大利润的产量 q_A。厂商 A 的利润最大化产量是它认为厂商 B 将生产的产量的减函数，这称为厂商 A 的反应函数，用 $q_A(q_B)$ 表示。

我们可以对厂商 B 进行同样的分析，得到厂商 B 的反应函数，用 $q_B(q_A)$ 表示。两个厂商反应曲线的交点称为**古诺均衡**。在这个均衡中，两个厂商都正确地假定了它的竞争者将生产的产量，并相应地最大化了自己的利润。

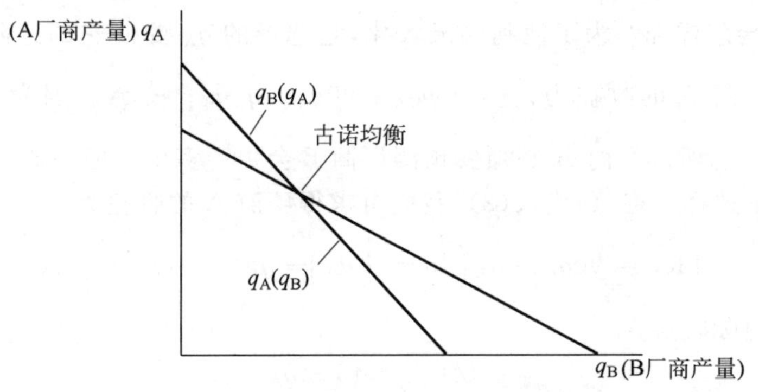

图 7-11 古诺模型

古诺均衡产量可以用数学推导得出。利用前面给出的两个厂商面临的市场需求曲线和两个厂商的边际成本条件可进行如下推导。

对厂商 A 来说：

$$\begin{aligned} TR_A &= Pq_A = (90-Q)q_A \\ &= 90q_A-(q_A+q_B)q_A \\ &= 90q_A-q_Bq_A-q_{A2} \\ MR_A &= 90-q_B-2q_A \end{aligned}$$

现在令 $MR_A=MC_A$，$MC_A=0$ 即 $MR_A=0$，得到：厂商 A 的反应曲线：

(1) $$q_A=45-\frac{1}{2}q_B \tag{7-10}$$

同样的推导也适用于厂商 B：

厂商 B 的反应曲线：

(2) $$q_B = 45 - \frac{1}{2}q_A \tag{7-11}$$

古诺均衡产量水平就是两条反应曲线交点的 q_A 和 q_B 的值，即方程组(1)、(2)的解。解之可得：$q_A = q_B = 30$。

5. **斯塔克伯格模型**

在古诺模型中，我们假设两个厂商是同时做出产量决策的。现在我们来看一下如果两厂商之一能先决定产量会出现什么情况。我们关注的问题是：现在各厂商将各生产多少？先行动者是不是有利？

仍然使用前面的例子，我们设两厂商都有零边际成本，且市场需求曲线由 $p = 90 - Q$ 给出。式中，Q 是两厂商的总产量（即 $Q = q_A + q_B$）。我们还设两厂商都有零边际成本：$MC_A = MC_B$。假设厂商 A 先决定它的产量，然后是厂商 B 在看到厂商 A 的产量以后才做出它的产量决策。

让我们从厂商 B 开始分析。由于它是在厂商 A 之后做出自己的产量决策，所以它将厂商 A 的产量看作固定的。因此，厂商 B 的利润最大化产量由它的古诺反应函数给出，这里，在已知厂商 A 的产量的情况下，厂商 B 的利润最大化产量为 $q_B = 45 - \frac{1}{2}q_A$。

厂商 A 又会怎样呢？为了使利润最大化，它选择的 q_A 要使它的边际收益等于它的零边际成本。厂商 A 的收益为：$R_A = pq_A = 90q_A - q_Aq_B - \frac{1}{2}q_A^2$。因为 R_A 不仅取决于 q_A，还要取决于 q_B，所以厂商 A 必须要预测厂商 B 会生产多少。但厂商 A 知道厂商 B 会根据反应函数来选择。将(1)代入(2)，我们可求得厂商 A 的收益为

$$TR_A = 90q_A - q_A\left(45 - \frac{1}{2}q_A\right) - q_A^2 = 45q_A - \frac{1}{2}q_A^2$$

所以它的边际收益为

$$MR_A = 45 - q_A$$

令 $MR_A = 0$，得 $q_A = 45$。而根据厂商 B 的反应函数，我们求得 $q_B = 22.5$。厂商 A 生产厂商 B 的两倍并且赚两倍的利润。首先行动给了厂商 A 一种利益，我们称为**先行者利益**。

古诺模型和斯塔克伯格模型是寡头垄断行为的不同代表。哪种模型更适用一些，取决于不同的产业。对于一个由大致相似的厂商构成且没有哪个厂商具有较强的经营优势或领导地位的行业，古诺模型大概要更适用一些。对于一些由某个大厂商主导的行业，斯塔克伯格模型可能更符合实际。

6. **斯威齐定价模型**

对于寡头市场价格的经验研究表明，这种市场的价格是刚性的或粘性的。对于寡头垄断市场中的价格刚性，斯威齐于 1939 年提出了一个著名的理论，并对此进行了解释。这个理论就是折弯的需求曲线模型。

斯威齐指出：如果寡头企业降低其价格，可以肯定它的竞争对手也会降价来与之争夺市场，结果率先降价的厂商并不能扩大它的需求，甚至会减少总收益。因此，寡头厂商

在降价时，面临一条缺乏弹性的需求曲线。如果某寡头企业由于成本增大而提高价格，其他寡头则可能会维持既定价格，乘机争夺市场份额，使它的总收益减少。这实际上意味着寡头厂商在提高价格时，面临着一条富于弹性的需求曲线。所以，需求曲线在既定的价格和产量所对应的点上被折弯。

在图 7-12 中，假定某寡头面临既定的需求曲线 $AB'A'$，并有相应的边际收益曲线 $AB''B'''A''$。由 MR＝MC 原则可知，当成本从 MC_1 降到 MC_2 或 MC_3 后，它似乎应降低价格，扩大产量，使其利润达到最大化。但是由于寡头厂商面临的需求曲线在既定的价格水平 P_0 和产量水平 q_0 上被折弯为 $AB'A'$，无论厂商怎样改变价格，都会减少总收益。只有维持既定的价格，即价格粘住不变，才能实现利润的最大化。

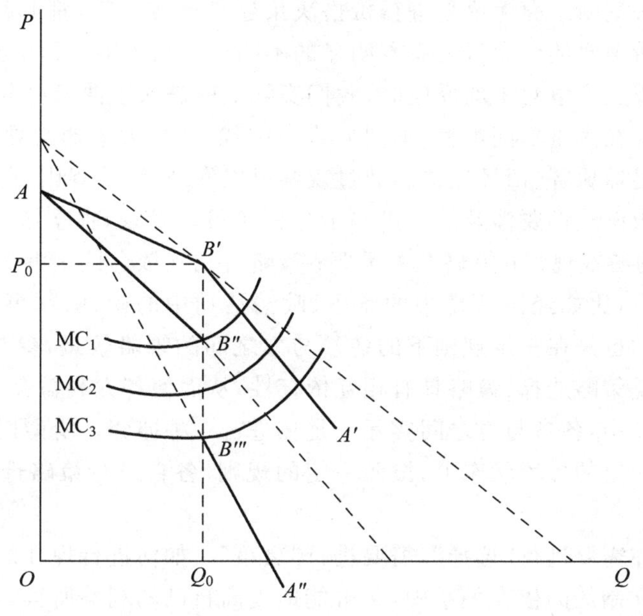

图 7-12　斯威齐定价模型

对应于折弯的需求曲线，边际收益曲线在既定的产量水平 Q_0 出现了一个垂直的缺口 $B''B'''$。它表明：在既定的价格—产量水平上，只要成本变化范围不超过 $B''B'''$，那么总有 MR＝MC，既有的产量水平就是可能的最大化利润的产量水平。

折弯的需求曲线说明了粘性价格存在的原因，但它并没有说明需求曲线为什么在这一点而不是在其他点被折弯，即价格为何要黏在 P_0 这个价格水平而不是其他价格水平。

三、对寡头垄断市场的评价

1. 寡头垄断市场优点

（1）可以进行大规模的生产，实现规模经济，获取规模经济的好处。

（2）有利于技术进步。因为在寡头垄断市场上，厂商之间的竞争主要围绕着产品的创新和提高质量等展开，这就要求厂商不断地开发新产品，进行产品和技术的创新，同时，寡头厂商的巨大经济实力也为这种进步创造了条件。

2. 寡头垄断的弊端

(1) 寡头之间的互相勾结和价格操纵往往会抬高价格，损害消费者利益和整个社会的福利。

(2) 在寡头垄断条件下，厂商一般不是调整价格来适应市场需求的变化，而是通过调整产量、调整生产能力利用率来适应市场需求的变化。这可能会导致资源闲置和浪费的情况发生。

第四节　寡头厂商之间的博弈

我们知道寡头垄断厂商无论是进行价格决策还是产量决策，都必须考虑竞争对手的反应。这与此前所考察的厂商行为有着明显的不同。当在决策过程中必须考虑其行为对竞争对手的影响以及竞争对手的反应时，我们实际上就进入了博弈论分析的领域。

日常生活中存在大量不同类型、不同形式的游戏，比如大家非常熟悉的打牌下棋，比如体育活动中的足球比赛、田径比赛。通过观察可以发现，游戏规则、游戏的结果、策略或计谋等是绝大多数游戏都要涉及的。进一步分析还可以发现，很多游戏都存在一些共同的特点：有一定的游戏规则；策略至关重要；策略有相互依存性。事实上，人类的许多活动也具有以上特点，比如经济活动中的竞争、政治活动中的谈判、军事活动中的战争，等等。这些活动常常也是在一定规则下的各参与方之间的策略较量，参与者可以控制和运用的关键因素也是策略选择，策略具有相互依存性，从而使各方利益存在相互依存和制约关系。在这些活动中，各参与方之间实际上是在进行一种博弈。所谓博弈，就是一些主体(个人或团体)在一定的环境状态下，按照一定的规则，各自进行策略选择和实施，并获得相应利益的过程。

博弈中的主体需要进行“选择”，需要进行“决策”。如何进行理性的选择和决策，使得在相互影响和相互制约的依存关系中，尽可能地提高自己的利益所得，这正是博弈论的关键所在。所以，博弈论是一种关于决策的理论，它研究各主体当其决策行为相互影响时的策略选择以及这种策略选择的均衡问题。比如，当一个人的选择受到其他人的影响，反过来他的行为又会影响到其他人时，各方如何决策？最终结果怎样？这些问题都属于博弈论的研究范畴。

一、博弈论概述

(一) 博弈论的产生与发展

博弈论(game theory)的一个直接的也是最初的应用就是现实中诸如打扑克和下棋之类的游戏。但博弈论从一开始就广泛涉及人类行为中有关决策的相互作用或互动决策的各个方面，包括战争和政治活动。近年来，博弈论本身已得到丰富和发展。如今，博弈论已是厂商经济决策分析的必备工具，这也是对上一章寡头行为分析的继续和深入。

对具有博弈性质的决策问题的研究可以追溯到18世纪甚至更早。但一般认为，1944年美国著名数学家冯·诺依曼和经济学家奥·摩根斯坦合作出版的《博弈论和经济行为》

一书，标志着系统的博弈理论的形成。但是现代博弈论与该书关系不大。现代博弈论是在 20 世纪 50～60 年代发展起来的，到 20 世纪 70 年代，博弈论正式成为主流经济学。特别是最近十几年来，博弈论在经济学中得到了广泛的运用，它对寡头理论、信息经济学等方面的发展做出了重要的贡献。1994 年的诺贝尔经济学奖就授予三位在博弈论的应用方面有着重大成就的经济学家：纳什、泽尔腾和海萨尼。可见，博弈论在现代经济学中的地位非常重要。

（二）博弈论的基本概念

1. 什么是博弈论

博弈论又译为对策论，所谓博弈指的是一种决策，即每一行为主体的利益不仅依赖它自己的行动选择，而且还依赖于别人的行动选择，这样它所采取的最好行动有赖于其竞争对手将选择什么行动。博弈论所研究的就是两个以上行为主体的互动决策及策略均衡。实际上，博弈是一种日常现象。在经济学中，博弈论是研究当某一经济主体的决策受到其他经济主体决策的影响，同时，该经济主体的相应决策又反过来影响其他经济主体选择时的决策问题和均衡问题。

2. 博弈论的基本要素

(1) 局中人

博弈中的每个决策者被称为**局中人**，有时也可称作选手和参与者，在具体的经济模型中，它们可以是厂商，也可能是消费者或任何一种契约关系中的人，如政府、国家。根据经济学的理性假定，局中人也同样是以追求利益最大化为目标。

(2) 支付

支付是指一个博弈过程结束时局中人得到的利益。支付有时以局中人得到的效用来表示，有时以局中人得到的货币报酬来表示。局中人的利益最大化也就是指支付或报酬最大化。

(3) 策略

策略也称作战略，是局中人为实现其目标而采取的一系列行动或行动计划，它规定在何种情况下采取何种行动。在给定条件的博弈中，参与者完整的一套行动计划叫作策略。例如，我国古代有个著名的谋略故事“田忌赛马”中，国王的赛马计划是：首先出上等马，再出中等马，最后出下等马；田忌的赛马计划是：首先出下等马，再出上等马，最后出中等马。这里的赛马计划就是一套完整的行动计划，也就是一个策略。

(4) 策略均衡

经济学中，均衡一般是指处于某种稳定的状态。而博弈论中的均衡是策略均衡，它是指由各个局中人所使用的策略构成的策略组合处于一种稳定状态，在这一状态下，各个局中人都没有改变自己所选择策略的动机。这样，每个人的策略都已给定，不再发生变化，博弈的结果必将确定。此时，每一个局中人从中得到的支付也就确定了。每个局中人的最优决策也就可以确定了。可见，要解一个博弈问题，首先需确定博弈的策略均衡。

3. 报酬函数与报酬矩阵

（1）报酬函数

每一个参与博弈的参与者，他的收益依附于各个参与者所出的策略，这种收益与策略的依附关系就构成了报酬函数。

（2）报酬矩阵

参与博弈的多个参与者的报酬可以用一个矩阵或框图表示，这样的矩阵或框图就叫作报酬矩阵。例如，现有甲乙两个供货商组成一个价格卡特尔，双方都有选择遵守约定价格或者违反约定价格的权利。报酬矩阵如表 7-1 所示：

表 7-1 报酬矩阵

		乙	
		守约	违约
甲	守约	8,8	6,10
	违约	10,6	7,7

矩阵中每组数字中的前一个数字表示甲的收益，后一个数字表示乙的收益。当甲守约时，乙如果守约，收益为 8，乙如果违约，收益为 10；当甲违约时，乙如果守约，收益为 6，乙如果违约，收益为 7。所以，当甲守约时，乙会选择违约(10＞8)；当甲违约时，乙也会选择违约(7＞6)。反之不管乙如何选择，甲都会选择违约，最终的结果是双方都选择违约。报酬矩阵的改变，就会影响到双方的决策。例如，双方的报酬矩阵变成表 7-2 所示：

表 7-2 改变后的报酬矩阵

		乙	
		守约	违约
甲	守约	12,12	2,10
	违约	10,2	－4,－4

此时双方可能都选择守约，因为当甲守约时，乙会选择守约(12＞10)；当甲违约时，乙也会选择守约(2＞－4)。反之不管乙如何选择，甲都会选择守约，最终的结果是双方都选择守约。

在博弈过程中，每个参与者的决策行为都要受到博弈规则的影响，即博弈规则的变化会改变报酬矩阵中的报酬值。比如在表 7-1 中，由于卡特尔中的每一个供货商都追求自身利益的最大化，并且没有措施来保证遵守价格约定，双方表面上可能都宣称要承诺守约，但是在实际中双方都会违约。如果卡特尔追求整体利益的最大化，并且由于历史、政治、制度等措施来保证遵守价格约定，双方就可能和平共处，遵守价格约定。

（三）均衡及博弈的解

当博弈的所有参与者都不想改变策略时所达到的稳定状态叫作均衡，均衡的结果叫作博弈的解。例如表 7-1 中，甲乙两个供货商组成的卡特尔。不管甲如何选择，乙必然选择违约，同样无论乙如何选择，甲必然选择违约。最终双方都选择了违约，并且只要给定的条件不变，双方就都不会改变策略，结果非常稳定，达成均衡。在这个均衡中，无论甲怎么选择，乙都不会改变策略，同样无论乙怎么选择，甲也不会改变策略，这种均衡就叫作最优策略均衡，也叫上策均衡。这种无论对方如何决策，自己总会选择的策略叫做最优策略，由双方的最优策略所达成的均衡叫作最优策略均衡。假如，一个市场中有 A 和 B 两个厂商，每个厂商采取的定价策略都是 15 元或 20 元，我们可利用下面的报酬矩阵来说明每种策略的组合结果（如表 7-3 所示）。

表 7-3　价格竞争的策略选择报酬矩阵

		厂商 B	
		15 元	20 元
厂商 A	15 元	100 万元，80 万元	180 万元，30 万元
	20 元	50 万元，170 万元	150 万元，120 万元

如果两家厂商都采取低价竞争策略，他们的利润状况都将大大少于共同实施高价策略的结局。但如果厂商 A 和 B 能够充分了解这一矩阵所示的各种结果，并能采取一种相互合作的态度，那么，他们将同时定价于 20 元并获得更高利润，但只要任何一方（例如厂商 A）采取不合作的态度（定价 15 元），他就可能获得对他更有力的结果，而另一方（厂商 B）则会受损（即此时 A 可盈利 180 万元，而 B 则仅获利 30 万元）。

实际上，无论对厂商 A 和厂商 B 来说，低价的策略都是他们的上策。

经常遇到的还有一种均衡，是有条件的均衡叫作纳什均衡。简单的说就是敌变我变、敌不变我亦不变。在后面将详细介绍纳什均衡。

（四）博弈的分类

博弈的分类可以从不同的角度进行划分。

（1）按照参与人的先后顺序进行分类

博弈可以划分为静态博弈和动态博弈。静态博弈是指在博弈中，参与人同时选择或虽非同时选择但后行动者并不知道先行动者采取了什么具体行动。动态博弈是指在博弈中，参与人的行动有先后顺序，并且后行动者能够观察到先行动者所选择的行动。

（2）按照参与人对其他参与人的了解程度进行分类

博弈可以划分为完全信息博弈和不完全信息博弈。完全信息博弈是指在博弈过程中，每一位参与人对其他参与人的特征、策略及收益都享有准确的信息。如果参与人对其他参与人的特征、策略及收益的信息了解得不够准确，或者不是对所有参与人的特征、策略及收益都有准确的准确信息，在这种情况下进行的博弈就是不完全信息博弈。

（3）根据局中人的数量分类

博弈可以划分为双人博弈和 n 人博弈。

（4）零和博弈与非零博弈

所谓零和博弈，是指博弈双方的支付结果加起来为零。这意味着双方的利益在博弈中是相互冲突的。从支付结果来看，除了零和博弈外，还有**正和博弈**，即双方的支付结果加起来为一个正常的数。这意味着双方的利益冲突不再是那么激烈，有可能出现所谓双赢或共赢的局面。还有**负和博弈**，如果假定局中人都是理性的，理论上没有人会参与这种博弈，尽管现实中经常发生损人不利己的事。

(5) 按照参与人之间是否合作进行分类

博弈可以划分为合作博弈和非合作博弈。合作博弈是指参与人之间有着一个对各方具有约束力的协议，参与人在协议范围内进行的博弈。反之，就是非合作博弈。典型的合作博弈是寡头企业之间的串谋。串谋是指企业之间通过公开或暗地里签订协议，对各自的价格或产量进行限制，以达到获取更多垄断利润的行为。由于非合作博弈在现代经济学中的地位和应用的普遍性，本节只讨论非合作博弈。

根据以上的划分，非合作博弈可以得到四种不同的类型：完全信息静态博弈，完全信息动态博弈论，不完全信息静态博弈，不完全信息动态博弈。与上述四种博弈相对应，有四种均衡概念，即纳什均衡，子博弈精炼纳什均衡，贝叶斯纳什均衡，精炼贝叶斯纳什均衡。非合作博弈及对应的均衡概念见表 7-4。

表 7-4 博弈的分类及对应的均衡概念

行动顺序信息	静 态	动 态
完全信息	完全信息静态博弈纳什均衡	完全信息动态博弈子博弈精炼纳什均衡
不完全信息	不完全信息静态博弈贝叶斯纳什均衡	不完全信息动态均衡精炼贝叶斯均衡

二、占优战略均衡与重复剔除的占优战略均衡

（一）占优战略均衡

一般来说，由于每个参与人的效用（支付）是博弈中所有参与人的战略的函数，因而每个参与人的最优战略选择依赖于所有其他参与人的战略选择。但在一些特殊的博弈中，一个参与人的最优战略可能并不依赖于其他参与人的战略选择。换句话说，不论其他参与人选择什么战略，他的最优战略是唯一的，这样的最优战略被称为“**占优战略**”。

以博弈论中最著名的囚徒困境为例。两个合伙作案的犯罪嫌疑人被抓住了。警方怀疑他们多次作案，但警方手中并没有他们作案的下一步法律程序证据，因而全部对这两个犯罪嫌疑人犯罪事实的认定及相应的量刑将取决于他们自己的供认。假定警方对两名犯罪嫌疑人实行隔离审讯，每人都无法观察到对方的选择。同时警方明确地分别告诉这两名犯罪嫌疑人，他们面临着以下后果：

如果犯罪嫌疑人与其同伙都供认其全部犯罪事实，那么，两人各判 8 年徒刑。

如果某一犯罪嫌疑人供认其全部犯罪事实，而其同伙抵赖，则供认者坦白从宽，从轻判处 1 年徒刑，而不供认者抗拒从严，从重判处 10 年徒刑。

如果两个犯罪嫌疑人都不供认警方所不知道的犯罪事实，那么，根据已经掌握的证据，只能判处他们每人 2 年徒刑。

这两个犯罪嫌疑人所面临的后果可以用表 7-5 来表示。表中，正数值表示参与人有所得，负数值表示参与人有所失。

表 7-5　囚徒困境

		囚徒 B	
		坦白	抵赖
囚徒 A	坦白	−8，−8	−1，−10
	抵赖	−10，−1	−2，−2

在表 7-5 中，每个犯罪嫌疑人都有两种可供选择的战略：坦白或抵赖。但不论同伙选择什么战略，每个犯罪嫌疑人的最优战略是坦白。以犯罪嫌疑人 A 为例。当犯罪嫌疑人 B 选择坦白时，A 如也选择坦白，则被判处 8 年徒刑；A 如选择抵赖，则将被判处 10 年徒刑。因而 A 选择坦白比抵赖好。当犯罪嫌疑人 B 选择抵赖时，A 如选择坦白，则被判处 1 徒刑，A 如抵赖，则被判处 2 年徒刑。因而 A 选择坦白还是比选择抵赖好。因此，坦白是犯罪嫌疑人 A 的占优战略。对于犯罪嫌疑人 B 来说，坦白同样也是他的占优战略。

在博弈中，如果所有的参与人都有占优战略存在，因而博弈将在所有参与人的占优战略的基础上达到均衡，这种均衡称为**占优战略均衡**。在表 7-5 中，"A 坦白，B 也坦白"就是占优战略均衡。

应该指出的是，占优战略均衡只要求所有的参与人是理性的，而并不要求每个参与人知道其他参与人也是理性的。因为，不论其他参与人是否理性，占优战略总是一个理性参与人的最优选择。

在表 7-5 中，如果每个犯罪嫌疑人都选择抵赖，则每人将被判处 2 年徒刑。对于两个犯罪嫌疑人来说这显然比每人判处 8 年徒刑要好。但由于 A、B 两人均从个人角度出发，如果不存在某种约束，他们不可能在"A 和 B 一起抵赖"基础上达到均衡。

囚徒困境反映了一个深刻的问题，这就是个人理性与团体理性的冲突。微观经济学的基本观点之一，是可以通过市场机制这只"看不见的手"，在人人追求自身利益最大化的基础上达到全社会资源的最优配置。囚徒困境是对上述基本观点的挑战。

（二）重复剔除的占优战略均衡

在绝大多数博弈中，占优战略均衡是不存在的。尽管如此，在有些博弈中我们仍然可以用占优的逻辑找出均衡。

以博弈论中另一个著名的智猪博弈为例。猪圈里有两头猪，大猪和小猪。猪圈的一头有一个猪食槽，另一头安装着一个控制着猪食供应的按钮。按一下按钮，将有 8 个单位的猪食进入猪合槽，供两头猪食用。可供大猪和小猪选择的战略有两种，自己去按按钮，或者等待另一头猪去按按钮。如果某一头猪作出自己去按按钮的选择，它必须付出下列代价：第一，它需要支付相当于 2 个单位猪食的成本；第二，由于按钮远离猪食槽，它将成为猪食槽边的后到者，从而减少能够吃到的猪食数量。具体情况如表 7-6 所示。

智猪博弈的后果如表 7-7 所示。表中的数字表示不同情况下每头猪所吃到的猪食数量减去按按钮的成本之后的净支付水平。

表 7-6 按钮对于吃食的影响

		吃到的猪食数量	
		大猪	小猪
按按钮的猪	大猪	4 单位	4 单位
	小猪	7 单位	1 单位
	两猪同时	5 单位	3 单位

表 7-7 智猪博弈

		小猪	
		按按钮	等待
大猪	按按钮	3,1	2,4
	等待	7,−1	0,0

表 7-7 表明，在这个博弈中，无论大猪选择什么战略，小猪的占优战略均为等待。而对大猪来说，其最优战略依赖于小猪的选择。如果小猪选择等待，大猪的最优战略是按按钮；如果小猪选择按按钮，则大猪的最优战略是等待。换句话说，大猪没有占优战略。

什么是这一博弈的均衡解呢？假定小猪是理性的，它肯定会选择自己的占优战略——等待。再假定大猪知道小猪是理性的，则大猪会正确地预测到小猪会选择等待，根据小猪的这一选择，大猪选择了在此前提下自己的最优战略——按按钮。在这种情况下大猪和小猪的支付水平分别是 2 单位和 4 单位。这是一个多劳不多得、少劳不少得的均衡。

在寻找智猪博弈的均衡解时，我们所使用的做法可以归纳如下：首先找出某一博弈参与人的严格劣战略，将它剔除掉，重新构造一个不包括已剔除战略的新的博弈；然后继续剔除这个新的博弈中某一参与人的严格劣战略；重复进行这一过程，直到剩下唯一的参与人战略组合为止。这个唯一剩下的参与人战略组合，就是这个博弈的均衡解，称为**重复剔除的占优战略均衡**。

这里所说的严格劣战略是指：无论其他博弈参与人采取什么战略，某一参与人可能采取的战略中，对自己严格不利的战略。

在智猪博弈中，我们首先剔除了小猪的严格劣战略“按按钮”。在剔除掉小猪的这一选择后的新的博弈中，小猪只有等待一个战略，而大猪有两个战略可供选择。我们再剔除新博弈中大猪的严格劣战略“等待”，从而达到重复剔除的占优战略均衡。

在现实生活中有许多智猪博弈的例子。例如，在股份公司中，股东承担着监督经理的职能。但不同的股东从监督中得到的收益大小不一样。在监督成本相同的情况下，大股东从监督中得到的收益显然多于小股东。因此，股份公司中监督经理的责任往往由大股东承担，小股东则搭大股东的便车。

与前面讨论的占优战略均衡相比，重复剔除的占优战略均衡不仅要求博弈的所有参与人都是理性的，而且要求每个参与人都了解所有的其他参与人都是理性的。在上例中，如果大猪不能排除小猪按按钮的可能性，按按钮就不是大猪的最优选择。

【案例 7-5】

大股东与美国公司变革

2004 年 3 月初，美国娱乐业巨头——迪斯尼公司上演了一出股东“逼官”的大戏，身兼公司董事长和首席执行官的迈克尔·艾斯纳被剥夺了董事长一职。3 月下旬，万年能金融公司董事会被迫接受 4 家机构投资者联合提出的董事人选；迫于股东的压力，微波—世界通信公司出台了一项新规定：公司董事会在任命新董事时必须向持股数量超过 15%的大股东征询意见。

自从迪斯尼股东炒了老板的“鱿鱼”之后，美国一些公司股东要求变革的呼声日益强烈，就连美国证券交易委员会也变得积极起来。美国证交会计划推出新的政策，其核心内容是，允许拥有 5%流通股的公司股东直接推选董事人选。按照证交会的说法，此举的目的是使股东更充分地行使对公司事务的监督权，同时也可以减少由于监督不力导致的公司管理层的各种违规行为。

从本案例可以看出，上述三公司的行动表明股东对公司的监督功能日益增强。在推动转变的过程中，大股东及机构投资者的作用至关重要。

在现代企业制度中，大股东与小股东之间存在着角色和行为差异。根据监督成本与收益的对比关系，大股东有更大的积极性去监督经理们的工作，而小股东则更容易产理“搭便车”的行为。

这种情况可以用博弈论中的“猪智博弈”进行分析。我们知道，在“猪智博弈”中，“等待”是小猪的占优策略，“按按钮”是小猪的劣策略。最终的博弈均衡是：小猪等待，大猪按按钮。在上例中，大股东相当于“猪智博弈”中的大猪，小股东相当于小猪。在大小股东是否密切监督经理工作的博弈中，大股东因为利益攸关会担当起搜集信息监督经理的责任，而小股东则坐享其成也可因大股东密切监督经理的工作而得益。

资料来源：人民网新闻. 改进上市公司管理—美国证交会拟交还股东监督权，2004-04-05.

三、纳什均衡

纳什均衡(Nash equilibrium)是指这样一种均衡，在这一均衡中，每个博弈参与人都确信，在给定其他参与人战略的情况下，他选择了最优战略以回应对手的战略。纳什均衡是完全信息静态博弈解的一般情况。构成纳什均衡的战略组合一定是在重复剔除严格劣战略过程中无法被剔除的战略组合。

在占优战略均衡中，无论所有其他参与人选择什么战略，一个参与人的占优战略都是他的最优战略。显然，这一占优战略也必定是所有其他参与人选择某一特定战略时该参与人的最优战略。因此，占优战略均衡一定是纳什均衡。在重复剔除的占优战略均衡中，最后剩下的唯一战略组合，一定是在重复剔除严格劣战略过程中无法被剔除的战略组合。因此，重复剔除的占优战略均衡也一定是纳什均衡。

纳什均衡所包括的情况远不止占优战略均衡和重复剔除的占优战略均衡。以博弈论中经常提到的性别战为例。谈恋爱中的男女通常是共度周末而不愿意分开活动的。但对于周末干什么，男女双方各自有着自己的偏好。男方喜欢看足球比赛，女方喜欢逛商店。不同选择下男女双方的得失见表 7-8。

表 7-8 性 别 战

		女方	
		看足球	逛商店
男方	看足球	3,1	0,0
	逛商店	0,0	1,3

在这个博弈中,存在两个纳什均衡。男女双方或者一起去看足球,或者一起去逛商店。如果没有进一步的信息,我们无法确定男女双方在上述博弈中会作出什么选择。与重复剔除的占优战略均衡一样,纳什均衡不仅要求博弈的所有参与人都是理性的,而且要求每个参与人都了解所有的其他参与人都是理性的。

【案例 7-6】

秦始皇因何统一天下?

2000 多年前,雄才大略的秦始皇第一次统一了中国大地,并创建了当时世界上最庞大的帝国,得以名垂青史。

当时,除秦国之外,还存在六个较大的诸侯国,它们是楚、燕、韩、赵、魏、齐。它们为争夺土地和人口,取得"霸主"地位,经常展开大规模的兼并战争,形成诸侯混战的局面。

当秦国向外扩展领地时,它的战略目标就不仅仅是一个魏国,而是各诸侯国。关东诸侯国感到秦的威胁日趋严重,许多政治家主张联合起来抗秦,这种活动叫"合纵",即"合众弱以攻一强"的意思,是阻止秦国进行兼并的策略。秦国为击破各诸侯国的联合,也进行了活动,以拆散各国的联盟,称为"连横",即"事一强以攻众弱"的意思,是秦国迫使别国帮助它进行兼并战争。

当时七国之中,只有齐国实力比秦国稍逊一筹,成为六国军事同盟的核心。一旦齐国放弃"合纵"政策,六国的军事同盟就土崩瓦解。真实的历史也证明了这一点,秦国对六国联盟的破坏正是从齐国开始的。

在这种情况下,秦国与齐国都有两种战略政策可以选择,那就是"合纵"与"连横"。秦国如果默许六国"合纵",齐国采用"合纵"政策,结果是秦国势力扩张被遏制,而齐国成为六国领袖,势力得以扩张。秦国采取"连横"政策,齐国仍然采取"合纵"政策,结果是秦国与六国处于对峙状态。秦国默许六国"合纵",齐国却采用"连横"政策与秦国示好,结果是秦国没有吞并六国的野心自然无法一统天下,齐国的势力也没有得以扩张。而历史的真相是,秦国采取"连横"政策,齐国默许秦国的"连横"政策并与秦国建立友好外交关系。这样,秦国从公元前 230 年灭韩开始,到公元前 221 年灭齐为止,前后经过 10 年的艰苦奋战,秦国逐步消灭了六国,结束了春秋战国以来诸侯割据的混战局面,建立起了一个疆域空前辽阔、统一的多民族的中央集权的封建国家。

资料来源:余治国.身边的博弈论:博弈论与信息经济学浅说.北京:北京师范大学出版社.

四、博弈论应用

博弈论可以揭示众多社会经济问题的内在规律和根源,帮助人们分析经济关系、认识经济现象、评判经济效率,指导人们进行科学的决策。在我国从计划经济向市场经济的转轨阶段,无论是政府的管理和政策制定,还是企业等实际经济部门的经营活动,博弈论都大有用武之地。

博弈论对政府的政策制定具有重要的指导意义。在市场经济条件下,企业和地方都有自身的经济利益。政府要对经济进行调控、实现特定的宏观经济目标,在政策制定和实施过程中,必须要考虑企业和地方的反应。也就是说,政府要有与企业和地方"博弈"的意识。在制定政策时,必须对企业和地方可能采取的对策,以及可能出现的各种结果认真分析。只有这样,才能保证政策不仅在制定阶段是最优的(从政府的角度看),而且在执行阶段也是最优的(从企业和地方的角度看),才能保证政策的有效实施,保证政策目标的完全实现。

博弈论可以解释社会经济中许多低效率现象,如人们对环境的肆意破坏,市场经济中的恶性竞争,这些都是由于人们处于一种囚徒困境式的博弈地位所致。利用博弈论的原理和方法,可以找出导致这种困境的制度性根源,找出打破这种低效率均衡的方法,帮助政府制定、修改政策,完善有关制度,进行有效管理。

对于实际经济部门和非经济部门的工作者来说,博弈论的指导作用也是显而易见的。在企业生产、经营、合作、谈判等诸多方面,博弈论是十分有效的决策工具,它可以帮助企业经营者分析竞争对手的经济行为,掌握经济活动的内在规律,提高经济决策的科学性和有效性。在公共管理部门及其他服务机构也需要博弈论的知识。如何协调内部管理、提高工作效率,如何提供更好的服务,这些都离不开博弈论的指导。因此,掌握博弈的思想和方法是十分重要的。

当今社会正处在信息时代,信息在决策活动中起着举足轻重的作用。而对于社会主义市场经济初级阶段的我国,社会经济活动中的信息不完全性、不对称性问题比较严重,隐瞒、欺诈行为时有发生,这些问题将影响正常的经济生活和经济秩序。掌握和运用博弈论的原理和方法,有利于政府管理机构、企业乃至个人进行正确决策,防止这些现象的发生和泛滥,减少其对社会的危害,提高社会经济效率。

【案例 7-7】

OPEC 组织成员国之间的合作与背叛

"囚徒困境"告诉我们,个人理性和集体理性之间存在矛盾,基于个人理性的正确选择会降低大家的福利,也就是说,基于个人利益最大化的前提下,帕累托改进得不到进行,帕累托最优得不到实现。

在现实生活当中,信任与合作很少达到像"囚徒困境"这样两难的境地,无论在自然界还是在人类社会,"合作"都是一种随处可见的现象。比如中东石油输出国组织(OPEC)的成立,本身就是要限制各石油生产国的产量,以保持石油价格,以便获取利润,是合作的产物。OPEC 之所以能够成立,各组织成员国之间之所以能够合作,是因为囚徒困境如果是一次性博弈(one shot game)的话,基于个人利益最大化,得到纳什均衡解,但如果是多次博弈,人们就有了合作的可能性,囚徒困境就有可能破解,合作就有可能达成。连续的合作有可能成为重复的囚徒困境的均衡解,这也是博弈论上著名的"大众定理"(folk theorem)的含义。

但合作的可能性不是必然性。博弈论的研究表明,要想使合作成为多次博弈的均衡解，博弈的一方(最好是实力更强的一方)必须主动通过可信的承诺，向另一方表示合作的善意，努力把这个善意表达清楚，并传达出去。如果该困境同时涉及多个对手，则要在博弈对手中形成声誉，并用心地维护这个声誉。这里“可信的承诺”是一个很牵强的翻译，Credible commitment 并不是什么空口诺言，而是实实在在的付出。所以合作是非常困难的。所以 OPEC 组织经常会有成员国不遵守组织的协定，私自增加石油产量。每个成员国都这样想，只要他们不增加产量，我增加一点点产量对价格没什么影响，结果每个国家都增加产量，造成石油价格下跌，大家的利润都受到损失。当然，一些产量增加较少的国家损失更多，于是也更加大量生产，造成价格进一步下降。结果，陷入一个困境：大家都增加产量，价格下跌，大家再增加产量，价格再下跌……

理论上，几乎所有的卡特尔都会遭到失败，原因就在于卡特尔的协定(类似囚犯的攻守同盟)不是一个纳什均衡，没有成员有兴趣遵守。那么是不是不可能有卡特尔合作成功了？理论上，如果是无限期的合作，双方考虑长远利益，他们的合作是会成功的。但只要是有限次的合作，合作就不会成功。比如合作 10 次，那么在第九次博弈参与人就会采取不合作态度，因为大家都想趁最后一次机会捞一把，反正以后我也不会跟你合作了。但是大家料到第九次会出现不合作，那么就很可能在第八次就采取不合作的态度。第八次不合作会使大家在第七次就不合作……一直到，从第一次开始大家都不会采取合作态度。

以上是运用博弈论中的经典案例“囚徒困境”对现实经济生活的一些简单的理论上的分析，虽然在现实生活当中影响人们决策和态度的因素很多，但是，博弈论作为现代经济学的前沿领域，始终是一个强有力的分析工具。

资料来源：改进上市公司管理——美国证交会拟交还股东监督权.人民网新闻，2004-04-05.

第五节 不同市场的经济效率比较

前面我们分别研究了四种不同的市场结构：完全竞争、垄断竞争、寡头垄断、完全垄断。这四种市场结构具有不同的特点，不同市场结构中的厂商的价格决策、产量决策都不相同，其竞争策略和竞争程度也不一样，因而经济效率也就不同。下面仅对这四种市场结构做一简单比较。

一、需求曲线和供给曲线

厂商所面临的需求曲线和厂商的供给曲线是厂商决策的基本依据，也是其市场的一个最基本的特征。

完全竞争市场的特点决定了完全竞争厂商只能被动地接受市场的价格，因而其需求曲线是水平的，也就是具有完全弹性，在不同的市场价格下，厂商决定自己的产量从而实现自己的利润最大化，因而其供给曲线也是可以推导的，其短期供给曲线和 SMC 曲线重合。

而对不完全竞争厂商来讲，情况较复杂，不仅可以通过调整产量来追求利润最大化，也可以通过调整价格来追求利润最大化，因而不完全竞争厂商无法推导出厂商的供给曲线。不完全竞争厂商都能够在一定程度上影响商品的市场价格，比如垄断厂商本身就是市场价格的制定者，而寡头厂商则能够操纵市场价格，是市场价格的搜寻者，而垄断竞争厂商则是市场价格的影响者，因而其需求曲线都是向右方下倾斜的，但斜率各不相同。一般来说，垄断程度越高，需求曲线的斜率就越大，以垄断厂商的需求曲线最为陡峭，寡头垄断厂商次之，垄断竞争厂商更为平缓。

二、经济效率

有人把经济学理解为研究资源有效配置的科学。一个经济社会，其资源是否实现了有效配置则要看它在现有资源条件的约束下能否以最小的成本实现最大的收益，这实际就是经济效率的问题。经济效率是指利用经济资源的有效性。那么，如何判断经济效率的高低呢？从理论上讲，一般有两个标准。

首先，看平均成本的高低。我们知道完全竞争厂商实现长期均衡时价格 P 与 LAC 的最低点相等，这时平均成本最低，并且均衡价格最低，均衡产量最高。垄断竞争厂商长期均衡时，和完全竞争一样经济利润为 0，但均衡点却位于 LAC 曲线最低点的左边，因而产量更低，平均成本更高；寡头垄断和垄断的情况，产量要更低，价格高出 LAC 的最低点更多，且 LAC 曲线也更高。所以垄断程度越高，厂商的长期平均成本以及产品价格都更高，但产量却更低。平均成本高、产量低，说明厂商的生产是无效率的，价格高说明消费者要为此付出更高的代价。因而从全社会的角度看，垄断程度越高，效率越低。

其次，看价格是否等于长期边际成本。在长期均衡时，看商品的价格 P 是否等于边际成本 LMC。商品的价格 P 可以看作商品的边际社会价值，LMC 可以看作商品的边际社会成本。因此，$P=\text{LMC}$ 时，说明资源得到了充分利用，所得到的净社会价值即社会福利是最高的。$P>\text{LMC}$，意味着厂商如果增加产量，净社会价值将增加，说明此时社会资源没有得到有效配置，是无效率的。所以，按照西方经济理论的观点，完全竞争市场是效率最高的市场。垄断市场是效率最低的市场。

按微观经济学的一般结论，垄断是无效率的，那么是否就可以否定完全垄断市场结构呢？我们可以从以下几方面来认识。

1. 垄断与技术进步的关系

一些西方经济学家认为，垄断厂商由于可以通过对市场的垄断而获取超额垄断利润，因而缺乏进行技术创新的动力，不但如此，垄断厂商还会想尽各种办法来阻止其他企业利用新技术、新产品来威胁自己的垄断地位，千方百计地压制技术进步。但有的经济学家认为，垄断是有利于技术进步的，主要是垄断企业能得到超额垄断利润，所以有条件来搞技术创新。

2. 垄断与商品差异

完全竞争厂商生产的都是同质的、无差异的产品，无法满足消费者对消费品的各种不同的偏好。而消费者的偏好是不同的，丰富多彩的产品满足了他们的不同偏好，因而能使他们的福利水平提高。完全竞争市场尽管可以以较低的价格提供给我们较大量的产品，但并不是我们的理想选择。垄断竞争和寡头垄断行业，生产的产品是多样化的，这些多样化的产品满足了消费者的不同偏好。因而有的经济学家认为，垄断竞争所带来的一点效率上的损失可以看作经济社会为了产品的多样性所付出的必然的代价。

3. 垄断与规模经济

完全竞争和垄断竞争行业一般都是中小厂商,因而缺乏规模经济,成本较高。寡头垄断厂商和垄断厂商往往是一些大企业,可以进行大规模的生产,因而能够获得规模经济,因此可以大大降低成本和价格。在很多行业如钢铁、冶金、汽车、石油化工等都是如此,而在有的行业,引入竞争机制反而会造成社会资源的浪费或损害消费者的利益,比如城市居民的取暖、邮政等。

4. 关于广告支出

完全竞争市场由于产品是无差别的,因而也不需做广告;而垄断竞争市场和差别寡头市场的厂商则为了避免激烈的价格竞争,更多地采用非价格竞争的形式,广告竞争就是其中一种最常用的方式。这种竞争性广告是通过对消费者的视觉和听觉进行影响,以使其宣传的产品在消费者头脑中不断加深印象,这样通过自己的市场扩大,也就使别的厂商市场进一步缩小,所以如果所有企业都全面减少这种广告,对总需求不会有影响,但如果某一个企业从广告战中撤出,就会遭受损失。所以从全社会的角度看,这种广告只是提高了企业的营运成本,从而提高了价格,所以对消费者是不利的。垄断竞争市场的广告支出是各种市场中最大的,无形中提高了产品成本。

本章小结

不完全竞争市场是指那些或多或少带有一定垄断因素的市场组织。本章分析了完全垄断、垄断竞争、寡头垄断三个不完全竞争市场的价格和产量的决定问题,在详细介绍这三个市场的基本内容的同时又分别对每种市场优劣性作了分析,最后同完全竞争市场的效率进行了比较。

简答题

1. 试述垄断竞争厂商的两条需求曲线的含义及相互关系。
2. 短期均衡时,完全竞争厂商与完全垄断厂商有何不同?
3. 为什么垄断厂商的需求曲线是向右下方倾斜的?说明相应的AR曲线和MR曲线的特征及关系。
4. 垄断厂商短期均衡时一定取得经济利润吗?为什么?
5. 垄断如何导致低效率?

案例剖析:广告对我们意味着什么?

在现实生活中,广告的狂轰滥炸对我们每个人来说已经是习以为常的事情。在黄金时间打开电视,你就会观察到什么类型的产品广告做得较多:饮料、化妆品、零食……这些快速消费品行业一般把收入的10%~20%投放于广告。我们注意到这些行业都是典型的垄断竞争结构,同时我们很难想象生产玉米或者火箭发动机的企业会花大把的金钱请明星作为产品代言人，因为这些产品要么是标准化的，要么被一两家企业完全垄断，他们没必要做广告。

广告的规模有多大呢？有人估计大概有2000亿美元。也许这个数字难以想象，那么你就想想仅仅凭着在线广告作为收入的互联网企业就可以动辄拥有几十亿美元的市值吧。

如何从经济学角度来看待广告的作用？我们或许从下面的一些案例中领悟一些道理来。

眼镜行业广告与价格

贝纳姆(Benham)通过比较限制广告情况下的价格和不限制广告情况子的价格，研究了广告对眼镜价格的影响。贝纳姆发现，1963年，在广告完全被禁止的那些州内，眼镜的平均价格为37.48美元。在不存在广告限制的那些州内，眼镜的平均价格是17.98美元。贝纳姆的解释如下：

总之，大量低价销售的卖者依赖于将顾客从某个广阔领域里吸引过来，因而就需要告知他们的潜在顾客关于购买他们商品的好处。如果广告被禁止，他们就不能生产必要的销售量来维持低价格。同时，少量高价销售的零售商存在于市场的可能性将会增加。

贝纳姆提出，广告包容更多的现存厂商之间的竞争，降低利润边际。他还提出，广告为进入市场提供便利，因此，禁止广告是进入市场的壁垒。

令人感到惊讶的是，贝纳姆发现，广告所包含的价格并不是导致眼镜价格下降的一个重要因素。他把禁止价格出现在广告上面的那些州与非限制性广告存在的那些州区分开来，发现在那些价格不能够包括在广告中的州里，平均价格只比没有限制的那些州略微高些。换句话说，存在、地点和产品花色品种方面的信息似乎引起消费者对竞争企业足够的兴趣，这种兴趣又导致更大程度上的竞争。

玩具制造商广告与价格

斯坦纳考察了玩具制造商采用电视广告前后的玩具制造业。他发现，和20世纪50年代以后的情况相比，50年代中期以前的销售毛利或利润边际，在统计显示中要高得多。在零售商和制造商采用电视网做广告之前，一件零售价为5美元的典型玩具，通常以5美元，或许可能以4.95美元出售。向全国零售的玩具在做了电视广告之后，原来可以卖5美元一件的玩具的典型零售价平均只有3.49美元了。然而50年代中期以后，在那些没有玩具电视广告的城市里，价格仍然平均在4.98美元左右。

斯坦纳解释道，平均价格下降的原因几乎全部在于利润边际或毛利的下降。在玩具广告大量上电视的那些地区里，一些零售商发现，在显著地降低了这些玩具的毛利之后，他们的投资收益率提高了。玩具销售量的增加足以抵偿这种下降(在这里，需求富有弹性)。量小而价高的零售商不再能将他们毛利维持在原来的高度，因为存在那些批量大而价格低的企业。

资料来源：微观经济学案例分析 http://www.kaoyan365.cn.

第八章

生产要素市场和收入分配理论

平等和效率(的冲突)是最需要加以慎重权衡的社会经济问题,它在很多的社会政策领域一直困扰着我们。

——阿瑟·奥肯

本章导读

在前面关于消费者行为以及生产者行为的分析中,我们通常假定消费者收入既定以及生产要素的价格既定,也就是说,我们并没有涉及消费者的收入来源和生产要素的价格是如何决定的。在本章中,我们将要对此展开分析。

社会生产出来的产品如何分配给社会各成员,这是解决为谁生产的问题,也就是社会产品如何分配的问题。这种分配通常要由消费者的收入水平来表现,而消费者的收入水平在很大程度上又取决于其拥有的要素的价格和厂商对该要素的使用量,所以研究产品如何分配的理论就是研究要素价格如何决定的理论。生产要素的价格决定与商品的价格决定没有分别,也是由市场供求关系来决定,只不过在这里我们研究的领域由前面的产品市场转到了要素市场,这也意味着本章的研究将从价格理论转到要素理论,也可称为收入分配理论。

学习目标

通过对本章的学习,重点掌握理解并能推导出要素的需求曲线和要素的供给曲线;理解并能运用供求分析要素价格的决定。培养运用所学的要素分配理论解释现实分配问题的能力和运用洛伦茨曲线与基尼系数这两个工具分析现实问题的能力。

关键概念

派生需求(derived demand)
边际收益产品(marginal revenue product)
边际要素成本(marginal factor cost)
边际产品价值(value of the marginal product)
洛伦茨曲线(Lorenz curve)
基尼系数(Gini coefficient)

第一节　生产要素的需求

生产要素(factors of production)是用于生产产品和劳务的投入。传统的经济分析把生产要素区分为土地、劳动和资本,其所有者是地主、劳动者和资本家,他们的收入分别是地租、工资和利润。大约 19 世纪末期,一些经济学家开始认识到企业领导者对生产的重要性,于是增加了第四种生产要素,即企业家才能,并且把资本家的收入称为利息,而把企业家的收入称为利润。

通过前面的学习我们知道,产品的价格是由该产品的市场需求和市场供给来共同决定的,而用于生产一定产品的生产要素本身也是商品,也有需求和供给。所以,要素的市场价格与其他商品一样,也由其需求和供给共同决定。因此,研究生产要素的供求关系及其价格决定,就可以说明生产要素市场的运行规律。

一、生产要素需求的特点

(一) 派生需求、引致需求

虽然作为商品的生产要素也有需求,但产品市场上的需求和生产要素市场上的需求具有不同特点。在产品市场上,产品需求的主体是消费者(公众),购买的原因是为了直接满足自身对衣、食、住、行的需要。如购买冰箱的是消费者。因此,消费者对产品的需求称为“直接”需求。与此不同,在生产要素市场上,生产要素需求的主体是生产者(也称为厂商或企业),如冰箱厂在劳动力市场上雇用工人。但正是由于消费者对冰箱的需求才引致冰箱厂雇用工人去生产冰箱。因此,消费者对产品的需求导致了生产者对生产要素的需求,故我们称生产者对生产要素是“派生”需求或“引致”需求。

(二) 联合的、相互依赖的需求

这个特点是由于技术上的原因,即生产要素往往不是单独发生作用的。任何生产行为所需要的都不是一种生产要素,而是多种生产要素,只有机器而没有人或只有人而没有其他生产资料都无法生产产品。正如我们在生产理论所学过的那样,在生产中劳动和资本是相互配合共同使用的,而且在一定范围内,它们也可以相互替代。由此,对一种生产要素的需求,不仅取决于该生产要素的价格,也取决于其他生产要素的价格。所以生产要素相互之间的这种关系说明对它们的需求是联合的、相互依赖的。

二、边际生产力

生产要素价格的理论基础是美国经济学家克拉克提出的边际生产力论和英国经济学家马歇尔的均衡价格论。克拉克认为,在其他条件不变的情况下,最后追加的单位生产要素所增加的产量,就是该生产要素的**边际生产力**(marginal productivity)(或边际生产率)。生产要素边际生产力的实物形态称为**边际物质产品**(marginal physical product, MPP),即每增加一单位某种要素的投入所增加的产量。例如,劳动的边际物质产品可表

示为 MPP_L，也就是增加一单位劳动要素的投入所增加的产量，即投入的劳动要素的边际产量。设生产函数为 $Q=F(L)$，则劳动的边际物质产品 MPP_L 可表示为

$$MPP_L = \frac{dQ}{dL}$$

由于投入生产过程中的生产要素是多种要素的组合，所以在分配理论中，MPP 通常特指投入的某种生产要素的边际产量。生产要素的价格就是由生产要素的边际生产力决定的。

三、完全竞争厂商使用生产要素的原则

（一）完全竞争厂商

以前学习产品市场时，我们将市场区分为不同的市场结构，即完全竞争市场、垄断竞争市场、寡头垄断市场和完全垄断市场。其中，完全竞争的产品市场的突出特征是：众多的具有完全信息的买者和卖者买卖完全同质的产品，单一的买者和卖者都是市场价格的被动接受者。与产品市场一样，生产要素市场也可以区分为不同的市场结构，但作为经济学的初级学习者，我们在本章只讨论完全竞争的要素市场。

完全竞争的要素市场的突出特征是：众多的具有完全信息的要素买者（厂商）和卖者（大众）买卖完全同质的生产要素（劳动、资本等），单一的要素买者和卖者都是生产要素市场价格的被动接受者。

由于我们现在讨论的厂商既处于产品市场，又处于要素市场。因此，在讨论问题之前我们先假定，如果一个厂商所处的产品市场是完全竞争的，要素市场也是完全竞争的，则该厂商称为完全竞争厂商。

（二）厂商使用要素的原则

从前面产品市场的分析中我们知道，作为“经济人”的厂商，其生产的目的是唯一的，即实现利润最大化，而要想实现利润最大化就要使产品的边际收益等于产品的边际成本，即要满足 MR＝MC 的原则。因为当 MR＞MC 时，增加产量可以提高利润；当 MR＜MC 时，减少产量可以提高利润；只有当 MR＝MC 时，恰好实现利润最大化。同理，厂商使用生产要素也必须实现利润最大化，即使厂商使用要素的边际收益等于厂商使用要素的边际成本。

1. 要素的边际收益产品

厂商使用要素的边际收益称为**边际收益产品**（marginal revenue product，MRP），表示增加一单位某种要素投入所带来的产量增加从而所增加的收益。

以劳动 L 为例，$MRP=\frac{dTR}{dL}$。

我们知道，劳动的边际产量 $MP_L=\frac{dQ}{dL}$，它表示增加使用一单位要素所增加的产量；产品的边际收益 $MR=\frac{dTR}{dQ}$，它表示增加一单位产量所增加的总收益。

显然，劳动的边际产量 MP_L 与产品的边际收益 MR 的乘积就等于增加使用一单位要素所增加的收益。

$$\mathrm{MRP}=\frac{\mathrm{dTR}}{\mathrm{d}L}=\frac{\mathrm{dTR}}{\mathrm{d}Q}\cdot\frac{\mathrm{d}Q}{\mathrm{d}L}=\mathrm{MP_L}\cdot\mathrm{MR}$$

2. 边际要素成本

厂商使用要素的边际成本，我们称为**边际要素成本**（marginal factor cost，MFC），它是指增加一单位要素投入所引起的厂商总成本的增加量。需要注意的是，MFC 这个概念与前面成本分析中的边际成本（MC）的概念是不同的。MFC 的自变量是某一种生产要素，即它是要素的函数 $\mathrm{MFC}=\frac{\mathrm{dTC}}{\mathrm{d}X}$；而边际成本 MC 的自变量是产品产量，即最后追加一单位产品所引起的总成本的增量，它是作为产量的函数，$\mathrm{MC}=\frac{\mathrm{dTC}}{\mathrm{d}Q}$。

3. 厂商使用要素的原则

厂商使用生产要素的原则就是利润最大化原则，即使厂商使用要素的边际收益等于厂商使用要素的边际成本。而由上面的论述我们知道，厂商使用要素的边际收益称为边际收益产品，厂商使用要素的边际成本称为边际要素成本，所以厂商使用要素的原则是边际收益产品等于边际要素成本，即 MRP＝MFC。

如果厂商的 MRP＞MFC，那么增加一个单位要素使用时所增加的收益要大于增加的成本，因而厂商的利润将增加，作为一个追求利润最大化的厂商，它会不断扩大生产规模，增加生产要素的投入，从而增加它的利润。随着厂商产量的不断增加，按照边际收益递减规律，它的边际产量下降而边际收益下降或不变，从而边际收益产品也是下降的，最终会达到 MRP＝MFC。

反过来，如果厂商的 MRP＜MFC，那么厂商减少一个单位的要素使用时，成本减少量将大于收益的减少量，因而利润也将增加，随着要素的不断减少，厂商的产量也在不断减少，它的边际产量增加、边际收益不变或者增加，因而边际收益产品不断增加，最终会达到 MRP＝MFC。总之，厂商最后实现均衡时，一定 MRP＝MFC，由此证明 MRP＝MFC 就是厂商使用要素的一般原则。

（三）完全竞争厂商使用要素的原则

如前所述，如果一个厂商所处的产品市场是完全竞争的，要素市场也是完全竞争的，则该厂商称为完全竞争厂商。可见完全竞争厂商只是厂商的一种类型，因此厂商使用生产要素的原则即 MRP＝MFC 的原则也一定是完全竞争厂商使用要素的原则。下面我们要讨论的是完全竞争的产品市场和完全竞争的要素市场对这一原则会产生什么样的影响。

1. 完全竞争的产品市场

如果产品市场是完全竞争状态，则完全竞争厂商是市场价格的被动接受者，所以，产品的边际收益 MR 等于既定不变的市场价格 P。于是，要素的边际收益产品 MRP＝MR · MPP＝MPP · P。

在这里我们引入一个新的概念**边际产品价值 VMP**（value of the marginal product），

它是指完全竞争厂商购买最后一单位生产要素所带来的边际收益。由此可见，在完全竞争市场上，要素的边际收益产品就是边际产品价值，即 MRP＝VMP。

2. 完全竞争的要素市场

如果生产要素市场是完全竞争状态，则完全竞争厂商是要素价格的被动接受者，所以，以劳动为例，厂商投入的最后一单位劳动所支出的边际成本正好等于劳动的价格即工资 W，则完全竞争厂商的边际要素成本为 $MFC=W$。

3. 完全竞争厂商使用要素的原则

综上所述，根据厂商使用要素的利润最大化原则 MRP＝MFC，完全竞争市场上厂商实现利润最大化的要素使用的条件为

$$\mathrm{VMP} = W$$

四、边际收益产品曲线与要素需求曲线(D)

根据边际收益递减规律，要素的边际生产力(率)亦递减。因此，生产要素的边际收益产品曲线是一条向右下方倾斜的曲线。如图 8-1 所示。水平线 W_0 是要素价格，根据完全竞争厂商利润最大化的要素使用原则：$MFC=W_0$，MRP 与 W_0 的交点为 A。A 所对应的需求量 L_0 就是当要素价格为 W_0 时使利润达到最大的要素需求量。如果 $MRP>W$，即 MRP＞MFC，表示继续增加要素投入量带来的收益会超过为此付出的成本，因而增加要素投入量可使利润总量增加；反之，如果 $MPR<W$，即 MRP＜MFC，这意味着最后增加投入的那个单位要素反而给厂商带来了损失，导致利润总量的减少。只有当 $MRP=MFC=W$ 时，使用的生产要素实现最大利润。

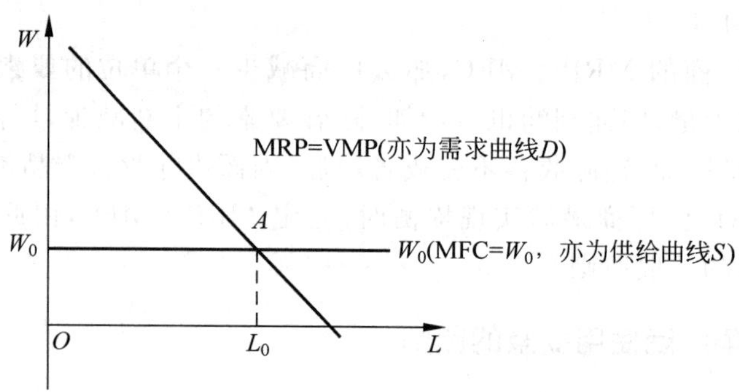

图 8-1　完全竞争厂商的要素需求

进一步，我们还可以说明，在完全竞争要素市场条件下，厂商对单一要素的需求曲线将与其边际产品价值曲线 VMP 完全重合。参看图 8-1，由于 MPP 通常特指某种生产要素投入的边际产出量，所以假设这种要素为劳动，MPP_L 就是 L 的函数。又 $VMP_L=P\cdot MPP_L$，所以，图 8-1 中曲线 VMP 也是 L 的函数。当要素价格为 W_0 时，根据要素使用原则：$VMP=W$，在图形上即表现为 VMP 曲线与 W_0 的交点 A。A 点表明，当要素价格为 W_0 时，要素需求量为 L_0。同样地，如果给定另外一个要素价格，则有另外一条水平直线与 VMP 曲线相交于另外一点。这表明在给定要素价格条件下，通过 $VMP=W$ 及 VMP 又是要素的函数，就会有一个要素使用量 L 与给定的要素价格 W 相对应，而这些

由 W 和 L 所组成的交点(W,L)均是在 VMP 曲线上的点。所以,在使用一种生产要素(以及不考虑其他厂商调整)的情况下,完全竞争厂商对要素的需求曲线 D 与要素的边际产品价值曲线恰好重合。

五、要素的市场需求曲线

我们已经推导了厂商对要素的需求曲线,即完全竞争厂商的要素需求曲线就是要素的边际产品价值曲线。接下来将讨论整个完全竞争市场的要素需求曲线。通过前面的学习,我们知道,在完全竞争的产品市场上,市场需求曲线可以由单个消费者的需求曲线简单地横向相加就可得到,那么在生产要素市场,我们能否也通过将单个厂商的要素需求曲线简单地横向加总来得到市场需求曲线呢?答案是否定的。原因在于,我们前面所推导的需求曲线都附加了一定的前提。我们推导厂商需求曲线的时候,实际上假定了当市场中要素价格变动的时候,其他厂商的要素使用量是不变的,从而产品的供给不变,产品的价格也就是不变的。

我们考虑一个单要素的市场。当完全竞争市场中劳动的价格下降的时候,所有的厂商都会增加对劳动的使用量,于是产品的市场供给曲线将会向右移动,产品的价格下降,产量上升。产品的价格下降,将会导致边际产品价值曲线的移动,从而厂商的要素需求曲线也会发生变动。当要素的价格上升时,所有厂商都会减少对要素的使用量,于是产品的市场供给曲线会向左移动,从而产品的价格上升,要素的边际产品价值曲线也会发生移动,要素的需求曲线跟着移动。

如图 8-2 所示,厂商原来使用的劳动是 L_0,劳动的价格是 W_0,此时产品的价格是 P_0,边际产品价值 $\mathrm{VMP}_0=P_0\cdot\mathrm{MPL}$,因而厂商处于 VMP_0 曲线上一点 H。如果完全竞争市场中的劳动价格下降到 W_1,则行业内所有厂商都会增加劳动的使用量,从而所有厂商的产品供给曲线都会向右移动,市场的产品供给曲线当然也会向右移动,这样产品的价格将下降到 P_1。由于 $\mathrm{VMP}=P\cdot MP$,产品价格的下降将导致边际产品价值曲线也下降为 VMP_1。从图 8-2 可知,在 W_1 的价格下,厂商对生产要素的需求将不是与 $W_1=\mathrm{VMP}_0$ 相对应的 L_2,而是 $W_1=\mathrm{VMP}_1$ 所决定的 VMP_1 上的一点 I,劳动需求量将是 L_1。同样道

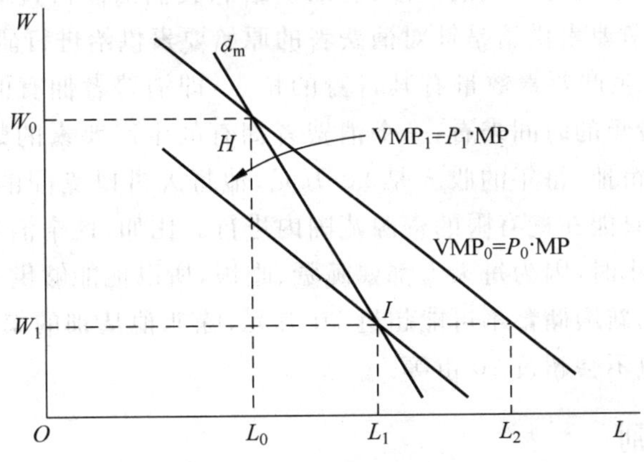

图 8-2　行业调整曲线

理，在不同的劳动价格下，我们可以得到一系列劳动需求与劳动价格的组合点，将这些点连接起来就得到厂商对劳动的需求曲线 d_m。由于该需求曲线考虑了要素价格改变时行业内所有厂商共同行动所引起的全部调整，所以又被称为行业调整曲线。行业调整曲线也是向右下方倾斜的，但斜率更陡一些。

整个市场的要素需求曲线可以看作是行业调整曲线的简单的水平相加。

第二节 生产要素的供给

一、生产要素供给的特点

生产要素也是商品。要素拥有者提供要素获得提供要素的收入，要素使用者购买要素而获得要素投入。但是，要素市场中要素的买卖与产品市场上产品的买卖不同，表现在以下几个方面。

(1) 产品经过买卖后，必定会发生产品所有权的转移，被出售后的产品由原来的出售人所拥有转为购买者所拥有，而且产品价格就是产品本身买卖的价格；而生产要素的买卖并不是要素本身的买卖，而是对要素使用权的买卖，要素的所有权在买卖中一般不发生转移，因而要素的价格是指要素使用价格，并非要素本身的价格。

(2) 在产品市场上买产品的是消费者，卖产品的是生产者，也就是说在产品市场上需求的主体是消费者，供给的主体是生产者。而在生产要素市场上，要素需求者即要素的使用者是生产者或厂商。但要素供给者即要素的所有者是谁的问题就要复杂一些。要素所有者具有多种属性，要素所有者既可以是生产者，也可以是消费者。原因在于这里将要素分为中间要素和原始要素两种。中间要素是指购买后将再次投入生产过程的要素，如钢材、车床等，显然中间要素的所有者是生产者。原始要素是指劳动、土地、资本和企业家才能，因此消费者是原始要素所有者即向市场提供诸如劳动等要素的所有者。由于要素所以者身份的不同，导致对要素供给的分析更加复杂。

但需要注意的是，中间要素是指购买后将再次投入生产过程的要素，如钢材、车床等，可以看出中间要素本身就是一般的产品，它的供给和我们前面讲过的一般产品的供给没有任何区别，所以本节要素供给是针对消费者的原始要素供给进行研究。

(3) 消费者拥有生产要素数量有其自身的特点，即消费者拥有的生产要素数量的有限性。如果从一个较短的时间来看，一个消费者拥有的生产要素的数量是有限的。假设一个消费者拥有 20 亩地、每年的收入是 20 万元，他每天可以支配的时间一定不超过 24 小时，消费者的决策只能在这有限的资源范围内进行。比如，这个消费者每天用于劳动的时间不可能超过 24 小时，因为每天人都要睡觉、吃饭，所以他能够供给市场的时间不会超过 16 小时，他每年的新增储蓄不可能超过 20 万元，除非他从别的渠道获得额外的收入，他可以出租的土地也不会超过 20 亩等。

二、要素供给原则

我们已经知道，本节研究的要素供给问题就是消费者愿意向市场提供多少原始要素，所以对要素供给的研究实际上也是对消费者行为的研究，因此必须要回顾我们已经学习过的效用论即消费者行为理论。

消费者是经济人，他一切行为的目的只有一个，就是实现效用最大化。在效用论中我们研究了消费者如何在收入既定的条件下选择两种商品的购买组合，以实现效用最大化。

同样，消费者把生产要素提供给市场，其目标也是实现效用的最大化。一个消费者拥有的生产要素的数量是有限的。这些有限的生产要素只有两个用途：一是供给市场，通过等价交换获得收入，这样获得的收入就可以给他带来效用；二是保留自用，如果消费者把生产要素留作自用，比如消费者不劳动，把时间用于休息和度假，这样休息和度假本身就可以给消费者带来某种满足，这种满足就是效用。所以消费者实际是在要素数量既定的条件下在要素的两种用途之间进行权衡。这与我们前面研究过的消费者在收入既定的条件下选择两种商品的最优购买组合问题非常相似。现在关键的问题是，消费者把多少生产要素提供给市场，又把多少生产要素保留自用的时候，他可以实现效用最大化。

消费者要素供给的原则就是他实现效用最大化的条件，从基数效用论的角度出发，这个条件可以表述为：消费者提供给市场的要素的边际效用和消费者保留自用的要素的边际效用相等。因为如果该要素供给市场的边际效用大于保留自用的边际效用，那么消费者增加要素的供给减少保留自用的资源数量将能够使他的总效用增加；如果该要素提供给市场的边际效用小于保留自用的要素边际效用，那么理性的消费者将会减少提供给市场的要素增加保留自用的要素，从而提高自己的总效用。最终的均衡状态必然是消费者将提供给市场和将要素保留自用的所获得的边际效用相等。

下面我们以单一生产要素—劳动为例，在序数效用论的基础上以无差异曲线分析法来研究消费者的决策过程。消费者的决策无非是在现有的要素总量的约束下，在要素收入和自用要素之间选择求得效用最大。

如图 8-3 所示，横坐标 L 为保留自用的要素数量，纵坐标 Y 为消费者的收入水平。U_0、U_1、U_2 是消费者的三条无差异曲线，无差异曲线的特点是向右下方倾斜向原点凸出，无差异曲线的特点与前面消费者行为理论中阐述的无差异曲线是一样的。消费者拥有的可利用的要素总量是 L^*，工资率是 W，这样消费者把全部要素投入市场可获得的收入将

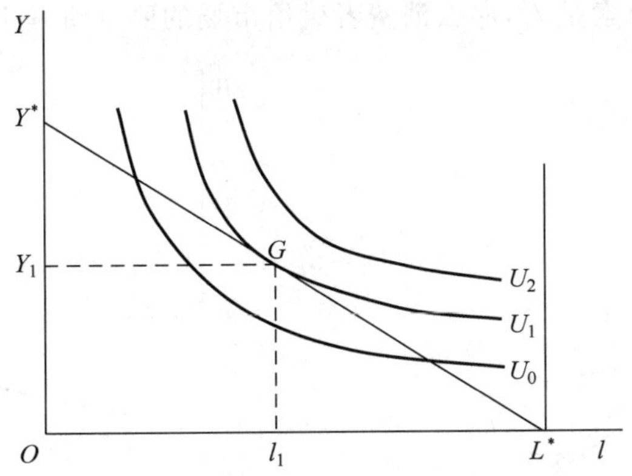

图 8-3　要素供给的无差异曲线分析

是 $Y^* = W \cdot L^*$，消费者把全部要素保留自用也不能超过 L^*，因此图中的 Y^*L^* 就是消费者的预算线，预算线的斜率是 $-w$。预算线的方程可以表示为

$$Y = WL^* - Wl$$

分析图 8-3 中的三条无差异曲线，U_2 在现有的资源约束下是无法实现的，因为它与预算线没有切点；U_0 与预算线有两个交点，在现有资源条件下是可以实现的，但是它不是最大的；U_1 与消费者的预算线相切于 G 点，G 点是现有的资源约束条件下消费者能够实现效用最大化的点，即均衡点。可见在均衡时，消费者保留自用的要素是 l_1，要素收入是 Y_1。

由于预算线和无差异曲线在切点处实现均衡，那么在切点处两条曲线的切线的斜率必然是相等的。预算线的斜率是 $-W$，无差异曲线的斜率为 $\mathrm{d}Y/\mathrm{d}l$，因此消费者均衡的条件可以表示为

$$-W = \mathrm{d}Y/\mathrm{d}l$$

等式的左边是资源供给的边际替代率，它表示消费者为增加一单位自用资源所愿意减少的收入量；而等式的右边表示消费者为增加一单位自用资源所必须放弃的收入量。所以，该等式的含义就是消费者为增加一单位自用资源所愿意减少的收入量等于他实际所必须减少的收入量。

三、要素供给曲线

消费者的要素供给曲线可以利用无差异曲线来推导。在竞争性的要素市场中，要素的价格是由市场决定的，给定一个市场的要素价格，通过图 8-4 我们可以得到一个对消费者来说的最佳要素供给量。当市场的要素价格变动的时候，消费者也会变动自己的要素供给量，从而我们可以推导出消费者的要素供给曲线。

如图 8-5 所示，横坐标 I 为消费者保留自用的要素，纵坐标为消费者向市场提供要素能够获得的收入，消费者拥有的可利用要素的数量是 L^*。当要素的价格为 W_0 时，消费者把全部要素投入市场所获最大要素收入 $Y_0 = W_0 \cdot L^*$，因而 L^*Y_0 为消费者的预算线。U_0 为无差异曲线，该曲线与预算线相切于 A 点，因而 A 点是消费者的均衡点，在均衡点处消费者保留自用的要素是 l_0，那么消费者供给市场的要素将是 $L^* - l_0$。

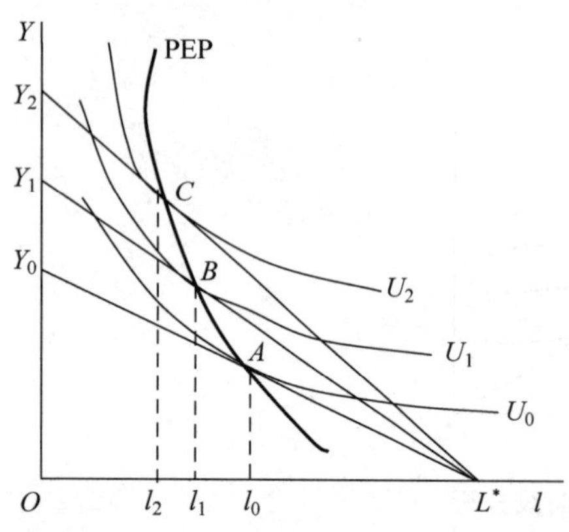

图 8-4 价格扩展线

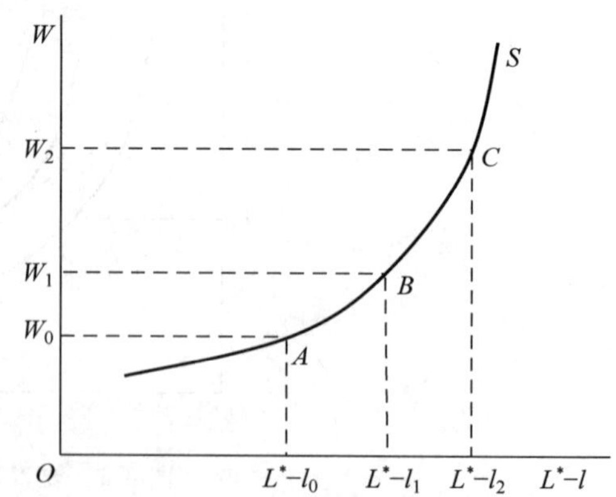

图 8-5 要素供给曲线

假定市场的要素价格提高到 W_1，预算线在纵坐标上的截距将增大到 $Y_1=W_1\cdot L^*$，横坐标上的截距不变，斜率变得陡峭，因而预算线变为 Y_1L^*。与该预算线相切的无差异曲线为 U_1，预算线与无差异曲线的切点就是均衡点 B，在 B 点消费者保留自用的要素是 l_1，供给市场的要素数量是 L^*-l_1，此即 W_1 的要素价格下消费者的要素供给量。显然要素价格的提高使消费者的要素供给量提高，并且均衡时所能达到的效用水平也提高了。同样道理，当市场的要素价格提高到 W_2 时，消费者的预算线将变得更加陡峭，预算线将与无差异曲线 U_2 相切于 C 点，均衡的要素供给量将是 L^*-l_2，依此类推。我们将 A、B、C 等不同要素价格下消费者的均衡点连接起来得到一条曲线 PEP，称为价格扩展线。

以上我们通过无差异曲线分析得到了消费者在各个可能的要素价格下的均衡点，在每个均衡点处我们都可得到消费者供给市场的生产要素的数量，这样将不同要素价格下消费者的要素供给量在图中投影得到一系列的要素价格与供给量的组合点 A、B、C 等，将这些组合点连接起来，就是该消费者的要素供给曲线 S。将市场中所有消费者的要素供给曲线横向相加，就可得到市场的要素供给曲线。因此可以知道，市场供给曲线的形状和单个消费者供给曲线的形状是近似的。

需要注意的是，以上我们对消费者的要素供给曲线的推导，主要讲的是推导的方法，尽管多数情况下要素的供给曲线确实是向右上方倾斜的，但并不意味着所有要素的供给曲线的形状都是向右上方倾斜。具体某种生产要素的供给曲线如何，取决于该要素保留自用对消费者来讲，能否提高效用、能提高多少。比如，时间如果被用作闲暇，就能够直接提高消费者的效用，而土地如果没有其他用途则保留下来就不能提高消费者的效用。这样要素的特点不同，其供给曲线的特点就是不同的，下面我们将分别予以讨论。

第三节　工 资 理 论

劳动的供给是指劳动者所提供的一定劳动或服务的时间数，它涉及消费者对其拥有的既定时间资源在劳动和闲暇两个方面的分配。它可以分为个人劳动供给和整个市场的劳动供给。

一、个人劳动供给曲线

1. 劳动与闲暇的选择

劳动者对劳动供给的决策是要考虑自己既定的时间资源如何有效地分配。每一个劳动者每天的时间都是相等的 24 小时，而为了维持生存，人每天必须有睡眠时间，为了简化分析，假定每天必须有 8 小时用于睡眠，那么一个人每天只能拥有 16 小时的自由支配时间。这 16 小时可分为两部分：一部分为劳动时间，另一部分为闲暇时间。所谓劳动时间，就是劳动者可以把 16 小时中的一部分供给给市场（也就是劳动者提供劳动）的时间；闲暇时间则是指劳动者把除劳动以外的时间用于吃饭、娱乐、休闲等活动的时间。

我们进一步分析会发现：一方面，劳动者通过提供劳动，从事各种生产性活动可以获得劳动收入，收入用于消费可以提高劳动者自身的效用水平。但同时，劳动者提供劳动也需要付出一定的成本。这种成本主要包括两类：一是劳动使劳动者牺牲了一定的闲暇；二是在劳动过程中，劳动者需要付出一定的体力和脑力，所以劳动本身可能并不令人快乐，经济学中统一把它们称为劳动产生的负效用。另一方面，闲暇本身也同样可以给劳动者带来效用，因为通过闲暇，可以从事一些娱乐和消费活动或从事其他个人感兴趣的活动，通过这些活动可以使劳动者恢复体力和脑力，在不同的方面获得一定程度的满足。由于劳动者每天可以利用的时间资源是有限的，当用于劳动的时间增加时，闲暇时间就会减少，反之，闲暇时间就会增加。所以说，劳动的供给问题实际上是劳动者将其既定的时间资源在劳动供给和闲暇两种用途上的分配以实现效用最大化的问题。

2. 个人劳动供给曲线

我们从图 8-6 来看消费者劳动供给曲线的推导过程。图 8-6(a)是用无差异曲线分析来决定消费者的时间资源在闲暇和劳动供给之间的分配。图中横轴 H 为消费者用于闲暇的时间，纵轴 Y 为消费者的生产要素的收入。我们研究的劳动市场是竞争性市场，因而劳动的价格是市场决定的。当劳动的价格是 W_1 时，消费者的均衡点位于无差异曲线 U_1 和预算线的切点 A，对应的闲暇时间是 H_1，因此，劳动供给是 $24-H_1$；当市场上劳动的价格提高到 W_2 时，消费者的预算线绕横轴顺时针旋转，无差异曲线 U_2 与预算线相切于 B 点，对应的闲暇时间是 H_2，因此，劳动的供给提高到 $24-H_2$；当市场上劳动价格再上升至 W_3，消费者的无差异曲线 U_3 与预算线相交于 C 点，均衡的闲暇时间是 H_3，劳动供给降低到 $24-H_3$。同样道理可得一系列的均衡点。将这些均衡点的劳动价格和劳动供给的组合投影在图 8-6(b)中，就可以得到消费者的劳动供给曲线。

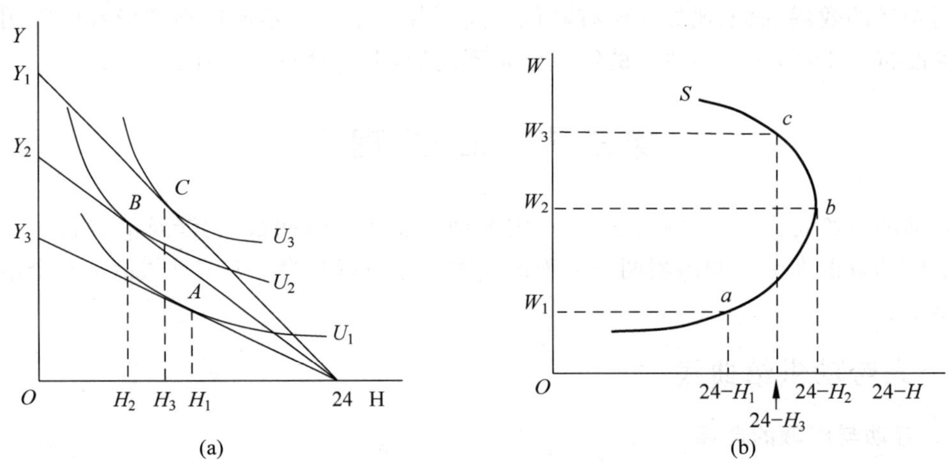

图 8-6 消费者劳动供给曲线的推导

可以看到，消费者的劳动供给曲线具有明显的特点，在 b 点以下的部分是正常的向右上方倾斜的曲线，而在 b 点以上供给曲线是向后弯曲的，即向左上方倾斜。向后弯曲的劳动供给曲线意味着当劳动的价格上升时，劳动的供给非但不上升，反而下降。

3. 从机会成本的角度分析

某种东西的机会成本是你为了得到它而放弃的东西。为了得到闲暇就必须放弃工作，反之，为了工作就必须放弃闲暇。所以，如果一个人工作每小时的工资是 10 元，那么他一小时闲暇的机会成本就是 10 元，当工资提高到每小时 15 元时，闲暇的机会成本也增加到 15 元。

当一个人收入较少时，工资提高一定会使他增加劳动供给，这时该人的劳动供给曲线是向右上方倾斜。但是否只要工资增加就会使工人劳动供给？答案是否定的。如上所述，一个人每天的可支配时间是 16 小时，如果假定工作的时间是 H，那么闲暇的时间就是 $16-H$，工资越高，工作的时间越多，闲暇的时间越少。设想你每小时的工资从 10 元增加到 15 元，闲暇的机会成本大了，但你也比以前更富有了。你可决定用因工资提高而增加的收入去享受更多闲暇。在这种情况下就会出现工资提高但劳动供给反而减少，个人劳动供给曲线向后弯曲。

4. 工资变动的替代效应和收入效应

劳动供给曲线为什么会呈现出向后弯曲的形状呢？前面我们说过，工资就是闲暇的价格，当工资提高时，闲暇的价格就会上升，此时就会出现价格效应，而价格效应又可以分解为替代效应和收入效应。工资变动所产生的替代效应和收入效应正是劳动供给曲线向后弯曲的原因。

工资变动的替代效应是指工资变动对于劳动者消费闲暇与收入之间的替代所产生的影响。当工资提高后，闲暇的价格就会上升，劳动者的替代行为应该是用收入来替代变得相对昂贵的闲暇，闲暇就会减少，所以替代效应使劳动者在工资水平上升后减少休息，多工作。也就是说，随着工资水平的上升，劳动者倾向于用消费其他商品来代替闲暇。所以，工资水平提高的替代效应使得劳动供给量增加。同理，若工资水平降低，替代效应使劳动者增加闲暇时间，即工资水平降低的替代效应使得劳动供给量减少。

工资变动的收入效应是指工资变动所引起的收入变动对于劳动时间所产生的影响。如果劳动者的工作时间保持不变，当工资水平提高时，劳动者的收入水平也会增加。收入增加将使劳动者能够购买更多的商品，其中包括购买更多的闲暇时间。闲暇时间增加，意味着劳动时间减少。所以，工资水平提高的收入效应会使劳动者在工资水平提高后多休息，少工作，从而减少劳动供给量。反之，如果工资水平下降，收入效应会使劳动者增加劳动时间，从而增加劳动供给量。

由此可见，工资水平提高带来的替代效应和收入效应的作用方向正好相反。替代效应鼓励多工作，而收入效应鼓励多休息。所以，工资水平的提高有可能使劳动者增加劳动供给，也有可能正好相反。最后的结果即价格效应的最终作用如何取决于二者的相对强度。如果工资水平提高的替代效应强度超过收入效应，那么工资水平的提高将使得劳动者减少闲暇，从而增加劳动供给量，表现为劳动的供给曲线向右上方倾斜。反之，如果工资水平提高的替代效应强度小于收入效应，那么工资水平的提高将使得劳动者增加闲暇，从而减少劳动供给量，表现为劳动的供给曲线向右下方倾斜。

一般而言，在工资水平比较低的阶段，工资水平提高产生的替代效应大于收入效应。因为低工资带来的收入变化不会太大，所以劳动供给随工资水平的提高而增加，劳动供给曲线向右上方倾斜。但是，当工资水平提高到一定程度之后，工作较少的时间就可以维持较好的生活水平，此时人们会将更加珍视闲暇，工资水平提高的收入效应强度增加，超过替代效应，从而使劳动供给曲线出现向后弯曲的形状。

如图 8-6(b)所示，当工资水平在 W_2 以下时，替代效应大于收入效应，工资水平的提高能带来劳动供给量的增加。当工资水平正好等于 W_2 时，替代效应等于收入效应，工资水平的变动对劳动供给量没有影响。当工资水平高于 W_2 时，替代效应小于收入效应，工资水平的提高会减少劳动供给量。

综上所述，在工资水平较低时，替代效应处于主导地位；随着工资水平的提高，替代效应的作用不断减少，收入效应的作用不断增加，当工资水平提高到一定程度，两者就会完全抵消。之后，如果工资水平继续提高，收入效应将超过替代效应，劳动供给量呈下降趋势。

二、市场的劳动供给曲线与均衡工资的决定

1. 市场的劳动供给曲线

市场的劳动供给是指市场中的所有劳动者所提供的劳动或服务的时间总和。影响市场劳动供给的因素有两个，其一是工资的高低，其二是劳动者的总人数，这涉及人口的数量，人口中参加劳动的年龄、性别和教育程度等方面的因素。虽然上面我们研究的个人(或者一个家庭)劳动供给曲线是有向后弯曲部分的，特别是某些高收入的自由职业者，如医生、律师等。但就劳动的市场供给曲线而言，迄今还没有经验材料表明是向后弯曲的。因此，市场劳动供给曲线是向右上倾斜的(符合我们讲过的产品供给曲线的特征)。

2. 完全竞争条件下劳动市场均衡与工资的决定

工资作为劳动的价格，是由劳动市场的需求和供给的相互作用决定的。所以，在完全竞争的劳动市场中，劳动市场的需求和供给决定均衡工资和就业水平，而且劳动市场的均衡工资正好使得劳动的供求处于均衡状态。同时，劳动需求或供给的变动会导致市场均衡工资水平发生改变。我们把前面所讨论的劳动需求曲线和劳动供给曲线放在一起，就可以得到劳动市场的均衡(如图 8-7 所示)。

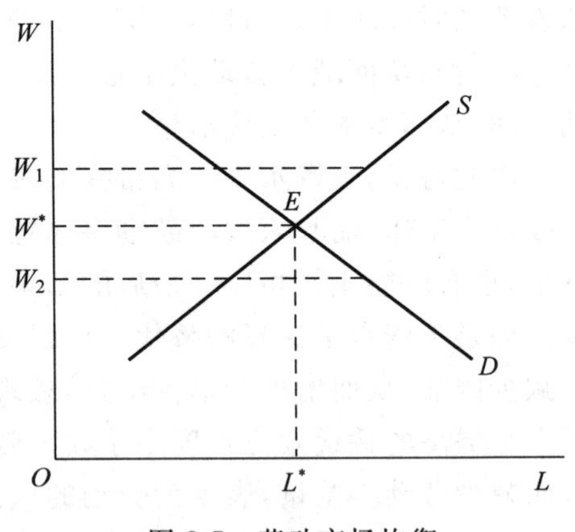

图 8-7 劳动市场均衡

图 8-7 中，横轴表示劳动数量，纵轴表示工资水平。S 代表劳动供给曲线，D 代表劳动需求曲线。根据前面内容，由于要素的边际生产力递减和产品的边际收益递减，要素的市场需求曲线通常总是向右下方倾斜的，劳动的市场需求曲线也不例外。将向右下方倾斜的劳动需求曲线和向右上方倾斜的劳动供给曲线结合起来，便可以决定均衡的劳动数量和工资水平。图中 E 点为劳动市场的均衡点，此时均衡工资水平为 W^*，均衡就业量为 L^*。当工资水平高于 W^* 时，如在 W_1 点，这时劳动供给量大于劳动需求量，市场上存在多余的劳动力，有些劳动者得不到工作或劳动时间不足，从而愿意以更低的工资水平提供劳动，结果，市场工资水平下降。反之，当工资水平低于 W^* 时，如在 W_2 点，这时劳动供给量不能满足劳动需求，市场上存在劳动力短缺，有些厂商得不到所需要的劳动，从而愿意以更高的工资水平雇用劳动力，结果

促使市场工资水平上升。在一个竞争性的劳动市场中，当存在上述两种情况时，工资水平均会作出相应的调整，直到劳动供求平衡为止。

3. 影响均衡工资的因素

均衡工资的决定因素包括劳动需求的决定因素和劳动供给的决定因素两方面。影响劳动需求方面的因素有：

(1) 产品价格。当某种技能的劳动生产的产品的价格上升时，其边际产品价值增加，工资将会上升；当产品价格下降时，工资将会下降。而且，当产品价格变化时，工资变化的程度还依赖于劳动技能的专用程度。劳动技能越专用，工资变化幅度越大。假如人们不需要手工制造的手表了，那么，这些工匠就只能在普通劳动市场中谋取工作，其工资会大幅度下降；假如人们对手工制造的手表的需求增加时，他们的工资会大幅度增加。

(2) 技术。这里，技术水平表现为边际产品或边际生产力。当生产力提高时，边际产品价值增加，工资上升。技术包括管理技术和其他要素质量的提高。

(3) 其他要素的情况。可用于替代劳动的要素的价格下降时，对劳动的需求将会减少，工资将会下降。和劳动互补的要素价格下降或质量提高时，对劳动的需求将会增加，工资将会上升。

影响劳动供给方面的因素有：

(1) 非劳动收入或已经积累起来的财富。非劳动收入越多，或者已经积累起的财富越多，用较高的工资才能吸引人们提供更多劳动，意味着更高的均衡工资。所以，社会保障(失业救济和最低生活标准)使均衡工资上升。

(2) 人们对工作和闲暇的偏好。显然，更看重收入的人群，其劳动供给较多，提供同样劳动要求的工资较低，从而均衡工资也较低。

(3) 教育。接受教育可以看作是人力资本投资。一个社会中人们平均接受教育的年限越长，在教育上的支出越大，工资要求越高，均衡工资越高。

(4) 人口。一个时期的生育高峰意味着大约20年后的劳动供给大幅度增加，在其他条件不变的情况下，将会有工资下降的压力。当然，人均寿命的延长也会使劳动供给增加，产生工资下降的影响。

(5) 习俗和法规。妇女解放使劳动力供给增加，产生工资下降的趋势；降低就业年龄界限使劳动力供给增加，产生工资下降的趋势；放宽向本地移民的限制，使本地劳动力供给增加，也产生工资下降的趋势。

第四节　地租理论

地租理论将研究地租的决定。首先，我们要弄清什么是地租？在本章第二节中我们学习过，生产要素的买卖并不是要素本身的买卖，而是对要素使用权的买卖，要素的所有权在买卖中一般不发生转移，因而要素的价格是指要素使用价格，并非要素本身的价格。也就是说，土地的价格可以区分为两种：一是购买价格，即一个人为了无限期地拥有那些生产要素而支付的价格；二是租赁价格，即一个人为了在一个有限时期内使用那些生产要素而支付的价格。显然，我们要研究的地租指的是租赁价格。因此，地租通常是指租地人取得一定时期的土地使用权而付出的价款。其次，我们要弄清什么因素决定地租？正如产品的价格由产品的市场需求和市场供给决定一样，作为土地价格的地租由土地的需求和供给共同决定。

一、土地的供给曲线

经济学上的土地是一个广泛的概念，泛指一切自然资源。土地不仅指地面，还包括地下、空中、水中的一切自然资源。这种生产要素是自然赋予的，并非人为作用的结果。

土地作为人类赖以生存和发展的最基本的一种生产要素，和资本、劳动等其他生产要素在供给方面有很大的不同。资本和劳动等生产要素在一定程度上或在足够长的时期内其数量是可以随其价格的变化而变化的。相反，从整个社会角度来讲，土地存量基本上是固定的，它既不能被生产出来，也不能被毁灭，其数量既不能增加，也不能减少，也就是说，土地的供给数量不会因人们的任何决策而改变。人们可以改变他们自身所拥有的土地数量，也可以改变他们所处的地理位置，但却无法改变任何一种特定土地类型的数量和位置。这意味着每一片特定的土地供给都是完全无弹性的，土地的供给量不会由于租金的大小而改变，所以，土地的供给曲线是一条垂直于横轴的直线(如图 8-8 所示)。

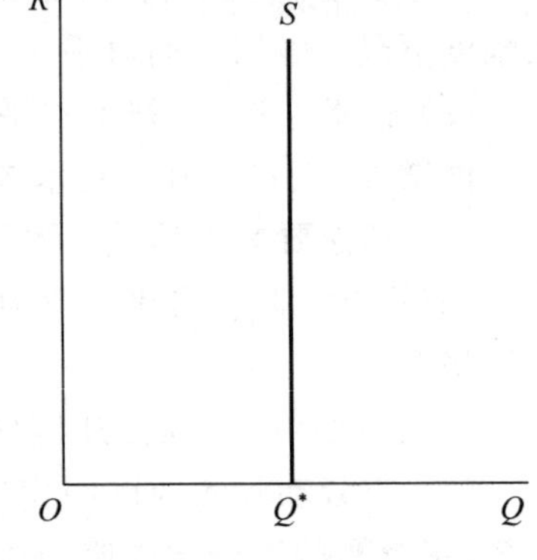

图 8-8　土地的供给曲线

在图 8-8 中，横轴表示土地的供给数量，纵轴表示土地的价格即租金，垂直于横轴的曲线 S 表示土地的供给曲线，说明土地供给是完全无弹性的，供给量不会随租金的变化而改变。

二、均衡地租的决定

地租的大小由土地的供给和需求决定。如图 8-9 所示，在完全竞争的经济中，土地的市场供给曲线 S 是垂直的，土地的市场需求曲线 D 是向右下方倾斜的，因此，土地的市场供给曲线和市场需求曲线的交点 E 是土地供求实现均衡的均衡点，在 E 点的地租为 R_E。

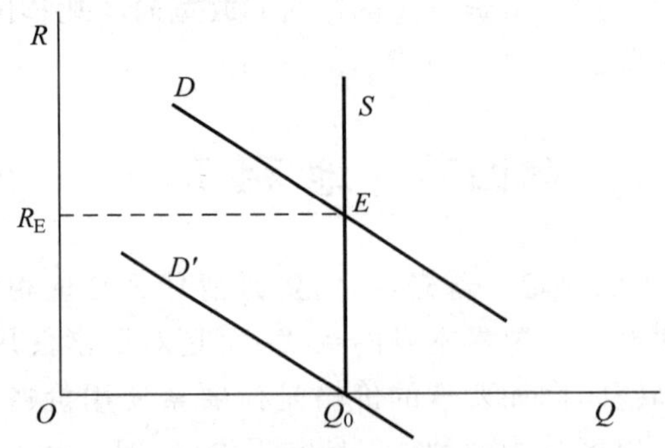

图 8-9　均衡地租的决定

从图 8-9 可以看出,土地的供给不变的情况下,如果需求不断下降,即需求曲线下移,需求曲线下降到一定程度的时候,均衡的地租水平将变为 0。随着土地的需求不断上升,地租也会不断地提高。所以说,产生地租的根本原因在于土地是稀缺的,供给不能增加,而需求不断上升。如果土地的供给不变,则地租的产生纯粹是由于土地的需求的不断提高。

三、级差地租

以上对地租所进行的讨论,实际上隐含着一个假定,即土地都是同质的。但事实上,由于其肥沃程度和地理位置的不同,土地是非同质的。根据土地的肥沃程度、地理位置、交通便利程度以及气候条件的不同,土地可以分为不同的等级,不同等级土地的使用者使用土地的价格是不一样的,即地租不同,就形成了级差地租(differential land rent)。所以,级差地租就是不同土地或同一土地上由于土地肥力、相对位置或开发程度不同而形成的差别地租。

现代西方经济学家认为,一般而言,人们对土地的利用总是从优至劣依次进行。土地的价格必须等于使用最劣等土地进行生产所耗费平均成本,否则就没有人使用最劣等土地从事生产。由于最劣土地产品的平均成本等于市场价格,生产者所获收入仅够支付成本,没有多余,不能支付地租,这种土地就叫作边际土地。肥沃程度高、交通便利的土地,其生产成本较低,能够得到平均成本以上的额外报酬。这种额外报酬就成为级差地租(如图 8-10 所示)。

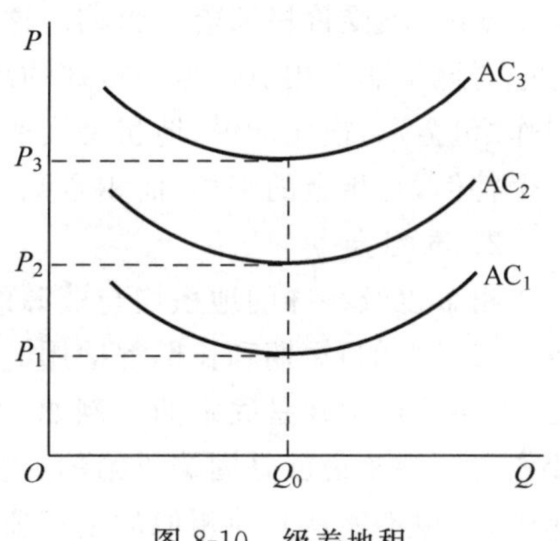

图 8-10　级差地租

在图 8-10 中,纵轴 P 表示土地所生产产品(以下简称土地产品)的价格和生产的平均成本;横轴 Q 表示土地产品的数量。AC_1、AC_2、AC_3 分别表示耕种优、中、劣三种土地所耗费的平均成本。假如这时农产品的市场价格为 P_1,即等于优等土地上的平均生产成本,则优等土地被耕种。而由于农产品价格低于中、劣等土地的平均成本,中、劣等土地就无人耕种。土地产品价格低表示市场需求低,中、劣等土地也无须被使用。由于农产品价格等于平均成本 AC_1,耕种优等土地者的收入正好补偿成本,故该种土地为边际土地,无须缴纳地租。

由于经济发展和人口增加,社会对农产品的需求增加。农产品价格相应上涨,例如升至 P_2,这时中等土地被用于耕种。同时中等土地成为边际土地,无须缴纳地租。但优等土地由于土地产品价格上升,高于生产的平均成本,因而存在剩余 P_1P_2。剩余部分便成为优等土地耕种者需要缴纳地租。

假如上述过程持续下去,土地产品的价格进一步上涨到 P_3,即等于劣等土地上的平均成本,这时劣等土地也可以被利用,劣等土地为“边际土地”,无须缴纳地租。此时,中等土地需要缴纳的地租为 P_2P_3,而优等土地需要缴纳的地租为 P_1P_3。并且由于土地产品的价格的进一步上升,级差地租也会随之上升。

具体来说,形成级差地租的条件有三种情况:①不同地块肥沃程度的差别;②不同地块的地理位置，即距离市场远近的差别；③同一地块的追加投资的生产率的差别。由前两个条件形成的地租，叫作级差地租第一形态或级差地租Ⅰ；由第三个条件形成的地租，叫作级差地租第二形态或级差地租Ⅱ。

四、租金、准租金和经济租金

以上的讨论充分说明地租是由于土地总量固定不变，因而需求因素所决定的产品价格超过成本的余额，这是地租的一个基本特性。如果把地租的这种特性推广到其他各种具有数量固定特点的要素上，就得到了租金的概念。

1. 租金

地租是当土地供给固定时的土地价格，因而地租只与固定不变的土地有关。但在很多情况下，不仅土地可以看成是固定不变的，而且有许多其他资源在某些情况下，也可以看成固定不变的，如某些人的天赋才能，如体育明星，就很类似于土地，其供给数量也是固定不变的，不受价格涨落的影响。这些固定不变的资源也有相应的价格，这种价格显然与土地的地租非常相似。为与特殊的地租相区别，可以把这种固定不变的一般资源的价格叫作“租金”。换句话说，地租是当所考虑的资源为土地时的租金，所以，地租只是租金的一个特例，是租金的一种，而租金则是一般化的地租。

2. 准租金

租金以及特殊的地租均与资源的供给固定不变相联系。这里的固定不变显然对（经济学意义上的）短期和长期都适用。但是，在现实生活中，有些生产要素尽管在长期中可变，但在短期中却是固定的。例如，由于厂商的生产规模在短期内不能变动，其固定生产要素对厂商来说就是固定供给的：它不能从现有的用途中退出而转到收益较高的其他用途中去，也不能从其他相似的生产要素中得到补充。这些要素的价格在某种程度上也类似于租金，通常被称为“准租金”。所谓准租金就是对供给量暂时固定的生产要素的支付，即固定生产要素的收益。

需要注意的是，所有一切人为形成的实物资本和人力资本，其供给量在短期内是固定的，而在长期中却是一个可变量，如生产设备、出租的房屋，各种专业人才等资源。它们在短期内供给不变的情况下所得到的报酬就是准租金。以生产设备为例，在短期内，企业的生产设备的供给量是固定不变的，要生产一部分新的机器设备需要一定的时间。因此，在这段时间内，如果需求增加了，生产要素的报酬就要提高。这部分资金的报酬就是准租金。但是，在长期里，准租金将消失。这种生产要素的报酬所以称为“准租金”，是因为它在短期里和租金的特点极为相似，属于一种租；但它又不是真正的租，它在长期里将消失。

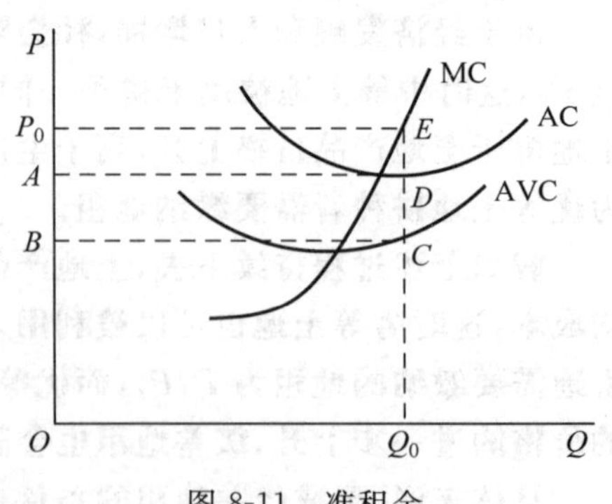

图 8-11 准租金

准租金可以用厂商的短期成本曲线来加以分析（如图 8-11 所示）。图中，横轴表示产品产量 Q，纵轴表示产品价格 P，MC、AC、AVC 分别表示厂商的边际成本、平均成本和平均可变成本。当产品价格为 P_0 时，厂商生产的产品产量为 Q_0。此时，厂商的总收益为图中 OP_0EQ_0 的面积，而总可变成本为 $OBCQ_0$ 的面积，它代表了厂商为生产 Q_0 的产量所需可变生产要素的成本。总收益在弥补了可变生产要素成本后剩下的面积 BP_0EC 就是固定投入要素的收益，也就是准租金。

如果从准租金 BP_0EC 中减去固定总成本 $BADC$，则得到经济利润 AP_0ED。可见，准租金为固定总成本与经济利润之和。当经济利润为 0 时，准租金便等于固定总成本；当厂商短缺亏损即经济利润小于 0 时，准租金也可能小于固定总成本。

3. **经济租金**

经济租金就是指生产要素所有者得到的要素收入与其提供要素所要求的最低收入之间的差额，可以理解为要素的当前收入超过其机会成本的部分，简言之，经济租金等于要素收入减去机会成本。例如，一个演员的年薪为 10 万元，他若不作演员而作时装模特，年薪可能为 2 万元，那么这位演员的机会成本便为 2 万元，经济租金则为 8 万元。

经济租金的几何解释类似于所谓的生产者剩余（如图 8-12 所示）。在图 8-12 中，要素需求曲线为 D，供给曲线为 S，均衡价格为 P_0，均衡使用量为 Q_0。要素总收益为 OP_0EQ_0，但按照要素供给曲线，要素所有者为提供 Q_0 单位的要素所愿意接受的最低要素收入为 $OAEQ_0$，也就是要素供给的机会成本。因此，供给曲线以上但低于要素价格的阴影部分 AP_0E 是要素的超额收益，即为要素的经济租金。

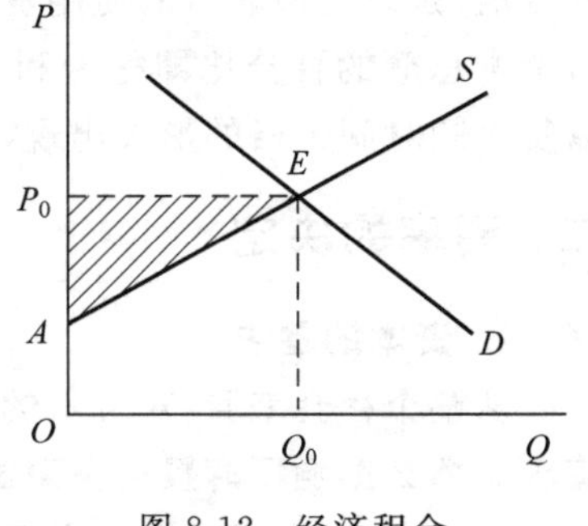

图 8-12 经济租金

【案例 8-1】

经济地租与准地租

例如，劳动市场上有 A、B 两类工人各 100 人，A 类工人素质高，所要求的工资为 200 元，B 类工人素质低，所要求的工资为 150 元。如果某种工作 A、B 两类工人都可以担任，那么，企业在雇用工人时，当然先雇用 B 类工人。但在 B 类工人不够时，也不得不雇用 A 类工人。假设某企业需要工人 200 人，他就必须雇用 A、B 两类工人。在这种情况下，企业必须按 A 类工人的要求支付 200 元的工资。这样，B 类工人所得到的收入就超过了他们的要求。B 类工人所得到的高于 150 元的 50 元收入就是经济地租。其他生产要素所有者也可以得到这种经济地租。

由此可见，经济地租属于长期分析，而准地租属于短期分析。经济地租是对某些特定要素来说的，而经济利润是对整个厂商来说的。厂商存在经济利润，并不意味着其要素也存在经济地租。一种要素在短期中存在准地租，也不意味着长期中存在经济利润。

资料来源：梁小民. 微观经济学纵横谈. 北京：生活 · 读书 · 新知三联书店，2000.

第五节 资本与利息

前面已讨论了劳动和土地两种生产要素价格的决定，与其并列的第三种生产要素资本的价格如何决定？本节将探讨这个问题。

一、资本、利息和利率

1. 资本的概念

资本的含义：资本的含义非常广泛。西方经济学家认为，资本可以被看作一般生产能力的累积储备，即过去的收入体现为某种特定的形式，它能在未来获得货币收入。资本作为生产要素，既可以表现为实物形式，也可以表现为价值形式。如厂房、设备、工具、原材料等都是资本的实物形式，而货币则是资本的价值形式。就一家苹果园而言，资本存量包括用于爬道树上的梯子，用于运输苹果的卡车，用于贮藏苹果的建筑物，甚至树本身。

2. 利息和利率

作为生产过程的要素投入，资本本身具有市场价格，即所谓资本价值。利息就是资本的价值，是以货币表示的使用货币资本的报酬或所付的价格。**利息率**是一定时期内利息占资本总额的百分比即称为利息率(rate of interest)，或利率。它是可贷资金的价格，它以货币的时间价格的形式出现，使人们能够将未来的收入与现期的收入进行比较。

二、利率的决定

1. 资本的需求

从整个社会来看，对资本的需求主要来自厂商。厂商的投资行为形成了对于资本的需求。那么影响厂商投资决策的因素是什么呢？在厂商进行投资决策时，它追求的是利润最大化，它所考虑的主要方面是预期利润率和利息率，另外还要考虑投资风险。这一点与土地、劳动等要素是不同的，当土地所有者和劳动者提供要素时，无论厂商是盈利还是亏损，土地所有者和劳动者都能根据合同获取相应的报酬；而对于资本的投资则不是这样，因为投资总是伴随着风险。厂商一旦进行投资，其所花费的大部分成本就变为沉淀成本，并且一项投资往往持续的时间很长，所需资金庞大，所以厂商的投资决策实际上是风险决策，它牵涉一系列影响因素。我们这里主要讨论利息率对厂商投资需求的影响。

厂商在进行投资决策的时候，由于利息构成了厂商的成本，所以如果一个投资项目的预期利润率大于市场的利息率，那么就意味着厂商预期的资本收益大于成本，厂商投资该项目就可以获得利润；如果一个投资项目的预期利润率小于市场的利息率，那么厂商的预期资本收益小于成本，厂商就会亏损，所以厂商会放弃该项目或转而去寻求其他合适的项目。注意，如果厂商的投资所用资金是自有资金，利息可被看成是机会成本，上述分析依然有效。如果厂商的各个投资项目的预期利润率不变，而市场利率提高，就会有许多的投资项目被否定，从而厂商的投资意愿降低，投资就会下降，从而对可贷资本的需求下降；如果利息率降低，厂商的成本降低，就会使一些原本不合算的项目变得有利可图，厂商的投资意愿上升，投资增加，对可贷资本的需求就会上升。因此资本的需求曲线也是向右下方倾斜的曲线。

2. 均衡利率的决定

以上分析了资本市场的供给和需求的决定，下面来看资本市场的均衡问题。如图 8-13 所示，横轴表示资本数量 Q，纵轴表示利率 r，S 是市场资本供给曲线，D 是市场的资本需求曲线。资本的供给曲线和需求曲线的交点表示了资本市场的均衡点。

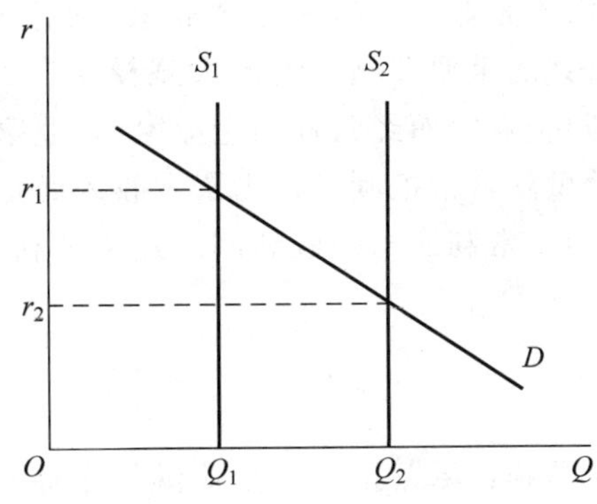

图 8-13　资本市场的均衡

在短期里资本供给曲线 S_1 与需求曲线相交，形成短期均衡利率 r_1 和均衡资本量 Q_1，较高的利率会促使储蓄进一步增加，从而资本供给曲线向右移动，S_2 与需求曲线在较低的利率水平上相交，形成均衡利率 r_2 和均衡资本量 Q_2。在 r_2 上，利率降到储蓄量与投资量恰好和资本存量相等，于是资本存量稳定在 Q_2 水平上，资本市场达到了长期均衡，除非资本的需求曲线上移或者人们对未来消费偏好增强。

第六节　企业家才能及其利润

一、企业家才能

企业家是一个企业里非常重要的角色，一个企业的发展是企业家、员工、股东共同努力的结果；一个企业的衰落，也与企业家有不可分割的关系。企业家在企业里具有举足轻重的作用，那么什么是"企业家"呢？

根据熊彼特的定义，企业家(entrepreneur)是指那些有胆识、有魄力、富有创新精神和管理才能并能不断发现获利机会的人们。企业家显然是一个群体，一般是一个团体、团队。

企业要进行生产活动，就必须把各种生产要素组织起来、协调起来，这个组织者就是企业家。作为企业家有两个主要的任务：一是生产的组织、协调；二是对企业的经营行为承担风险，并且尽可能把风险降到最低。

在市场经济的条件下，企业家的职能就是运作社会财富。通过一种机制把社会财富交给这些能人去管理、运作，使社会财富迅速增值。一般而言，一个发展较快的社会一定是由这些能人、精英来管理社会财富；相反，由庸人来管理的话，只会发展较慢。企业家是通过他们的职业来反映和实现他们的社会职能，所以真正的企业家会把经营一个企业当成一种职业，而不仅仅是一种谋生的手段。

作为对企业家才能这种特殊的生产要素的报酬，利润有着与工资、地租等要素收入不同的特点：首先，利润可大可小、可正可负，不像劳动、土地那样其收入可以事先通过合同确定并只能是正值；其次，利润是与市场的不确定性联系在一起的，所以可以出现剧烈的波动，不像其他生产要素有一个社会平均的价格水平作保证。

在社会化大生产之前，由于企业主同时又是企业家，利息与利润事实上不可分，因而利润问题并不是经济学要研究的重要课题。随着大规模生产的出现，许多企业的所有权和经营权逐渐分离，所有权归企业主而经营权归企业家，企业家才能作为一种独立的生产要素才得以出现。在经济学里就常常把利息作为资本收入而把利润作为企业家才能的收入。在经济学上，把利润分为正常利润与超额利润。这两种利润的性质与来源都不相同，因此我们分别加以论述。

二、正常利润

在成本理论中我们已经提到：要想让一个企业继续在原行业经营，企业主所有投入的自有要素，必须得到报酬，否则，企业就会关门，自有资金就会投入他用，企业家也会另谋他业。所以，厂商的总收益必须对隐性成本进行补偿，而厂商对隐性成本的补偿就是正常利润。对正常利润的构成，西方经济学家有两种观点：

一种观点认为，正常利润由三部分构成，即企业家才能报酬、平均分摊收益和风险报酬。这三者之和是使资本家刚好愿意从事企业经营所必需的报酬。

另一种观点认为，正常利润包括平均分摊收益和风险报酬两部分，而企业家才能的报酬应列入工资。

企业家才能报酬与工资相类似。企业家在生产中担负着如下主要职能：一是能够创造性地把社会资源结合起来生产出产品和劳务；二是能够为厂商做出各种生产经营的预测和决策；三是能够进行创新，采用新的工艺和新的生产方法创造新产品；四是能够承担企业经营活动的各种风险。正是由于企业家在生产经营中担负着这些职能，所以将企业家才能报酬作为正常利润的一部分，也是有道理的。一般来说，由于并不是每个人都具有企业家的天赋，所以企业家才能的供给常常有限，而对企业家才能的需求却是很大的。所以，企业家才能的收入必然是很高的，其数额常常远远高于一般劳动所得到的工资。

平均分摊收益是指企业家自有资本的报酬，包括股息和红利。股息一般都大于同额货币在同时间内所取得的利息。

风险收入是企业家在生产中承担风险而获得的报酬。企业家从事生产经营活动必然要承担各种风险。如果决策正确，就能获得额外收入；如果决策失误，就会发生亏损，只能由企业家自己承担。所以，为免除人们对风险的担心，必须把承担风险的损失放在正常利润之内，作为企业家收入不可缺少的一部分，否则，需要冒风险的事业就永远无人去做。

三、经济利润

超过正常利润的那部分利润被称为经济利润，亦可称为超额利润。超额利润不包括在厂商的成本之中，所以又称为纯利润。一般认为超额利润来源于以下几个方面。

1. 企业家创新的报酬

所谓**创新**就是建立一种新的生产函数，或者说通过企业家的活动对生产要素实行新的组合。

创新理论是由美籍奥地利经济学家熊彼特提出的。他认为，超额利润是创新的结果。没有创新就没有超额利润。熊比特的创新并不是指创造发明，而是把科学技术上的创造或发明用在生产经营中并得到成功，企业家就是这种创新的人。如果没有企业家从经济上进行组合，科学技术的发明创造也不可能用于生产，并起到推动经济发展的作用。所以，企业家的重要职能就在于创新。

熊比特认为，创新包括五种活动：①引进新产品；②采用新的生产方法；③开辟新市场；④得到原料的新的供给来源；⑤采用新的组织形式。

创新是社会进步的动力，因此由创新所获得的超额利润是合理的，是社会进步必须付出的代价，也是社会对创新者的奖励。但是，我们应该知道，如果别人对创新活动进行模仿，则超额利润就逐渐消失。当大多数人都模仿后，超额利润就不复存在。但创新会不断出现，新的创新又会带来新的超额利润，从而推动社会不断前进。

2. 垄断利润

由于市场竞争的不完全性，所以形成垄断。由垄断而产生的超额利润，称为垄断利润。垄断的形式分为两种：买方垄断和卖方垄断。

买方垄断意味着购买者在购买产品时可以规定价格，卖方只是价格的接受者。在这种情况下，垄断厂商压低收购价格，会损害生产或生产要素供给者的利益而获得超额利润。

卖方垄断则表明生产者在出售产品时可以规定价格，而买方只是价格的接受者。垄断厂商可以提高价格以损害消费者利益，从中获取超额利润。

由此可以看出，卖方垄断和买方垄断的存在可以使垄断者获得超出正常利润的超额利润。垄断者利润被认为是牺牲一部分生产要素供给者或消费者的利益而引起的，因此，超额利润是垄断厂商对消费者，生产者对生产要素供给者的剥削，是不合理的，也是市场竞争不完全性带来的。

3. 意外的收益

在经济生活中，由于未来会发生的事情总是不确定的，因而厂商既可能由于意外事件而蒙受没有预料的损失，也可能获得意想不到的利润。比如，由于战争爆发或者由于其他供应来源突然减少，使某厂的产品需求量剧增，导致价格猛涨，从而获得大量利润。这种利润不是厂商本身努力的结果，纯属意外之财，故称为意外的收益。

第七节　社会收入分配

前面分析了经济学的生产要素价格决定理论，这些理论构成经济学中分配理论的重要基础。但是还有一个重要的问题，那就是每个人在经济社会中所拥有的资本不一样，所拥有的土地资源也存在极大的差别，每个人的天赋和从小所受的教育不同，勤劳的程度不同，因而在经济社会中人们所能得到的收入存在很大的差别，这就是收入分配的不平等问题。一个经济社会如果收入分配过于不平等，国民收入的大部分落到少数人手里，而大多数人一贫如洗，这样的社会必然是一个不稳定的社会。反之，如果一个经济社会收入分配过于平均化，每个人无论工作的勤劳程度如何、工作业绩如何，都得到同样的收入，这个社会一定是一个缺乏效率的社会。正因如此，建立一个能够测度一个国家收入分配不平等程度的标准或指标就是至关重要的。

一、洛伦茨曲线

洛伦茨曲线(Lorenz curve)是用来衡量社会收入分配(或财产分配)平均程度的曲线。它由美国经济学家洛伦茨提出。

假设某国家的人口与收入分布如表 8-1 所示。把全部人口从最低收入 A 到最高收入 E 分为五组,各占人口总数的 20%,并说明每组的收入在总收入中所占的百分比。例如,A 组的 20%为最低收入人口,其收入占所有人口总收入的 5%,而在 E 组的 20%为最高收入人口,其收入占所有人口总收入的 40%。

表 8-1 人口与收入分布表 单位:%

组别	人口		收入	
	占人口百分比	合计	占收入百分比	合计
A	20	20	5	5
B	20	40	12	17
C	20	60	18	35
D	20	80	25	60
E	20	100	40	100

根据表 8-1 中人口与收入百分比的合计,画出洛伦茨曲线图。如图 8-14 所示。

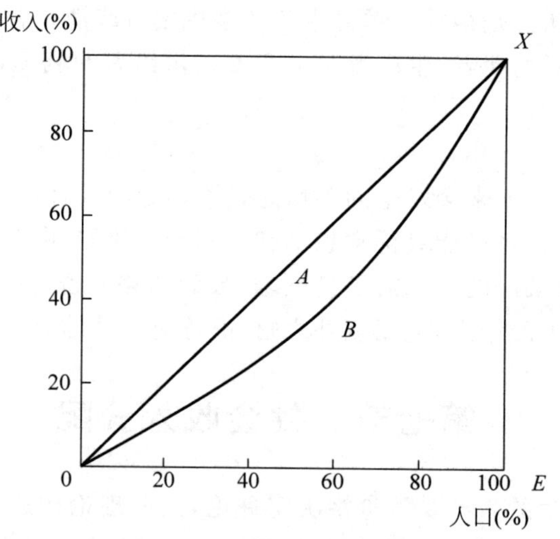

图 8-14 洛伦茨曲线

在图 8-14 中,横轴代表人口百分比,纵轴代表收入百分比。OX 线为 45°线,在这条线上,每 20%的人口得到 20%的收入,表明收入分配绝对平均,称为绝对平均线。折线 OEX 表明收入分配绝对不平均,称为绝对不平均线。实际的洛伦茨曲线应该介于这两条线之间,利用洛伦茨曲线可以表明收入与财产分配的不平等程度。洛伦茨曲线离绝对平均线越近,表明收入或财产分配越平等;洛伦茨曲线离绝对不平均线越近,表明收入或财产分配越不平等。

运用洛伦茨曲线可以比较同一个国家不同时期或同一时期不同国家的收入分配的平均状况与变化状况。如图 8-15 所示。

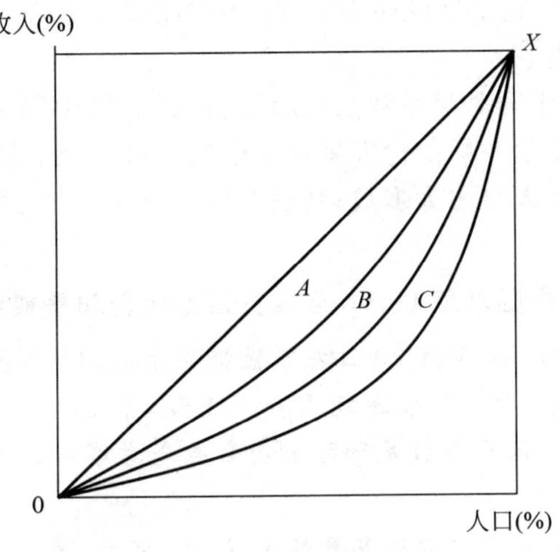

图 8-15　洛伦茨曲线的变动

假如在图 8-15 中，A、B、C 三条洛伦茨曲线分别表示甲、乙、丙三个国家的实际洛伦茨曲线，那就可以看出，甲国收入分配最平等，丙国收入分配最不平等。如果把 A、B 这两条洛伦茨曲线作为实施一项政策前后的洛伦茨曲线，那么可以看出，在实施该项政策后，收入分配更不平等了。

二、基尼系数

20 世纪初，意大利经济学家基尼根据洛伦茨曲线找出了判断分配平等程度的指标。根据洛伦斯曲线可以计算出反映收入分配平等程度的指标，这一指标称为基尼系数。如果实际收入线与绝对平均线之间的面积用 A 来表示，实际收入线与绝对不平均线之间的面积用 B 来表示，(A 和 B 见图 8-15)则计算基尼系数的公式为

$$\text{基尼系数} = A/(A+B)$$

实际收入线与绝对平均线之间的面积为 0 时，收入分配绝对平均，基尼系数为 0。实际收入线与绝对不平均线之间的面积为 0 时，收入分配绝对不平均，基尼系数为 1。实际基尼系数总是大于 0 而小于 1。基尼系数越小，收入分配越平均；基尼系数越大，收入分配越不平均。

基尼系数是国际通用的衡量贫富差距的最可行方法。联合国有关组织规定的基尼系数如表 8-2 所示，国际上一般以 0.4 为警戒线。

表 8-2　联合国有关组织规定的基尼系数

基尼系数	收入分配平等程度	基尼系数	收入分配平等程度
0	绝对平等	0.4～0.5	差距较大
小于 0.2	高度平等	大于 0.5	差距悬殊
0.2～0.3	比较平等	大于 0.6	高度不平等
0.3～0.4	基本合理	1	绝对不平等

基尼系数的优点：便于了解、掌握和比较。人们可以对一个国家不同时期的基尼系数进行比较，也可以对不同国家的基尼系数进行比较。

基尼系数的缺点：①它不能说明不平等的全部情况；②不同国家可能采用不同的统计口径和资料，可比性差。

虽然一些看法认为中国基尼系数已经超过警戒线，但中国是一个典型的二元经济结构的国家，不能以基尼系数一般的标准来看待中国。对一个不是二元经济的国家，基尼系数可能管用，但中国农村人口占大多数，基尼系数要放大一些才管用。

【案例 8-2】

中国基尼系数 6 连降贫富差距仍超警戒线

中国国家统计局 2015 年 1 月 20 日发布数据显示，2014 年全国居民收入基尼系数为 0.469。这是基尼系数自 2009 年来连续第 6 年下降，不过，这一数字仍然超过国际公认 0.4 的贫富差距警戒线。基尼系数是国际上用来综合考察居民内部收入分配差异状况的重要指标。

中国官方自 2000 年公布中国基尼系数为 0.412 之后，直到 2013 年年初，才一次性公布了 2003 年至 2012 年的基尼系数。2003 年至 2008 年，中国基尼系数分别为 0.479、0.473、0.485、0.487、0.484 和 0.491。随后，自 2009 年开始逐年回落，分别为：2009 年 0.490，2010 年 0.481，2011 年 0.477，2012 年 0.474，2013 年 0.473，2014 年 0.469。

“作为衡量贫富差距的指标，基尼系数 6 连降，表明中国收入分配差距呈现逐步缩小的态势。”虽然中国基尼系数持续下降，但仍超国际社会公认的社会贫富差距“警戒线”——基尼系数 0.4。“从绝对值来看，中国的基尼系数仍然处于较高的水平”，基尼系数超过 0.4，说明收入差距比较大。

收入分配差距较大不利于社会稳定，容易导致经济社会失衡。对此，中国仍需要加速收入分配制度改革，真正让全体居民共同分享经济发展成果。“当前收入分配改革没有完全到位，居民财产性收入差距很大。”下一步仍要按照“提低、扩中、控高”的思路，继续推进社会保障领域改革，加快财税体制改革，包括推出房地产税、遗产税，这些都能对缩小收入差距产生有利影响。

资料来源：山西新闻网-发展导报，2015-01-23.

三、引起收入分配不平等的原因

在现实经济生活中，收入不平等是客观事实。引起这种收入不平等的原因主要有几个方面：

(1) 由历史原因所决定的初始财产分配状态的不平等。财产的集中，一般是通过以往的高收入的积蓄、持有普通股票或不动产取得的投机收入、发现大量的天然资源、新产品和新工艺的发明等来实现的。例如，家庭越富裕，越倾向于多储蓄和多留遗产，这样可以把家庭的好运气或坏运气传给下几代。由于财产的拥有具有无限性和可继承性，因而使得财产的拥有量成为决定收入不平等的重要因素。

(2) 来自劳动力的差异，即能力（智能和体能）的不同，由此决定了具有不同能力的劳动者的收入的差距。一个人赚钱的能力要由身高、体重、力量这类体力因素和记忆力、数学与逻辑思维能力、语言能力等智力因素决定。此外，特殊行业和危险部门具有较高的报酬率，甚至运气也有收益，例如，劳动者找到一项能够充分发挥能力的合适的工作。这些因素也是造成收入不平等的原因。

(3) 由要素报酬率的不平等造成。这是由于在现实经济生活中，大致相同的各种生产要素的相对供给量、健全的市场体制和要素安全自由流动等条件，很难在现实中得到满足。例如，政府的最低工资法和工会的集体谈判可能会使已就业工人的工资高于由完全竞争市场决定的均衡工资率；地理上或专业上的固定性，会阻碍生产要素转移到可能获得更高收入的经济部门等。所以各种要素之间的相对稀缺性和市场竞争的不完全性会阻止生产要素获得自己边际生产力的价值，导致要素报酬的不平等，从而引起收入分配的不平等。此外，种族、性别或年龄上的歧视也会严重阻碍许多工人得到自己全部边际价值产品；而经济衰退和失业则会使许多劳动者根本无任何收入。

四、不可避免的矛盾：公平与效率

在市场经济中，国民收入分配问题实质上就是要素价格或者说要素报酬决定问题，而要素所有者能否按要素价格取得收入，将关系市场经济的效率。经济学意义上的效率是指资源的配置已经达到了这样一种境地，即无论做何改变都不可能同时使一部分人受益而其余的人不受损，这意味着经济社会的稀缺资源实现了有效配置。由于市场经济条件下，每个社会成员都是生产要素的供给者，市场会依据对生产要素供给的评价，亦即他在生产中的贡献大小给予要素供给者报酬，也就是进行收入分配。所以，要有效率，就必须按要素价格给要素所有者以回报，否则，提供高质量劳动成果的人就得不到应有的激励，社会的经济效率就会下降。在现实世界中，人们占有要素的状况却不一样：有的人占有的资本、土地等要素多些，有的人则少些，甚至完全不占有；有的人劳动力强些，有的人差些，如此等等。因此，社会经济效率的实现，必然会以牺牲收入分配的公平为代价。尽管西方经济学家在论及公平时，会把公平的重要性程度放在不同位置，但是，他们共同的观点是，公平是一种"天赋权利"，竞争所引起的收入差别是对这种"天赋权利"的侵害，社会收入应该均等地在社会所有成员之间进行分配，从而实现社会所有成员的效用最大化，提高社会总体福利水平。假如在现行的收入分配机制作用下，一些成员的境况变好了，而另一些成员在社会总效用提高后境况却变得更糟糕，经济学家认为那也是社会福利的下降。

因此，在资源配置与收入分配上，公平与效率是一个两难的选择。如果只强调效率而忽视公平，将会造成分配差距过大，贫富悬殊，从而产生严重的社会问题。如社会上少数人极富有，大部分人极贫困，基本生活毫无保障，这些生活贫困的人们一方面不能完成良好的教育，国民素质大大下降，另一方面还可能铤而走险，扰乱社会秩序，形成严重的社会问题。反过来，如果只强调公平而忽视效率，则资源不能实现有效配置，会限制经济的增长，导致普遍的贫穷。因为如果不允许人们为经济利益而竞争，就不可能有劳动生产率的进步和提高，不可能有社会财富的积累和经济的增长。经济学家认为，效率来自人们的努力和勤奋，不重视和不承认有差别，就是鼓励懒惰，社会经济就难以发展，平等只能造成普遍贫困。所以，公平与效率之间有着非此即彼、相互替代的交替关系，是一对不可避免的矛盾，也是一个永恒的话题。作为目标，公平优先还是效率优先，哪一个更为重要，经济学家们至今还在争论不休。

五、收入分配政策

公平和效率都是政府经济政策所追求的重要目标，但是，由于公平与效率之间存在此消彼长的交替关系，因此，为了正确协调公平与效率的这种关系，政府必须采取相应的收入分配政策。在制定相应政策时，政府应该本着效率优先、兼顾公平的原则，一方面承认差别的存在，允许在竞争中具有优势的社会成员有物质利益的差别，从而实现资源的高效率，促进经济不断增长；另一方面把握收入分配差距的限度，在经济增长的同时逐步缩小差别，以尽可能小的不平等换取尽可能高的效率。主要的收入分配政策包括税收政策和社会福利政策。

税收政策的运用是通过直接调节收入水平，降低高收入者收入，帮助低收入者提高收入，以缩小收入差距。比如，个人所得税，多数国家均采取累进税率政策，法、德、比、荷、西班牙等国的最高税率分别达57％、53％、55％、60％和56％，而对低收入者按低税率征税，若收入达不到规定水平，可免于征税，甚至给予补贴。除了个人所得税之外，政府征收的遗产税、赠予税、财产税、消费税等也有利于收入分配的均等化。

社会福利政策主要通过给穷人提供补助，并且解决机会不均等带来的收入不平等，来实现收入分配的均等化。福利政策的内容主要包括：各种形式的社会保障与社会保险，包括失业保险、工伤保险、养老保险、医疗保险等；保护劳动者合法权益的各种立法；各种福利设施和公共工程的建设，包括住房建筑、教育、文化等各种社会服务设施建设；为公民提供均等的普及教育、培训和就业机会等。这些福利政策的实施，对于改善穷人的地位和生活条件，提高他们的实际收入水平，将会起到相当大的作用；对于社会的安定和经济的发展也是十分重要的。但是，这些政策也导致了社会生产效率降低和政府财政负担加重等问题。

【案例8-3】

向富人征税只能使富人少富而不会使穷人变富

收入分配要有利于经济效率的提高，则要按贡献来分配，这样，有利于鼓励每个社会成员充分发挥自己的能力，在竞争中取胜。这就是效率优先的分配原则，但这种分配方式使不平等加剧，甚至出现严重的贫富两极分化。因此，在收入分配中不仅要效率优先，而且要兼顾公平。效率优先，兼顾公平是许多国家收入分配的原则。

但在现实中做起来却颇为困难。以收入分配平等化政策为例。应该承认，各种收入平等化政策对于缩小贫富之间的差距，对改善穷人的地位和生活条件，提高他们的实际收入水平，确实起到了相当大的作用，对于社会的安定和经济发展也是有利的。但是，这些政策有两个严重的后果，一是降低了社会生产效率。增加个人所得税和各种各样的社会保障使人们生产的积极性下降，社会生产效率下降。二是增加了政府的负担。从美国来看，1980年福利支出开支在联邦政府支出中已占到56.8％，超过了军费支出的比例，在国民生产总值中占了18.7％。

近年来，联邦政府和地方政府用于福利支出的钱已达4000亿美元左右。以1975年不变价格计算，每户美国公民所得到的社会福利支出已达2279美元。再以最著名的福利国家瑞典为例，公共支出(包括公共投资在内，但主要是福利支出)1981年已占国民生产总值的66%，这种巨额的福利支出成为各国财政赤字的主要原因。

向富人征税只能使富人少富而不会使穷人变富。收入平等化政策的必要性与所引起的问题，一直是经济学家着手研究问题，如何解决这一问题，已成为经济学的中心之一。

资料来源：梁小民.微观经济学纵横谈.北京：生活·读书·新知三联书店，2000.

本章小结

经济收入是在生产要素市场上分配的。三种最重要的生产要素是：劳动、土地和资本。要素需求是一种派生需求，它派生于使用这些要素进行生产的企业。竞争性的、追求利润最大化的企业决定使用每一种生产要素数量的条件是该要素的边际产量值等于其价格。调整支付给每种要素的价格使该要素的供给平衡。由于要素需求反映了该种要素的边际产量值，在均衡时每种要素根据其对物品和劳务生产的边际贡献得到报酬。由于生产要素是同时使用的，任何一种要素的边际产量都取决于可以得到的所有要素量。因此，一种要素供给的变动改变了所有要素的均衡收入。

简　答　题

1. 要素使用原则和利润最大化产量原则有何关系？
2. 土地的供给曲线为什么垂直？
3. 区别以下概念：地租、租金、准地租、经济地租。
4. 影响劳动供给的因素有哪些？个人劳动供给曲线为何会向后弯曲？

案例剖析：漂亮的收益

美国经济学家丹尼尔·哈莫米斯与杰文·比德尔在1994年第4期《美国经济评论》上发表了一份调查报告。根据这份调查报告，漂亮的人的收入比长相一般的人高5%左右，长相一般的人又比丑陋一点的人收入高5%～10%。为什么漂亮的人收入高？

经济学家认为，人的收入差别取决于人的个体差异，即能力、勤奋程度和机遇的不同。漂亮程度正是这种差别的表现。

个人能力包括先天的禀赋和后天培养的能力，长相与人在体育、文艺、科学方面的天才一样是一种先天的禀赋。漂亮属于天生能力的一个方面，它可以使漂亮的人从事其他人难以从事的职业(如当演员或模特)。漂亮的人少，供给有限，自然市场价格高，收入高。

漂亮不仅仅是脸蛋和身材，还包括一个人的气质。在调查中，漂亮由调查者打分，实际是包括外形与内在气质的一种综合。这种气质是人内在修养与文化的表现。因此，在漂亮程度上得分高的人实际往往是文化高、受教育高的人。两个长相接近的人，也会由于受教育不同表现出来的漂亮程度不同。所以，漂亮是反映人受教育水平的标志之一，而受教育是个人能力的来源，受教育多，文化高，收入水平高就是正常的。

漂亮也可以反映人的勤奋和努力程度。一个工作勤奋、勇于上进的人，自然会打扮得体，举止文雅，有一种朝气，这些都会提高一个人的漂亮得分。漂亮在某种程度上反映了人的勤奋，与收入相关也就不奇怪了。

最后，漂亮的人机遇更多。有些工作，只有漂亮的人才能从事，漂亮往往是许多高收入工作的条件之一。就是在所有的人都能从事的工作中，漂亮的人也更有利。漂亮的人从事推销更易于被客户接受，当老师会更受到学生热爱，当医生会使病人觉得可亲，所以，在劳动市场上，漂亮的人机遇更多，雇主总爱优先雇用漂亮的人。有些人把漂亮的人机遇更多，更易于受雇称为一种歧视，这也不无道理。但有哪一条法律能禁止这种歧视？这是一种无法克服的社会习俗。

漂亮的人的收入高于一般人。两个各方面条件大致相同的人，由于漂亮程度不同而得到的收入不同。这种由漂亮引起的收入差别，即漂亮的人比长相一般的人多得到的收入称为“漂亮贴水”。

收入分配不平等是合理的，但有一定限度，如果收入分配差距过大，甚至出现贫富两极分化，既有损于社会公正的目的，又会成为社会动乱的隐患。因此，各国政府都在一定程度上采用收入再分配政策以纠正收入分配中较为严重的不平等问题。

资料来源：梁小民.微观经济学纵横谈.北京：生活·读书·新知三联书店，2000.

第九章

一般均衡与福利经济学

我们赖以生存的经济社会的突出问题，是不能提供充分就业和武断而又不公平地分配财富和收入。

——J. M. 凯恩斯

本章导读

前面所讨论的全部理论均属于局部均衡分析的范畴，局部均衡研究的是单个产品市场或要素市场，在一定的假设条件下，某种商品随着本身价格的变化，这种商品的需求和供给会如何变化，在什么情况下会实现均衡价格？所得出的结论是：该市场的需求和供给曲线共同决定市场的均衡价格和均衡产量。实际上，任何一种商品或劳务都不仅要受到本身价格变化的影响，而且要受到来自其他商品或劳务价格变化的影响。就整个市场来说，每一种商品的价格都不能单独地决定，而必须在受其他商品相互影响中决定。只有当整个经济的价格体系恰好使所有的商品都实现了供求相等，市场才能达到一般均衡。

学习目标

通过对本章的学习，旨在使学生掌握建立在局部均衡基础上的一般均衡理论的分析方法及福利经济学的基本内容。

关键概念

局部均衡(partial equilibrium)
一般均衡(general equilibrium)
帕累托最优(pareto optimality)
帕累托改进(pareto improvement)
埃奇沃斯盒状图(Edgeworth box diagram)
边际转换率(marginal rate of transformation)
社会福利函数(social welfare function)

第一节　一般均衡理论

西方经济学在分析均衡的时候，把均衡分为局部均衡与一般均衡两部分。前面我们都是孤立地讨论商品市场与要素市场的均衡，属于局部均衡分析。而实际上，经济主体的决策行为都是相互影响、相互依存的。那么,对所有商品与生产要素之间相互影响、最终同时达到均衡的分析属于一般均衡分析。

一、一般均衡理论的产生和发展

一般均衡理论是西方经济学理论中很重要的一部分。一般均衡理论是由法国经济学家里布·瓦尔拉斯(1834—1910)首先创立的。瓦尔拉斯认为:任何商品的价格除了受该商品市场的供求关系影响以外,还必然受到其他商品市场供求关系的影响。因此,必须把所有的市场包括生产要素市场和产品市场结合起来,考察商品价格的共同决定。帕累托运用序数效用论、无差异曲线等概念充实和丰富了一般均衡理论,后来希克斯等人介绍与发展了一般均衡论,一般均衡分析在西方经济学中才得到了广泛的应用。

瓦尔拉斯的一般均衡理论也给经济学家提出了一系列问题,这些问题包括:①瓦尔拉斯的一般均衡模型是否有解?②如果有解,是否为唯一解?③如果有解,能否使整个经济处于稳定的均衡状态?④能否把一般均衡用于长期分析来解释经济增长的问题。

在瓦尔拉斯以后,很多西方经济学者研究这些问题并试图给出答案。这些论著大多都涉及高深和复杂的数学问题,一是以沃尔德和纽曼为代表的数理经济模型体系;二是以希克斯和兰格为代表的具有宏观经济倾向的一般均衡理论。

20 世纪 40 年代中期,冯·纽曼研究了动态的一般均衡,分析了按固定速度增长的处于一般均衡状态的经济体系,认为经济要实现均衡增长,必须满足一系列假设条件。如果条件满足,按固定速度增长的一般均衡体系就有解存在。

二、局部均衡与一般均衡

前面,我们都是孤立地分析单个市场,假设每一个市场都是孤立的,特别是假设一个市场的价格对其他市场的价格不产生影响,或假设其他价格不变;在这一假设的基础上,我们详细考察了单个决策单位的行为和单个市场的运行。

局部均衡分析就是假定其他条件既定不变,个别地考察任意一种产品或生产要素的供求达到均衡状态所需具备的条件和相应的均衡价格和数量。

但在现实经济社会,任何一个市场上的变化都会影响其他市场,而且在某些情况下,这种影响是相当大的。因为各种商品市场之间存在着相互影响,例如,原油市场价格大涨,会对汽车市场的销量产生影响。为说明一种商品市场与其他市场之间的相互关系,产生了一般均衡的概念。

一般均衡分析,即任何一种商品的价格都不可能仅取决于该商品市场的供求关系,还必然要受到其他商品市场供求关系的影响,必须把所有的市场结合起来考察商品价格的共同决定。

经济系统中任何一种变化都会产生三种效应:冲击效应、扩散效应、反馈效应(由相关市场的价格和数量调整导致的某一市场的价格和数量的调整)一般均衡分析方法从微观经济主体的行为角度出发,来考察每一种产品和每一种要素的供给和需求同时达到均衡状态所需具备的条件和相应的均衡价格和均衡数量。

三、瓦尔拉斯一般均衡理论的前提条件和主要内容

(1) 瓦尔拉斯运用数理分析方法,考察了社会经济系统各部门间的相互依存关系,在边际效用价值论的基础上,建立了经济思想史上的第一个一般均衡模型。瓦尔拉斯在建立第一个一般均衡模型时,有三个基本假设条件:

第一,所有的商品市场和要素市场都处于完全竞争的市场,经济系统处于完全竞争和充分就业状态。

第二,企业的生产技术水平,消费者的消费偏好,生产要素供给状况都不发生变化。

第三,企业的生产规模收益不变,在生产扩展中不会出现规模收益递增,也不会出现规模收益递减。

(2) 瓦尔拉斯一般均衡理论的内容。瓦尔拉斯一般均衡模型只考察两类经济部门,即家庭和企业。家庭和企业都处于双重身份,有两个职能。家庭既是商品的消费者和需求者,又是生产要素的所有者和供给者;企业即是商品的生产者和供给者,又是生产要素的使用者和需求者。

一般均衡理论认为,通过家庭和企业的不断交换,当两个市场每一种商品和生产要素的供给和需求都相等时,市场就达到了均衡,同时也就决定了所有商品和生产要素的价格。

四、一般均衡的实现过程

一般均衡状态并不是一蹴而就的,需要通过价格的不断调整才能实现,在这个调整过程中,价格偏离均衡价格。对于如何达到均衡价格,瓦尔拉斯设计出退约的调整过程,来解释均衡价格的实现及其过程。

退约的调整过程就是模拟市场实际发生的交换行为,通过反复试探,最终达到均衡价格。假定市场上存在一个公开的“拍卖者”来组织交易,由拍卖者喊价,交易者根据喊价来申报自己的需求和供给,如果供求一致,均衡价格被决定,则交易成交;如果供求不一致,则交易不能成交。为达成交易,“拍卖者”就需要重新喊价。随着喊价的不断修正,交易者的供求申报也不断调整,直至供求一致为止,所有交易都得以成交,市场出清,均衡价格最终得以实现。在初次喊价中,“拍卖者”喊价是随意的。在前面喊价的基础上,随后的喊价需要反映供给与需求的意愿。如果喊价导致超额需求,则随后的喊价要提高;如果喊价产生超额供给,则随后的喊价就会降低。如此不断重复,就能达到市场出清的均衡价格。

第二节　福利经济学

一、福利经济学(welfare economics)概论

在19世纪70年代,边际效用学派的理论研究已开始涉及经济福利问题。福利经济学正式产生于20世纪初。英国经济学家庇古于1912年出版了《财富和福利》,开创了西方福利经济学的完整体系,他本人则被西方经济学界推崇为“福利经济学之父”。

庇古的福利经济学是建立在边际效用学说上的，依据边际功利主义理论"最大多数人的最大福利"为原则，规定个人福利为个人获得的效用和满足以及规定社会福利为个人福利的总和。庇古把福利分为两类，一是广义的福利，即社会福利，包含有非经济意义，如友谊、正义等多方面内容；二是狭义的福利，即经济福利，从产品（服务）消费中得到的满足与效用叫作经济福利，从其他方面得到的满足与效用叫作社会福利，如爱情、友谊、爱情以及人和自然的和谐等。福利经济学主要研究经济福利。社会福利难以计量，也难以研究，而狭义的经济福利可以通过计量效用能被予以量化研究。

庇古的福利经济学理论上主要可归结为两个基本的结论。

（1）一国的经济福利可以用国民收入的大小来衡量，二者同方向变动，国民收入越大，则其经济福利就越大。在这层意义上，国民收入就是一国经济福利的同义语。国民收入的增长就意味着经济福利的增进。

（2）一国的经济福利是国民中每个成员的经济福利总和，而每个成员的经济福利由他所消费物品的效用构成。据边际效用递减规律，对不同收入的人来说，其货币的边际效用不同，穷人的货币边际效用必然比富人的货币边际效用大。由此，庇古提出收入均等化，认为如果把富人的一部分收入转移给穷人，将会净增加效用，一国的经济福利也增加。

二、帕累托最优状态（Pareto optimality）

新福利经济学认为福利经济学研究的应该是效率而不是公平，主张在既定的收入分配下，研究经济效率的最优状态，称为帕累托最优状态。1906 年帕累托出版了《政治经济学教本》一书，提出了一个著名的福利判断标准，即在既定收入分配下，如果生产和交换的情况改变能使每个人的福利得以增加，这种改变就是有利的；而如果这种改变只对社会的一些人有利而对另一些人不利，那就不能说社会福利是增加了。所以帕累托最优状态是任何改变都不能使任何一个人的状况更富有而使别人的境况变坏。这种状况被称为**帕累托最优状态**或帕累托效应。

要达到帕累托最优状态必须满足三个条件：交换的最优条件，生产的最优条件和交换与生产最优条件相结合。分析帕累托最优状态条件采取的主要工具是无差异曲线、等产量曲线，采用的基本图式称埃奇沃斯盒式图。

1. 交换的一般均衡

交换的一般均衡是指经济中生产的所有商品都以最有效的方式在个人之间进行分配，从而人们不能通过商品的进一步交换来获益。具体来说，如果 X、Y 这两种商品在 A、B 之间实现了最优分配，那么商品在 A 和 B 之间就不存在任何有益的交换机会。对于怎么才能实现交换的一般均衡，经济学采用边际替代率加以分析：只要各个消费者的边际替代率相等，社会就达到了交换的一般均衡，实现了效用最大化。我们知道，边际替代率反映了消费者在维持效用水平不变的条件下，为了多消费 1 单位 X 商品所愿放弃的 Y 商品的数量；换言之，也就是要使消费者减少 1 单位 X 商品的消费所必须补偿给他的 Y 商品的数量。当消费者 A 的边际替代率（假设为 3）超过消费者 B 的边际替代率（假定为 1）（图 9-1 中的 F 点）时，即消费者 A 为了多享用 1 单位 X 商品所愿意放弃的 Y 商品的量（即 3），超过使消费者 B 放弃 1 单位 X 商品所希望得到的 Y 商品的量（即 1）时，A 消费者以2单位Y商品向B消费者换取1单位X商品，那么消费者A节约了1单位Y商品，而消费者B多得1单位Y商品，两位消费者的满足程度都比交易前提高了。因而，我们可以了解到，若产品在消费者之间的分配并未使每位消费者之间的边际替代率都相等，那必然存在进一步的交易机会，使交易双方都能得到好处。只有当各个消费者之间的边际替代率相等，商品在消费者之间的任何重新分配都不能进一步提高社会的总效用水平，从而也就不存在进一步交换的可能时，就达到了交换的一般均衡。因此，**任意两个消费者在任意两种商品之间的边际替代率相等，是实现交换的一般均衡的条件**。

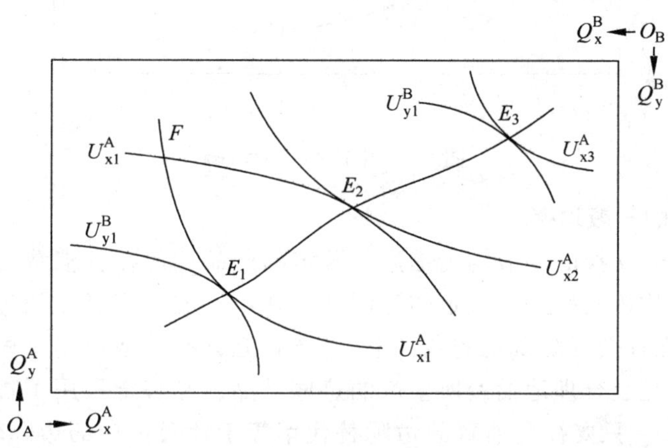

图9-1　交换的最优条件

2. 生产的一般均衡

生产的一般均衡是指经济中一切资源都以最有效的方式在生产者之间进行配置，因而厂商之间不能通过资源的重新分配来获得好处。在简单经济体系中，要求资源L、K在A、B两个厂商之间合理分配，以至于它们无法通过资源的再配置来增加产量。现在的问题是：L和K这两种要素如何在A、B两个厂商之间进行配置，才能实现生产的一般均衡？为此经济学采用了边际技术替代率来说明：只要两个厂商的边际技术替代率相等，社会就达到了生产的一般均衡，实现了产量的最大化。边际技术替代率描绘了生产者在保持产量水平不变的情况下，为了多使用1单位的L所愿意减少的K的数量；也就是生产者减少1单位L使用所必须补上的K的数量。当A厂商的边际技术替代率(比如说3)超过B厂商的边际技术替代率(比如说1)时(图9-2中F点所示)，也就是说，厂商A为了多使用1单位的L所愿减少的K的数量(即3)，超过厂商B放弃1单位L所须补上的K的数量(即1)。在这种情况下，若厂商A以介于3和1之间的K的某一数量(比如说2)，与厂商B换取1单位L，那么A厂商节约了1单位的K，B厂商则多得了1单位的K，两个生产者的产量水平都将比交换前提高。因而，若要素在厂商之间的分配没有使每一个厂商的边际技术替代率相等，那么必定存在进一步交易的可能性且使交易双方都能提高产量。只有各个厂商之间的边际技术替代率相等时，才不存在能够进一步提高产量的交易机会，从而达到生产的一般均衡。因此**各个厂商在任意两种要素之间具有相同的边际技术替代率，就是实现生产的一般均衡的基本条件**。

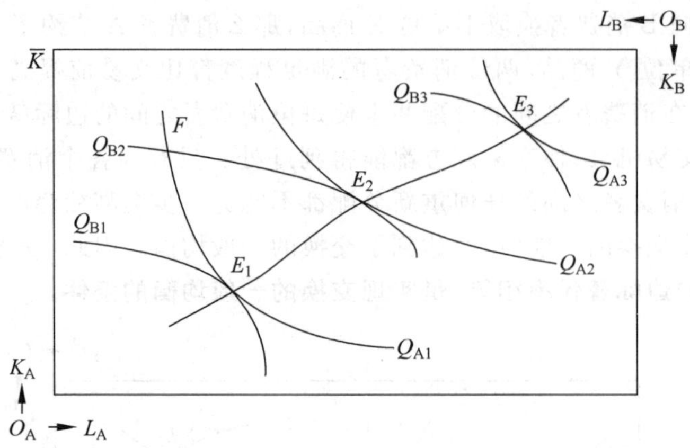

图 9-2　生产的一般均衡

3. 产品组合的一般均衡

上面分析可知，交换的一般均衡描述了既定的产品如何在各消费者之间进行合理分配，而生产的一般均衡则描述了既定的资源如何在不同的生产者之间进行分配。**产品组合一般均衡**是指在社会资源既定的条件下，生产者充分有效地使用这些资源来生产各种产品，同时消费者完全合理地消费所生产的这些产品。经济学采用了边际替代率和边际转换率来进行分析：只要社会消费的边际替代率等于社会生产的边际转换率，就实现了产品组合的一般均衡。我们知道，X 商品对 Y 商品的边际替代率等于 X 商品的边际效用与 Y 商品的边际成本之比。如果边际替代率为 3 而产品转换率为 1，即增加 1 单位 X 商品所增加的效用刚好等于减少 3 单位 Y 商品所减少的效用；也就是说，在消费者看来，1 单位 X 商品相当于 3 单位 Y 商品，而在生产者看来，1 单位 X 商品只相当于 1 单位 Y 商品。在这种情况下，由于增加 1 单位 X 商品所增加的效用(3Y)大于增加 1 单位 X 商品所增加的成本(1Y)，因此从社会的角度来看，还应该通过资源的再配置，增加 X 商品的生产和减少 Y 商品的生产。也就是说厂商可以调整资源在产品之间的配置，找到使用相同的投入水平而增加产出的方式，同时消费者也能相应地改善商品的消费组合。一旦消费的边际替代率等于生产的边际转换率，那么资源就不存在使得社会更加有利的配置方式。因此，**要实现产品组合的一般均衡，就必须使边际替代率与产品转换率相等**。如图 9-3 中 B 点所示。

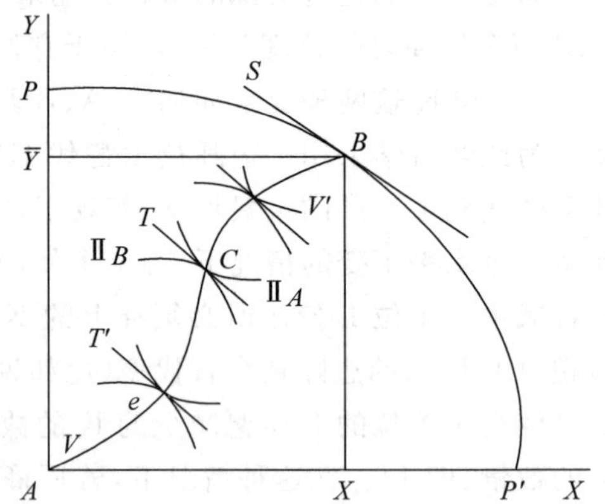

图 9-3　产品组合的一般均衡

【案例 9-1】

帕累托最优标准——满意即最优

帕累托是 20 世纪初的意大利经济学家，他是新福利经济学家代表人物。以他的名字命名的"帕累托最优"是现代经济学中的一个重要概念，也是经济学的一个美好的理想境界。

这一命题是判断福利优劣的新标准，其含义是：在其他条件不变的条件下，如果某一经济变动改善了一些人的状况，同时又不使一些人蒙受损失，这个变动就增进了社会福利，称为帕累托改进；在其他条件不变的条件下，如果不减少一些人的经济福利，就不能改善另一些人的经济福利，就标志着社会经济福利达到了最大化的状态，实现了帕累托最优状态。

这个概念非常令人费解，让我举一个例子来说明。假如原来甲有一个苹果，乙有一个梨，他们是否就是帕累托最优呢？这取决于甲乙二人对苹果和梨的喜欢程度，如果甲喜欢苹果大于梨，乙喜欢梨大于苹果，这样就已经达到了最满意的结果，也就已经是"帕累托最优"了。如果甲喜欢梨大于苹果，乙喜欢苹果大于梨，甲乙之间可以进行交换，交换后的甲乙的效用都有所增加，这就是帕累托改进。我国经济学家盛洪在他著的《满意即最佳》里说过一句话，"一个简单的标准就是，看这项交易是否双方同意，双方是否对交易结果感到满意。"而真是谁也不愿意改变的状态，就已经是"帕累托最优"了。

我们通俗地讲"帕累托改进"是在不损害他人福利的前提下进一步改善自己福利，用老百姓的俗话说就是"利己不能损人"。同样，只有在不损害生产者和经营者权利的前提下维护消费者的权益，才能在市场经济的各个主体之间达到"帕累托最优"的均衡状态。

市场经济有两个最本质的特征，其一是提高资源配置效率；其二是实现充分竞争。所谓的帕累托最优，通俗的解释就是在资源配置过程中，经济活动的各个方面，不但没有任何一方受到损害，而且社会福利要尽可能实现最大化，社会发展要达到最佳状态。西方经济学中的帕累托最优，实际上就是要求不断提高资源的配置效率。

资料来源：梁小民.微观经济学纵横谈.北京：生活·读书·新知三联书店，2000.

三、补偿原理

上述帕累托最优状态条件的讨论，实际上只保存了庇古福利经济学中的资源效配置的论点和政策建议，而把影响社会福利的收入分配这一因素抽象掉了。实际上是摒弃了庇古关于收入均等化的论点和政策建议。

收入分配与社会经济福利之间的关系密不可分，所以，新福利经济学家在 20 世纪 30 年代末提出了"补偿原理"来说明最大福利和收入再分配的关系。

补偿原理最早由霍特林提出，卡尔多和希克斯对此分别加以论述，形成了较完整的补偿原则。补偿论的基本论点如下：政府实行的任何经济政策都可能会引起市场上价格体系的变化，从而使一方得利，另一方受损，这不符合帕累托的最优条件的福利原则。只有当通过赋税政策或价格政策进行调整，从受益者那里取走的一部分收入作为对受损者的补偿，在补偿后还有剩余，才意味着增加了社会福利，这样的国家调节才是合理的。而这种补偿可以是实际的，也可以是虚拟的。

1939 年卡尔多在一篇论文中提出了假想的补偿原理，作为检验经济福利的标准。他认为，效用虽然在个人之间无法比较，但这并不妨碍福利经济学家对政策仍然能够提出实证科学的命题。我们可以设想，比如向得利人征收特定租税，以补偿受损的人，如果补偿以后还有剩余，这至少表明任何人都没有受到损失，而一些人则由此受益。则在这种场合，福利经济学可以得到以下论断：能够在无损任何人的前提下增加国民收入，即经济福利增加。这个论断既不需要在各个人之间比较，也不包括收入分配的任何个人的价值判断。因而福利经济学完全具有实证科学的基础。

至于遭受损失的人是否应该得到补偿，如何补偿，这涉及个人价值判断的政治问题。一个经济学家作为公民，可以发表意见，但作为经济学家，从实证科学的立场看，则无须对此进行判断。很显然，这一原理并不包括进行实际补偿的内容，所以称为假想的补偿原理或潜在的补偿原理。

希克斯认为这种补偿可以是实际补偿，即提高租税政策，从受益人那里取走，然后补偿给受损人。如果一项政策的效应使任何人都不受损而增加国民收入，就是福利的增加。补偿也可以是虚拟的，只要受益者增加的收益与受损者蒙受的损失相比，前者大于后者，就表明了国民收入的增加，即社会福利的增加，而且有些政策开始时使一部分人受益，一部分人受损，但经过一段时间后，可能人人都因该政策而获益，那么受益者就自然得到了补偿。补偿原理与庇古理论相比，完全排除了公平标准，与帕累托最优条件论的收入分配既定假定下的效率分析也不相同。

本章小结

本章主要介绍了一般均衡理论和福利经济学。一般均衡理论的结论表明，单个消费者为了自身的效用最大满足、生产者为了获得最大利润，在既定的价格下获得局部均衡；其他条件不变的情况下，市场均衡决定单个商品的价格；当所有价格同时变动时，所有市场可以同时处于均衡。

与局部均衡相比，一般均衡理论强调各种市场之间的相互关系，注意到某个市场的供求变动对其他市场的相互影响，这对于观察和研究整个市场经济中每个市场和相关市场上的价格决定更具有实际意义。经济当事人的活动环境是整个的经济系统，任何影响一个市场价格的因素都会对所有的价格产生影响。因此，一般均衡模型至少提供了这样一个理论模型，可以用于分析经济运行条件的变化对相对价格从而对资源配置所产生的影响幅度以及这一影响使得经济恢复平衡的时限。

然而，从本章的内容中可以看到，一般均衡理论是建立在一系列更加严格的假设条件之上的，而这些条件在现实经济生活中往往并不存在。

本章的另一方面的重要内容是介绍福利经济学。从严格意义上讲，福利经济学属于典型的规范经济学范畴，是西方微观经济学论证亚当·斯密“看不见的手”原理的最后一个环节。通过论证，西方经济学要说明的是，根据帕累托最优标准，完全竞争市场模型导致的结果是最优的，即完全竞争市场使得经济社会实现资源最优配置。

由上述分析过程不仅可以看出西方规范经济的特征，而且也可以看出其中的问题。首先，帕累托最优标准并不代表社会的价值判断，它至多是一种判断方式。帕累托最优状态虽然回避了个人效用间比较的难题，但它给社会留下的关于“标准”的建议并不多。事实上，就完全竞争的经济而言，社会可以在无数点上处于帕累托最优状态。同样地，某个人一无所有，而另一个人拥有社会的一切，这也可能是帕累托最优的。西方经济学引入社会福利函数并没有从根本上解决这一问题。对于任意的社会福利函数而言，帕累托最优只是社会福利最大化的必要条件，而非充分条件。如果要使一个帕累托最优状态实现社会福利最大化，就必须借用其他的价值判断来构造出一个“合适”的社会福利函数。

最后，福利经济学提出的一些问题对于研究和思考社会主义市场经济面临的任务仍具有一定的参考和启发意义。例如，什么是市场经济的效率，什么是合理的收入分配，等等。这些问题都是市场经济要正确处理的问题。

简　答　题

1. 什么是局部均衡和一般均衡？
2. 什么是交换的一般均衡，实现的基本条件是什么？

案例剖析：汽油价格与小型汽车的需求

如果市场对某几种产品的需求相互影响，可能出现什么情况呢？其中一种情形就是，导致一种产品价格发生变化的因素，将同时影响对另一种产品的需求。举例而言，在20世纪70年代，美国的汽油价格上升，这一变化马上对小型汽车的需求产生了影响。回顾70年代，美国市场的汽油价格两次上升，第一次发生在1973年，当时石油输出国组织切断了对美国的石油输出；第二次是在1979年，由于伊朗国王被推翻而导致该国石油供应瘫痪。经过这两件事件，美国的汽油价格从1973年的每加仑1.27美元猛增至1981年的每加仑1.40美元。作为“轮子上的国家”，石油价格急剧上升当然不是一件小事，美国人面临一个严峻的节省汽油的问题。

既然公司和住宅的距离不可能缩短，人们只好继续奔波于两地之间。美国司机找到的解决办法之一就是他们需要放弃自己的旧车，购置新车的时候选择较小型的汽车，这样每加仑汽油就可以多跑一段距离。

分析家们根据汽车的大小来分类确定其销售额。就在第一次汽油价格上升之后，每年大约出售250万辆大型汽车、280万辆中型汽车以及230万辆小型汽车。到了1985年，这三种汽车的销售比例出现明显变化，当年售出150万辆大型汽车，220万辆中型汽车以及370万辆小型汽车。由此可见，大型汽车的销售自20世纪70年代以来迅速下降；反过来，小型汽车的销售却持续攀升，只有中型汽车勉强维持了原有水平。

造成这种变化理由是显而易见的。假设你每年需要驾驶1.5万英里，每加仑汽油可供一辆大型汽车行驶15英里，如果是一辆小型汽车就可以行驶30英里。这就是说如果你坚持选择大型汽车，每年你必须购买1000加仑汽油，如果你满足于小型汽车，你只需购买一半的汽油，也就是500加仑就够了，当汽油价格处于1981年的最高点，即每加仑1.40美元的时候，选择小型汽车意味着每年可以节省700美元。即便你曾经是大型汽车的拥护者，在这种情况下，在每年700美元的数字面前，难道你就不觉得有必要重新考虑一下小型汽车的好处吗？

局部均衡一般是指单个市场或部分市场的供求与价格之间的关系或均衡状态。一般均衡是指在承认供求与市场上各种价格存在相互关系和互相影响条件下，所有市场上各种商品的价格与供求的关系。案例中价格上升，一种产品价格发生变化的因素，将同时影响对另一种产品的需求。汽油价格上升，这一变化马上对小型汽车的需求产生了影响。大型汽车的销售量迅速下降；反过来，小型汽车的销售却持续攀升。也就是说，汽车它的互补产品之一就是汽油。汽油价格上升导致小型汽车的需求曲线向右移动，与此同时大型汽车的需求曲线向左移动。

资料来源：梁小民.微观经济学案例.北京：三联书店，2000.

第十章

市场失灵与政府的微观经济政策

政府要干预市场，首先要被法律干预。

——福斯勒

本章导读

在前面的研究中，微观经济学的主旨在于论证完全竞争市场经济在一系列理想化假设条件下，可以导致资源配置达到帕累托最优状态，可以导致整个经济达到一般均衡。但是，这个定理并不真正适用于现实的市场经济。也就是说，就某些配置问题而言，现实的市场机制并不能导致资源的有效配置，帕累托最优状态通常不能得到实现，这种情况被称为“市场失灵”。本章将分别论述存在非对称信息、垄断、外部影响、公共物品情况时，如何导致市场失灵，以及政府如何发挥弥补和矫正市场失灵的作用。

学习目标

由于在经济现实中的一些场合，市场调节失灵，资源配置无法达到最优状态，本章由此分析导致市场调节失灵的原因及政府如何校正市场失灵以使经济接近理想状态，目的在于论证微观政策能够校正市场失灵，使市场达到理想状态。通过学习，要求掌握导致市场失灵的主要原因，并分析如何导致市场失灵，运用怎样的政策加以调节，如何调节。正确认识市场调节的有限性。

关键概念

市场失灵(market failure)
外部性(externality)
私人成本(private cost)
社会成本(social cost)
科斯定理(Coase theorem)
公共物品(public goods)
交易成本(transaction cost)

西方经济学中讲的市场机制或“看不见的手”，其对经济的有效调节和分配社会资源是以完全竞争为条件的。完全竞争要求满足以下条件：完全信息，即参与市场的主体能得到完全信息；市场上买卖双方的人数非常多；生产方式、交易方式和消费方式固定不变；资源和要素能自由流动，不存在流动障碍。具备这些条件的市场只能是一种理想的模式，现实中很难找到这样的市场。现实生活中的市场都存在某种程度的垄断及进入障碍、外部经济效果、公共产品等，使市场机制在很多情况下不能导致资源的有效配置，这种情况被称为“市场失灵”。克服市场失灵这种现象，需要政府执行微观经济政策，通过各种政策的实行矫正市场失灵的缺陷。

第一节　市场经济与市场失灵

一、市场经济与资源配置

一个社会的资源配置的方式，在不同的时期决定的因素是不同的，资源配置的方法也有很多。

在人类社会发展的早期，用来进行资源配置的方法是习惯。所谓习惯是指人们在社会经济活动中长期形成的，并被公众所共同接受和普遍遵守的惯例。这种惯例通常具有法律的或道德的约束力，从而成为传统社会中人们用来处理社会基本经济问题、进行资源配置时的一种方法和制度性约束。在这种社会的分工制度中，习惯作为一种稳定的社会力量保证了社会经济活动的秩序及其延续。但是，习惯在带来社会秩序稳定的同时，也阻碍了一个社会的创新。也正因如此，在传统社会，社会生产发展的非常缓慢，只能提供非常有限的产品满足人类社会的需要。

人们进行资源配置的又一种方法是命令。在奴隶社会就是用这种方法解决社会生产什么、如何生产和为谁生产等问题。命令这种资源配置的方式是在社会高度独裁的情况下产生的，在社会动荡的情况下，这种方法是解决经济问题的最有效的方法。但在社会经济正常发展的情况下，这种方法不利于社会经济的发展，会对经济造成消极的、不利的影响。

人们用来进行资源配置的第三种方法是市场。市场实际上是组织生产的一种方式，而且市场还是组织生产的一种有效方式，即市场经济能有效地组织资源的有效合理的配置。在市场经济中，生产什么、如何生产和为谁生产的问题是由市场自发决定的。与传统社会相比，市场方法在经济发展和资源配置方面有着巨大的优越性。具体表现在：首先，以交换和营利为目的的市场经济活动，促进了社会的专业化分工和劳动生产率的提高，促进了社会进步。其次，市场经济中利用价格信号指导人们的行为，简化了经济关系，降低了信息处理成本，提高了资源分配的效率。最后，市场经济加速了竞争，也促使人们不断创新，在激烈的市场竞争中求生存，求发展。

市场经济作为一种配置社会资源的最有效的方法，与亚当·斯密的“看不见的手”这一理论紧密联系在一起的。市场经济就是人们自愿交换产品和劳务的社会系统，货币是人们普遍接受的交换媒介。市场机制就像一只看不见的手，在协调着整个市场的生产和消费。斯密曾生动地描绘说：“我们能享用可口的晚餐，并非由于肉摊主、酒贩子或面包师的仁慈善意，而是由于这些人对自身利益的关心。我们求诸于的不是他们的良心，而是他们的自利之心，我们从来不必去对他们诉说我们的生活需要，而只需讲交易对他们带来的好处。”因此，亚当·斯密认为，最能满足人类生活需求的经济体制，就是让人们自由劳动、自由交换的市场体制。总之，在市场经济发展过程中，分工能够得到进一步发展，消费者的消费能够得到最大程度的满足，劳动生产效率达到最高。在看不见手的引导下，会使整个社会生产力提高，使整个社会的福利增加。

二、市场失灵的原因和表现

市场失灵(market failure)，是由美国经济学家弗朗西斯在1958年提出来的，也称为市场障碍、市场失败和市场失效等。

(一) 市场失灵及其原因

关于什么是市场的失灵，经济学界有许多不同的看法。比较流行的观点认为，当市场不能实现资源的有效配置时，它就是失灵的。

根据亚当·斯密的“看不见的手”的原理，每一个人在追求自身利益的时候，会在一只看不见的手的引领下，实现社会福利不断增加的目的。看不见的手有可能导致出现的问题。

(1) 资源配置的低效率问题。资源配置的高效率一直被认为是市场经济体制的最主要的优点。然而，在很多的情况下，这种看法却并不正确。比如，随着市场经济的发展，竞争会越来越激烈，自由竞争的结果会出现优胜劣汰，中小企业逐渐被淘汰，生存下来的企业规模越来越大，往往会引起垄断，而在垄断的情况下，市场机制就不能够实现资源的最优配置了。

(2) 分配问题。看不见的手最多只能解决效率问题，而不能解决分配问题。实际上，纯粹的市场机制的作用往往会导致贫富差距的扩大，导致两极分化。

(3) 失业和通货膨胀。这是人们通常所说的宏观经济问题。在不存在政府积极主动干预的市场经济中，有效需求常常不足。在这种情况下，就会出现大规模的工人失业。相反，如果需求过度了，则会引起通货膨胀。

(4) 还有生态环境恶化的问题。由于市场经济追求利润的动机，会使企业家只顾追求利润而不顾其他。在这种情况下，如果没有政府的干预，就会出现生态环境被污染和恶化的情况。

市场失灵是与市场成功相对的，即市场在资源配置方面出现低效率，就出现市场失灵。《现代经济学辞典》中解释为“市场失灵是指私营市场完全不能提供某些商品，或不能提供最合意或最适度的产量”。在市场失灵的情况下，市场价格既不等于该商品的边际社会收益，又不等于该商品的边际社会成本。市场经济运行偏离帕累托最优状态。

美国经济学家斯蒂格利茨进一步把市场失灵分为两种：“新的市场失灵是以不完全信息、信息有偿性以及不完备的市场为基础的；而原始的市场失灵是与诸如公共物品、污染的外部性等因素相联系的。这两种市场失效之间主要存在两点差别：原始的市场失灵在很大程度上是容易确定的，其范围也容易控制，它需要明确的政府干预。由于现实中所有的市场都是不完备的，信息总是不完全的，道德风险和逆向选择问题对于所有市场来说是各有特点的，因此经济中的市场失灵问题是普遍存在的。”

资源的有效配置是指能够使社会效率达到最大的资源配置。要使社会效率达到最大，一个必要的条件是：所有资源的边际社会收益与边际社会成本都要相等。如果在某个地方，资源的边际社会收益大于边际社会成本，则这意味着，在该处配置的资源太少，应当增加。因为在这种情况下，增加一单位资源使社会增加的收益要大于使社会增加的成本。反之，如果在某个地方，资源的边际社会成本大于边际社会收益，则这意味着，在该处配置的资源过多，应当减少。因为在这种情况下，减少一单位资源使社会减少的成本要大于使社会减少的收益。由此可见，只有在边际社会收益和边际社会成本恰好相等时，资源配置才能够达到最优状态。

一般来说，市场机制本身至多只能保证资源配置的边际私人收益和边际私人成本相等，而无法保证边际社会收益和边际社会成本相等。市场经济本身还存在着各种各样的"不完全性"。正是这些不完全性造成了经济活动的边际社会成本和边际社会收益不相一致，造成潜在的互利交换和生产不能得到实现，造成市场机制的失灵。

（二）市场失灵的主要表现

1. 非对称信息

在经济活动中，信息是影响经济主体行为的重要因素之一，信息是否完备、充分、对称对经济影响非常大。通常当一个经济主体的行为能够清楚地被有关利益各方了解的时候，这个经济主体选择的行为与当其他经济主体不能清楚地了解他的情况时的行为是不同的。严格地说，用新古典经济学来分析信息不完善、信息不对称情况下经济主体的行为是不适宜的。因此经济学提出：所谓的充分信息，即想知道什么就能知道什么，在现实生活中是不存在的。而且在现实生活中要搜集到必要的信息通常要付出信息成本，这种成本有货币性的成本，也有非货币性的成本，如时间、精力。

2. 市场垄断

亚当·斯密的"看不见的手"只有在完全竞争的条件下才能发挥作用。而现实社会都是不完全竞争，随着企业规模的扩大，垄断会在很多行业逐渐形成。那么垄断到底是怎样产生的呢？一是资源垄断。如果某种资源是生产某种产品所必需的，而这种资源又被一个生产者所独占，则这个生产者也就拥有了生产那种产品的垄断地位。二是自然垄断。自然垄断讲的是由于技术条件和市场状况决定了某种生产最好只由一家企业进行，两家或两家以上的企业来进行就会造成浪费。自然垄断的一个最有代表性的例子就是天然气管道。为了向城市的居民提供天然气，企业必须铺设遍及全市的天然气管网。如果不是一家，而是两家或更多企业来提供这种管网，那成本就会提高很多，因为每个企业都必须花费大量的固定成本，造成重复投资和重复建设。此外，每家每户都铺设好几条天然气管道，也是非常不方便的。三是政府垄断，也就是由政府制造的垄断。例如，政府规定在某一地区的某种产品只有某一个企业可以生产和销售，其他人则不得以任何方式经营。在所有的垄断当中，最引人注意的，也是最容易引起不满的就是这种由政府制造出来的垄断。但这种政府垄断在现实社会中又极为普遍。

不管是哪一种形式的垄断，垄断企业都可以凭借自己的垄断地位规定垄断高价和垄断低价，垄断企业就此可以获得高额垄断利润。因此，垄断企业的存在抑制了竞争，降低了整个社会的经济福利水平，破坏了市场经济这种具有高效率的资源配置方式。

3. 外部经济

由于外部经济的存在，会使产品的边际社会成本或边际社会收益与边际私人成本或边际私人收益发生背离。而且，有时这种背离会很大。这时，自由市场均衡将使产生外部成本的产品产量过高，而产生外部收益的产品的产量过低。这种背离是由于社会中相互影响的经济活动得不到相应的补偿而造成的。由于外部经济活动的存在，帕累托最优条件不可能达到，市场失灵就会出现，只有通过政府采取的一些措施才能矫正这种背离。

4. 公共产品

从20世纪60年代起，许多经济学家发现，导致市场失灵的还有公共产品问题。由于公共产品的特点，自由市场不能提供社会所需的公共产品。公共产品的缺乏会损害经济运行的效率，甚至会使整个经济无法正常运行。因此，只有政府担当起向社会提供公共产品的任务，才能保证社会经济的正常进行。正是因为这样，现在越来越多的国家开始对经济进行干预。这些公共产品能够使市场有效地运行，但市场本身却不能提供这些商品，这就产生了矛盾，也是市场失灵的一种表现。

三、政府干预经济的必要性

西方发达国家及一些后发展起来的现代化国家市场经济的实际发展历程表明，市场调节这只“看不见的手”有其能，也有其不能。

第一，市场经济是人类迄今为止最具效率和活力的经济运行机制和资源配置手段，它具有任何其他机制和手段不可替代的功能优势。表现在：

(1) 经济决策的灵活性。在市场经济中，生产者和消费者作为微观经济活动主体的分散决策结构，对供求的变化能及时做出灵活有效的反应，较快地实现供需平衡，减少资源的浪费，提高决策的效率。

(2) 经济利益的刺激性。在市场经济中，市场主体受经济利益的驱动和自由竞争所形成的压力和动力，极大地调动起人们的积极性和创造性，促进生产技术、生产组织和产品结构的不断创新，提高资源配置的效率。

(3) 市场信息的有效性。高效率的分配经济资源要求充分利用经济中的各种信息。而以价格体系为主要内容的信息结构能够使每一个经济活动参与者获得简单、明确、高效的信息，并能充分有效地加以利用，从而有利于提高资源配置的合理性。

(4) 市场经济的良性运行还有利于避免和减少直接行政控制下的低效率和腐败等现象的发生。

第二，市场经济有其优势，同时市场经济也有其局限性，其功能缺陷是固有的，光靠市场自身是难以克服的，完全抛弃政府干预的市场调节会导致市场失灵，因而必须借助存在于市场之上的力量——政府这只“看得见的手”来修补市场失灵。

(1) 市场经济不能保持国民经济的综合平衡和稳定协调的发展。在市场经济条件下，通过市场调节实现的经济均衡往往是一种事后调节并通过分散决策而完成的均衡它在很大程度上具有自发性和盲目性，由此而产生周期性的经济波动和经济总量的失衡。

(2) 市场机制不能组织与实现公共产品的供给。公共产品是指那些能够同时供许多人共同享用的产品和劳务，并且供给它的成本与享用它的效果并不随使用它的人数规模的变化而变化，如环境保护、公共设施、文化科学教育、医药、卫生、外交、国防等。正是因为公共产品具有消费的非排他性和非竞争性的特征，一个人对公共产品的消费不会导致别人对该产品的减少，于是只要有公共产品存在，大家都可以消费。因此，人人都希望别人来提供公共产品，而自己坐享其成，其结果便很可能是大家都不提供公共产品。而缺乏必要的公共产品，就不能满足社会经济的客观需要，大大降低社会资源配置的效率。这就需要政府以社会管理者的身份组织和实现公共产品的供给，并对其使用进行监管。

(3) 市场机制无法补偿和纠正经济外在效应。所谓外在效应，是指"单个的生产决策或消费决策直接地影响了他人的生产或消费，其过程不是通过市场"。也就是说，外在效应是独立于市场机制之外的客观存在，它不能通过市场机制自动削弱或消除，往往需要借助市场机制之外的力量予以校正和弥补。

(4) 市场经济会造成收入分配不公和两极分化现象。一般说来，市场能促进经济效率的提高和生产力的发展，但不能自动带来社会分配结构的公平和公正。

(5) 自由放任的市场竞争最终必然会形成垄断。按照西方经济理论，产品的市场价格由生产的边际成本所决定，生产成本的水平使市场主体在市场的竞争中处于不同地位，进而导致某些处于有利形势的企业逐渐占据垄断地位。同时为了获得规模经济效益，一些市场主体往往通过联合、兼并的手段，形成对市场的垄断，从而导致对市场竞争机制的扭曲，使其不能发挥自发而有效的调控功能，完全竞争条件下的帕累托最优即资源配置的最优化也就成为纯粹的假设，因此垄断被视为市场经济发展的必然结果。

正是由于上述市场调节机制存在的缺陷和失灵，为政府干预经济活动提供了必要性，也正因为如此，政府对经济的宏观调控已经成为现代市场经济体制的非常重要的组成部分。正如著名经济学家、诺贝尔经济学奖获得者萨缪尔森所说："当今没有什么东西可以取代市场来组织一个复杂的大型经济。要通过政府制定政策纠正某些由市场带来的经济缺陷。"

【案例 10-1】

为何鲸鱼濒临灭绝？

一个美国人平均每年消费牛肉 73 磅，猪肉 59 磅，鸡肉 63 磅，但是谁也没有听说过这种消费可能导致对牛、猪或鸡的灭绝的担忧。相对而言没有多少美国人吃鲸鱼肉；然而在日本等国家，鲸鱼肉被视为佳肴。1986 年，由于担心鲸可能灭绝，一项暂停商业猎鲸的国际法规出台。为什么同样一个市场系统可以保证产出足够的牛、猪和鸡，却偏偏威胁到某些种类的鲸的生存呢？

经济学家从财产权着手进行分析。农民拥有他所养殖的食用牲畜，将这些动物视为自己的财产，因此觉得有必要好好照看它们，增加存栏数量。与此相反，鲸不属于任何国家或个人，换言之，它是世界共有的财产。于是，一方面大家都知道捕鲸可以赚大钱，不少人蜂拥而上；另一方面，保护和繁殖鲸类则由于缺乏直接经济利益而乏人问津。

这个模式称为"共有财产的悲剧"。如果一样东西属于大家，例如海洋，每个人都有经济上的激励去加以开发利用，却没有人有经济上的激励去保护。结果可能是鲸从海洋中消失。

当然，不仅鲸面临这样的问题。在美国，共有草原上的著名的美洲野牛濒于灭绝就是另一个例子。要解决这一问题，许多情况下需要全社会联合起来，制定经济激励或法规保护资源，避免过度开发而导致破坏。

有时甚至法规也不足以产生作用。就在限制商业捕鲸法规通过的1986年，某些国家史书一夜之间出现了动物学研究的热情，急切希望对鲸加以"研究"。1987年，日本宣布增加其"科研用鲸"的数量，几乎是该国原有消费量的一半！同时，在日本的高额悬赏吸引下，本身并不属于鲸类消费国的冰岛也跃跃欲试，准备将其大部分的"科研用鲸"制成冻肉运往日本。

资料来源：斯蒂格利茨.《经济学》小品和案例.北京：中国人民大学出版社，1998.

第二节　非对称信息与市场失灵

一、信息不完全与信息不对称

如果假定所有经济活动的参与者，对于影响其选择或决策的信息有完全的了解，即具有完全信息，例如，消费者知道产品的质量、价格，知道哪里生产和销售的产品便宜等所有信息；生产者知道自己的生产成本、市场需求、竞争对手的情况等全部信息，那么，经济行为者所面临的因不确定性导致的风险就被抽象掉了，他们也就总能得到一个最优解。

但是，现实的经济运行常常并非如此，在现实经济中，信息常常是不完全的，甚至是很不完全的。这里，**信息不完全**不仅是指信息在绝对意义上的不完全，即由于知识能力的限制，人们不可能知道在任何时候、任何地方发生和将要发生的任何情况，而且还指信息在相对意义上的不完全，即市场经济本身不能生产出足够的信息并有效地配置它们。因为信息是一种有价值的资源，并且分布通常是分散的，获取信息往往需要付出一定的成本，有时甚至是根本不可能获取到某信息，或者说获取该信息的成本无穷大。因此，理性的信息消费者通常总是按照边际原则来搜寻信息，这意味着人们在许多情况下并不具备完全信息。同时信息又不同于一般商品，人们在购买普通商品时，先要了解它的价值，看看是否值得去购买。但是，购买信息商品却无法做到这一点。人们之所以愿意出钱购买信息。是因为还不知道它，一旦知道了它，就没有人愿意再为此进行支付。由此出现了一个困难的问题：卖者让不让买者在购买之前就充分了解所出售的信息的价值呢？如果不让他了解信息的价值，购买者就可能因为不知道究竟值不值得而不去购买；如果让他了解信息的价值，购买者又可能因为已经知道了该信息而不去购买它。在这种情况下，要完成交易，只能靠买卖双方并不十分可靠的信赖，市场的作用受到了很大的限制。

对于不同的交易参与者，获取信息的成本是不同的，例如，一个经过训练的汽车修理工比一位经济学教授更容易知道一辆二手车的质量；一个企业的经理几乎无须花费任何成本就知道自己的努力水平，而企业所有者即使花费巨大成本却难知其详。这表明个人拥有的信息水平是有差异的，也就是说，你所知道的我不知道，或者相反，我所知道的你不知道，即不同经济主体拥有的信息量不相等或不平衡，这就是所谓的**信息不对称**。在信息不对称的场合，至少有一个当事人的信息是不完全的，但是信息不完全并不是信息不对称的充分条件，也就是说，所有的当事人尽管拥有的信息都不完全，但拥有的信息水平可能相同。

信息对人们的预期和选择有着很大的影响，由于市场的价格机制不能解决或至少不能有效地解决不完全信息的问题，因而在信息不完全或信息不对称的情况下，市场体系就不能有效率的运作，由此产生一种与信息相关的市场失灵。例如，消费者可能购买了保证疗效的药物，结果发现毫无作用，那么这种药品的生产和消费数量就会大于帕累托最优数量；再如，保险供应商缺乏关于人们的风险信息时，保险的供应就会低于最优水平，有的人可能买不到保险。从下面的分析中可以看到，信息不完全或信息不对称能够解释许多经济现象和经济制度安排。

二、非对称信息与市场失灵

1. 非对称信息导致市场的“逆向选择”

在市场运行中，我们经常看到存在一些与通常规律不相一致的现象。如我们所了解的在市场经济中对一般商品的需求规律是，如果某种商品价格降低，对该商品的需求量就会增加，即需求曲线向右下方倾斜；而对一般商品的供给规律是，如果某种商品价格上升，对该商品的供给量就会增加，即供给曲线向右上方倾斜。但是当消费者掌握的市场信息不完全时，对商品的需求量会随着价格的下降而减少，生产者掌握的信息不完全时，对商品的供给量也随着价格的上升而减少，出现了所谓的“逆向选择”问题。“逆向选择”的存在，意味着市场的低效率，意味着市场的失灵。

次品市场是一个具有代表性的信息不对称的例子。假如你最近刚刚买了一辆新轿车，但由于一个突发事件你急需用钱，于是你决定把这辆车卖掉。结果你会发现，尽管你的车还非常新，但却不得不以大大低于其实际价值的价格出售它。为什么会出现这种情况呢？原因就在于买卖双方存在产品质量信息上的不对称性。通常，卖者对旧车质量的信息多于买者。一辆轿车的质量高低往往是在购买者使用一段时间以后才会显示出来，车主很清楚自己的车的质量，也知道它们的缺陷，但买主却不具有这一信息。对于一辆质量很好的车，买者也可能怀疑其质量有问题，而对于一辆有某些问题的车而言，卖者也可能为了把这种“次品”推销出去而不愿意告诉买者，从而质量高的和质量低的车出现在同一个市场上，可能按相同的价格出售，买者只会按一个平均质量支付价格。这样一来，高质量的旧车就不愿意出售，低质量的旧车充斥在市场上，导致买者进一步压低价格。最终实际成交的高质量车所占比重更少，直至低质量的车全部售完。这种低质量产品将高质量产品驱逐出市场的现象，经济学中称为**“逆向选择”**。

假定在旧车市场上，有两种类型的车——高质量车和低质量车，如果买方和卖方都清楚车的质量，就会形成不同的高质量车和低质量车两个市场，分别形成各自的供给曲线和需求曲线，为了简便起见，假定买者对高质量和低质量车的需求曲线重合，如图 10-1 所示。

S_H 表示高质量车的供给曲线，S_L 表示低质量车的供给曲线，如果买者能确切地知道这两类轿车的质量，则可以认为此时存在两个二手车的子市场，它们分别承担高质量和低质量轿车的交易。但是当信息不对称时，情况就不同了，假定车主对车的质量信息比买主

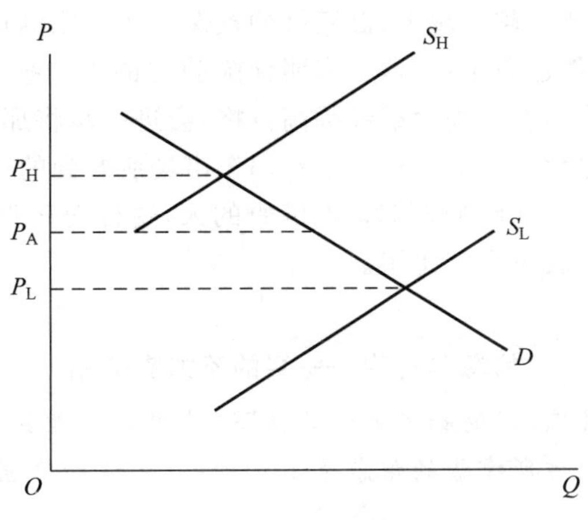

图 10-1　次品市场

知道的多，并假定买主是风险中性者，开始他预期高质量车和低质量车概率分布的可能性各占 50%，从而愿意以平均价格购买旧车。结果，市场均衡价格低于高质量车应有的价格，但又高于低质量车的价格，于是，将有较少的高质量车和较多的低质量车成交。当消费者发现这一情况，就将改变预期，即预期轿车的平均质量进一步下降，因而愿意接受的价格更低，使需求曲线向左下方移动，实际交易的高质量车所占比重更少。这一过程会持续下去，直到低质量车全部售完为止。一个极端的情况是市场上完全没有高质量车。

尽管上述结果是在只有两种质量产品的条件下得到的，而高质量的产品被完全驱逐出市场的情形也是一种极端，但可以肯定的是，在达到均衡时，消费者购买到的高质量轿车所占比重要比事先确切知道它们的质量时要少，次品市场上的不对称信息对市场有效运行产生影响。低质量产品把高质量产品逐出市场本身就意味着市场运行失效。

旧车市场只是信息不对称造成市场失灵的一个标准化例子，事实上这种情况在许多市场上都会出现。在消费者信息不完全的条件下，降低商品价格不一定能刺激对该商品的需求；同样，在生产者信息不完全的情况下，提高该商品的价格也不一定能够刺激该商品的供给。保险市场的例子可以进一步说明另一种情况下的逆向选择。在保险市场中，买方具有更多的信息，保险购买者非常清楚自己的情况，但卖方即保险公司对投保人的情况难以全面了解。例如，我们知道在保险市场中，年龄超过某一临界水平的人，通常难以买到医疗保险。这是因为他们患疾病尤其是严重疾病的可能性太高吗？事实并非如此，因为这一问题可以通过提高保险价格来解决。原因在于信息不对称。尽管保险公司可以坚持通过医疗检查来了解保险购买者的健康情况，但保险购买人对自己的健康状况仍然比保险公司更清楚。那些比较健康的人，由于知道自己的风险低，通常购买保险的心情不如健康差的投保人那么迫切，也不愿意为保险支付较高的价格；而那些不健康的人，更有可能选择购买保险，也愿意接受较高的费用。这就产生一个重要结果：迫使保险公司提高保险价格，但是价格的提高减少人们对保险商品的需求，而在减少的保险需求中，主要的却是那些相对“好”的投保人对保险的需求，他们不愿意为保险支付过高的价格，在留下来的投保人中，主要的则是那些相对“坏”的投保人，由于他们具有的风险较大，宁愿为得到保险支付更高的价格。这样一来，随着保险价格的上升，投保人的结构就发生了变化：

健康差的投保人所占的比例越来越大，健康好的投保人所占比例越来越小，由此保险公司对每一投保人的平均赔偿也将增加，这也表明保险公司的平均损失将随着保险价格的提高而提高，若保险公司为弥补损失而继续提高价格，会进一步将那些比较健康的人逐出市场，投保人结构会急剧恶化。由此又产生了在旧车市场所看到的逆向选择问题，可能出现的一个极端是，所有想购买保险的人都是不健康的人，这样对于保险公司而言，出售保险已无利可图，保险市场也就不会产生了。

【案例 10-2】

信息非对称——买的不如卖的精

俗话说“从南京到北京，买的如不如卖的精”这其中的道理就是信息不对称。非对称信息，是指市场上买卖双方所掌握的信息是不对称的，一方面掌握的信息多一点，另一方面掌握的信息少一些。

中国古代有所谓“金玉其外，败絮其中”的故事，讲的是商人卖的货物表里不一，由此引申比喻某些人徒有其表。在商品中，有一大类商品是内外有别的，而且商品的内容很难在购买时加以检验。如瓶装的酒类，盒装的香烟，录音、录像带等。人们或者看不到商品包装内部的样子(如香烟、鸡蛋等)，或者看得到、却无法用眼睛辨别产品质量的好坏(如录音、录像带)。显然，而对这类产品，买者和卖者了解的信息是不一样的。卖者比买者更清楚产品实际的质量情况。这时卖者很容易依仗买者对产品内部情况的不了解欺骗买者。如此看来，消费者的地位相当脆弱，面对掌握了“信息不对称”武器的骗子似乎毫无招架之术。

由于信息不对称，价格对经济的调节就会失灵。比如某商品降价消费者也未必增加购买，消费者还以为是假冒伪劣商品；某商品即使是假冒伪劣商品提高价格消费者还以为只有真货价格才高。这就是市场失灵造成的市场的无效率。

为消除因信息不对称，精明的商家想了很多办法。在大商场某一生产鸭绒制品的公司开设了一个透明车间，当场为顾客填充鸭绒被，消除了生产者和消费者之间的信息不对称。

资料来源：http://www.people.com.cn.

2. 对非对称信息下市场失灵的校正

(1) 政府介入

市场机制并不能解决或者至少不能有效解决非对称信息导致的市场失灵，这为政府在市场发挥作用提供了依据，如在保险市场，政府为一定年龄以上的老年人提供保险，就有助于消除逆向选择的问题。政府也通过相关的规定与措施尽可能保证消费者和生产者能够得到充分和正确的市场信息，即增加市场的“透明度”。

(2) 其他机制

政府介入并不是消除非对称信息问题的唯一途径，声誉、标准化、市场信号机制等也有助于解决这类问题。高质量产品的销售者往往在销售过程中建立声誉来向购买者传达有关其产品的信息，并以适当激励让购买者相信他们的产品是高质量的。在日常生活中，很多消费者常常根据企业的声誉来作出决策。但是，当一项生意很难建立或根本没有机会作出声誉时，“标准化”——生产一种标准化产品，以连锁经营方式或其他方式提供给顾客，将有助于解决信息不对称带来的逆向选择问题，例如麦当劳、肯德基等，不管在什么地方，它提供的产品都是一样的，无论在哪购买，无须为它的质量和价格担忧。价格信号是能够缓解逆向选择问题的另一个机制，是指产品卖方通过信号向买方传达有关产品质量的信息。如在劳动市场，待雇者(卖方)把受教育程度作为一个高生产率信号，向厂商传递关于自己生产率的信息，以利于获得与自己生产率相匹配的工资。在产品市场，那些想卖出较高价格的生产高质量产品的厂商，可以通过签订内容广泛的保证书来向消费者传递质量信号，因为签订这样的保证书给生产高质量产品的厂商带来的成本较低，而对于生产低质量产品的厂商，签订这样的合同成本很高，它们不愿意签订这样的合同。因此，保证书就成为一个显示质量的信号。

在现实的经济活动中，不仅在交易合同签订之前会出现由于信息不对称导致的劣质产品驱逐优质产品的逆向选择问题，在交易合同签订之后还会存在另一类信息不对称——交易的一方具有另一方难以监督的行为或难以获得的信息。在这种情况下，具有私人行为或私人信息的一方，在签订合同后，有可能采取有悖于合同规定的行为，以最大化自己的利益，同时损害另一交易方的利益，这就是所谓的“道德风险”。典型领域就是保险市场，对于投保人来说，随着预防不测事件费用的增加，不测事件发生的可能性会降低；同时随着保险赔偿额的增加，投保人用于预防不测事件的费用反而会下降。或者说在信息不对称的条件下，如果保险费用既定，投保人倾向于减少用于防止不测事件发生的费用支出。

【案例 10-3】

二手车市场的逆向选择

在二手车市场上无论所卖的车质量如何，卖家总比买家精。如果买家不能区分车的质量的话，不管是好车还是坏车，他们都会付同样的钱——这会使销售好车成为一种毫无吸引力的交易。比起保养良好的旧车来说，次车可能更好卖。假如你去买某种型号的汽车，市场上正好有两辆你要想买的汽车，外观差不多但价位不同，一辆车的价位是在 10 万元，另一辆车价值在 7 万元，那我现在问你，你愿意付多少钱买这辆车，你可能说 8.5 万元，因为平均价值是 8.5 万元，10 万元的车主因为自己的车质量高不会 8.5 万元卖给你，而 7 万元的车主愿意卖给你。这样来看，好东西不一定都卖了去。这就是次品充斥市场、质量好的商品被驱除出市场的逆向选择。

第三节　垄　　断

一、垄断与效率

1. 垄断导致福利的损失

根据前面对垄断厂商利润最大化的长期均衡状况的分析，已经证明了垄断厂商在达到长期均衡时，并没有达到帕累托最优状态。在其利润最大化的产量上，价格高于边际成本，表明消费者为增加一单位产品所支付的代价超过了生产该单位产品所引起的成本，意味着存在帕累托改进的余地。如图 10-2 所示。

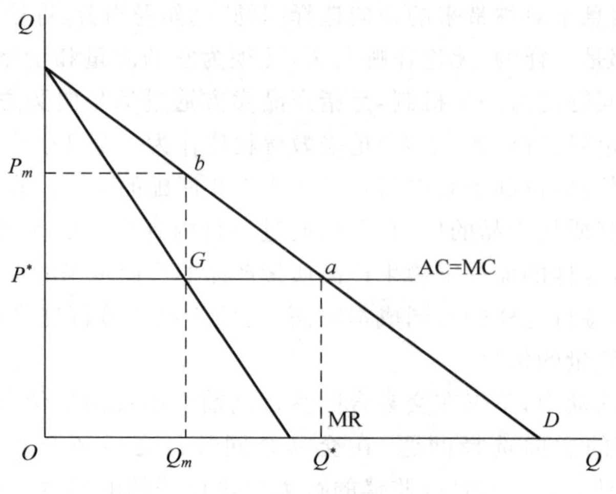

图 10-2　垄断与低效率

为简单起见，这里假定平均成本和边际成本相等且固定不变，由图中水平线 AC=MC 表示，垄断厂商按照边际成本等于边际收益的原则确定最优产量为低于竞争行业的产量 Q_m，在该产量上垄断价格为 P_m，显然该价格高于边际成本。在完全竞争情况下，价格等于边际成本，从而在均衡时，消费者增加一单位商品购买所支付的价格正好等于厂商生产该产品的边际成本。但在垄断情况下，消费者所支付的货币额比在竞争行业下所需支付的货币额要多，垄断厂商能以竞争厂商所做不到的方式获利。那么，是否可以有某种方式使消费者的状况变得更好？如果让垄断厂商再多生产一单位产量，消费者按低于垄断价格但高于边际成本的某一价格购买该产量，则消费者的福利会进一步提高，因为此时消费者实际支付的价格低于其本来愿意支付的价格。

按照帕累托最优状态，最优产量应在什么地方呢？应在 Q^* 产量水平上，此时需求曲线与边际成本曲线相交，消费者为增加一单位产量支付的价格等于生产该产量的成本，达到帕累托意义上的最优产量。若厂商生产 Q^* 产量，并在等于边际成本的价格 P^* 上出售产量，结果垄断厂商的利润会下降 $(P_m-P^*)\cdot Q^*$。但由于价格下降给消费者带来的好处是全部的消费者剩余，即图中 $P_m baP^*$ 围成的面积，这部分超过了垄断厂商利润损失的那部分面积，因而存在了帕累托改进的余地。如果这个利益可以在厂商和消费者之间进行适当分配，则双方的利益都得到增进。

2. 垄断时市场调节利益的失效

在现实中，之所以垄断厂商的均衡产量不会确定在帕累托最优状态，就在于垄断厂商和消费者之间无法达成相互满意的一致意见，如垄断厂商与消费者在如何分配增加产量所得到的收益问题上可能存在很大分歧，以至无法达成一致；而且消费者之间在如何分摊弥补垄断厂商由于增加产量而利润损失的支付问题上也可能难以达成一致意见；此外也可能无法防止某些消费者不承担有关支付而享受价格降低的好处等。基于上述种种原因，无法实现依靠市场机制调整无效率的垄断情况，或者说垄断情况下，市场是失灵的。

上述分析的市场失灵问题，不仅存在于完全垄断情况下，在寡头垄断和垄断竞争市场，也同样存在市场失灵。事实上，只要市场是非完全竞争的，只要厂商面临的是一条向右下方倾斜的需求曲线，则厂商按照边际收益等于边际成本的原则确定产量时，价格就不是等于边际成本，而是高于边际成本，就出现了低效率的资源配置状态。并且由于协议的种种困难，也就无法实现潜在的帕累托改进。

二、垄断的公共管制

垄断常常导致资源配置的低效率，垄断利润通常也被看成不公平的，这就有必要对垄断进行政府干预。对于政府来说，解决垄断条件下的价格高于竞争价格这一问题，方法之一是对垄断厂商可能索取的价格进行管制。如果一个垄断厂商在正常情况下索取 15 美元的价格，那么，政府可以实施一个 12 美元的最高限价，以便降低消费者使用该产品的成本。一般而言，在一个竞争市场上实行最高限价会导致产量减少，从而造成在控制价格下的短缺和非价格配给。但是，垄断厂商对最高限价的反应方式与竞争行业不同，在一定条件下，对垄断价格的强制限制，可能会导致垄断产量的提高。我们知道，垄断厂商限制产量的目的是为了索取较高的价格，实施最高限价意味着限制产量不能得到较高的价格，所以，最高限价将消除垄断厂商限制产量的理由。

如图 10-3 所示，垄断厂商的需求曲线是 AD，边际收益曲线是 AM，在不存在价格管制的情况下，该厂商最有利可图的产量为 Q_1，此时边际收益等于边际成本，垄断厂商索取 15 美元的价格 P_1。现在政府实施了 12 美元的最高限价，使得垄断厂商的需求曲线变成了 P_2CD。由于从零到 Q_2 产量之间的任何产量决策都能以 12 美元的价格出售，所以，与该厂商产量决策相关的需求曲线在这一产量范围内是一条水平线 P_2C。超过 Q_2 的较高水平的产量仍可以按照低于 12 美元的价格出售，因此，需求曲线 CD 段仍然是相关的。同时由于边际收益曲线是随着需求曲线而变化的，在需求曲线为水平段时，边际收益曲线

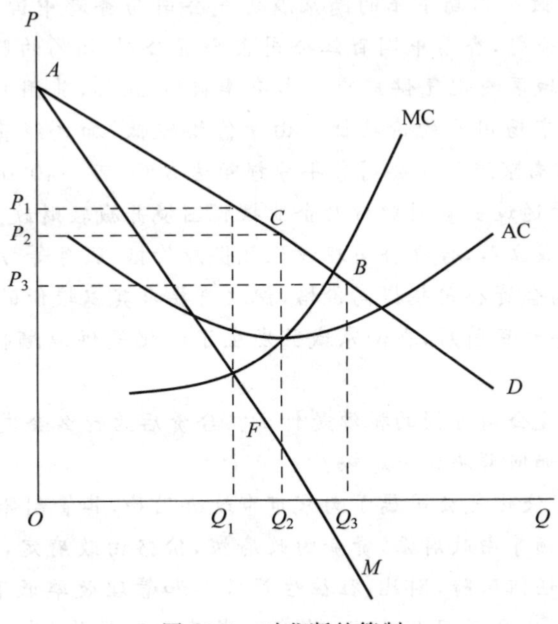

图 10-3　对垄断的管制

与需求曲线重合，也就是说，P_2C 也是 Q_2 产量之前的边际收益曲线。在大于 Q_2 产量水平上，原有的需求曲线没有变化，所以原有边际收益曲线中与 CD 段需求曲线相联系的 FM 段仍然是相关的。

这样，在产量为 Q_2，边际收益曲线是非连续的。在产量为 Q_2 时，边际收益等于价格，而当再增加单位产量时，厂商价格将会陡然下降。当实行最高限价后，对应于最初产量水平 Q_1 的利润必定下降，因为在此产量上的边际收益 P_2C 大于边际成本，所以垄断厂商可以通过扩大产量弥补一些利润损失。例如将产量从图 10-3 中的 Q_1 扩大到 Q_2，其边际收益都是超过边际成本的，这表明在这一产量范围内，利润是随着产量的扩大而增加的。但超过 Q_2，边际收益就会低于边际成本。

很明显，当管制价格在 P_2 和产量在 Q_2 处，垄断造成的净损失减少了，若管制价格进一步下降，产量则进一步增加，净损失还会进一步下降。在价格达到 P_3 时，平均收益或价格等于边际成本，产量达到完全竞争的水平，垄断引起的净损失已被消除，从而实现了帕累托最优状态，此时垄断厂商仍然可以得到一部分经济利润。若政府试图制定一个更低的"公平价格"以消除垄断的经济利润，价格应在平均收益等于平均成本的水平上，但由于这时的边际成本大于价格，已经违反了帕累托最优条件。

价格管制还用于自然垄断行业，如公用事业公司。需要指出的是，自然垄断厂商的平均成本曲线一直是下降的，从而边际成本总是在平均成本之下。若不加以管制，厂商也将按照利润最大化原则在较高的价格上提供较少的产量。所以，可行的最佳选择是价格确定在平均成本与平均收益相等的水平上，厂商既没有垄断利润，也利于产量尽可能大到正好不至于使厂商退出经营。

【案例 10-4】

中国自然垄断产业的规制改革：南京液化气公司案

2000 年南京市市政公用局下属的南京液化气公司与香港中国百江投资公司合资成立了南京百江液化气公司，香港中国百江公司占合资公司 55%的股权。合资前，南京液化气公司在南京市主城区液化气供应市场占有率接近 50%，其用户大多为计划内用户，即用气价格要比普通市场用户的价格低。由于价格较低，加之经营管理方面的问题，到 20 世纪 90 年代末期，南京液化气公司每年亏损额达 3000 万～4000 万元。面对巨大的财政补贴压力，政府急于通过引资引智帮助企业摆脱困境并减轻财政负担，于是合资公司成立了。但在合资公司成立后，合资公司在液化气供应价格、服务等方面与社会及政府之间时有摩擦，总的体现为合资公司想提高价格，但政府要求其以较低的价格较好的服务充足地供应。以致 2002 年元旦前后，在南京城区发生了液化气供应濒临中断的情况，严重影响了社会稳定。

合资前南京液化气公司亏损的根源是什么？合资后为什么会发生合资公司与社会及政府间的种种摩擦？如何解决这一摩擦？

首先，合资前南京液化气公司属于南京市市政公用局，其管制体制为政企合一的管制体制，企业由政府建，领导由政府派，资金由政府拨，价格由政府定，盈亏由政府负，这样，企业在经营上不存在任何风险，因此，往往生产效率和管理效率低下，机构庞杂。并且液化气属于生活必需品，从公益目标出发，政府要求其制定低价，甚至低于成本，从而导致亏损。

其次，合资后公司成为一个追求利润最大化的主体，为减少亏损，争取盈利，企业就会想办法提高价格。而提价会使消费者福利减少，政府从公共利益最大化目标出发，就会要求企业仍然维持低价，从而公司与社会及政府之间的矛盾自然就会产生。

最后，鉴于液化气商品的必需性，政府在实行液化气企业民营化的过程中，没有建立相应的政府管制，如价格管制制度等。如果能够运用价格管制理论，同时通过价格听证会，既考虑企业是一个利润最大化的主体，从而考虑其成本和收益，又考虑到消费者的利益，制定合理的管制价格，那么既能激励企业提高效率，又不至于企业通过提价损害消费者的利益。

资料来源：微观经济学案例 http://www.doc88.com.

三、反托拉斯法

对垄断实施管制的第二个措施是制定反托拉斯法来实现的。这也是政府对垄断的更加强烈的反应。西方很多国家都不同程度地制定了反托拉斯法，最为突出的是美国。在美国，实施反托拉斯法有三种途径。

第一种途径是通过美国司法部的反托拉斯署，反托拉斯署主要反对垄断活动。作为行政部门，反托拉斯署执行的政策密切反映了政府的观点。对来自外部申诉或内部研究结果的反应，司法部可决定是否提起刑事诉讼或民事诉讼，还是两者同时进行。刑事诉讼的结果可能会对公司处以罚款并对个人处以罚款或判刑，如果在民事诉讼中败诉则迫使违规者停止其反竞争的做法。

第二种途径是通过联邦贸易委员会的行政程序，联邦贸易委员会主要反对不正当的贸易行为。同样，诉讼可能是由于外部申诉，也可能是由联邦贸易委员会自己发起的。当联邦贸易委员会决定起诉时，既可能要求起诉对象自觉遵守法律，也可能决定以一个正式的委员会命令，强制执行。

第三种途径可以说是最常用的途径，即通过秘密程序进行。个人或公司可以控告他们的经营或财产由于违规者行为受到多重损害。必须付出多重损害赔偿的可能性是对可能的违规者的一种强有力的制约。

美国从1890年就开始制定相关的反托拉斯法律。这些法律规定，限制贸易的协议或共谋、垄断或企图垄断市场、兼并、排他性规定、价格歧视、不正当竞争和欺诈行为等，都是非法的。如1890年通过的谢尔曼法规定：任何以托拉斯或其他形式进行的兼并或共谋，任何限制州际或国际的贸易或商业活动的合同，均属非法；任何人垄断或企业垄断，或其他个人或多人联合或共谋垄断州际或国际的一部分商业和贸易的，均应认为是犯罪。1914年通过的克莱顿法修正和加强了谢尔曼法，禁止不公平竞争，宣布导致削弱竞争或造成垄断的不正当做法为非法，包括价格歧视、排他性或限制性契约、公司相互持有股票和董事会成员相互兼任。1914年还通过的联邦贸易委员会法规定：建立联邦贸易委员会作为独立的管理机构，授权防止不公平竞争以及商业欺骗行为，包括禁止伪假广告和商标等。1936年通过的罗宾逊—帕特曼法宣布，卖主为消除竞争而实行的各种形式的不公平的价格歧视为非法，以保护独立的零售商和批发商。1938通过的惠特—李法修正和补充了联邦贸易委员会法，宣布损害消费者利益的不公平交易为非法，以保护消费者。1950年通过的塞勒—凯弗维尔法则宣布任何公司购买竞争者的股票或资产从而实质上减少竞争或企图造成垄断的做法均为非法。塞勒—凯弗维尔法还禁止一切形式的兼并，包括横向兼并、纵向兼并和混合兼并，这类兼并指大公司之间和大公司对小公司的兼并，但不包括小公司之间的兼并。

虽然理论上对垄断给予低效率评价，且各国政府也制定了很多反垄断法，但对垄断的"动态效率"的影响，有的经济学家提出不同看法，如美国经济学家约瑟夫·熊彼特认为，垄断厂商会把垄断利润用于研究与开发，推动创新和技术进步，从而降低成本。社会从这种垄断厂商的创新中获得的收益可能要比由于垄断造成的损失大得多。当然并不是所有的人都能接受这种观点。甚至政府也有不同态度，在"微软案件"与"麦道案件"上的不同做法就说明了这一点。

第四节　外部影响与产权配置

一、外部影响的含义及其分类

完全竞争可以导致资源的有效配置的结论，是以经济活动中不存在外在性为前提的，例如一个企业的生产成本不取决于相关企业的产出水平，一个消费者的效用水平也不取决于相关消费者的消费水平。但在现实经济活动中，单个经济行为者的经济活动常常对社会上其他成员的福利造成有利的或有害的影响，而在这种场合，资源配置往往达不到帕累托最优状态。

外部影响也称外部性，是指一个经济主体的行为对另一个经济主体的福利所产生的影响，而这种影响并没有通过货币或市场交易反映出来。如在很多场合，某个人的一项经济活动给社会上其他成员带来好处，但他自己却不能由此而得到补偿，此时，这个人从其活动中得到的私人利益就小于该活动所带来的社会利益。这种性质的外部影响被称为**"外部经济"**。而在另一些场合，某个人的一项经济活动给社会上其他成员带来损害，但他自己却并不为此而承担足够抵偿这种损害的成本，此时这个人为其活动所付出的私人成本就小于该项活动所造成的社会成本。这种性质的外部影响被称为**"外部不经济"**。根据经济行为主体的生产与消费性质的不同，外部影响分为生产的外部影响和消费的外部影响。

生产的外部影响包括生产的外部经济和生产的外部不经济。当一个生产者采取的经济行为对他人产生了有利的或积极的影响，即给他人带来了福利，自己却不能从中得到报酬，便产生了生产的外部经济。例如，因为蜜蜂在果树上采蜜，所以果农果园种植量的扩大，会导致蜂农收益的增加。如果一个生产者采取的经济行为给他人造成福利的损失而又未给他人以补偿时，便产生了生产的外部不经济。企业造成的环境污染是典型的生产的外部不经济，当河流上游的造纸厂向河中排放废水时，河中的鱼会减少，下游的渔民收入就会随之降低；化工厂附近居民的健康，会因有毒气体的影响而恶化等。

消费的外部影响包括消费的外部经济和消费的外部不经济。当一个消费者进行一项消费活动给他人带来了效用，增加了他人的福利，就产生了消费的外部经济。如一家房主在自家花园里种植许多美丽的花，愉悦了邻居和往来行人的心情。如果一个消费者进行一项消费活动时使别人受到损害、付出代价却未给以补偿，便产生了消费的外部不经济。和生产者造成污染的情况相似，消费者也可能造成污染而损害他人。吸烟就是一个极为典型的例子。吸烟者的行为危害了被动吸烟者的身体健康，此外，在公共场所随意丢弃果皮、瓜壳等废弃物品，也增大了社会成本。

以上情况表明，外部影响是普遍存在的现象，市场交易中的买方和卖方并不关注他们行为的外部影响，所以存在外部影响时，市场均衡并不是有效率的，在这种情况下，从社会的角度关注市场结果必然要超出交易双方的福利之外。

二、外部影响与资源配置不当

无论何种类型的外部影响，都将造成同一后果：资源配置偏离帕累托最优状态。外部影响是如何导致资源配置不当呢？

1. 外部不经济情况下的资源配置的非优情况

在存在外部不经济时，单个经济行为者从事某活动的私人成本小于社会成本。在市场经济中，个人经济活动的决策基于私人成本与私人利益的比较，只要这个经济行为者从事该项活动所得到的私人利益大于私人成本而小于社会成本，私人就会采取其经济活动，尽管此时从社会的观点看，该项活动应减少或停止。一般而言，在存在外部不经济的情况下，私人活动的水平常常要高于社会所要求的最优水平。假定一个制造污染的造纸厂，如图 10-4 中 MC 表示厂商的边际成本曲线，而造成的社会成本由私人成本加上给社会造成损失的外部成本构成，用 MSC 表示，必然高于私人成本。

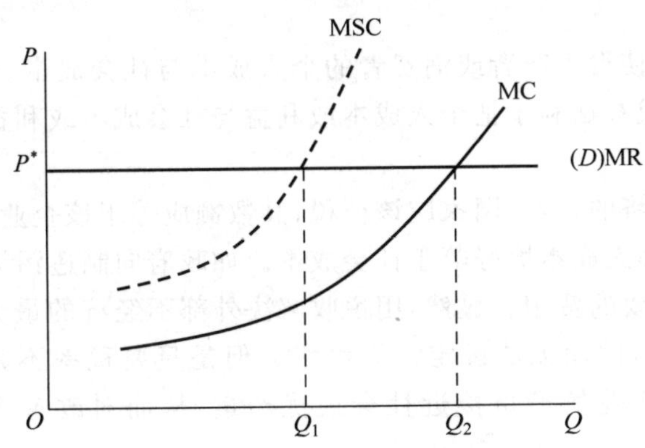

图 10-4　外部不经济时资源配置不当

当完全竞争市场的价格为 P^* 时，厂商为追求利润最大化，其产量确定在价格或边际收益等于边际成本的水平 Q_2 上；但从全社会资源最优配置的要求看，使社会利益达到最大的产量应当定在社会边际收益（可以看成价格）等于社会的边际成本的水平 Q_1 上。

2. 外部经济时资源配置非优的情况

在存在外部经济时，单个经济行为者从事某活动的私人利益小于社会利益，按照利益最大化原则，只要个人从事某一经济活动所支付的私人成本大于私人利益而小于社会利益，则个人就不会采取这项活动，尽管从社会的角度看，继续进行该项活动是有利的。显然在这种情况下，没有实现帕累托最优状态。由于个人受到的损失小于社会上其他人所得到的好处，因而可以从社会上其他人所得到的好处中拿出一部分来补偿行动者的损失，其结果会使社会上的某些人的状况变好而没有使他人的状况变坏。由此可见，在存在外部经济的情况下，私人活动水平常常低于社会资源最优配置所要求的最优水平。

3. 市场调节无法改进外部影响的非优状态

为什么在存在外部影响的条件下潜在的帕累托改进无法实现呢？重要的仍在于交易双方难以达成一致。以污染为例，如果污染面较小，污染者只对少数人的福利造成影响，此时这些少数受害者与污染者在如何分配“重新安排生产计划”所能得到的好处问题上不能达成协议；若污染面较大，受害者众多，则双方要达成协议就会更加困难；即使污染者与受害者双方有可能达成协议，但由于通常都是一个污染者面对众多受害者，污染者在改变污染水平上的行为就像一个垄断者，因而在这种情况下，由外部影响产生的垄断行为也会破坏资源的最优配置。

三、有关外部影响的政策

外部影响的存在导致了完全竞争市场资源配置非优化。因此降低或消除外部影响所带来的效率损失，成为社会及经济学家所关心的问题。

主张政府干预的经济学者认为，在存在外部影响的条件下，市场不再是理想机制，政府应予以干预。而推崇自由市场的经济学者则主张，市场机制本身有能力解决一些外部影响所产生的问题，政府不必干预市场运作，而只要创造有利于市场交易的必要条件，如明确界定财产权。

1. 税收与津贴

外部影响的存在使得生产者或消费者的个人成本与社会成本、个人利益与社会利益不相一致，通过税收或补贴利于把个人成本或利益与社会成本或利益拉平，实现资源有效率的配置。

对造成外部不经济的企业，国家应该征税，其数额应等于该企业给社会其他成员造成的损失，使该企业的私人成本恰好等于社会成本。如政府向制造污染的企业收税，其税额要等于治理污染所需要的费用。显然，用税收解决外部不经济的最大弱点在于政府很难确定企业的污染成本，因而无法设定污染税率。但是只要税率不是太高而超过污染成本，就会使完全竞争企业的产量接近社会最优产量，从而对改善市场效率是有积极意义的。

对于产生外部经济的经济活动，政府可以给予补贴，使个人利益与社会利益一致，以鼓励生产者和消费者。教育便是一例。受教育者从教育中得到私人利益：能得到较理想的工作，较丰厚的报酬，能较好地享受文化生活等。此外教育还产生许多积极的社会影响：良好社会风气与社会秩序，民主氛围，经济技术进步，等等。教育不能单靠市场机制，政府有必要对教育进行不同程度、不同方式的干预，采取各种补贴措施降低求学者与办学者的边际成本，有助于将教育水平提高到社会所要求的最优水平。

2. 制定污染标准

控制污染的另一项政策是设定污染标准。政府通过调查研究，确定社会所能忍受或承受的环境污染程度，然后规定各企业所允许的排污量。凡排污量超过规定限度的，则给予经济或法律惩罚。排污标准制度的好处在于，排污标准一经制定，只要严格执行，人们对该政策下形成的污染程度有比较确切的估计。虽然设定排污标准能够使排污水平很确定，但排污成本很不确定。因为政府在规定各企业的排污限量时，面临着这样的问题："一刀切"还是区别对待？由于不同企业降低同样排污量的成本是不同的，显然对不同企业规定不同的排污量标准比"一刀切"效率高。社会应该动员最有效率的技术去消除、降低污染。但是政府要有效率地实行区别对待，就必须知道各企业降低、消除污染的边际成本，而政府一般并不掌握这一信息。如果实行相同排污标准，那些减污边际成本较高的企业，不得不忍受较高的成本以达到排放标准。因此，制定排污标准有可能导致排污成本很高。那么有没有较好的机制呢？

经济学家建议引进市场机制，建立排污许可证市场。每张许可证都规定了许可排放污染物的数量，超过规定数量将会被处以巨额罚款。许可证的数量事先确定，以使排放总量达到有效水平。许可证在厂商之间分配，并且允许买卖。如果有足够多的厂商和许可证，就可以形成一个竞争性的许可证市场，那些减污成本较高的厂商会从减污成本较低的厂商那里购买许可证。在均衡水平，所有厂商减污的边际成本都相等，都等于许可证的价格，这意味着整个行业把污染降至规定的理想数量时成本最低。这样，可交易的排污许可证制度，既能够有效控制排放水平，又可以使减污成本尽可能的低，是一种具有很大吸引力的制度。

3. 外部影响内部化——合并

在有外部影响的条件下，市场经济之所以达不到最优效率配置，是因为市场机制的独立、分散决策不能把外部影响考虑进去。如果能通过某种方式使市场决策者本身承担或享受外部影响，他们就会纠正决策，改善配置。例如，处于上游的造纸厂给下游的渔场造成外部不经济，导致渔场不应有的经济损失，如果造纸厂和渔场属于同一公司或业主，那么造纸给养鱼所增加的成本就仍然是该公司的内部成本。合并使外部影响内部化，即原来两个厂商各自独立时产生的外部成本和外部收益，现在都变成了内部成本和内部收益。这时，企业为了最大化总利润，必须考虑已经内部化了的成本与收益的关系，协调造纸和养鱼两项业务的决策，这种协调会带来帕累托改善。事实上，现存的许多企业已经内部化了外部影响，比如，种植场往往又养蜂，渔场同时也种水生植物。

4. 规定财产权

以上所述形式不同的政府管制并不是唯一对付外部影响的方法，更不是在任何情况下都可行或最佳的方法。在某些情况下，由外部影响所涉及的各方通过私下讨价还价，或通过法律诉讼来消除外部影响带来的无效率，成本可能更低，效果可能更好。私人的经济行为通常以产权为基础。**产权**是一种界定财产的所有者，以及他们可以利用这些财产的法律规则。清晰的产权是私人讨价还价的前提，如果外部影响涉及的相关者很少，财产权是完全确定的并得到充分保障，并且产权界定成本较低时，则有些外部影响就可能不会发生，或者可以用最小成本解决外部影响问题，也就是说，此时可以在没有政府的干预下实现资源的有效配置。例如,如果给予下游用水者使用一定水质资源的财产权,则上游的污染者将因把下游水质降到特定质量之下而受罚。在这种情况下,上游污染者便会同下游用水者协商,将这种权利买过来,然后再让河流受到一定程度的污染。同时遭到损害的下游用水者也会使用他出售污染权而得到的收入来治理河水。实际上外部影响之所以导致资源配置失当,正是由于财产权不明确。科斯定理说明的就是这一点。

四、科斯定理

科斯很早就注意到私人市场解决外部影响是否有效的问题。科斯在《社会成本问题》一文中提出的解决外部影响问题的方案是:**在交易费用为零时,只要财产权初始界定是清晰的,并允许当事人进行自由谈判交易,则无论在开始时将财产权赋予谁,市场均衡的最终结果都会达到资源有效配置**。科斯的这个方案后来被斯蒂格勒命名为"**科斯定理**"。在《社会成本问题》一文中,科斯是通过一系列案例来说明他的上述思想的,并没有给出定理式表述。在《社会成本问题》一文发表31年后,科斯本人才给出科斯定理一个说法。从上述表述可以看出,科斯提出的解决外部影响问题的方案包括三个要素:①交易费用为零;②产权或权利界定清晰;③允许产权或权利在当事人之间自由交易。其中第一点是假设条件,第二、第三点是导致资源有效配置的途径和手段。而产权界定又是产权交易的前提和基础。没有产权的初始界定,就无法进行协商谈判,就不存在权利转让和重新组合的市场交易。

仍以上游造纸厂和下游渔场为例,假设造纸厂排放的污水给渔场造成的利润损失为6万元,但造纸厂若停产自身则将损失7万元利润,而对造纸厂排放的污水有两种处理办法,一是在工厂安装一个过滤设备,需2万元;二是渔场建立一个污水处理厂,需5万元。只要产权界定清晰,无论产权初始界定如何,若交易成本为零,最终经双方协商谈判和交易,定会获得有效率的结果。设产权初始界定方式一:造纸厂有权排放污水,渔场只能拥有遭受污染的损害的产权,那么渔场为了减少所受损失,就会与造纸厂协商,花费2万元为造纸厂安装过滤设备,因为这笔费用既低于建立污水处理厂的费用,也大大低于由于污染所造成的利润损失。设产权初始界定方式二:造纸厂无权排放污水,渔场有权享用清洁的水资源进行生产,如果造纸厂排放了污水,将受到10万元以上的重罚,此时造纸厂为了减少自己的经济损失,一定花费2万元自己安装一个过滤设备,绝不会花费5万元去为渔场建污水处理厂,更不会停产而减少7万元利润。可见,只要满足科斯定理中提出的条件,市场机制总会找到最有效率的办法,达到一个帕累托最优状态。

显然科斯定理的结论只有在交易成本为零或很小的情况下才能得到。事实上私人市场常常不能解决外部影响问题,这是因为达成和实施协议往往会发生很大成本,甚至通过私人交易解决外部影响对于当事人可能是不划算的。例如,在交易中需请律师、需支出交通费用、谈判本身得花费时间、购物及安装也要花费时间,等等。一旦交易费用高于解决外部影响的最大费用,帕累托最优状态也就无从实现。一般而言,在交易关系较简单、交易物的价值较容易测定的条件下,交易谈判成本较低,如果外部影响的波及面较广,外部影响带来的价值或损害比较难以确定,那么,即使产权关系明确,有关多方也很难达成协议。比如,上游有许多工厂向河流里排放污水,而下游又有许多工厂和居民受害于污水,若要把所有有关方面都召集在一起，就每一方所遭受的损害和应得的赔偿讨价还价并达成协议，恐怕极其困难。正因交易是有成本的，所以产权的明确界定并不能保证达到帕累托最优状态，有时本来可以两全其美的交易，却因谈判成本太高而无法成交。

由交易费用为零得出的解决外部影响问题的科斯方案后来被称为“科斯第一定理”。显然交易费用为零的假设在现实中是不存在的，于是，由交易费用大于零又得出了**“科斯第二定理”**：一旦考虑到进行市场交易的成本，合法权利的初始界定会对经济制度运行的效率产生影响。

由于存在正数的交易费用，产权的调整和重组是有代价的，所以在存在外部影响时，产权交易能否发生，主要取决于产权的一种安排是否比其他安排产生更多的产值，或者说，产权调整和重组后的产值增加量是否大于产权交易过程所产生的成本。否则，产权最优配置以及由此导致的资源最优配置就不会实现。

由科斯第二定理得出的结论是：要降低交易费用，提高资源的配置效率，产权初始界定的合法性就很重要。合法权利的初始界定会避免在契约的谈判、签定和执行过程中的许多扯皮、纠纷、摩擦，甚至毁约或无法达成协议。而最优的产权配置应该是交易费用最低的产权安排。

因此，如果说科斯第一定理说的是完全竞争市场机制可以自动导致资源的有效率配置的话，那么。科斯第二定理则是说，不同的产权制度和法律制度安排会导致不同的资源配置效率，产权制度是决定经济效率的内生变量。在造纸厂对渔场造成的外在损害的例子里，污染权界定给造纸厂还是界定给渔场，这样界定是否合法、恰当，界区是否清晰，会有不同的效率结果。

【案例 10-5】

江苏浙江两省边界水污染案十年难断

自 20 世纪 90 年代始，江苏吴江市盛泽镇的印染业迅猛发展，与此同时，一些企业将严重超标的工业污水直接排入河道。地处盛泽镇河道下游的浙江嘉兴市所处渔区多次遭受上游的盛泽镇工业污水的侵袭后，渔业生产连连受到重创。

从 1993 年起，国家环保总局就江浙两省交界水域污染事件进行过多次协调，并于 1996 年 1 月 5 日达成协议，江苏方面同意赔偿给嘉兴秀洲区及嘉善县渔民因受污染而造成的损失 200 万元。不久后国家着手实施以国务院牵头的，治理太湖流域水污染的“零点行动”，河道的水质也有了明显好转。

2001 年嘉兴渔区吸引了 200 多户养殖户，总投入 6000 多万元。然而，就在当年 3 月份，嘉兴水产养殖水域再度受到“盛泽污水”的侵袭，鱼类、珍珠等水产因水中溶解氧过低而惨遭灭顶之灾，污染造成损失达 5600 多万元。

2001 年 11 月 22 日凌晨，愤怒的嘉兴北部渔民自筹资金 100 万元，动用 8 台推土机、数万只麻袋，自沉 28 条水泥船，截断河流，堵塞江苏盛泽至嘉兴间的航道。这就是曾引起中央领导高度重视、被称为民间“零点行动”的“断河事件”。

“断河事件”之后，嘉兴 47 户因污染遭受巨大损失的渔民将江苏盛泽的 21 家印染企业告上法庭，要求赔偿总额高达 710 万元。2002 年 12 月 16 日，嘉兴市中级人民法院对这起跨省水污染案作出一审判决，47 户渔民胜诉。江苏盛泽的 21 家印染企业共同赔付污水殃及的嘉兴市47户渔民750万余元。

资料来源：微观经济学案例 http://www.doc88.com.

第五节 公共物品和公共资源

一、公共物品的特性和分类

1. 公共物品的含义与特征

在前面所讨论的市场交易中的商品通常是指私人物品，对于私人物品，一般而言，如果你没有付费，你就会被排除在消费范围之外；而且一旦某人已经消费了某个物品，则其他人就不能再消费该商品了，把这两个特性称为私人物品的排他性和竞争性。由市场来配置这类私人物品的生产和消费，一般是有效率的。

但是在现实中还存在许多不具备以上特性的物品，市场无法有效地调节它们的生产和消费，或者说不可能由私人有效地提供。在经济中存在的许多既无竞争性又无排他性的物品通常被称为**公共物品**。公共物品的**第一个特性**是非排他性，即无法排除一些人“不付费便可消费”，或者这种排他是不可能的，或者排他的成本过于昂贵而无法排他。国防就是一个典型例子，一旦建立起国防体系，所有国民都会从中受益，不能因为某人没有对国防建设支付费用(如从不纳税)而将他排斥在国防力量保卫之外。疾病预防计划也是如此，只要计划得以实施，社区内没有人会被排除在受益范围之外。公共物品的**第二个特性**是非竞争性，非竞争性商品是指在不需要增加该商品的提供成本的条件下，可以增加对它的消费的商品。非竞争性意味着在给定生产水平下，增加一个或多个消费者，并不影响他人从消费中得到的福利。如路灯照明，多一个行路者，既不会增加安装路灯的成本，也不会减少他人在夜间行路时从路灯照明中得到的效用。只要有空位，电影院里多一位观众既不会增加电影制作和电影放映的成本，也毫不影响其他观众的观赏。

2. 公共物品的分类

物品的竞争性、非竞争性、排他性、非排他性特征，使物品会由于四种可能的组合而形成四类物品。

(1) 私人物品

既有排他性又有竞争性的物品称为**私人物品**。一个苹果，首先它具有排他性，因为你购买而消费，就很容易排除了其他人的消费；同时，它也具有竞争性，如果一个人吃了这个苹果，另一个人就不能吃同一个苹果。在前面的分析中，实际隐含地假定物品是私人物品。

(2) 公共资源

只具有竞争性，但无排他性的物品称为**公共资源**。例如公海捕捞的鱼，是一种竞争性物品，一部分人从海洋中捕到的鱼多了，留给其他人捕的鱼就少了。但这些鱼并不具有排他性，因为不可能对任何从海洋中捕到的鱼都收费。

(3) 自然垄断性物品

还有一类物品，具有排他性但无竞争性，通常说这类物品存在**自然垄断**。例如有线电视不具有竞争性，多一台电视机接收有线电视节目并不会降低其他电视机的接收质量，也不会增加电视节目制作的成本。但是它具有排他性，不付费的人是无法接收有线电视节目的。公园、电影院在未达到饱和状态时也如同有线电视一样，具有排他性而不具有竞争性。

(4) 纯公共物品

同时具有非排他性和非竞争性的物品称为**公共物品**，这类公共物品也被称为**纯公共物品**。如国防、外交、法律、公安、交通安全、基础科学研究等。但是在现实中，纯公共物品毕竟是极端的例子，因为公共物品的非竞争性和非排他性常常是相对的而不是绝对的。如果某些物品在一定范围内无竞争性或可以有效地做到排他，通常称为**准公共物品**。像上面所说的公园、电影院或俱乐部等，不具有竞争性并不是绝对的，只是在一定范围内，即在未达到饱和状态之前是非竞争性的，比如电影院在所有位置坐满之前，增加若干观众并不影响其他观众的观赏，也无须增加电影院的成本，但消费量达到一定程度后，消费则具有竞争性了。另外也有一些物品，如电视信号，原来具有非竞争性和非排他性，后来随着技术的发展和其他条件的改变，在技术上能够通过加密变成排他的，由此成了可以收费的准公共物品。

公共物品具有与私人物品不同的性质，完全由私人提供无法达到有效的结果，这为政府介入公共物品的生产提供了依据。但是并非所有的公共物品都要由政府来生产，同时政府提供的物品也未必都是公共物品。实际上许多政府提供的物品在消费中既可以是竞争性的，也可以是排他性的。例如，教育作为一种服务，既有竞争性，又有排他性，政府提供公共教育是因为教育具有外部经济，而不是因为它是公共物品。再如政府提供的国家公园，入园费的确定把一部分公众排除在外，因为不买票就不能进去消费。同时公园的使用也具有竞争性，在拥挤的情况下，继续进入会减少其他人的效用。可见公共部门(政府)提供的物品与公共物品不是完全相同的。

二、公共物品与市场失灵

公共物品的特殊性质给由市场机制调节其最优生产量带来了麻烦，原因是公共物品的需求曲线是虚假的。公共物品的特性决定了，第一，单个消费者通常并不清楚自己对公共物品的需求价格，更不用说去准确地陈述他对公共物品的需求与价格的关系；第二，即使单个消费者了解自己对公共物品的偏好程度，但为了少支付或不支付价格，他们也不会如实说出来，而是在享用公共物品时都想当“免费乘车者”。

由于公共物品具有非排他性，一旦有人购买了公共物品，其他人即使不付费，也可以照样不误地享用同一公共物品。假若有人在公寓的楼梯上安装了一盏灯，其他上上下下的人都可以从中得到好处，并不会因不付钱而丝毫减少。如果每个人都想搭别人的便车，期待他人购买公共物品，结果便没有公共物品。显然，分散决策的市场机制在这里不起作用了。在上一章里，我们已经看到，在存在外部影响的环境里，市场机制无法达到资源的效率配置。在这里，我们碰到了一个极端的例子：由于公共物品具有极强的外部影响，市场不仅失去效率，而且根本不存在。

通过市场机制供应公共物品还有一个问题：公共物品具有非竞争性，公共物品一旦供应了，所有的人都能够而且必须享用同一数量，多一人享用该物品丝毫不影响其他人的享用，即多一人享用的边际成本为零。既然消费者从公共物品中得到一定的效用，而其消费的边际成本为零，那么，从社会效率的角度看，应该让所有的人都免费享用公共物品，以任何方式阻拦一部分人享用公共物品都会造成效率损失。比如，高速公路已经建成，每辆车通过高速公路的边际维修费用假设为零。如果公路管理局每辆车收过路费 10 元，则那些从使用高速公路中得到的收益低于 10 元的车辆便不会进入这段高速公路。例如，某人没有急事要办而绕道行驶，须多花半小时，且多花 2 元汽油费，与 10 元相比，此人绕道而行是理性的选择，但对整个社会来说，白白浪费了半小时人力和 2 元的汽油，因此是一种效率的损失。

这里，市场供应公共物品遇到了难题：从效率的角度出发，公共物品应该免费供应，但是如果消费者一分钱也不付，那又如何来支付公共物品的生产成本呢？显然，分散决策的市场机制对公共物品的配置无能为力。于是政府决策取而代之。事实上，许多公共物品的供应都是由公共部门来决定的。国防由中央政府提供，其成本则通过税收筹集。街灯、地方治安由地方政府安排，其费用也是靠税收来支付。当然也有一些居民大楼的路灯、楼梯灯等由居民委员会或其他管理机构统一安装维护，费用由各家各户分摊。

市场在公共物品上的失灵为政府介入提供了依据，但这并不意味着政府应该生产全部公共物品，更不等于政府可以完全取代公共物品，特别是准公共物品的市场。因为：其一，政府部门缺乏足够的利润动机，所以由政府来生产往往会造成投入——产出效率低下；其二，政府生产、经营具有垄断性，这将导致政府经营的企业缺乏提高效率的压力；再次，根据有关研究，政府部门有追求各自预算最大化倾向，如果政府来生产公共物品，在预算最大化激励下，有可能导致公共物品的过度供给。现实中可以采取一些折中的办法来协调政府与市场的两难选择。例如，政府通过招标采购，由私人来生产以解决生产的效率问题。这意味着政府提供公共物品，未必一定要由政府直接生产，也可以采用政府与市场相结合的办法，发挥二者的优势，达到有效的结果。一般来说对于准公共物品，政府通常安排给私人生产，采取的方式主要有：授权经营——通常将现有的公共设施委托给私人公司经营；政府通过优惠贷款、无偿赠款、减免税收、财政补助等，对从事某些经营的私人给予一定资助；在一些大型公共设施建设上政府通过股权收购、国有企业经营权转让、公共参与基金等形式进行参股、政府与企业签定合同提供公共物品、允许个人和社会团体在一些公共领域自愿提供服务等。

三、公共资源的过度使用与保护

公共资源无排他性，任何人都可以免费使用它，但它具有竞争性，即一个人对公共资源的使用，会减少其他人对它的使用。然而，在市场机制下，每个私人在做出自己的公共资源使用决策时，往往只追求个人利益最大化，并不考虑自己行为对他人甚至对自己长远利益的影响，在一定条件下，会导致资源的过度使用。

较为典型的是水域鱼类资源减少。设想在沿海地区，多数家庭都有自己的渔船，他们以打鱼为生。渔民都在附近的海里捕鱼，海洋归国家所有，每一家能捕多少鱼就可以捕多少鱼。随着时光的流逝，人口在增加，捕鱼的人在增加，对海洋产品的需求也在增加，导致对鱼类的捕捞越来越超出海洋的承受能力，海洋资源开始减少且日益枯竭，变得无鱼可捞。最终许多家庭将失去生活来源。

为什么会发生这样的悲剧呢？假定鱼类产品市场是充分竞争的，对于渔民而言，鱼的价格可以看作外生给定的。随着捕捞数量的增加，海洋具有了竞争性，从而捕鱼也就有了外部性，边际的私人成本与边际的社会成本发生了分离。此时捕鱼的边际社会成本等于边际私人成本加上它所造成的海洋鱼类资源减少给其他渔民捕鱼带来的损失。按照社会资源使用的最优原则，每一家的有效捕鱼量应该由捕鱼的边际社会成本等于边际收益来决定。但是，在海洋共有这样一种产权安排下，每一个家庭做决策时，并不考虑他个人捕捞所带来的外部成本，只考虑自己的私人成本，按照个人利益最大化原则确定捕捞量，每家选择的捕鱼量将是大于社会要求的最优捕捞量。正是由于海洋资源具有的非排他性和竞争性，最终导致了海洋资源的枯竭。

其他一些重要的公共资源：

(1) 共有草原

草原如果是共有的，那么它是非排他的，家家都可以在草场上放牧，但草原是竞争性的，当一个家庭的羊群在共有草地上吃草时，降低了其他家庭可以得到的草地的质量，人们在决定自己放牧多少羊时并不考虑对他人的影响，结果羊的数量过多，最终毁坏了共有的草场。原因在于，避免草场的破坏须依靠牧羊人的集体行动，但是对于公共资源的使用，没有一个行为者有减少自己规模的激励，这里社会激励与私人激励是不同的。

(2) 清洁的空气和水

市场没有充分保护环境，可以把这种市场失灵作为共有资源的一个例子。清新的空气和清洁的水与开放的草地一样是共有资源，过度的污染也与过度放牧一样，环境恶化是现代的共有地悲剧。

(3) 矿藏资源

地下矿藏资源是共有的，任何一个人都可以钻井并开采，但当一个生产者开采时，留给其他人的矿藏就少了。虽然钻井对社会是不合益的，但对私人是有利的，结果，私人将决定其能够开采的尽可能大的数量。

(4) 拥挤的道路

道路可以是公共物品也可以是公共资源。如果道路不拥挤，一个人使用道路就不会影响其他任何人。在这种情况下，使用道路没有竞争性，道路是公共物品。但是如果道路是拥挤的，当一个人在路上开车时，道路变得更加拥挤，其他人必然开得更慢，使用道路有了竞争性，道路成为公共资源。

由此提出了有效保护公共资源的重要性。解决这一问题有许多可供选择的办法：针对草场过度放牧问题，可以通过征税把外部影响内部化；或者拍卖有限数量的许可证；也可以强制实施一定期限的休耕或休牧，还可以实行产权改革的办法，即将草场使用权分给每个家庭，每个家庭用栅栏把自己的草地圈起来，以防止过度放牧等。对于已经明确产权的共有江河湖泊、近海水域的捕捞问题，也同样可以采取征税、拍卖有限数量许可证、强制休渔等办法解决，但公海捕捞是较难解决的问题。针对矿藏开采问题，在所有者产权明确的情况下，所有者之间可以就如何开采和如何分配利润达成协议，但有许多所有者时，私人解决是较为困难的，此时政府管制可以保证有效地开采。为解决道路拥挤问题，实行的办法是收取道路通行费（也可以是交通高峰定时收费）和汽油税，不过这些办法也不能完全解决道路拥挤问题。

【案例 10-6】

公地的悲剧

公共资源(common resources)指那些没有明确所有者，人人都可以免费使用的资源，如海洋、湖泊、草场等资源。公共资源由于产权不清，通常会受到过度利用。著名的寓言"公地的悲剧"就说明了这个问题。

寓言说的是中世纪的一个小镇，该镇最重要的经济活动是养羊。许多家庭都有自己的羊群，并靠出卖羊毛来养家糊口。由于镇里的所有草地为全镇居民公共所有，因此，每一个家庭的羊都可以自由地在共有的草地上吃草。开始时，居民在草地上免费放羊没有引起什么问题。但随着时光流逝，追求利益的动机使得每个家庭的羊群数量不断增加。由于羊的数量日益增加而土地的面积固定不变，草地逐渐失去自我养护的能力，最终变得寸草不生。一旦公有地上没有了草，就养不成羊了，羊毛没有了，该镇繁荣的羊毛业也消失了，许多家庭也因此失去了生活的来源。

是什么原因引起了公地的悲剧？为什么牧羊人让羊繁殖得如此之多，以至于毁坏了该镇的共有草地呢？实际上，公地悲剧的产生原因在于外部性。当某一个家庭增加一头羊到草地上吃草时，就会对草地产生损失，这就是养这头羊的成本。但是由于草地是共有的，养这头羊的这种损失（成本）由全镇所有养羊户共同承担，这头羊的所有者只是分担了其中的一小部分成。这就是说，在共有草地上养羊产生了负外部性。某个家庭增加一只羊给其他家庭带来的损失就是这只羊的外部成本。由于每一个家庭在决定自己养多少羊时并不考虑其外部成本，而只考虑自己分担的那部分成本，因此养羊家庭的私人成本低于社会成本，这导致羊的数量过多。全镇所有养羊家庭都这样做，羊群数量不断增加，直至超过了草地的承受能力。

公地的悲剧说明，当一个人使用公共资源时，就减少了其他人对这种资源的享用。由于这种负外部性，公共资源往往被过度使用。解决这个问题的最简单方法就是将公共资源的产权进行重新构造，使之明确界定，即将公共资源变为私人物品。在上例中，该镇可以把土地分给各个家庭，每个家庭都可以把自己的一块草地用栅栏圈起来。这样，每个家庭就承担了羊吃草的全部成本，从而可以避免过度放牧。如果公共资源无法界定产权，则必须通过政府干预来解决。如政府管制、征收资源使用费等办法来减少公共资源的使用。现实中，有许多公共资源，如清洁的空气和水，石油矿藏、大海中的鱼类、许多野生动、植物等都面临与公地悲剧一样的问题，即私人决策者会过度地使用公共资源。对这些问题，政府通常管制其行为或者实行收费，以减轻过度使用。

四、公共物品的社会最优数量

从形式上看，公共物品的生产并没有什么特殊性，修筑公路和建造房屋没有什么不同，而路灯的装置与家用照明的装置也是相同的产品和技术，正因为如此，在政府供应公共物品的情况下，这些产品仍可以由私人生产。例如，在私有制市场经济里，政府向私营企业签约订购相关产品。但这里存在的问题在于，公共物品生产多少是有效的？

1. **公共物品与供求均衡分析**

我们用局部均衡的方法来分析。为简便起见，假定社会上只有两个消费者 A 和 B，各自的需求曲线分别为 D_A 和 D_B，商品市场的供给曲线为 S，如图 10-5(a)所示，如果市场是完全竞争的，该物品为私人物品，那么，通常市场的总需求量是在同一价格下所有消费者的需求量的总和，即由单个消费者的个人需求曲线水平相加构成该私人物品的市场总需求曲线 D。市场需求曲线 D 与市场供给曲线 S 的交点决定了该私人物品的均衡供求量 Q_0 和均衡价格 P_0。这个均衡数量显然是私人物品的最优数量，因为在这个数量上，每个消费者的边际利益恰好等于商品的边际成本。我们知道，供给曲线代表了每个产量（供给量）水平上的边际成本，而需求曲线代表了每个产量（需求量）水平上的边际利益，所以当二者均衡时，每个消费者的边际利益均等于边际成本。

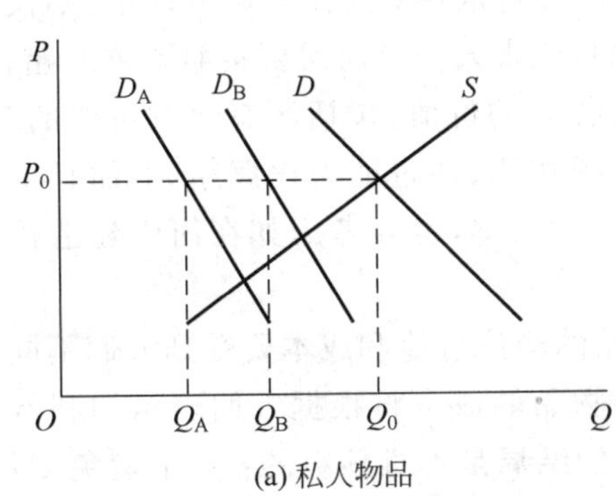

(a) 私人物品

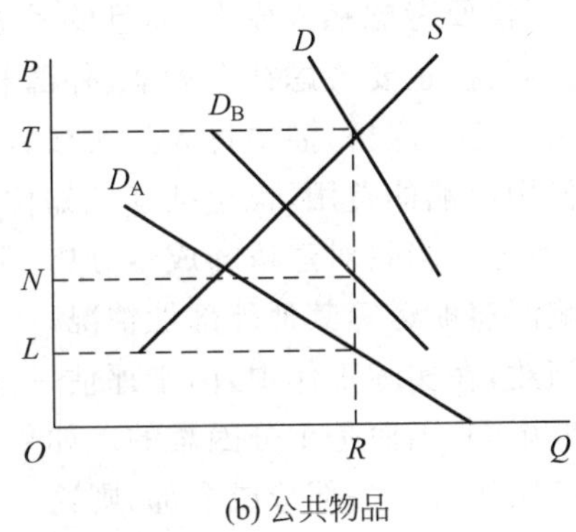

(b) 公共物品

图 10-5　私人物品和公共物品的最优数量

再看公共物品最优数量的决定。由于公共物品在消费上的特殊性导致了其市场需求函数的特殊性。在公共物品的情况下，因非竞争特点使得每个消费者消费的是同一商品数量，尽管他们从这同一数量的公共物品消费中得到的边际效用各不相同，即他们为公共物品所愿意支付的价格不一样。既然所有消费者享用同一公共物品，那么，对一定量的公用品，消费者集体所愿支付的价格应该是所有消费者所愿支付的价格总和。于是，**公共物品的总需求曲线**由所有消费者的个人需求曲线纵向相加形成。如图 10-5(b)中，消费者共同消费的公共物品数量为 R，消费者所愿意支付的价格按各自的需求曲线分别为 L 和 N。因此，在公共物品消费量 R 时，消费者所愿意支付的总价格为 $L+N=T$。市场需求曲线与供给曲线的交点决定了公共物品的均衡供求量和均衡价格。理论分析看，这个均衡量 R 也代表着公共物品的最优数量。很容易解释这一点。当公共物品为 R 时，根据供给曲线，公共物品的边际成本为 T，而根据消费者的需求曲线，消费者 A 和 B 的边际收益分别为 L 和 N，从而总的社会的边际收益为 $L+N=T$。于是边际的社会利益等于边际成本，公共物品数量达到最优。这里须指出的是，公共物品的最优标准与私人物品的最优标准不同，在私人物品场合，最优标准是每个消费者的边际利益与边际成本相等；而在公共物品场合，则是每个消费者的边际利益之和与边际成本相等。

上述分析的公共物品最优量的决定，实际上并没有多大的现实意义，或者说现实中是找不到公共物品最优量的均衡点的。因为，如果消费者认为他们的支出取决于他们所显示的偏好，他们在公共物品的消费上就会隐瞒自己的真实偏好，以图“搭便车”，这样，上述的需求曲线 D 不会自动显示出来，也就是说，公共物品的需求曲线是虚假的。那么，政府如何来确定某公共物品是否值得生产以及应该生产多少呢？

2. 公共物品与成本—收益分析

西方经济学家经常提到的一个重要方法是成本——收益分析。**成本—收益分析**是用来评估经济项目或非经济项目的。运用此方法时，首先估计一个项目所需花费的成本以及它所可能带来的收益，然后把二者加以比较，最后根据比较的结果决定该项目是否值得。运用成本—收益分析来评估公共物品的生产，可以确定的是，如果评估结果是该公共物品的收益大于或至少等于其成本，则它就值得生产，否则便不应生产。这里进行成本估计时，不仅要考虑私人成本，而且要考虑社会成本、外部成本；同样收益估计中，不仅要考虑私人利益，也要考虑社会利益、外部利益。例如，原来人们过河需要买船票乘渡船，现在政府决定建一座桥，需要每人如实报告这座桥对各人的价值，包括所有通过桥梁的车辆、人员使用渡船的费用，也包括其他如桥梁昼夜发挥作用、通过能力比渡船大，而且更加安全、迅速等。当然对建桥的成本分析，不仅考虑建桥成本，也要考虑如在河中建造桥墩可能影响河道航运等其他外部性情况。

当然，在实际工作中，由于评估一件公共物品的经济价值和成本要受到人们不同偏好的重要影响，因而是十分困难的。如果生产公共物品的成本将根据人们表示的利益评价程度按比例分摊一部分或全部，则这一分析方案的结局是不难预料的：为了避免多付钱，大家都会有意低估建桥对自己的价值，最终无法修建这座桥了。如果平均分摊建桥成本，结果还是无法得到对建桥的真实需求。

3. 公共物品与公共选择

公共物品的特性使人想到一般的公共决策如政策、法律、宪法等。这些公共决策一旦被制定，它们对所有受管辖的公民产生同样的效力，正如一条街上的居民享用同一盏路灯照明一样。对公共物品的研究自然引起了经济学对公共选择的兴趣。**公共选择**可以看作在一系列可行的社会状态之间的选择，公共选择的一个重要方式是投票表决。投票方式是指社会成员用投票方式来决定公共物品的生产，这种决策机制是非市场集体决策，即公众通过投票把各人关于公共物品的需求偏好反映出来，并取得协调，然后政府官员根据投票结果进行决策，作为社会对公共物品的选择加以贯彻执行。公共物品的生产只是公共选择的一个特例，当然也可以通过投票表决机制来解决。现代微观经济学中的公共选择理论就是用经济学来分析、研究政府对公共物品的决策与选择。投票的过程实际上可以理解为显示社会偏好的过程。上边提到的建桥一例正是表明了这一点，想要建桥的人夸大桥梁的价值，他实际是投了赞成票，反对建桥的人竭力贬低桥梁的作用，他实际是投了反对票。

借助投票方式决定公共物品的生产，一般要遵循一定的投票规则，依据非市场集体决策机制的特点，投票规则主要分为：

(1) 一致同意规则。是指一项集体行动方案要在全体投票人都认可的情况下才能实施。这里的"认可"意味着明确赞成或者至少不反对,或者说,在一致同意规则下,每一个参加投票者都对将要达成的集体决策拥有否决权,如果有一个反对,则相关议案即被否决。显然,凡是按这个原则通过的方案,必定是实现了帕累托最优的,因为这一方案不仅可以避免发生"免费乘车"的行为,而且充分保证了每一个参加者的利益,满足了全体投票人的偏好,所以按照这一原则通过的方案不会使任何人的福利受到损失。但是这样做的缺陷是决策成本太高,甚至在很多情况下根本无法达成协议。

(2) 多数规则。是指一项集体行动方案须得到所有参加者中的多数认可才能实施,分为简单多数与比例多数规则。简单多数规则规定,赞成票超过总数的一半,方案就算通过。比例多数规则要求赞成票要占总数的 2/3 以上,才算有效。与一致同意规则相比,多数规则虽然协商成本较低,也容易达成协议,且能增进多数人的福利,在一定的限制条件下,例如在收益者补偿受损者的条件下,多数规则也可能达到帕累托最优状态,但是总的看,多数规则往往使少数人的福利受损失。多数规则不一定满足全体成员的偏好,存在某些人偏好强加给另一些人的情况。多数规则下作出的决策是投赞成票的多数给投反对票的少数加上的一种负担。即使所有投票人都能从一项方案中获得利益,并为此方案的实施付出代价——纳税,但是,赞成者获得的利益超出付出的代价,净福利增加,而反对者获得的利益小于付出的代价,净福利减少。在多数规则的情况下,甚至可能出现"收买选票"的现象。

(3) 加权规则。指按照重要性的不同,给参加者的意愿"加权",即分配选举的票数。一项集体行动方案对不同的参加者会有不同的重要性,相对重要的,拥有的票数就较多,相对不重要的,拥有的票数就较少。所谓加权原则,就是按实际得到的赞成票数而不是人数的多少来决定集体行动方案。

(4) 否决规则。指每个参加对集体行动方案投票的成员首先提出自己认可的方案,汇总之后,再让每个成员从中否决掉自己所反对的那些方案。这样,最后剩下的没有被否决掉的方案就是所有成员都可以接受的选择结果了。如果有多个方案留了下来,就再借助于其他投票规则进一步进行选择。经过这样的筛选之后保留下来的行动方案将是帕累托最优的。

上述各种选择规则各有利弊,那么,按照什么样的规则来进行集体选择,才能更好地保证所得到的结果是最有效率的?西方公共选择理论家还提出了成本模型和概率模型两个主要理论模型。

按照成本模型的分析,任何一个集体选择规则都存在着性质不同的两类成本,一类叫作决策成本,指在该规则下通过某项集体行动方案所花费的时间和精力;另一类是外在成本,指在该规则下通过某项集体行动方案与某些参加者的意愿不一致而给他们带来的损失。决策成本与外在成本之和叫作相互依赖成本。最优集体选择规则的成本模型的结论是,理性的经济人将按最低的相互依赖成本来决定集体选择的规则。

与成本模型不同,概率模型并不是追求社会相互依赖成本的最小化,而是力图使集体决策的结果偏离个人意愿的可能性达到最小。根据这一模型,最好的集体选择规则就是能使上述偏离可能性达到最小的规则。西方一些公共选择理论家证明,按照这一标准,集体选择中的多数规则是一种比较理想的规则。

我们知道,由于表达个人对公共物品偏好的机制本身不是帕累托最优的,所以表决并不能根本解决公共物品最优生产效率配置的问题,它只是一种以民主方式解决公共决策的权宜之计。

第六节　政府的微观经济政策

由于现实社会经济活动中经常出现市场失灵的情况,为解决这一问题,需要发挥政府的职能作用,制定和实施一系列微观经济政策。

一、政府的职能

政府的职能有很多,但在现代经济中,政府的主要职能有四种。这四种职能是美国经济学家萨缪尔森提出来的。

1. 制定法律规则

一国政府在调控经济的过程中,特别是为克服市场失灵的情况,必须通过强有力的手段维护经济环境。制定法律法规来维持经济秩序。市场经济是法律经济,没有法律保护的市场经济,就像一场足球赛没有裁判一样根本无法进行。政府就是充当裁判员的角色,维护和强制执行经济活动的规则。政府要对犯规者给予惩罚,对守法者进行保护。实践证明:一个国家如果有完备的法律体系,那么这个国家市场经济发展的就好。否则,情况就相反。可见,市场经济运行必须依赖于政府的强有力的法律法规。

2. 保持稳定增长

保持经济的稳定增长是政府的第一个经济职能,也是最重要的一个职能。只有实现经济的稳定增长才能实现其他经济职能。

3. 影响资源配置,提高效率

这是政府第二个中心的经济目标,这一经济职能包括:第一,提供公共服务,发展社会福利。这是在存在市场失灵的情况下,政府代替市场干预和调节经济,使社会资源得到有效的配置。第二,限制垄断势力,维护自由竞争。为了解决市场失灵的情况,消除阻碍市场发展的因素,国家和政府要制定以反垄断为中心的产业组织政策。

4. 收入分配政策

市场经济的发展在促进经济效率提高的同时,也造成了收入分配的不均等,导致贫富差距悬殊,成为严重的经济和社会问题。为解决这一问题,政府要采取一系列政策和措施,缩小贫富差距悬殊的情况,实现微观经济政策目标与效率。

二、微观经济政策目标

经济政策作为经济学的有机组成部分,许多经济学家对此都有论述。一般认为"经济政策就是为达到一定目的而有意变动各种手段",即经济政策是指经济主体按着确定的经济目标,为解决社会经济发展过程中所出现的各种问题而采用的各种手段。经济政策的本质就是经济主体、经济目标、各种手段三者的有机结合。因此，经济政策要依据经济政策目标而定。

（一）微观经济政策目标

微观经济政策的第一个目标是收入均等化。市场经济本身不能实现收入分配均等化，政府要干预财富和收入分配，把其作为首要的经济政策目标。西方经济学主要强调机会平等，同时也要保障社会成员的一定生活水平。

微观经济政策的另一个目标是资源有效配置。所以如此，是资源能够发挥更大的作用，如果能够实现资源的优化配置，就能发挥出巨大的潜力，这是任何国家都不能回避的现实。资源如果配置不合理，使用不当，利用不充分，这都是效率的损失。效率就是资源配置达到最优状态的结果。效率反映一个国家的发展水平。

微观经济政策的目标就是要实现平等和效率。平等和效率是一对永恒的矛盾。追求平等就要丧失效率，追求效率就要丧失平等。平等和效率都是社会要达到的目标，二者之间存在此消彼长的交替关系，处理好二者的关系就是摆在我们面前的现实问题。

（二）微观经济政策

1. 反垄断政策

西方许多国家都制定了不同程度的反垄断法，其中最为突出的是美国。反垄断法规定：限制贸易的协议或共谋、垄断或企图垄断市场、兼并、排他性规定、价格歧视、不正当的竞争或欺诈行为等都是违法的。目的是保护市场经济的正常秩序。

2. 解决经济外部性问题

经济活动的外部经济效果分为正的和负的，解决经济的外部性可以采取下列政策：①税收和津贴：对负的外部经济采取征税和罚款等政策手段。②产权重新界定：对于有害的外部性，只要明确界定产权，问题就很好解决。③合并：合并可以是外部经济效果内部化。

3. 保护消费者的政策

政府制定和实施的消费政策本质上是政府提供的公共产品和公共服务，政府的消费政策包括：商品质量标准及检验标准；特殊服务的资格认定；等等。

本章小结

根据一般均衡理论的分析，市场机制是完善的，但实际上在完全由市场机制调节的情况下，并不能总实现配置效率，这就是市场失灵问题。市场失灵(market failure)就是无调节的市场不能在一切情况下都实现配置效率。私人解决和政府干预是一对矛盾统一体。由于市场失灵我们不得不借助于政府干预。导致市场失灵的原因主要有公共物品、垄断、外部性和不对称信息等。但政府干预也并非灵丹妙药，由于有限信息、对私人市场反应的控制有限、官僚主义、公共决策的局限性等原因，也会出现政府失灵。政府通过制定正确的微观经济政策在很大程度上能够消除市场失灵的对经济运行的影响，从而提高资源的配置效率。但是，如果政府不能有效地承担或有效地履行这一责任，那么在存在市场失灵的同时，还会出现“政府失灵”，当然，这会导致更大的资源浪费。

简 答 题

1. 举例说明由于信息不对称会出现哪些效率损失的现象？如何解决这些问题？

2. 详细分析在没有政府干预的情况下，人寿保险市场为什么有可能出现逆向选择？

3. 保险公司如何防止投保人的败德行为？

4. 如果委托人和代理人都是风险爱好者，如何建立激励机制？

5. 除了信息不对称以外，外部性也会引起市场失灵. 外部性分为哪几种，是如何引起市场失灵的？

案例剖析：政府与市场的关系

举世皆知，蒙娜丽莎的清丽无人能及，世界各地专程前来巴黎瞻仰她容貌的人们甚至踏坏罗浮宫的门槛。但是，蒙娜丽莎的美，只能在距离油画两三米外才能显现，如果贴近来看，只有一堆皱巴巴、杂乱不堪的油彩；雄居五岳之首的泰山，那磅礴的气势也要从山外来看，真进了山中，那石、那树和别的山川没什么根本的不同；埃菲尔铁塔，从远处看蔚为壮观、气势磅礴，可走近了看，不过是一堆锈迹斑斑的钢条加铆钉。为什么？距离产生美。

政府与市场，同样需要距离。如麦迪逊所言：“如果人都是天使，就不需要任何政府了。如果是天使统治人，就不需要对政府有任何外来的或内在的控制了”。完成治理的基本功，做到对市场的不妨害，是一个政府在经济事务管理的最低纲领(对一些政府来说，或许是最高目标)；这也是市场对政府的核心的、正当的、理性的要求。尤其在权力自上授予、对上负责的情况下，过于热心的参与往往是执政目标的暧昧所致。当地方政府在新的政治格局中获得了更大的权力时，这种区域竞赛似有进一步蔓延升温的迹象。当市场上的竞赛主体只是一些集合的、模糊的身影时，竞赛的魅力就已经失去了。

当然，距离不能变成遥远，否则，美丽也就不存在了。政府与市场保持适当的距离的时候，经济、社会的效率是最高的。政府与市场的距离渐行渐远，弊端开始显露。始于20世纪80年代末至90年代初的那一轮“圈地运动”，在某种程度上是因为政策法规不够完善、政府宏观调控不够所致。1989年3月人大修改了宪法，补充了“土地使用权可以依法转让”一句，但是没有出台配套措施，没有对土地市场交易出台规范措施，也没有建立宏观调控机制。游戏规则存在漏洞，缺乏宏观调控，使一些炒家看到了发财的良机，只要通过关系获得土地，一转手就可以获取数倍乃至数十倍的暴利，于是，“寻租”现象蜂拥，“圈地运动”轰轰烈烈地开展起来了。在那一轮“圈地运动”中，在一些地区，权钱交易几乎是公开的。手握实权的人和房地产商串通一气，以极低廉的象征性的价格大批圈占土地，然后转手获取暴利。有门路的国内外商人常越过基层办事单位，直接找省、市、县领导批地，发财后一走了之。在游戏规则日趋完善的今天，20世纪的那种疯狂圈地行为将一去不复返，但是，其带来的教训值得我们铭记。

不过，即使我们的政府部门已经懂得了尊重市场，但如果不知道政府的边界在何处，仍有破坏市场规则的危险。这需要我们破除那些似是而非的论点，并将政府的边界写入约束政府的法律。今天，在我国许多美似花园的城市中，人们已经养成了不践踏绿地的习惯；我们的行政部门能否在市场的边界上驻足止步呢？

资料来源：微观经济学案例分析 http://www.doc88.com.

参考文献

[1] 高鸿业.西方经济学[M].北京：中国人民大学出版社,2007.

[2] 张维迎.博弈论与信息经济学[M].上海：上海人民出版社,2004.

[3] 范里安.微观经济学[M].上海：上海人民出版社,2006.

[4] 汪祥春.微观经济学[M].大连：东北财经大学出版社,2003.

[5] 许纯祯.西方经济学教程[M].长春：吉林大学出版社,2000.

[6] 杨伯华.西方经济学原理[M].成都：西南财经大学出版社,2004.

[7] 马伟华.微观经济学[M].北京：清华大学出版社，2016.

[8] 王志伟.微观经济学[M].北京：北京大学出版社,2014.

[9] 厉以宁.西方经济学[M].北京：高等教育出版社,2000.

[10] 尹伯成.西方经济学简明教程[M].上海：上海人民出版社，2004.

[11] 萨缪尔森.经济学[M].北京：人民邮电出版社,2007.

[12] 曼昆.经济学原理[M].北京：北京大学出版社,2006.

教学支持说明

任课教师扫描二维码
可获取教学辅助资源

尊敬的老师：

您好！为方便教学，我们为采用本书作为教材的老师提供教学辅助资源。鉴于部分资源仅提供给授课教师使用，请您填写如下信息，发电子邮件给我们，或直接手机扫描上方二维码实时获取教学资源。（本表电子版下载地址：http://www.tup.com.cn/subpress/3/jsfk.doc）

课程信息

书　　名			
作　　者		书号（ISBN）	
开设课程1		开设课程2	
学生类型	□本科　□研究生　□MBA/EMBA　□在职培训		
本书作为	□主要教材　□参考教材	学生人数	
对本教材建议			
有何出版计划			

您的信息

学　　校			
学　　院		系/专业	
姓　　名		职称/职务	
电　　话		电子邮件	
通信地址			

清华大学出版社教师客户服务：

电子邮件：tupfuwu@163.com

电话：010-62770175-4506/4903

地址：北京市海淀区双清路学研大厦 B 座 509 室

邮编：100084

清华大学出版社投稿服务：

投稿邮箱：luych@tup.tsinghua.edu.cn

投稿咨询电话：010-62770175-3503